华中师范大学120周年校庆丛书

华大经典文库
HUADA JINGDIAN WENKU

# 高原论著选

高 原 / 著　王建国 / 编

华中师范大学120周年校庆丛书编委会

主　　　任：夏立新　郝芳华
常务副主任：彭南生
副 主 任：查道林　陈厚丰　任友洲　彭双阶
　　　　　　李鸿飞　陈迪明
委　　　员（按姓氏音序排列）：
　　　　　　董中锋　段　锐　段　维　范　军
　　　　　　符　平　付　强　付义朝　郭　庆
　　　　　　廖卫鹏　刘从德　吴海涛　周挥辉

华中师范大学出版社
HUAZHONG SHIFAN DAXUE CHUBANSHE

新出图证（鄂）字 10 号
图书在版编目（CIP）数据

高原论著选/高原著；王建国编. —武汉：华中师范大学出版社，2023.8
（华大经典文库）
ISBN 978-7-5769-0132-0

Ⅰ.①高… Ⅱ.①高… ②王… Ⅲ.①科学社会主义理论—文集 Ⅳ.①D0-0

中国国家版本馆 CIP 数据核字（2023）第 087349 号

编 辑 室：综合编辑室
电　　话：027-67867370
责任编辑：王中宝
责任校对：童　雯
封面设计：甘　英　胡　灿
出版发行：华中师范大学出版社有限责任公司
社　　址：湖北省武汉市洪山区珞喻路 152 号
销售电话：027-67861549
邮　　编：430079
网　　址：http://press.ccnu.edu.cn
印　　刷：湖北新华印务有限公司
督　　印：刘　敏
开　　本：710mm×1000mm　1/16
印　　张：30.5
字　　数：408 千字
版　　次：2023 年 8 月第 1 版
印　　次：2023 年 8 月第 1 次印刷
定　　价：122.00 元

敬告读者：欢迎举报盗版，请打举报电话 027-67867353

# 序　　言

　　高原，出生于 1920 年，辽宁义县人，我国著名的马克思主义理论家、教育家。高原先生作为我国科学社会主义学科重要奠基人，在学科建设上开疆拓土，在学术研究上笔耕不辍，在校院管理上勤勉苦干。高原先生是在我国恢复专业技术职务制度后第一批被授予教授职称的学者，是国务院第一届学位评定委员会法学组成员，也是我国科学社会主义专业首批博士生导师。高原先生在理论界、学术界和教育界享有很高的声誉，曾任湖北省政治学会会长、湖北省科学社会主义学会会长、全国政治学会常务理事、全国科学社会主义学会常务理事等职。

　　高原早年在家乡完成小学、初中和高中阶段的学习。1939 年就读于长春财务职员养成所，1940 年到山海关海关当职员。1943 年，从东北沦陷区来到于 1938 年迁至四川三台县的国立东北大学求学。1945 年任冀热行署文化教员，后入晋察冀华北联合大学学习。1948 年任华北联合大学政治学院股长和教员。高原后随军南下，参与创建中原大学，任学员大队主任兼政治教员。1952 年到中国人民大学进修，并任中国人民大学马列主义基础教研室主讲教员。

　　高原与中国人民大学教授高放这两位学术大家因在科学社会主义、国际共产主义运动史学科创建与发展方面作出的杰出贡献而被学界誉为"双高"（"南有高原，北有高放"）的佳话一直流传至今。1952 年，高原南下参加筹办华中高等师范学校和华中师范学院。1953 年，高原任华中师范学院政治系主任,之后历任学院党委宣传部部长、党委常委、党委办公室主任。早年高原曾师从成仿吾(新文化运动的重要代表、无产阶级教育家、社会科学家、文学家和翻译家)、何干之(著名的马克思主义理论家、教育家和历史学家)等理论大家。1955年,投写发表《什么是唯物主义》,通俗准确地解释了唯物主义理论,很好地传播和普及了马克思主义哲学。20世纪50年代中期,受国家高教部委托,参与全国高等学校《马列主义基础》教学大纲的编写,并担任编写组副组长。20世纪50年代末,主编《辩证唯物主义与历史唯物主义》教科书。1960年受中国青年出版社委托,撰写学习列宁的《共产主义运动中的"左派"幼稚病》的评价书稿,后因"文革"而未能出版。1961年,参加中南局《马克思主义哲学》教科书的编写工作。1972年,参与编写《学习〈反杜林论〉札记》(哲学篇),为统稿人之一。高原先生长期从事马列著作和党的建设理论的研究,撰写和主编教科书、专著4部,发表论文70篇,共计200多万字。他主编的教材有《科学社会主义》《通俗政治学》等,他领导组织创办了专业杂志《科社研究》(现为《社会主义研究》)。

学科建设是高等学校建设和发展的核心,而学科点建设又是学科建设的关键。华中师大今天能拥有政治学一级学科硕士、博士授权,政治学"双一流"建设学科和科学社会主义与国际共产主义运动(该专业在1990年前分为科学社会主义和国际共产主义运动史两个专业)、中外政治制度两个国家重点学科,是与高原等老一辈学者当年超前的学科发展战略意识和开创性的学科奠基工作分不开的。高原不仅是我国科学社会主义学科的重要奠基人,而且是华中师范大学政治学一级学科的奠基者,是华中师范大学科学社会主义和政治学发轫初创时期的学科带头人。早在20世纪50年代,高原先生就与杨宏禹、李会滨等老师开始在华中师范学院从事科学社会主义与国际共产主义运动研究。改革开放后,高原先生以时不我待的历史使命感,积极进取,勇闯难关,在科学社会主义及其相关学科建设方面做了多方面开创性的奠基工作。

第一，创办科学社会主义研究机构，整合和聚集相关研究力量。1978年6月，由高原教授发起，创建华中师范学院政治系科学社会主义研究室，这在全国高校还是首家。高原亲任研究室主任，与杨宏禹（研究室副主任）、李会滨两位老师一起带领开展科学社会主义、国际共产主义运动、政治学方面的研究和教学。1984年，将政治系科学社会主义研究室改建为独立建制的科学社会主义研究所，高原任所长，李会滨任副所长，该所为直属学校专门从事科学研究和研究生培养的院系级机构。1986年，高原先生去世，由李会滨教授接任科学社会主义研究所所长。这也是全国高校中唯一以科学社会主义命名的专门研究机构。当时该所就聚集了一批像高原、杨宏禹、李会滨、张厚安、胡原、徐育苗、孙盛廉、俞思念、刘苏邮、许耀桐、程又中、徐勇等学术带头人和学术骨干（其中有些老师边工作边学习，在读硕士或博士）。这为科学社会主义、政治学及其相关学科的学科建设、科学研究、队伍建设、人才培养建立了极为重要的平台。

第二，在全国率先获得科学社会主义专业硕士、博士学位授权。在高原先生的带领下，1978年，华中师范学院招收培养科学社会主义专业硕士研究生，成为全国招收培养该专业硕士研究生最早的高校之一。1981年，该学科获得全国首批科学社会主义专业硕士学位授权。1984年，再接再厉，该学科获得科学社会主义专业博士学位授权，成为全国该专业三个博士点之一。1985年，高原先生开始招收培养第一届科学社会主义专业博士研究生。高原教授是我国重建学位制度后第一批招收硕士研究生的导师和全国科学社会主义专业第一批硕士、博士研究生导师，也曾是华中师大科学社会主义学科专业初创时期唯一的硕士生导师和博士生导师。高原教授和杨宏禹教授共同指导的博士生宗锦福（博士毕业论文《马尔库塞社会主义思想研究》）成为新中国（文科）该学科首位博士学位获得者。高原先生和李会滨教授还富有远见地领导和支持政治学学科的初创和建设。在科学社会主义研究所成立不久,就分别设立科学社会主义和政治学两个研究室,由张厚安任政治学研究室主任,最早成员有张厚安、孙盛廉、胡原等老师。1984年,高原、张厚安、胡原主编出版《通俗政治学》。1985年,由张厚安、孙盛廉、胡原领衔申报获政治学专业硕士学位授权,这也是国内高校第一批政治学硕士学位授权点。正因为当年的学科超前布局,后来华中师大能凭借一个科学社会主义与国际共产主义运动这个二级学科博士点发展到今天由五个二级学科博士和硕士点组成的政治学一级学科硕士和博士学位授权,建成两个国家重点学科、一个教育部人文社会科学重点研究基地,高原等老一辈学者作出的开创性贡献厥功至伟。

第三,编写出版科学社会主义专业经典教材。教材建设在高校学科专业建设和人才培养中具有基础性地位,是学科体系建设的重要支撑。1981年2月,高原主编(杨宏禹、李会滨、徐育苗等老师参加全书统稿修改)的科学社会主义专业教材《科学社会主义》由湖北人民出版社出版,这是"文化大革命"以后我国出版的第一部科学社会主义专业教材。科学社会主义属于马克思主义的三个组成部分之一,是一门独立的学科。但长期以来科学社会主义在我国没有被当作一门独立的学科进行研究,在高等学校里也没有开设这门课程和设置这个专业,因而也就没有编写出版科学社会主义这方面的教科书。粉碎"四人帮"以后,胡耀邦同志在1977年主持中央党校工作时,就倡议建立科学社会主义课程。要建立这门课程,就必须有这门课程的教材。高原主编的这本《科学社会主义》教材就是其中之一。1981年,教育部专门发文确定该教材为高等院校文科教材。1981年11月底至12月初,教育部委托华中师范学院在武昌举办《科学社会主义》教材审稿会。中央党校等高等院校和科研、出版等20多个相关单位的专家、教师和科学社会主义专业研究生参加了会议。会议的中心议题是审议高原先生主编的《科学社会主义》教材。该教材问世以后,受到广大读者的欢迎。1984年年底,在高原教授的主持下，根据中共十二大和十二届三中全会以来的文件精神，带领科学社会主义研究所的几位老师对该书再次进行修改，从结构体系到内容文字，精益求精，不断完善，形成1984年修订第四版，由湖北人民出版社再版。至此该书已进行三次较大的修订，截至1985年年底，该教材累计发行58万册，在全国同类教科书中这个发行量是极为罕见的。1988年2月，该教材获教育委员会全国优秀教材一等奖。该教材前后连续修订再版六次，发行共超过百万册，成为该学科全国最早的影响深远的经典教材。本人非常荣幸地参加了该教材第六版的修订工作。令人遗憾的是该教材此后未能被再次修订和再版。此外高原先生还是国家"六五"哲学社会科学规划项目《中国大百科全书》（科学社会主义卷）、《科学社会主义在中国》（社会主义精神文明）的学术带头人。这些都是学科建设和人才培养的基础性工作。

第四，创办一份权威性专业刊物。1978年，在高原的领导下，华中师范学院政治系科学社会主义研究室创办《科学社会主义参考资料》，为季刊。1980年改为双月刊。1982年，该刊刊名由《科学社会主义参考资料》更名为《科社研究》。1985年，该刊刊名由《科社研究》更名为《社会主义研究》。本人在《社会主义研究》杂志编辑部工作期间，经常在所里图书室翻看这些老期刊，这些期刊内容十分丰富，资料非常翔实，确是本学科领域科学研究、教学和人才培养的重要参考资料，从而受益匪浅。自创刊以来，《社会主义研究》一直是马列科社学科中的重点专业学术期刊，是国家社会科学基金资助学术期刊、CSSCI来源期刊、全国中文核心期刊、中国人文社会科学核心期刊，在推动我国该学科领域内的学科发展、科学研究、队伍建设、人才培养等方面发挥了重要作用。

人事有代谢，往来成古今。令人庆幸和鼓舞的是，高原先生等老一辈开创的学科发展事业后继有人。老一辈开创的事业，在后人的接续努力中不断取得新进步，跃上新台阶。有道是，创业容易守业难。面对新的形势我们尤其要学习、继承和发扬高原等老一辈先生们那种坚持原则、实事求是、脚踏实地、艰苦创业、严谨治学、乐于奉献的优良作风，那种团结协作、开放包容、顾全大局、不计个人得失的胸怀，努力开拓事业发展的新境界。

# 目 录
CONTENTS

### 第一篇　开疆拓土建学科

003　第一章　科学社会主义学科教材建设

003　　　第一节　关于《科学社会主义》教材编写的经验与看法

014　　　第二节　《科学社会主义》编写大纲

023　　　第三节　在《教学与研究》笔谈会上的讲话

026　　　第四节　《通俗政治学（导论）》教材目录

035　第二章　科学社会主义学科建设交流

035　　　第一节　关于科社教材（初稿）的意见

038　　　第二节　关于人文社科专业科研方法的思考

044　　　第三节　在科社教师进修班上的讲话

### 第二篇　笔耕不辍写春秋

049　第一章　马列主义基础性认识

049　　　第一节　马克思主义三个组成部分之间的关系

053　　　第二节　空想社会主义怎样变成科学社会主义的

057　　　第三节　为什么说世界的统一性不在于它的存在，而在于它的物质性，存在与物质两个概念有何不同

# 目 录
## CONTENTS

| | | |
|---|---|---|
| 060 | 第四节 | 时间和空间是否是物质 |
| 061 | 第五节 | 怎样理解没有语言就没有思维，小孩生下来后讲话之前是否有思维 |
| 063 | 第六节 | 有机物与无机物的区别何在 |
| 064 | 第七节 | 动物和植物有何区别 |
| 065 | 第八节 | 什么叫绝对真理，什么叫相对真理，关系如何 |
| 069 | 第九节 | 怎样理解真理变谬误，谬误变真理 |
| 071 | 第十节 | 世界观和方法论的关系如何，有时我们说"世界观是好的，方法论不对"，这种说法对不对 |
| 074 | 第十一节 | 唯物辩证法的产生是人类认识史上的大革命 |
| 079 | 第十二节 | 关于矛盾的认识 |
| 081 | 第二章 | 马列经典著作研究 |
| 081 | 第一节 | 学习《反杜林论》 |
| 169 | 第二节 | 学习《路易·波拿巴的雾月十八日》（共2稿） |
| 198 | 第三节 | 学习《1848年至1850年的法兰西阶级斗争》 |

# 目录

| | | |
|---|---|---|
| 213 | 第四节 | 学习《国家与革命》 |
| 223 | 第五节 | 学习《共产主义运动中的"左派"幼稚病》 |
| 296 | 第三章 | 个人学术研究 |
| 296 | 第一节 | 从《苏联社会主义经济问题》中学习斯大林同志的科学态度 |
| 305 | 第二节 | 《农村调查》 |
| 328 | 第三节 | 关于印巴战争问题（提纲） |
| 336 | 第四节 | 面向实际　转变作风 |
| 339 | 第五节 | 马克思主义在中国的运用和发展——纪念马克思逝世100周年 |
| 380 | 第六节 | "思想要解放，理论要彻底，政治要民主"——在武汉市与中学政治教师谈话 |
| 391 | 第七节 | 共产主义思想实践和社会主义精神文明 |
| 412 | 第八节 | 工人阶级执政党的建设 |
| 416 | 第九节 | 关于无产阶级专政理论的问题——和语文函授班的同志们谈几点看法 |

# 目录 CONTENTS

### 第三篇 勤勉敬业治院校

- 433 第一章 高校党建
- 433   第一节 研究如何完善高校党组织建设
- 436   第二节 学习党的文件的认识——提倡富裕,发财致富
- 448   第三节 学习中央工作会议文件,联系我院实际,深入贯彻调查方针和安定团结方针的具体意见(供参考)
- 450   第四节 一定要搞好党风——在纪念中国共产党诞生60周年座谈会上讲话
- 456 第二章 院校管理
- 456   第一节 关于学校工作重点转移的浅见(提纲)
- 457   第二节 1980年2月7日同政治系教工的一次谈话
- 466   第三节 学习中央文件的几点认识
- 468   第四节 关于文科改革的建议
- 470   第五节 研究如何开展高校院系专业建设
- 471   第六节 就职讲话
- 473   第七节 关于我院中层领导班子改革的几个问题

# 第一篇 开疆拓土建学科

# 第一章 科学社会主义学科教材建设

## 第一节 关于《科学社会主义》教材编写的经验与看法

科学社会主义是马克思主义三个组成部分之一。它同马克思主义哲学、政治经济学既有联系又有区别，共同组成马克思主义理论体系。我们要完整地掌握马克思主义理论体系，就不仅要学习马克思主义哲学、政治经济学，而且还要学习科学社会主义。可是长期以来，在我们这样一个社会主义的东方大国里，科学社会主义没有当作一门独立的学科进行研究、学习和宣传，在高等学校里和干部理论教育中也没有开设科学社会主义课程，致使许多人不懂得什么是科学社会主义，因而在社会主义实践中产生盲目性，犯了不少本来可以避免的错误。在十年内乱时期，林彪、江青两个反革命集团歪曲、篡改科学社会主义原理，推行假社会主义，给我国社会主义事业造成严重灾害，又从反面告诉我们科学社会主义非学不可。在粉碎"四人帮"后，我国社会主义实践中出现了许多新情况新问题，也迫切需要科学社会主义这门学科来回答和说明。由于这一切原因，科学社会主义作为一门独立学科的研究、学习和宣传，已经成为我国社会主义实践发展的需要。而编写《科学社会主义》教材,则是摆在我国科学社会主义理论工作者面前的一项迫切任务。

下面,就我们编写《科学社会主义》教材中遇到的几个问题,谈谈自己的看法。

## 一、编写《科学社会主义》教材的指导思想

编写《科学社会主义》教材应该贯彻什么原则,坚持什么指导思想,这是关系着教材的质量、水平的一个全局性的问题。我们认为,编写《科学社会主义》教材要以如下几条作为努力的方向。

第一,力求比较系统地、完整地、准确地论述科学社会主义的基本原理。

马克思主义经典著作中关于科学社会主义的论述,有的属于基本原理,也有的属于非基本原理或个别结论。科学社会主义的基本原理反映了各国无产阶级的解放斗争的共同规律,是放之四海而皆准的理论。编写《科学社会主义》教材的基本任务,是要阐明科学社会主义的基本原理,并在理论的深度上下功夫,使之具有说服力。至于它的非基本原理或个别结论,可以略谈甚至避而不谈,或者放到基本原理中,作为对基本原理的运用和补充去谈,从而使基本原理得到集中、充分的论述。科学社会主义的基本原理是一个严密的体系。它本身是系统的、完整的,而不是零碎的、残缺不全的。这就要求编写的《科学社会主义》教材,体现它的系统性和完整性,注意研究每一个原理内部和各个原理之间的内在联系,"对每一个原理只是(α)历史的,(β)只是同其他原理联系起来,(γ)只是同具体的历史经验联系起来加以考察"①,避免任何片面性和割裂的现象。《科学社会主义》教材不是学术论文的汇集,它的基本观点应力求准确、稳妥,对于正在探讨尚未充分论证的问题,不宜写进教材,一些理论界有争议的问题,则应写出比较公认的观

---

① 《列宁全集》(第三十五卷),人民出版社,1959年版,第238页。

点，以保证教材的相对稳定。总之，系统、完整、准确地论述科学社会主义的基本原理，是编写《科学社会主义》教材的基本要求。

第二，力求贯彻理论同实践相结合的原则。

理论同实践相结合，是马克思列宁主义毛泽东思想的基本原则，也是编写《科学社会主义》教材必须遵循的基本原则。理论愈是接触实际，就愈彻底，就愈能掌握群众，变成强大的物质力量。如果理论不同实际相结合，那理论就会变成空洞的条文，毫无生命力了。科学社会主义作为无产阶级解放斗争的科学，它的基本原理一定要同世界无产阶级革命实践相结合，教材要尽力反映各国人民斗争的历史经验和现实材料。这是毫无疑义的。但是，在我国编写《科学社会主义》教材，论述它的基本原理，我们应该强调同我国的具体实践相结合。早在四十年前，毛泽东同志谈到研究马克思主义理论时曾经明确指出："应确立以研究中国革命实际问题为中心，以马克思列宁主义基本原则为指导的方针，废除静止地孤立地研究马克思列宁主义的方法。"① 我们今天编写《科学社会主义》教材，也必须贯彻这个学习马克思主义理论的方针，即运用科学社会主义的基本原理，去研究我国革命和建设中面临的种种实际问题。我国原来是一个半殖民地半封建社会，经济文化十分落后，在中国共产党的正确领导下，经过新民主主义革命和社会主义革命，先于发达的资本主义国家进入社会主义社会，这是历史的必然，是科学社会主义在新的历史条件下的创造性运用和发展。教材应当充分阐述和论证科学社会主义在中国的胜利。今年六月，党的十一届六中全会通过的《关于建国以来党的若干历史问题的决议》（以下简称《决议》），回顾了党的六十年战斗历程，总结了建国以来的历史经验，论述了毛泽东思想的形成过程、主要内容和指导作用，提出了一条适合我国国情的社会主义现代化道路。《决议》本身体现了科学社会主义基本原理同我国的具体实践相结合。因此，教材要认真贯彻《决议》精神，特别是《决

---

① 《毛泽东著作选读（甲种本）》，人民出版社，1965年版，第151页。

议》中有关科学社会主义的内容，例如新民主主义革命的理论、我国社会从新民主主义到社会主义转变的理论、人民民主专政的理论等等，都需要写进教材中去。

第三，力求突出无产阶级夺取政权后建设社会主义的内容。

马克思、恩格斯把社会主义从空想发展为科学，列宁领导的俄国十月革命的胜利，又使社会主义由理论变成了现实。从此，社会主义作为一种崭新的社会制度出现在世界上。当年，马克思、恩格斯研究科学社会主义，是把重点放在剖析资本主义制度、论述无产阶级夺取政权的理论和策略上面，至于未来社会只是从资本主义矛盾运动趋势中，提出一种科学预见和设想。正如列宁所说的，马克思关于科学社会主义的重要著作，"对于未来只提出一些最一般的暗示，它只考察未来的制度所由以长成的那些现有的要素"①。现在，社会主义理论变为现实已有六十多年的历史，我们完全有必要而且有可能根据经验谈论社会主义，把科学社会主义的研究重点转到建设社会主义上面来。无产阶级取得政权以后，如何建设社会主义？这是当代历史向我们提出必须正确回答的问题。《关于建国以来党的若干历史问题的决议》指出："社会主义运动的历史不长，社会主义国家的历史更短，社会主义社会的发展规律有些已经比较清楚，更多的还有待于继续探索。"② 马克思、恩格斯关于未来社会的科学预见和设想，是指导我们研究社会主义问题的理论基础，绝不能借口出现新情况而否定他们所预示的关于未来社会的普遍原理。但是也不能把他们关于未来社会的某些论断当成固定不变的模式，用以裁剪当今的社会主义实践，应该从实际出发，运用和发展科学社会主义理论。《科学社会主义》教材把重点放到论述社会主义问题上面，有利于社会主义事业的发展，也有利于科学社会主义理论的发展。

---

① 《列宁全集》（第一卷），人民出版社，1955年版，第164页。

② 中共中央文献研究室编：《三中全会以来重要文献选编》（下），人民出版社，1982年版，第817页。

第四，力求做到历史和逻辑的统一。

科学社会主义是无产阶级运动的理论表现，它既是无产阶级运动经验的科学总结，同时又是无产阶级运动的行动指南，并在无产阶级运动的实践中受到验证。新的历史经验不断丰富着科学社会主义的理论体系。所以，科学社会主义的创立和发展是同无产阶级运动的产生和发展紧密联系在一起的，它永远不会停留在一个地方，更不会停留在几十年或一百多年以前的个别论断的水平，正如邓小平同志所说的，"科学社会主义是在实际斗争中发展着"①。可见，历史和逻辑的统一，是行动中的马克思主义的科学社会主义的一个显著特点。而编写《科学社会主义》教材，无论从体系安排上，还是从内容的论述上，显然都应该贯彻历史和逻辑相统一的原则。

## 二、科学社会主义的研究对象和体系

科学社会主义的研究对象是什么？这是我们编写《科学社会主义》教材必须回答的问题。我们认为，科学社会主义是关于无产阶级解放斗争的性质、条件和一般目的的学说。为什么这样表述呢？

第一，这个表述是科学社会主义的创始人在革命实践中逐步形成、完善和概括出来的。1847年，恩格斯在《共产主义原理》中指出：科学社会主义是"关于无产阶级解放的条件的学说"②。随后，马克思、恩格斯在《共产党宣言》中，对这些条件作了全面的论述。19世纪70年代后期，恩格斯在《反杜林论》中批判杜林的假社会主义时又提出，科学社会主义不仅要研究无产阶级解放的条件，而且要研究"这一事业的性质"。恩格斯在这里从教育无产阶级分清真假社会主义出发，把科学社会主义的研究对象和任务统一起来论述，在他看来，科学社会

---

① 中共中央文献研究室编：《三中全会以来重要文献选编》（上），人民出版社，1982年版，第103页。

② 《马克思恩格斯全集》（第四卷），人民出版社，1958年版，第357页。

主义的研究对象是无产阶级解放的条件和性质,它的任务就是使无产阶级"认识到自己行动的条件和性质"①。到1885年,恩格斯《关于共产主义者同盟的历史》中进一步全面论述了科学社会主义的研究对象。鉴于当时德国党内"苏黎世三人团"、法国党内"可能派"公开抛弃无产阶级奋斗的目标,在他原有的提法后面加上了"一般目的"几个字,指出科学社会主义要深入研究"无产阶级所进行的斗争的性质、条件以及由此产生的一般目的"②。由此可见,恩格斯在实践中总结的关于科学社会主义研究对象的完整提法,是包括研究无产阶级解放斗争的性质、条件和一般目的三个互相联系的方面。

第二,这个表述揭示了科学社会主义这门学科的特殊矛盾和特殊本质。毛泽东同志指出,"科学研究的区分,就是根据科学对象所具有的特殊的矛盾性"③。"因为具有特殊的矛盾和特殊的本质,才构成了不同的科学研究的对象。"④ 科学社会主义研究无产阶级解放斗争的性质、条件和一般目的表明,它同马克思主义哲学、政治经济学一样,是一门独立的科学,有自己特定的研究对象。任何一门学科,都是研究客观事物发展规律的,科学社会主义研究的客体是无产阶级运动,揭示的是无产阶级运动产生、发展和胜利的规律。因为,无产阶级运动本身包括它的性质、条件和一般目的三个方面。这三个方面相互联系,缺一不可。实践证明,只有认清无产阶级运动的性质,坚持无产阶级解放的条件,明确无产阶级奋斗的目的,无产阶级运动才能发展、胜利,如果篡改、抛弃其中的任何一个方面,无产阶级运动就不可避免地遭受挫折和失败。因此,无产阶级运动的性质、条件和一般目的,体现了无产阶级运动本身固有的本质的和必然的联系,反映了无产阶级运动的规律。恩格斯提出研究上述三个方面,就把科学社会主义全部理论置于无产阶级运

---

① 《马克思恩格斯全集》(第十九卷),人民出版社,1963年版,第247页。
② 《马克思恩格斯全集》(第二十一卷),人民出版社,1965年版,第248页。
③ 《毛泽东选集》(第一卷),人民出版社,1952年版,第284页。
④ 《毛泽东选集》(第一卷),人民出版社,1952年版,第284页。

动发展的客观规律的基础上。这样,科学社会主义能够同研究自然、社会和思维发展一般规律的哲学和研究生产关系发展规律的政治经济学区别开来。

第三,这个表述体现了科学社会主义同空想社会主义的原则区别、同各种冒牌社会主义的根本对立。空想社会主义学说之所以是空想的,主要是不懂得无产阶级解放的条件,他们提出了关于"理想"社会的设想,但不认识社会发展的客观规律,不了解无产阶级的历史作用,没有找到改造资本主义社会的正确途径。这就使得他们的理想社会"一开始就注定要成为空想的"①。各种冒牌社会主义者则从"左"的或右的方面篡改无产阶级运动的性质,取消了无产阶级解放的种种条件,抛弃无产阶级斗争的目的。实践证明,科学社会主义研究无产阶级运动这样三个方面,对于识别真假社会主义比较有利。从实质上看,一切冒牌社会主义者都必然取消无产阶级解放的条件,但有的在抛弃无产阶级的斗争目的上表现很露骨,如伯恩施坦公开叫嚷"运动就是一切,最终目的是微不足道的";也有的在篡改无产阶级运动性质上暴露很充分,如林彪、"四人帮"公然把社会主义的东西诬蔑为资本主义,把封建主义、资本主义货色冒充为社会主义。所以,我们研究、把握无产阶级运动的性质、条件和目的三个方面,就更能识破一切冒牌社会主义的真面目。

基于上述三点理由,我们认为无产阶级解放斗争的性质、条件和一般目的,是关于科学社会主义研究对象的科学规定。

如何确立《科学社会主义》教材的体系?这是一个需要探讨的问题。我们认为应按照无产阶级运动的发展过程和科学社会主义理论的发展过程相结合、历史和逻辑相一致的方法,把科学社会主义看成是一篇文章,以无产阶级夺取政权为界,分上篇和下篇。上篇中心内容是论述无产阶级如何夺取政权;下篇中心内容是论述无产阶级如何建设社会主义。前面一个引论,主要是论述科学社会主义的研究对象和社会主义发

---

① 《马克思恩格斯全集》(第十九卷),人民出版社,1963年版,第210页。

展史上的两大飞跃：一是社会主义从空想发展为科学；一是社会主义由理论变为现实。最后一章是论述无产阶级解放斗争的最终目的。我们之所以这样安排教材体系，出于下面三点考虑。

第一，符合科学社会主义的研究对象。科学社会主义是关于无产阶级解放斗争的性质、条件和一般目的的学说，其中"条件"是研究的重点。而无产阶级解放的条件是变化的，无产阶级在夺取政权以前和以后需要的解放条件是不完全相同的。只有从无产阶级运动的历史发展的角度去研究，才能具体认识、掌握无产阶级解放的条件。坚持无产阶级运动的性质，也不是抽象的，必须经过无产阶级运动的不同时期、不同阶段上的不同斗争显现出来。

第二，符合科学社会主义的内容。科学社会主义理论是无产阶级革命斗争的经验总结，是伴随着无产阶级运动的发展而产生的相应的理论表现。因此，它的内容是同无产阶级解放斗争的发展联系在一起的。正是在这个意义上，恩格斯说过："共产主义不是学说，而是运动。"① 既然如此，科学社会主义的理论体系，就是理所当然的了。正如政治经济学依据经济运动发展进程分为资本主义部分和社会主义部分一样。

第三，符合科学社会主义的特点。科学社会主义的特点首先在于它的科学性。它同各种非科学的社会主义是相比较而存在，相斗争而发展的，双方共处于无产阶级运动的发展过程中。只有把它们放到一定的历史时期、历史阶段去研究，才能辨别清楚，坚持社会主义理论的科学性。其次一个特点是革命性，它是无产阶级革命的科学理论。但是，无产阶级的革命斗争，在无产阶级夺取政权前后、生产资料私有制社会主义改造完成前后的含义、内容和方法都是不同的，也只有分时期分阶段去研究，才能论述准确，体现科学社会主义的革命实质。还有一个特点是现实性，科学社会主义是行动中的马克思主义，它早就不只是一种科学理论，而成为亿万人民辛勤建设的现实生活。因此，要把科学社会主

---

① 《马克思恩格斯全集》（第四卷），人民出版社，1958 年版，第 311 页。

义研究的重点转到社会主义建设上来。很明显，我们这样安排教材体系，有利于做到这一点。总之，按照无产阶级运动的发展过程，阐述科学社会主义的基本原理，建立它的教材体系，是这门学科的研究对象、内容和特点的要求。

### 三、科学社会主义和其他学科的关系

正确认识和处理科学社会主义和历史唯物主义、政治经济学、社会学、政治学和国际共产主义运动史等学科的关系，尤其是弄清楚它们之间的区别，对于我们确定科学社会主义的内涵和外延，搞好这门学科的教材建设是十分重要的。

从科学社会主义的研究对象可以看出，它同历史唯物主义是有区别的。历史唯物主义是研究全部人类社会历史发展最基本的过程和最一般的规律。也就是马克思说的，社会的发展首先是生产力的发展，生产力发展到一定阶段时，便同现存生产关系发生矛盾，于是社会革命不可避免，通过社会革命变革生产关系即经济基础之后，全部上层建筑也要随着发生变革。整个人类社会就是这样向前发展的。科学社会主义则是研究从资本主义到共产主义这个历史阶段无产阶级运动发展的具体过程和特殊规律。它说明无产阶级要获得解放，必须使无产阶级认识到自己的历史使命，建立无产阶级政党，制定正确的战略策略，通过无产阶级的革命斗争，推翻资产阶级的统治，建立无产阶级专政，实行生产资料公有制，尽快地发展生产力，创造社会主义的物质基础和精神文明，消灭工农、体脑、城乡之间的差别，实现共产主义。因此，历史唯物主义和科学社会主义的关系，是一般和个别的关系。科学社会主义作为研究无产阶级运动的特殊规律，必须要以历史唯物主义研究的人类社会发展的一般规律作为指导。但是，人类社会发展的一般规律不能完全包括无产阶级运动的特殊规律。我们只能用历史唯物主义指导研究科学社会主义，而不能用历史唯物主义代替科学社会主义。

科学社会主义同政治经济学的研究对象也是不同的。政治经济学是研究生产关系发展规律的，是属于经济领域；科学社会主义是研究无产阶级解放斗争规律的，主要属于政治领域。列宁在谈到科学社会主义时，指出它是研究"政治方面"①，是找出"扫除旧制度和创立新制度的力量"②。因此，政治经济学和科学社会主义的关系，可以说是经济同政治的关系。政治经济学研究的生产关系发展规律，是无产阶级解放斗争的直接基础，科学社会主义研究的无产阶级解放斗争的学说，则是生产关系变化发展的集中表现。所以，我们阐述科学社会主义的基本原理时，不能离开政治经济学，在无产阶级夺取政权后，要论述社会主义社会的经济基础和物质基础；否则，科学社会主义理论就失去了根基。但是，科学社会主义论述经济问题还是应从无产阶级解放的角度出发。

科学社会主义主要研究的是"政治方面"，同社会学就很容易区别开来。社会学是研究社会现象和社会问题的科学，各种不同的社会和各种不同的社会问题，都属于它要研究的范围。如人口问题、失业问题、婚姻家庭问题、青少年犯罪问题、社会治安问题、社会风气问题等等。科学社会主义不去研究一个一个具体社会问题，而着重于阐述无产阶级运动的基本原理，为无产阶级和劳动人民推翻资本主义、实现社会主义共产主义指明方向。社会学在研究一个个具体社会问题并寻求解决的方案时，不能离开科学社会主义的指导，但科学社会主义也不能代替社会学。

科学社会主义同政治学都属于政治科学，他们的关系十分密切，内容上确有交叉，但又有区别。从纵的方面来看，政治学不是研究某一个社会，而是研究自有阶级以来的人类社会，显然，它研究的"政治"比科学社会主义研究的"政治"的历史周期要长。从横的方面来看，政治学要研究世界上各种政治问题，科学社会主义只是研究无产阶级解

---

① 参见《列宁选集》（第二卷），人民出版社，1972年版，第6页。
② 《列宁全集》（第十九卷），人民出版社，1959年版，第8页。

放斗争的理论和策略。因此，政治学研究的"政治"也比科学社会主义研究的"政治"的面要宽。但是，科学社会主义不仅要研究"政治方面"，而且涉及经济、精神文化，在这个意义上说，科学社会主义又比政治学研究的范围要广。这两门学科，内容确有交叉，如国家政权问题都要研究，但要点可以有所不同。近年来，我国政治学界许多人都围绕国家政权问题开展研究工作，并把研究的重点放到政治制度上面，什么君主制度、君主立宪制度、共和制度、法西斯制度以及政党制度、选举制度、文官制度等等，研究得具体、详细。科学社会主义则着重研究国家的实质，而对于政治制度只作一般性的研究。总之，需要研究这两门学科各自的特点，以便恰当地划分各自的研究范围。认为政治学就是科学社会主义的看法是不正确的。

至于科学社会主义同国际共运史的区别，那是很清楚的，在此就不再赘述了。一个是以"论"为主，是属于理论科学；一个是以"史"为主，是属于历史科学。它们之间可以相互补充，绝不能相互代替。这两门学科，都应当分别进行独立的研究。

# 第二节 《科学社会主义》编写大纲

## 引 论

一、科学社会主义的研究对象

二、科学社会主义从空想发展为科学

三、科学社会主义由理论变为现实

四、学习和研究科学社会主义的意义和方法

## 上 篇
### 无产阶级推翻资本主义旧世界的理论和策略

第一章 无产阶级的历史使命

第一节 资本主义必然灭亡,社会主义必然胜利

一、社会主义代替资本主义是社会发展的客观规律

二、帝国主义是无产阶级社会革命的前夜

三、现代帝国主义国家出现的新情况改变不了它的灭亡命运

第二节 无产阶级的阶级特性和历史使命

一、无产阶级是人类历史上最伟大的一个阶级

二、无产阶级的历史使命是推翻资本主义,实现共产主义

第三节 无产阶级反对资产阶级的阶级斗争

一、无产阶级的阶级斗争是变革资本主义社会的巨大杠杆

二、无产阶级的阶级斗争经历自发斗争到自觉斗争两个发展阶段

三、经济斗争、政治斗争、思想(理论)斗争是无产阶级斗争的三种基本形式

第二章 无产阶级政党

第一节 无产阶级政党的性质和领导作用

一、无产阶级政党是科学社会主义与工人运动相结合的产物

二、无产阶级政党是无产阶级的先进部队

三、无产阶级必须有自己革命政党的领导

第二节　无产阶级政党的组织原则和优良作风

一、民主集中制是无产阶级政党的组织原则

二、理论和实践相结合、同人民群众保持密切联系、批评和自我批评是无产阶级政党的优良作风

第三节　无产阶级政党的团结和党内斗争

一、无产阶级政党的团结和统一是党的生命

二、正确处理党内矛盾和党内斗争


第三章　无产阶级革命

第一节　无产阶级革命的特点和条件

一、无产阶级革命是人类历史上最广泛最深刻的革命

二、无产阶级革命的客观形势和主观条件

第二节　无产阶级革命的道路和胜利进程

一、无产阶级革命的根本问题是政权问题

二、暴力革命是无产阶级革命的一般规律

三、各国革命发展的道路要由各国人民根据本国特点来决定

四、社会主义首先在一国胜利的学说

第三节　无产阶级革命的同盟军

一、工农联盟是无产阶级革命的基本力量

二、团结一切可以团结的力量，组织浩浩荡荡的革命大军

第四节　无产阶级革命与战争

一、无产阶级革命战争是正义的战争

二、帝国主义战争必然引起革命

三、只有世界无产阶级革命彻底胜利，才能消灭战争

第四章　无产阶级领导的民族民主革命

第一节　帝国主义时代民族民主革命的地位和作用

一、民族民主革命是世界无产阶级革命的一部分

二、民族民主革命是摧毁帝国主义的重要力量

第二节　无产阶级领导的民族民主革命的性质和道路

一、无产阶级领导的民族民主革命是反帝反封建的新民主主义革命

二、农村包围城市武装夺取政权是新民主主义革命的胜利道路

第三节　无产阶级领导的民族民主革命的前途

一、无产阶级领导的民族民主革命的必然趋势是社会主义革命

二、无产阶级的领导权是实现革命转变的决定条件


第五章　无产阶级革命的战略和策略

第一节　战略和策略的制定及其重要作用

一、战略策略是指导无产阶级革命斗争的科学

二、战略策略是依据马克思主义理论和实际情况制定的

三、战略策略是在斗争实践中形成和发展的

四、战略策略是指导无产阶级革命取得胜利的重要武器

第二节　战略和策略的基本原则

一、当前斗争和长远目标相结合

二、战略上藐视敌人，战术上重视敌人

三、团结一切可以团结的力量，孤立和打击最主要的敌人

四、原则的坚定性和策略的灵活性


第六章　无产阶级的国际团结

第一节　无产阶级国际团结的基础和意义

一、无产阶级的解放是国际性事业

二、无产阶级的国际团结是无产阶级解放的必要条件

三、无产阶级的国际主义是无产阶级国际团结的基础

第二节 维护和加强无产阶级国际团结的道路

一、维护和加强无产阶级国际团结必须坚持国际主义和爱国主义的统一

二、维护和加强无产阶级国际团结必须反对反动的民族主义

下 篇

无产阶级创建共产主义新世界的理论和策略

第七章 无产阶级专政

第一节 无产阶级专政的必然性和重要性

一、无产阶级专政是马克思主义的主要之点

二、无产阶级专政是通向共产主义的必由之路

第二节 无产阶级专政的基本内容和任务

一、无产阶级专政是工人阶级领导的以工农联盟为基础的新型国家

二、无产阶级专政是新型民主和新型专政的国家

三、无产阶级专政的历史任务是要消灭阶级、实现共产主义

第三节 无产阶级专政的坚强柱石和国家形式

一、无产阶级军队是无产阶级专政的坚强柱石

二、无产阶级专政的国家形式具有多样性

第四节 我国无产阶级专政的特点和实质

一、人民民主专政的提法更适合中国国情

二、人民民主专政实质上是无产阶级专政

第八章 从资本主义到社会主义的过渡

第一节 从资本主义到社会主义的过渡时期

一、从资本主义到社会主义必须有一个过渡时期

二、中国过渡时期实现从新民主主义到社会主义的转变

第二节　过渡时期的社会主义改造

一、社会主义改造的内容、形式和道路

二、中国社会主义改造的基本特点

第三节　过渡时期的阶级斗争

一、过渡时期的阶阶结构、阶级矛盾和阶级斗争任务

二、过渡时期阶级斗争的形式和特点

第四节　社会主义社会的基本特征

一、社会主义社会的基本特征及其优越性

二、三大改造基本完成标志着中国进入社会主义社会


第九章　社会主义社会的主要矛盾和阶级斗争

第一节　社会主义社会的主要矛盾

一、我国社会主义社会的主要矛盾是人民日益增长的物质文化需要同落后的社会生产之间的矛盾

二、社会主义社会的革命同过去的革命根本不同

第二节　社会主义社会的阶级斗争

一、我国社会主义社会的阶级斗争还将在一定范围内长期存在

二、社会主义社会的阶级斗争是一种特殊形式的阶级斗争


第十章　社会主义的物质基础

第一节　建立和发展社会主义物质基础的重大意义

一、社会主义的物质基础是现代化大机器工业

二、没有社会主义物质基础就不能最终战胜资本主义

第二节　无产阶级夺取政权后工作着重点的转移

一、把工作着重点适时地转到经济建设上来

二、建立和发展社会主义物质基础是一场深刻的革命

第三节　建立和发展社会主义物质基础的道路

一、坚持社会主义的方向

二、按照客观经济规律办事

三、坚持自力更生为主，争取外援为辅的方针

第十一章　社会主义民主和法制

第一节　社会主义民主

一、社会主义民主是高于资产阶级民主的政治制度

二、没有民主就没有社会主义

三、建设社会主义的高度民主

第二节　社会主义法制

一、社会主义法制是社会主义国家的法律制度

二、社会主义法制是社会主义革命和建设的有力武器

第三节　发展社会主义民主健全社会主义法制

一、民主是法制的基础，法制是民主的保障

二、加快社会主义经济文化建设，为发展社会主义民主和健全社会主义法制创造物质文化条件

第十二章　社会主义精神文明

第一节　社会主义精神文明的含义和特征

一、社会主义精神文明是一个范围广泛的体系

二、社会主义精神文明是人类文明发展的崭新阶段

第二节　建设社会主义高度精神文明的意义与途径

一、建设社会主义高度精神文明是一个伟大战略目标

二、建设社会主义高度精神文明是全体人民的共同任务

第十三章　社会主义时期的工人、农民、知识分子和统一战线

第一节　社会主义国家的工人阶级

一、社会主义国家工人的地位和作用

二、工人阶级必须努力加强自身的建设

第二节　社会主义国家的农民阶级

一、社会主义国家农民的地位和作用

二、社会主义国家解决农民问题的道路和原则

第三节　社会主义国家的知识分子

一、社会主义国家知识分子地位的变化

二、社会主义国家知识分子的重要作用

第四节　社会主义时期的统一战线

一、社会主义时期统一战线的性质和特点

二、社会主义时期统一战线的任务和作用


第十四章　社会主义国家的民族问题

第一节　社会主义民族关系的形成和发展

一、社会主义民族是在资产阶级民族的基础上形成和发展起来的

二、社会主义时期是社会主义民族关系全面发展的时期

第二节　社会主义时期民族问题的基本内容和任务

一、事实上的不平等是社会主义时期民族问题的实质和根源

二、稳步地进行少数民族地区的社会改革，使少数民族过渡到社会主义

三、积极发展少数民族地区的经济文化事业，实现共同繁荣

第三节　社会主义国家解决民族问题的基本原则和政策

一、实现民族平等、加强民族团结，是社会主义国家解决民族问题的基本原则

二、民族区域自治是社会主义中国解决民族问题的基本原则

三、宗教信仰自由是改善和发展社会主义民族关系的一项重要政策

第十五章  社会主义国家的对外关系

第一节  社会主义国家对外关系的政策和目的

一、社会主义国家奉行和平的革命的对外政策

二、社会主义国家需要和平的国际环境

第二节  社会主义国家对外关系的基本原则

一、坚持独立自主的原则

二、坚持无产阶级国际主义原则

三、坚持和平共处五项原则

第三节  社会主义国家对外关系的根本任务

一、积极发展同世界各国的关系和经济文化往来

二、支持被压迫民族的解放事业、新独立国家的建设事业和各国人民的正义斗争

三、坚持反对帝国主义、霸权主义、殖民主义和种族主义，维护世界和平


第十六章  工人阶级执政党的建设

第一节  加强工人阶级执政党建设的必要性

一、工人阶级执政党的地位对党的建设提出了新的更高的要求

二、加强执政党的建设是保证党实行正确领导的关键

第二节  工人阶级执政党建设的主要内容和方法

一、加强执政党的政治思想建设，坚持马克思主义的思想路线和政治路线

二、加强执政党的组织建设，保证党的政治路线的贯彻执行

三、加强执政党的作风建设，继承、发扬党的优良传统和作风

第三节  坚持和改善党的领导，提高党的战斗力

一、坚持党的领导，必须改善党的领导

二、坚持党的领导，必须提高党的战斗力

第十七章　无产阶级解放斗争的最终目的——实现共产主义

第一节　共产主义的基本特征及其历史必然性

一、共产主义社会是人类最高理想的社会

二、共产主义社会是人类历史发展的必然趋势

第二节　实现共产主义的条件和过程

一、由社会主义过渡到共产主义的必要条件

二、实现共产主义是一个长期的奋斗过程

## 第三节　在《教学与研究》笔谈会上的讲话

　　《教学与研究》举办加强科学社会主义教学与研究的笔谈会，这件事做得好，我非常赞成。

　　关于《科学社会主义》教材建设的问题，我国比其他一些国家晚了一大截，马克思主义三个组成部分之一的科学社会主义的研究，在我国比其他两部分（哲学、政治经济学）落后很多，作为一门独立学科，只是在粉碎"四人帮"后，特别是党的十一届三中全会后才逐步兴起，在全国还是凤毛麟角，与人口众多的社会主义大国，与我们搞了几十年的社会主义是极不相称的。令人高兴的是，全国党校军事院校开设了科学社会主义课程，近两年内在我国已出版了几本《科学社会主义》教材，以应急需，总算在这个领域里迈开了教学与科研的第一步。

　　科学社会主义的研究对象，科学社会主义应该包括哪些内容，以及它的体系等问题，经过几年的研究，有各种不同的看法，这是正常的，它启发人们深入思考，学习钻研，追求真理，是很有意义的。

　　我们编写的《科学社会主义》，承蒙教育部组织和邀请了几十位学者、专家出席审稿会，对于我们进一步编好教材确实是雪中送炭，他们的好思想、好建议、好主张，我们都采纳了，这种措施是教材建设的良师益友。

　　回顾我们走过的道路，并非一帆风顺，有的好心人说科学社会主义研究现实问题，搞不好容易捅娄子，冒风险，难度大，费力不讨好。有些还正在探索，如果我们的理论逃避现实，逃避困难，绕开矛盾走，这还能说符合马克思主义吗？难度大，不好搞，我们要迎难而上，知难而进，毛泽东同志说越是困难的地方越是要去，这才是好同志，我们理应如此。有人说，在中国有了国际共产主义运动史和中共党史，何必还搞科学社会主义呢？前二者归根到底属于历史科学，后者属于理论科学，怎么可以代替呢？这种代替的主张实质上是无视科学社会主义的教学和研究多年来的教训，搞不清真假，社会主义犯了许多不应犯的常识错误，而被林彪、江青两个反革命集团利用我们的错误进行了许多破坏，造成了莫大的灾难。要汲取教训，就得加强科学社会主义的研究。

近几年来兴起了对政治学的研究，这是很好的。可是又有人出来说政治学就是科学社会主义，把两者画等号。我不去回应这种见解，两者同属政治科学，他们确实密切联系。这是无可非议的，然而把两者等同起来是非常不妥的。政治学研究的范围要比科学社会主义广泛得多，世界上有各种各样的政治问题，政治学科都不能回避，而科学社会主义是无产阶级解放运动的科学。从历史过程来说，政治学研究自人类出现政治问题，都在研究之列，而科学社会主义创立是世界上出现了无产阶级之后，它研究的问题比政治学要研究的历史短得多。如果硬要等同起来，必然发生互相代替或者取消一门。这应该说是不允许的，让我们在各自的领域内进行研究，达到共同繁荣，卖瓜者叫喊自己瓜甜，但最好不要说别人的瓜苦，大家都甜好不好？让我们的理论科学多搞些协作，而不要轻率地顾此失彼。

教材建设是一项大工程，靠孤家寡人难以做好，尤其是在较短时期内，完成几十万字的教材更是不敢想象的。因此要有一支几个人或十几个人的队伍，按照统一研究的大纲，分项钻研，集体讨论，主编负责。没有个人钻研，就难以保证质量，没有集体讨论，就缺乏广泛深入的探讨，就是要集思广益。没有主编负责，就难以避免形成大杂烩，变成家庭矛盾的混合物。

教材建设要反映时代的特点，反映社会主义的新成果。《关于建国以来党的若干历史问题的决议》是我国社会主义实践的科学总结，也是科学社会主义的伟大发展，我们编写科学社会主义要以《决议》为指导，这不仅在政治上同党中央保持一致，而且《决议》也的确是全党智慧的结晶，是马克思列宁主义同中国具体实际相结合的产物，是经得起历史检验的科学结论。如果违背了《决议》,那将是极大的失误,以前的教材是在《决议》产生以前问世的,错误和缺点还可以原谅,如果在《决议》产生之后编写的教材仍然不按《决议》精神修改补充,那是极不严肃的,也是不应该的。马克思主义的科学社会主义从《共产党宣言》发表算起,只有134年,社会主义由理论变为现实,从俄国十月革命算起才65年的历史,我国社会主义的实践仅仅32年,于人类历史说来,的确是很短暂的一刹那。实践中抓出的问题,远比人们的设想复杂万倍,人们迫切需要用科学社会主义来回答。现在我们党中央大力提倡对科学社会主义的研究,虽然我们的队伍很弱,像小孩子学走路那样幼稚,总算开始走了,只要我们教学与科研,引导大家相互协作,取长补短,资料共享,互通有无,我们从事的科学一定会沿着社会主义事业的兴旺发展而蓬勃开展起来。

恩格斯早就说过:"社会主义自从成为科学以来,就要求人们把它当做科学看待,就是说,要求人们去研究它。"[①] 丰富和发展科学社会主义反过来又在科学社会主义的理论指导下,把社会主义实践搞得绚丽多彩。

---

[①] 《马克思恩格斯全集》(第十八卷),人民出版社,1964年版,第567页。

# 第四节 《通俗政治学（导论）》教材目录

通俗政治学

（导论）

第一章　不要谈虎色变　要填补空白——政治学研究的对象、任务与方法

一、政治学的产生、发展与现状

　　政治学起源于古希腊

　　近代政治学的兴起

　　马克思主义政治学的诞生与现状

二、政治学研究的对象与方法

　　政治学有特定的研究对象

　　坚持阶级分析、比较研究的方法

三、政治学研究的任务

　　开展政治学的研究是建设高度社会主义民主的需要

　　开展政治学的研究是实现政治体制改革的需要

　　建设具有中国特色的政治学

第二章　既非"从来就有"，也非"永古长存"——国家的起源、交替与消亡

一、国家的起源

　　阶级的形成、国家的产生

　　评剥削阶级的几种国家起源说

二、国家的更替

　　国家的更替必须通过社会革命（兼谈革命与改良）

　　无产阶级革命结束了剥削阶级的国家统治

三、国家的消亡

　　国家消亡的条件

　　对"国家永恒"论和"废除国家"论的批判

第三章　一个被弄得混乱不堪的问题——国体与国家的历史类型

一、什么是国体

　　国家的本质与职能

　　"社会契约论"和"要素说"等剥削阶级的理论

二、国家的历史的类型

　　奴隶制国家

　　封建制国家

　　资本主义国家

　　社会主义国家

三、中国人民民主专政

　　人民民主专政的产生和发展

　　人民民主专政的基本特征和现阶段的基本任务

第四章　长治久安与国家形式——政体、国家机构与治国之道

一、什么是政体

　　政体、政体与国体的关系、政体的分类

　　前资本主义国家的政体

二、国家的结构形式

　　单一制国家

　　联邦制国家与联邦

三、国家的治理形式

　　民主治理形式（直接民主、间接民主；剥削阶级民主与无产阶级民主；集权与分权；认知与法治）

独裁统治与法西斯暴政

第五章 "君权神授"与民族问题的由来——宗教、民族与国家
一、宗教与国家
宗教的起源及其在历史上的作用
剥削阶级国家与宗教
社会主义国家的宗教政策
二、民族与国家
民族的起源与民族问题的产生
(民族问题在国家政治生活中的地位)
单一民族国家
多民族国家
只有社会主义国家才能最终解决民族问题

资本主义国家政治

第六章 资产阶级统治"最好的政治补充"——资本主义国家政体
一、君主立宪政体
二元制君主立宪政体
议会制君主立宪
二、共和制政体
议会制（内阁制）
总统制
委员制

第七章 资产阶级实现国家权力"得心应手的工具"——资本主义国家机构

一、资产阶级的分权学说
　　分权学说的思想渊源和发展
　　现代资本主义国家与三权分立
二、立法机构——议会
　　资产阶级议会制的起源、发展和本质
　　资产阶级议会的职权
　　（兼谈一院制与两院制）
　　资产阶级议会与选举制度
　　对资产阶级议会的历史评价
三、行政机构——中央政府
　　资产阶级最高行政机构的概念及本质
　　（兼谈政府首脑与国家元首的关系）
　　资产阶级中央政府和政府首脑的职权
　　资产阶级国家行政元首的产生办法和任期
四、司法机构——法院
　　资产阶级法院的本质、渊源和发展
　　资本主义国家司法的基本原则和制度
　　对资本主义国家司法制度的历史评价

第八章　在党派竞争、交替执政的背后——资本主义国家的政党制度
一、近代资产阶级政党的产生和特点
　　政党的概念
　　资产阶级政党的产生、演变及其特点
二、资本主义国家政党制度
　　两党制
　　多党制

一党制
资产阶级政党政治的实质

第九章　一批凌驾于社会之上的"特权阶层"——资本主义国家的文官制度
一、资本主义国家文官制度的建立和发展
资本主义国家官吏队伍的形成
资本主义国家文官制度的建立、发展和现状
二、资本主义国家文官制度的比较
英国、美国、日本、法国、西德等国的文官制度和比较

第十章　"主权在民"是资产阶级民主的口号——资本主义国家人民的法律地位
一、资产阶级的人权学说
人民、公民与国民
资产阶级人权学说
二、资本主义国家公民权利、义务的法定内容
公民权利、义务的法定内容
公民权利、义务的发展趋势

## 社会主义国家政治

第十一章　无产阶级专政只能是"社会共和国"——社会主义国家政体
一、社会主义共和制政体
马克思关于"社会共和国"的思想
议行合一的原则
二、社会主义共和制的几种形式

　　　　巴黎公社制

　　　　苏维埃制

　　　　社会主义自治民主制（代表团制）

　　　　人民会议制

　三、社会主义共和制是新型民主

　　　　社会主义民主的特征

　　　　社会主义国家选举制

　　　　社会主义国家政府首脑及任期问题

第十二章　中国人民当家作主的"最好形式"——人民代表
　　　　　大会制

一、人民代表大会制的产生与发展

　　　　从工农兵代表会到人民代表大会

　　　　人民代表大会制的基本特点

二、中华人民共和国的国家机构

　　　　权力机构

　　　　行政机构

　　　　民族自治地方的自治机构

　　　　人民法院和人民检察院

三、不断加强和完善人民代表大会制

　　　　加强人大常委会的工作

　　　　恢复国家主席的设置

　　　　改革国家行政领导机关

　　　　加强社会主义法制　扩展社会主义的直接民主

第十三章　社会主义"不是一党一派的私事"——社会主义国家的
　　　　　政党制度

一、共产党在社会主义国家中的地位和作用

　　共产党是社会主义国家的领导核心

　　党对国家政治生活领导的本质内容

二、社会主义国家的党政关系

　　苏联建国初期的党政关系

　　南斯拉夫是如何处理党政关系的

　　中国党政关系发展的历史特点

三、社会主义国家的多党合作

　　各社会主义国家政党情况简介

　　社会主义国家共产党是执政党与多党合作的必要性

　　中国共产党与各民主党派的关系

第十四章　社会的公仆　人民的勤务兵——社会主义国家的干部制度

一、干部制度是社会主义国家政治制度的重要组成部分

　　马列关于社会主义国家干部制度的论述

　　社会主义国家干部的必备条件和干部队伍

二、社会主义国家干部制度比较

　　巴黎公社的干部制度

　　苏联建国初期的干部制度

　　南斯拉夫、朝鲜、罗马尼亚的干部制度

三、我国的干部制度

　　我国干部队伍的结构和制度

　　实现干部队伍的"四化"防止权力的异化

第十五章　旧社会的奴隶　新社会的主人——社会主义国家人民的主人地位

一、社会主义国家公民的权利与义务

　　人民是社会主义国家的主体

　　公民的权利和义务及其一致性

二、中国人民的主人地位与主人翁精神

　　我国人民的权利和义务

　　加强人民的政治修养　发扬人民主人翁精神

国际政治

第十六章　维护世界和平　反对霸权主义的斗争

——当代国际关系的新格局

一、国际关系的历史发展和新的格局

　　国际关系的产生和历史发展

　　当代国际关系的新格局（三个世界）

二、国际关系中的外交

　　不同制度国家执行不同性质的外交政策

　　资本主义国家关系中的弱肉强食的帝国主义的强权政治

　　社会主义国家对外交往的本质

　　我国外交政策的基本方针和原则

第十七章　国际交往的基础　国家关系准则——国家主权与国际法

一、主权在国际关系中的地位

　　主权完整是国家交往的基础

　　对"主权过时"论和"有限主权"论的批判

二、国际法在国际关系中的作用

　　国际法的形成与发展

　　国际法是国家关系的行为准则

第十八章 国际斗争的另一个舞台——国际组织

一、国际组织的产生、发展和作用

  国际组织的产生和战后的发展

  国际组织的不同性质和作用

  （政治性的、军事性的、经济性的）

  我国政府对国际组织的态度

二、当代主要国际组织——联合国

  联合国的建立、主要机构和组织，对其作用的评价

三、区域性的国际组织

# 第二章　科学社会主义学科建设交流

## 第一节　关于科社教材（初稿）的意见

对《马克思恩格斯列宁斯大林论政治和政治制度》初稿目录所列内容粗读了一遍。由于时间较紧，看得很不仔细。所提意见必然不周到。现仅将从个人阅读中产生的几类想法写在下面，以供参考。

一、从要求"选材比较完整论述为主，在可能范围内供读者对经典作家的理论观点形成和发展能有个系统的、完整的了解"来看，所选的内容基本上能达到这一目的。

二、从目录内容看又是以科学社会主义学说的产生和发展、以马克思主义关于国家与革命的理论为中心，系统地反映了马列的主要论述和观点。看来，对这些问题有一个完整的印象。

三、几点具体意见：

（1）所选内容不可避免地涉及哲学、政治经济学。但是，除非必不可少者，应尽量少选或不选，以免面面俱到，过于庞大。如所选马恩选集第1卷第17—19页，主要内容是哲学唯物论的内容，讲的是人与环境、教育的关系，宗教与世俗等。编者选择的目的，可能是要让读者了解马克思主义关于认识世界与改造世界的关系。像这样类似的地方较多，为了反映一个论点而选一篇，加大了分量。我的一个主要想法是：希望所选内容与政治学、法学、社会学扎得紧一些。

（2）所选内容对科学社会主义的理论反映比较系统、完整，要能清楚地看到一些重要观点的形成和发展过程。但是从政治学、法学、社会学的要求来看，感到在内容上有欠缺。下面从自己读到的提出几点供参考：

第一，马克思关于各种类型国家政权组织形式（即政体）的论述（如选集第3卷P248关于资产阶级国家形成与内容的论述等）；对资产阶级分权学说的论述（如全集第五卷P224-225《7月7日的妥协辩论》中的论点）；对资产阶级法律、法度阶级性的论述（如全集第一卷P178对资产阶级法律偏好的本质的论述）；对资产阶级人权学说的论述（如全集第23卷马克思关于平等的论述）等等都未选录。第二，列宁全集第8卷《三种宪法或三种国家制度》一文，全集第14卷P153关于从资本主义向共产主义过渡中无产阶级专政的形成问题的论点，选集第2卷《论欧洲联邦口号》关于一国胜利的学说，全集第25卷《革命的一个根本问题》一文（提出了政权问题是革命的根本问题），全集第26卷P435《全俄工兵农代表苏维埃第三次代表大会》对资产阶级法庭所下的定义，全集第27卷《俄共（布）第七次代表大会》关于修改党纲和更改党的名称的报告、关于苏维埃政权的十项提纲，全集第27卷《评关于革命法庭的法令》一文关于无产阶级专政下法庭任务的论述，选集第3卷P629-636《资产阶级民主和无产阶级民主》，选集第3卷《俄国无产阶级专政的基本任务》一文中关于无产阶级专政的形成和无产阶级专政的民主问题、关于提高劳动生产是无产阶级专政的一个根本任务的问题等，全集第28卷P393《在全俄工会第二次代表大会上的报告》关于利用资产阶级民主形式问题的论述，全集第30卷P241《立宪会议选举和无产阶级专政》关于无产阶级政党对参加资产阶级议会斗争的根本态度问题，全集第 19 卷 P370 关于"政治中最本质的东西即国家机构"的论述等等都没有选进来。

（3）作为一个读者，我希望这两本书有关哲学、政治经济学的内容尽量减少，而对政治学、法学、社会学的有关论述力求全面、完整，能作较多的补充。

（4）根据目录内容来看，有的著作选的篇幅较大，如《共产党宣言》除第三部分外全部选上了；《国家与革命》也是如此，还有其他类似的地方。像《共产党宣言》等大家所熟悉的文章，如需要整章整篇选录时，是否可以只列目录。从我个人的想法来看，希望得到一本摘录比较全面、完整，又比较精美的册子，而不希望整篇整篇文章的重复，阅读时又难得找到所需要的论述和论点。

以上看法极其粗浅，有的甚至是片面的、不正确的，仅供编者参考。希望早日能读到这个册子。

## 第二节　关于人文社科专业科研方法的思考

我自己研究得不多，也研究得不够，尤其是研究得不好，很难谈出对大家有益的东西。

我们研究的对象是社会：社会里的经济、政治、文化、思想等都要研究，但每个人所研究的对象毕竟是有限的、狭隘的。

### 一、博与专

博：历史的，现状的，基本理论。无论哪门科学都离不开这三方面。

专：某一门科学，某一历史时期的问题，某一方面的问题，力求精通。

这两者一定要辩证统一来看，缺少了通而独专一门，未必专得通、专得好，从教师的经历来看，科班出身，本科毕业，基础牢，再专也快；如果有的人急于求成，想独攻一门，基础不牢，也可能一时见效，但归根到底上不去，这样的实例多得很。

知识渊博的人，他专得也透。

样样通、样样松不行，但样样不通也很难把你那一门搞通。

譬如搞哲学的，专攻一门哲学原理，行不行？我看不行。起码科学知识、文化知识都不足，研究不上去，同样其他科学也莫不如此。

面要广泛一些，但人的精力有限，所以只能着重攻一门，如果认为把面一放宽，就妨碍自己的专攻那是不妥当的；客观上事物都是密切联系着的，科学也是如此。

为学历史，总要古为今用吧，对现在的一切都不感兴趣，研究它有啥作用呢？

处理好博与专的关系是很重要的一个方面。

## 二、观点与材料

研究什么，它总要搜集资料，资料有历史的和现实的，有间接的和直接的，本国的与外国的，正面的和反面的等等，要多方面去找。资料要靠第一手，人云亦云，道听途说不行，要详细要有资料，要靠自己动手，基论、摘录、卡片等等，每一题目都应下苦功夫去搞。

材料一大堆，引不出结论来，好像挂了一篇狗肉账。

同样有观点无材料，那是无源之水，无本之木，不能说服人。

我们要求观点与材料的统一，恩格斯在讲到马克思总结法国1848年革命时，熟知法国的现状和历史，同时因为有彻底的唯物史观，所以写成世界上无与伦比的科学著作。

我们也常常看到有观点而无材料的文章，只有骨头没有肉，说理不透，人家不服，如"灭资兴无"一般说阶级政党主张扩大无产阶级阵地是好的，但仔细研究一下，或觉有问题，提出研究问题，这是好的嘛，可是有的人一看人家提出就火了，说"灭资兴无"有问题，难道还要"兴资灭无"吗？这种观点是立不住的。

你实际调查一下，到底是什么想障碍我们前进，好多东西是封建主义一样的障碍，如家长制，官僚主义，特权化，宗法观念，等级观念"刑不上大夫"，你说这些东西是资还是封？真正要了解问题的人，尊重科学的人就会明白。

"包产到户""专家意志"，你调查一下什么人反对，什么人赞成，就会明白。

我们主张有材料无观点是一篇狗肉账，不说明什么问题，有观点无材料，不能说服人，即使观点正确也是有骨无肉，必须观点与材料的统一。

材料要靠自己动手大量搜集，观点要靠认真思索，从客观实际中列出结论来。

### 三、实际调查和读书

社会科学工作，非做实际调查不可，光读书也不行，当然不读书也不行，书要读，调查也要做。

我们常常把调查看成是赘事，多此一举，不如把书本上的东西比较一下省事，这个不行。学习主要靠间接的知识来源，但是要提出一篇有见解有发现的文章，不靠调查不行。

毛主席调查了中国情况，提出来农村包围城市的革命道路，这是真理，同时有人把井冈山道路说成通天下，这就是谬误了：用这个观点来束缚人家手脚，怎么行？要让人家自己去创造。

又如我们说无产阶级的革命，暴力革命是一般规律，这是对的，但有人说是普遍规律，我们认为是错的。

又譬如对"无产阶级专政"这一概念，马克思、列宁我们都赞成，但是西欧共产主义不赞成，有的要放弃它，我们不大同意。他们社会主义尚未建立，允许他们探索嘛，在理论上就想取消，我们认为不好，但实际结果由于强调专政，镇压取代，也给反革命阴谋家钻了空子，什么镇压之权，什么全面专政了，把发扬民主强调一下，我们的实际情况是很有必要的。

你强调他可能有假象，像1958年浮夸，你就没调查，他还是像吗？因为他调查是带着已有的观点去的，这不行，什么人去调查，使用什么观点调查，国际联盟时也调查，一调查是站在帝国主义立场。调查不能各取所需，证明自己已有的观点，林江反革命迫害那么多老干部，也是搞许多"外调"、逼供、诱供、骗供搞来的。掐头去尾，断章取义，那种调查，本身就不是唯物论，就不是实事求是。

调查就是从实际出发。

我们也不可能天天调查，所以也还要认真读书。读书，我认为要读懂，读一篇就懂一篇，读很多又不懂白费劲，读语录那办法不妥当，往往知其然不知其所以然，想走捷径反而走弯路。

读要靠读原著，可以参考介绍，但是要读原著，而且要自己读，一段一段弄明白，先有人介绍一下是必要的，真正弄懂要靠下功夫，再有讨论，讨论要有指导人之择，善于引导，我们是这样做的，读完了写收获体会，讨论时联系现实。看历史上的情况想现实的问题。为什么三千二百万法国人民竟接受三个衣冠楚楚的骗子的骗呢？我们提出为什么久经考验的党和取得革命胜利的人民会被林彪、"四人帮"弄得束手无策呢？

自己讨论办法，水平特别高的可以，我们水平低，还要有人指导讨论为好。

讨论也要有个结论，当然结论也可能错误，但要表态，即这样才能认真，三个衣冠楚楚的骗子是哪三个，争论可激烈，一个是路易·波拿巴，一个是正统派尚博尔伯爵（自封亨利四世），他是波旁王朝的王位僭主，在法国西部受姆斯搞阴谋活动；一个是奥尔良派1848年二月革命后，北出法国的路易·菲力浦，在位于伦敦近郊的克里蒙特阴谋活动，奥尔良派。两个王朝相互攻击，但却又怨恨波拿巴，而波拿巴又怨恨国民议会容忍两个王朝的秘密活动。

又为什么是空想社会主义？什么是空想社会主义？与马克思著作显然不是一回事。

## 四、多讲和勤写

学习的目的，是做好理论宣传，给人以精神武器，搞"四化"的最终目的是实现共产主义。

多讲要主动，讨论时多发言，也是一种多讲，上课是一种讲，发表一种学术见解也是讲，再一个是多写，练笔头，五百字，一千字也可，每月都要写。我们研究生去年给《中国青年报》写了篇文章，他们马上就用了，读社会主义优越性的文章，反响很好，也很及时，给电台报社，他们都干，学校刊物，内部也登《社会主义史中的一百个"第一"》。

多练的目的，倒不是多登，如果追求这个，总想快出名，这个态度有问题，也写不好，这容易顾此失彼。

青年人如果在乎这个，追求这个，他就不踏实，结果未写好，当然也宣传不好。

多讲多写，是为了讲好，写好，为了宣传好，传播真理，而不是其他。讲写都要让人指点，导师是最好的良师益友，但要虚心求教才行，自以为是，显示自己，你已知道何必找我呢？老师也就不必要了。

### 五、虚心和比较①

要想得到多方面意见，要想得到广泛知识，就要投师问友，腿勤加嘴勤，虚心求教，到各方面请教专家，我们带研究生出访，请专家去讲演或请到学校来讲演，对某一问题钻得深透的专家，来指点一下很有必要。去年我们到北京，南京等地都请他们讲了，开座谈会，有人说我们游学办法好，他们也要采取，高放的《什么是社会主义》就是他讲，我们研究生给整理的，中外政治思想史我们读过外校徐大同讲的，所有科社方面的专家，我们都接触过，求教过，除个别不愿意外，都持欢迎态度，你搞，我也搞，你偷了我的观点还得到了，这种人也称作马克思主义，我看大有问题。

当然，我们学习也要作比较，意见不一致，如对科社对象的意见就不一致嘛！要比较要研究，我们也要这样做的。

体系也不一样，有专题；有分上下篇的。我们分三篇，我们也不认为我们对，试试看吧！都一样还研究干嘛？

### 六、思想解放和依靠组织

畅所欲言，要创造这个条件，敢于发表不同意见，内部讨论一定要

---

① 编者注：原标题为《当当小学生，择其善者而从之（虚心和比较）》。

洽谈，僵化和否定都不好。要独立而自由地探讨，发表错了没关系，为什么科技可以允许605次失败还是英雄，社会科学就不允许一次错误呢！要敢于提不同意见，过去禁区太多了，把人的思想束缚得死死的，理论工作应是思想解放的先锋战士。

这是真正代表人民利益，关心国家大事、党的事业的成败，来提出见解、解决问题、研究新情况，解决新问题。

完整准确提得多好，实践是检验真理的唯一标准，在端正思想路线方面作用不可低估，现在邓又提出改革党和国家领导体制问题，不思想解放提不出来，过去对官僚主义不是思想作风问题，不能从制度上的弊端去找，有人去找就攻击人家是"修正"，抓人家是"右派"。

可能同志们很解放思想，但这是永无止境的。

再有依靠组织问题，也就是坚持党的领导问题，我们不能摆脱和削弱党的领导，要提高党的领导的威信。

我们党是光荣的伟大的，不能因犯了严重错误而不光荣不伟大，有的人借口解放思想，我来组织个什么党来领导吧？这个思想行不行，在中国是断然不行的。

过去有的问题未领导好，所以才要改善党的领导，才要加强党的领导，要给予研究人员方便，不管他是党员非党员，过去什么都保密，外国都公开了，咱们自己保自己的密，这怎么能成？

这不准看，那不准看，这是制度问题要改善，对档案进行开放，同级的非党员也可以阅读和听传达，这就改善了嘛！

党的需要，硬是不干，那不好。解放思想与依靠组织是统一的，不是对立的。

在湖北省社会科学院讲话用　12月2日下午

## 第三节　在科社教师进修班上的讲话

作为科社教师之一，我向我们的同志、同行、战友表示热烈欢迎。

今天开学有特殊意义，十二大开幕，我们开学，双喜临门，这一天是我们政治生活的一件大事，必将永远不忘。

同志们：我们作科社教师这是很光荣的事业，宣传科学社会主义，也就是宣传共产主义，这个旗帜我们要责无旁贷高高举起。共产主义理想我们要坚信不疑。什么"渺茫论"，什么"空想"等等，都是无稽之谈。在民主革命中，我们革命先驱抛头颅，洒热血，为共产主义视死如归，可是到了社会主义时期，已经是共产主义初级阶段，反而出现了"渺茫论"，实际悲观论，而我们又不敢理直气壮加以抵制，这不是怪事吗？前些日子我看中国青年报介绍平时入党转正时说了一句非常好的话——"共产主义就在脚下"，这就是说思想、行为，一个共产党员都要按共产主义要求去办，过去那些"砍头不要紧，只要主义真"的先烈，都是按共产主义行事的。

马克思那时把社会主义从空想变成科学。我们按科学社会主义行事，党的十一届三中全会后才走上正确的轨道，可见一个党按科学社会主义正确的轨道走下去，并非那么容易，有胜利和欢乐，也有失败和痛苦。

我们这个课怎么教法，我看现在刚有个良好的开端，在高等学校设科社课并非许多人接受。讲了共运史、中共党史就是科学社会主义了吗？你开科社显然是多此一举了。你讲科社都是重复别人，学生不喜欢听。

到底是谁重复谁？学生不喜欢听，我们这里学生喜欢听那又该怎么说呢？不喜欢，有我们自己来宣传也有不重视的，我很奇怪，马克思主义哲学、政治经济学这两个组成部分都可以单独设课，唯独科学社会主义，这一马克思主义核心部分倒不能设课，岂不怪哉？

讲哲学干什么？讲政治经济学干什么？我看目的都是为了搞共产主义，所以科社是这两门课的必然结果。重复是可以去掉的，但不主张搞这一门的学习和研究，越来越站不住脚了。

现在党中央一再讲干部要学四门课，每次都提有科社，和中央在政治上保持一致，怎么这个问题偏偏不搞呢？

世界上那么多的社会主义，真是五花八门，但科学真理只有一个，什么是科学的社会主义？要不要分辨清楚？我看要。你得知道，不然就没有发言权。

我们自用马列的话剪裁实际，把马列当修正主义批得还少吗？林彪、江青反革命集团假马列之名搞了多少冒牌社会主义东西，弄得我们真假难辨。就冲这一条我们也得搞科学社会主义。

真理不怕重复，我们讲得太少了，太不够了，我们要大声疾呼。

再有一种论调是搞科社就不要搞政治学，反之也一样，科社就是马克思主义政治学，我也不太同意，狭义的科学社会主义属于马克思主义的政治科学，但两者不是一回事，更不能画等号，否则不取消这个就是取消那个，我是赞成两者都要研究。

要研究的实际问题还多得很，搞清楚不是那么容易的，例如社会主义精神文明，叶帅建国三十周年的报告，我们作为一章先上了书，现在大家都大读特读，十二大政治报告也专列一章讲，是不是我们都清楚呢？我看不一定。

现在来自各方面的战友，我们在一起学习研究。把问题搞得比较清楚就很不错了。

想提几点希望：

（1）大家都要以主人翁精神，群策群力，千方百计为办好班而努力。

（2）条件，力不胜任，但是这个事业的政治责任心督促我们，要走这条路，所以答应下来，特别是生活上许多问题给同志们带来困难，我们觉得很抱歉。

（3）靠同志们珍惜宝贵时间，都有自学能力，勤学好问，相互学习，相互帮助。

（4）为扩大知识面，请了一些专家来校报告，消化这些内容，还得靠自己。大家抱很大希望，学些知识，得些材料，多"贩点货"，我这一讲，又把球踢过去。意思是共同努力，我们尽量办好，当好后勤兵，你们要努力学习，完成教育部给我们的任务。

第二篇

# 笔耕不辍写春秋

# 第一章　马列主义基础性认识

## 第一节　马克思主义三个组成部分之间的关系

马克思主义是马克思、恩格斯的学说和体系，是无产阶级革命的理论，它是由三个部分组成的。

马克思主义哲学是辩证唯物主义和历史唯物主义，是无产阶级的世界观和科学的方法论，是党的方针、路线、政策的理论基础，是革命实践活动的行动指南。

马克思主义政治经济学是一门历史科学。它揭露了资本主义社会剥削的秘密，创立了剩余价值学说，指明了无产阶级的作用和地位。

科学社会主义，是马克思主义的理论和纲领。它的基本观点是阶级斗争和无产阶级专政，它是马克思主义的核心。

马克思主义是无产阶级革命行动的指南。毛主席说："思想上政治上的路线正确与否是决定一切的。"① 所谓思想路线搞正确，就是要把认识路线搞对头，认识路线对了，就是辩证唯物主义的认识路线。这就是"要搞马克思主义"。所说政治路线搞正确，就是要搞革命，把阶级斗争进行到底。消灭阶级、消灭剥削，为实现人类的崇高理想，为共产主义而斗争。

---

① 中国革命博物馆：《中国共产党党章汇编》，人民出版社，1979年版，第227页。

要斗争，就要有一条正确的革命路线。

而革命路线的提出全靠有一个按照革命理论和革命风格建立起来的革命党，就是共产党。最能代表党同人民群众的利益的，是革命的领袖，就是马克思、恩格斯、列宁、斯大林和毛主席这样的伟大的无产阶级革命领袖。

革命的成败，要靠正确的路线和政策，正确的战略和策略，规定革命的主力军、同盟军也就是依靠的力量和团结的力量，分化、瓦解和打击敌人，这就是阶级斗争的科学。

革命的根本问题是政权问题，所以无产阶级要取得统治就是要为实现无产阶级专政而斗争，胜利了就是要为巩固无产阶级专政而斗争。在政治上必须强化无产阶级专政，在经济上使社会主义经济战胜资本主义经济，在思想上灭资兴无，这个斗争是长期的复杂的尖锐的阶级斗争，对内防止资本主义复辟，对外反对帝国主义、社会帝国主义的侵略和颠覆。

社会主义才是无产阶级的唯一出路，毛主席说："只有社会主义能够救中国。"① 所以这是个核心问题。因为它是无产阶级旗帜、纲领、理论、路线、政策、制度等问题。

哲学是为无产阶级的阶级斗争服务的，它的理论之所以正确，就是因为它建立在牢固的无产阶级基础上，马克思说："哲学把无产阶级当做自己的物质武器，同样地，无产阶级也把哲学当做自己的精神武器。"② 无产阶级哲学是按世界本来面目来看世界的，世界的本来面目是物质的世界，而这个物质世界是不断发展变化的，其发展变化又是有规律地进行的。用它来观察一切，即用这个世界观和方法论来观察一切，指导实践，所以无往而不胜。所以它是理论基础，即用无产阶级的立场、观点、方法来指导行动，这就是搞马克思主义。

---

① 毛泽东：《关于正确处理人民内部矛盾的问题》，人民出版社，1964年版，第11页。
② 《马克思恩格斯全集》（第一卷），人民出版社，1956年版，第467页。

马克思用这个世界观去研究资本主义社会，分析它的经济制度，揭露了资本家剥削工人的秘密，揭穿了资本主义的本质。只有把辩证法应用于社会，应用于历史，即理论和实践的结合，才创立剩余价值学说，发现了资本主义社会的基本矛盾，生产的社会化和生产资料私人占有之间的不可调和的矛盾，其结果是社会主义的必然胜利和资本主义的必然灭亡。

这三个部分是有机联系在一起的，是一个统一的整体。你要搞社会主义，你就得懂得客观规律，这个规律就是在政治经济中阐发出来，你怎么样才能获得这个正确认识呢？就是要靠马克思主义的哲学。

假如你学哲学，不是为了无产阶级的利益而斗争，不为社会主义共产主义而斗争，那就是背叛，顶好也只是个书呆子、空谈家。问题是不在于说明世界而在于改变世界。马克思说："哲学家们只是用不同的方式解释世界，而问题在于改变世界。"①

假如你学政治经济学，不是为社会主义共产主义而斗争，那你搞的是谁家的政治？毛主席就批判过从第一章背到第十章也是没有用处的。分析资本主义社会，目的在于搞社会主义。

为社会主义而斗争这个目标很明确，但知其然，而不知其所以然，同样骗子也用"社会主义"招牌来欺骗，那我们就要受骗了，就是说我们还没有理论武装起来的自觉，因此上当受骗。所以我们得"认真看书学习，弄通马克思主义"②。要搞马克思主义，就得学习马克思主义。

学习马克思主义，就得认真读马列的书，读毛主席的书，要有马克思那种不畏艰险攀登科学顶峰的精神，要有恩格斯那种啃"酸果"的态度，要有列宁那样顽强的意志，一天吃掉了六个墨水壶。斯大林十三岁就学《资本论》，十五岁就参加了革命。我们伟大领袖毛主席那种甘

---

① 《马克思恩格斯全集》（第三卷），人民出版社，1960年版，第6页。
② 中共中央文献研究室编：《三中全会以来重要文献选编》（上），人民出版社，1982年版，第59页。

当小学生的学习精神是尽人皆知的。

　　当然书是要读，不读是不行的，但是学习马列主义，毛主席教导我们主要的是要在阶级斗争中学习，接近工农和工作实践中学习，是在斗争中学习。因为马克思主义就是在斗争中产生，又是在斗争中得到了发展的。我们批林整风，就是最好的学习。因为阶级敌人破坏革命以及无产阶级专政，正是从三个方面进攻，当年杜林搞了"向马克思主义进攻的三支论证大军"，现在我们看到林贼一伙也是从三个方面向马列主义毛泽东思想猖狂进攻的，用"天才论"这个唯心论的先验论，反对马克思主义哲学，用唯生产力论反对马克思主义政治经济学，用地主资产阶级人性论反对科学社会主义。在斗争中学习马克思主义掌握马克思主义，用这个武器揭穿假马克思主义的谣言和诡辩。大家正是这样做的，用不着我去重复了。

## 第二节 空想社会主义怎样变成科学社会主义的

简单说来，就是恩格斯所说的马克思的两大发现，即唯物史观和剩余价值学说，使社会主义变成了科学。

稍微详细一点说，还必须把恩格斯所说的"和任何新的学说一样，它必须首先从已有的思想材料出发，虽然它的根源深藏在物质的经济的事实中"①。"为了使社会主义变为科学，就必须首先把它置于现实的基础之上。"② 这两段话告诉了我们，社会主义不是凭空而来的，不是天才头脑的偶然发现，而是牢固地建立在坚实的基础上。

我们知道空想社会主义曾经批判过资本主义社会，"指斥它，咒骂它，幻想消灭它，幻想有比较好的制度出现，劝导富人，说剥削是不道德的。但是空想社会主义不能指出真正的出路。它既不会阐明资本主义制度下雇佣奴隶制的本质，又不会发现资本主义发展的规律，也不会找到能够成为新社会的创造者的社会力量"③。恩格斯说：空想社会主义者之所以是这样，它的"不成熟的理论，是和不成熟的资本主义生产状况、不成熟的阶级状况相适应的"④。

马克思主义的创始人为什么能够得出这样科学的理论呢？

毛主席曾讲过这样一段话："由于欧洲许多国家的社会经济情况进到了资本主义高度发展的阶段，生产力、阶级斗争和科学均发展到了历史上未有过的水平，工业无产阶级成为历史发展的最伟大的动力，因而产生了马克思主义的唯物辩证法的宇宙观。"⑤ 历史事实正如毛主席的科学论断一样。19世纪40年代，欧洲许多国家的社会经济情况进到了

---

① 《马克思恩格斯全集》（第十九卷），人民出版社，1963年版，第205页。
② 《马克思恩格斯全集》（第十九卷），人民出版社，1963年版，第218页。
③ 《列宁全集》（第十九卷），人民出版社，1959年版，第7页。
④ 《马克思恩格斯全集》（第十九卷），人民出版社，1963年版，第210页。
⑤ 《毛泽东选集》（第一卷），人民出版社，1952年版，第275页。

资本主义高度发展的阶段，无产阶级的成长和壮大，已成为一种独立的政治力量登上了世界历史舞台。三大工人运动是标志，1831 年和 1834 年法国工人的两次武装起义；1838 年开始的英国工人宪章运动；1844 年的德国西里西亚纺织工人的起义，一再显示了"工业无产阶级成为历史发展的最伟大的动力"①。马克思、恩格斯适应了无产阶级的政治要求，以他们的利益为依归，站在无产阶级的立场上，表达无产阶级的愿望，代表无产阶级的利益，揭露了资本主义剥削的秘密，阐明了无产阶级的历史使命，指出资本主义的灭亡和社会主义胜利是不可抗拒的历史规律。马克思、恩格斯参加了当时的革命斗争实践，总结了工人运动的经验，创立了马克思主义这一伟大理论，无产阶级斗争的需要产生了马克思主义，马克思主义又反过来指导革命的斗争。马克思主义是建立在牢固的阶级基础上的。

马克思主义的产生，又和当时的自然科学发展有着密不可分的联系，十九世纪自然科学出现了伟大的革命，其中最重要的是三个伟大发现，就是细胞学说、能量守恒和转化定律，以及达尔文的生物进化论，就是毛主席总结的科学"发展到了历史上未有过的水平"②，三大发现使得人们的认识跃进到了一个新阶段，给宗教、迷信、唯心主义和形而上学以沉重打击。三大发现证明了"自然界的一切归根到底是辩证地而不是形而上学地发生"③。这样就给马克思主义的产生提供了牢固的科学基础。

但是马克思主义的产生，不是工人运动自发产生的。恩格斯说："和任何新的学说一样，它必须首先从已有的思想材料出发，虽然它的根源深藏在物质的经济的事实中。"④ 马克思、恩格斯不但参加了当时的革命斗争实践活动，而且研究了历史，分析了资本主义的社会的矛

---

① 《毛泽东选集》（第一卷），人民出版社，1952 年版，第 275 页。
② 《毛泽东选集》（第一卷），人民出版社，1952 年版，第 275 页。
③ 《马克思恩格斯全集》（第十九卷），人民出版社，1963 年版，第 222 页。
④ 《马克思恩格斯全集》（第十九卷），人民出版社，1963 年版，第 205 页。

盾，总结了工人运动的经验，批判地吸取了人类先进思想中的积极成果。正如列宁所说的："凡是人类社会所创造的一切，他都用批判的态度加以审查，任何一点也没有忽略过去。凡是人类思想所建树的一切，他都重新探讨过，批判过，根据工人运动的实践——检验过，于是就得出了那些被资产阶级狭隘性所限制或被资产阶级偏见束缚住的人所不能得出的结论。"① 马克思在创立自己的哲学时，批判地吸取了黑格尔的辩证法的合理部分，抛弃了他的唯心主义体系；批判地吸取了费尔巴哈的科学部分，即自然观方面的唯物主义观点，抛弃了他在社会观历史观方面的唯心主义和宗教伦理的杂质，创立了辩证唯物主义。并且把辩证唯物主义推广到研究社会、研究历史的领域，"这样一来，唯心主义从它的最后的避难所中，从历史观中被驱逐出来了，唯物主义历史观被提出来了"②，这是人类认识史上的空前大革命。

马克思创立自己的政治经济学时批判地吸取了亚当·斯密和大卫·李嘉图的劳动价值论，创立了剩余价值学说，揭开了资本主义的秘密，商品这东西人们天天接触它，但唯有马克思才第一次看到了物与物的关系的背后隐藏着人与人的关系，即资本家剥削工人、压迫工人的关系，看到了生产力与生产关系的矛盾，经济基础与上层建筑的矛盾，从而引出了"资本主义私有制的丧钟就要响了。剥夺者就要被剥夺了"的结论③。

马克思在创立自己的社会主义学说时，批判地吸取了空想三大家（傅立叶、欧文、圣西门）的积极方面，即批评资本主义社会，幻想用好的制度来代替它。但它的劝富人发善心、搞调和阶级矛盾的观点则坚决抛弃，而提出靠斗争来实现，靠人民群众起来斗争来实现。使社会主义成为无产阶级的理论和纲领。

---

① 《列宁全集》（第三十一卷），人民出版社，1958年版，第253~254页。
② 《马克思恩格斯全集》（第二十卷），人民出版社，1971年版，第29页。
③ 《马克思恩格斯全集》（第二十三卷），人民出版社，1972年版，第831~832页。

马克思主义哲学给无产阶级指明了摆脱精神奴役的出路。

马克思的经济学说阐明了无产阶级在整个资本主义制度中的真正地位、作用和历史使命。

马克思主义的科学社会主义,是无产阶级解放的必由之路,列宁就指出"除了社会主义以外,再没有别的出路"①。

---

① 《列宁全集》(第二卷),人民出版社,1959年版,第6页。

## 第三节 为什么说世界的统一性不在于它的存在,而在于它的物质性,存在与物质两个概念有何不同

世界上千差万别的事物,归根到底是有一个本原?还是两个本原?

凡是承认千差万别的事物,归根到底有一个本原的,叫一元论。把千差万别的事物归结为两个本原的是二元论。

一元论有唯物主义的一元论和唯心主义一元论的区别。唯物主义的一元论,认为世界上千差万别的事物,都有一个共同的属性,就是它的物质性。唯心主义一元论,认为世界上千差万别的事物都是来源于精神,是由绝对精神转化而来的,像黑格尔就是这么说的,主观唯心论说世界是神造的,上帝造的,也是说的来源于精神。

认为世界有两个本原的,是说既有物质的本原又有精神的本原,这是说的世界不是统一的。

杜林说世界统一于存在,这就是他冒充唯物主义,实则唯心主义,故意抹杀唯物主义和唯心主义的界限。

因为存在有唯物主义的理解和唯心主义的解释。当我们说,这个事物是客观存在的,这个存在是第一性的东西,因为它存在,我们才对它有了认识,这个认识是第二性的东西,这样存在与思维的关系,物质与精神的关系是一致的。

但是存在也有唯心主义的解释,他们说上帝是存在的,绝对精神是存在的,什么灵魂不死是存在的,宗教鬼神是存在的。到底存在不存在?唯物主义认为是根本不存在的。杜林用存在这个概念掩盖其唯心论的先验论。

恩格斯批判杜林的这个统一于存在,指出:客观存在的事物,是无限多样的,把这无限多样的事物,只赋予单一的存在的属性,结果什么也没有证明,这就等于说"存在的东西是存在的"。不过是同义语的反

复。没有说明任何东西。

恩格斯还揭露杜林这个统一于存在是从黑格尔的《逻辑学》中"存在论"那里抄来的，既抄人家的东西又骂人家，真是恬不知耻。

这个统一于存在之所以是错误的，因为：

第一，是同义语的反复，等于说存在的东西是存在的，根本没有回答问题。

第二，给上帝留下了地盘，给唯心主义留下了避难所，混淆唯物主义和唯心主义的界限。

第三，根本不能回答世界是什么本原的问题。例如，已经变化了的东西还是存在的，像人类社会是存在的，但在人类社会之前，地球早就形成了，宇宙早就有了，这是什么东西呢？杜林用了一个统一于存在，也就是统一到他的思维原则，"世界模式论"①"原则走在前面"②。所以他的统一于存在，是由他的思维的统一性决定的，可见他归根到底，是精神决定物质，思维决定存在，是地地道道的唯心主义路线，是他头脑里制造的"模式"到处乱套，完全是先验主义的反动哲学。

世界是物质的，千变万化的各种现象，归根到底有一个共同属性，是物质性。那么意识呢？恩格斯说得非常透彻："究竟什么是思维和意识，它们是从哪里来的，那末就会发现，它们都是人脑的产物，而人本身是自然界的产物，是在他们的环境中并且和这个环境一起发展起来的；不言而喻，人脑的产物，归根到底亦即自然界的产物，并不同自然界的其他联系相矛盾，而是相适应的。"③

有人说"意识也是物质"，对不对呢？不对。意识是物质发展的产物，它归根到底是从物质那里来的，但决不能说意识就是物质。意识产生后就有相对的独立性，它固然不能离开物质而存在，但它产生后，就

---

① 《马克思恩格斯全集》（第二十卷），人民出版社，1971年版，第44页。
② 《马克思恩格斯全集》（第二十卷），人民出版社，1971年版，第37页。
③ 《马克思恩格斯全集》（第二十卷），人民出版社，1971年版，第38~39页。

起着能动的作用，或是推动社会前进，或是开倒车。先进阶级的意识就推动社会前进，腐朽的阶级意识就处处开倒车。如果说意识就是物质，那就是庸俗唯物论。

第一章 马列主义基础性认识

## 第四节　时间和空间是否是物质

科学的解释：时间和空间是物质存在的基本形式。因为离开时间空间的物质是没有的，物质的存在又不能脱离时间和空间。当我们说到任何一个具体的客观事物时，都是说它存在的位置，即占有空间，多大面积，体积，重量，就是说它一定要占有三度空间，而这个具体事物的发生发展的持续性就是时间。

物质存在的形式是不是属于物质性的，当然是物质性的。按照列宁给物质下的定义，即物质是不以人们的意志为转移的客观存在[①]。所以这是属于物质。但是时间、空间的概念它就不能称为物质，而是客观的现实的时间空间的反映。

---

① 参见《列宁全集》（第十四卷），人民出版社，1957年版，第128页。

## 第五节　怎样理解没有语言就没有思维，小孩生下来后讲话之前是否有思维

语言是属于社会现象的，从有社会存在的时候起，就有语言存在，语言是随着社会的产生和发展而产生和发展的。在类人猿还没有变为人的时候，即人还没有脱离动物的时候，那时没有语言，即在社会之外是没有语言的。

语言没有阶级性，它对社会各阶级是一视同仁的，斯大林曾批判过马尔的阶级语言的谬论。当然同行语、黑话，如坐山雕的"溜子""控子"，这类强烈反映阶级性的语言，但作为民族的语言，它不是基本的、普遍的，而且是短暂的。

语言是手段、工具，人们利用它来实现交际，交流思想，达到互相了解。语言是同思维直接联系的，它把人的思维的结果用语言表达出来，否则人们就不可能交流思想。

马克思说："语言是思想的直接现实"①，思想的实在性表现在语言中。思维是不能脱离语言而存在的。斯大林说，"不论人头脑中会产生什么样的思想，以及这些思想什么时候产生，它们只有在语言材料的基础上、在语言的词和句的基础上才能产生和存在"②。

这都是说的语言和思维的不可分割性。那么就可以说没有语言就没有思维。因为在人还未出现时，那时没有语言，也没有思维，虽然有些动物是群居的，但这只是它的本能和对客观环境的适应。有语言，是因为有劳动，有劳动是因为有手。"语言是从劳动中并和劳动一起产生出

---

① 《马克思恩格斯全集》（第三卷），人民出版社，1960年版，第525页。
② 《斯大林选集》（下卷），人民出版社，1979年版，第527页。

来的。"① 因为劳动，过着社会生活，大脑发达起来，发音器官发达起来。结果"人离开动物愈远，他们对自然界的作用就愈带有经过思考的、有计划的、向着一定的和事先知道的目标前进的特征"②。恩格斯在说到人和动物的区别时指出："动物仅仅利用外部自然界，单纯地以自己的存在来使自然界改变；而人则通过他所作出的改变来使自然界为自己的目的服务，来支配自然界。这便是人同其他动物的最后的本质的区别，而造成这一区别的还是劳动。"③ 毛主席也说过："思想等等是主观的东西、做或行动是主观见之于客观的东西，都是人类特殊的能动性。这种能动性，我们名之曰'自觉的能动性'，是人之所以区别于物的特点。"④

思维和语言是人所特有的。别的动物是没有的。

有同志说："小孩生下后未讲话之前是否有思维？"是不是可以说思维和语言处在形成过程中，有思维的萌芽，他饿了要吃奶，他的表达方式是哭，他哪里不舒服也是哭，他喜欢的东西他就笑，看见他妈妈就笑，他的发音器官处在成长过程中。用笑和哭来交流思想反映。他先会叫自己的妈妈，然后才懂得妈妈这个概念是指什么。

也许有人会说，聋子哑子，不会说话，也听不到人家说话，他有没有思维？当然有。他不是通过语言这个工具，而是通过视觉、触觉、味觉、嗅觉而形成的对于外界对象及其相互关系的形象、知觉和观念，他可以通过手势语言交流思想。

动物没有语言，但由于它也有听觉、视觉、味觉、触觉，经过人的驯养，也可以按人所需要的意志去行事，我们看电影驯鹿，人一喊就跟着走了，原来一听拖拉机响，到处乱跑，听惯了也就不以为然了。同样家畜，狗、猫、鸡一叫就来，但它是被动的。

---

① 《马克思恩格斯全集》（第二十卷），人民出版社，1971年版，第512页。
② 《马克思恩格斯全集》（第二十卷），人民出版社，1971年版，第517页。
③ 《马克思恩格斯全集》（第二十卷），人民出版社，1971年版，第518页。
④ 《毛泽东选集》（第二卷），人民出版社，1952年版，第445页。

## 第六节　有机物与无机物的区别何在

有机物，即有机化合物，无机物即无机化合物。这两者的区别是在于：凡是物体中包含有碳、氢的元素的，就属于有机化合物，例如石油、煤、天然气，其中经过化学分解，包含有碳、氢的元素。这就是有机化合物。其中不包含有碳、氢元素的就是无机化合物。像石灰、盐等。

无机物与有机物没有一条不可逾越的鸿沟。有机物是由无机物发展而来的。19世纪德国科学家韦勒于1828年第一次制造了人工合成尿素，证明无机物可以发展到有机物，打破了无机有机之间的鸿沟。

# 第七节　动物和植物有何区别

植物，是有机生命物体的一大类，它与动物和微生物共同组成生物界，可分为藻类、菌类、地衣、苔藓、蕨类和种子植物。已知的有30余万种，遍布于自然界。它有固定的生活方式，靠光合作用而生长。

动物，可分为原生动物（如疟疾菌）、海绵动物、腔肠动物（珊瑚）、扁形动物（蟠虫）、线形动物（蛔虫）、环节动物（蚯蚓）、软体动物（贝类、蚌、螺）、节肢动物（昆虫）、棘皮动物（蛇）、脊椎动物（鸟、兽），已知的有100万种。

动物不同于植物，它无固定的生活方式，不能将无机物合成有机物，只能以植物和动物为营养，因此具有与植物不同的形态构造和生理机能，以进行摄食、消化、吸收、呼吸、循环、排泄、感觉、运动等一系列生命运动。

## 第八节 什么叫绝对真理，什么叫相对真理，关系如何

人们对客观世界的认识，认识正确地反映了客观事物的规律，即按事物的本来面目了解事物而不附加客观事物本身所没有的东西。认识如实地反映了客观事物，就是真理的认识。歪曲地反映客观事物，"指鹿为马"、混淆是非，就是谬误。

人们的认识的特点是从不知到知，从不完全的知到比较完全的知。人们认识真理是一个过程，可是人们离开实践，就无所谓认识，闭目塞听、与世隔绝，怎么会有真理的认识呢？认识从实践开始，又由实践检验，而且又由实践的发展而发展。"人的正确思想，只能从社会实践中来，只能从社会的生产斗争、阶级斗争和科学实验这三项实践中来。"[①]"一个正确的认识，往往需要经过由物质到精神，由精神到物质，即由实践到认识，由认识到实践这样多次的反复，才能够完成。"[②] 因此那些设想，一下子就认识到顶了，像杜林那样的"终极真理"是没有的，认识一下子就达到"顶峰"了，不过是唯心主义的胡说八道。

真理是在认识过程中得到的，但这个过程永远不会结束。所以，人们在一定阶段上所达到的真理，是相对真理。"绝对真理是由相对真理构成的。"[③] "无数相对的真理之总和，就是绝对的真理。"[④]

恩格斯认为人的思维是指无数过去、现在和未来的人的个人思维。这种世世代代延续下去的人们的思维，是可以认识绝对真理的。过去没有认识的东西，现在认识了，现在尚未认识的东西，明天会认识的。这样说来达到绝对真理的认识是世世代代人们的历史任务。可是世世代代人们的思维，又是由各个历史阶段上特定人们的思维构成的，通过各个

---

[①] 《毛泽东著作选读（甲种本）》，人民出版社，1965年版，第383页。
[②] 《毛泽东著作选读（甲种本）》，人民出版社，1965年版，第384页。
[③] 《列宁选集》（第二卷），人民出版社，1972年版，第133页。
[④] 《毛泽东选集》（第一卷），人民出版社，1952年版，第272页。

具体时代的人们的思维实现的。即一定时代的人们的思维和个人思维是有限的，是不可能穷尽真理的。这就是说，一方面人类认识的性质被称为绝对的，无限的；另一方面，人的认识又实现于有限的相对的认识之中。所以："人的思维是至上的，同样又是不至上的，它的认识能力是无限的，同样又是有限的。按它的本性、使命、可能和历史的终极目的来说，是至上的和无限的；按它的个别实现和每次的现实来说，又是不至上的和有限的。"①

怎样解决这个矛盾呢？恩格斯说："这个矛盾只有在无限的前进过程中，在至少对我们来说实际上是无止境的人类世代更迭中才能得到解决。"② 那么就某一个时代的人们来说，这个矛盾只能相对地解决，而不能绝对地解决，只能达到相对真理，不能穷尽绝对真理。毛主席说，实践，认识，再实践，再认识，循环往复，以至无穷。

人类的认识是不断地由相对真理走向绝对真理，以至完全地、最终地认识客观世界。可是这个过程是无止境的，是不能最终地完成的。杜林说他一个人最终地完成了永恒真理。这不符合人类社会发展的历史事实，也不符合自然界发展的事实。由于人类社会的发展史永远不会完结，自然科学的不断发展永远不会停止在一个水平上，人的认识能力也就不断发展，越来越深刻地认识客观世界，能够不断地接近绝对真理，不断地通过相对真理，走向绝对真理。绝对真理不是离开相对真理而存在，而是通过相对真理逐渐积累起来的，绝对真理是不断发展着的相对真理构成的。

为什么一定时代的人，只能达到相对真理呢？这是因为一定时代的人不能超出历史条件所容许的范围，既要受生产发展水平的限制和阶级斗争状况的限制，也受思维者自身认识能力的限制。例如我们现在已有的电子计算机，几分钟可以算完的数字，在古代一辈子也算不完，对他

---

① 《马克思恩格斯全集》（第二十卷），人民出版社，1971年版，第95页。
② 《马克思恩格斯全集》（第二十卷），人民出版社，1971年版，第95页。

们来说,电子计算机是不可想象的。将来的各种科学仪器、机器的发展要比现在更精密、更完善,因此,我们现在所达到的认识还是相对真理。恩格斯说:"我们只能在我们时代的条件下进行认识,而且这些条件达到什么程度,我们便认识到什么程度。"① 毛主席说:"不能在封建社会就预先认识资本主义社会的规律,因为资本主义还未出现,还无这种实践。马克思主义只能是资本主义社会的产物。马克思不能在自由资本主义时代就预先具体地认识帝国主义时代的某些特异的规律,因为帝国主义这个资本主义最后阶段还未到来,还无这种实践,只有列宁和斯大林才能担当此项任务。"② 任何人都要受历史条件所制约,没有一个人可以超越这种历史条件的限制。所以人们所能达到的真理,只能是近似的、不完全的,因而是相对真理。

这样说来,还有没有绝对真理呢?马克思主义哲学认为有。无论自然科学的发展,还是社会科学的发展,证明绝对真理是存在的。马克思主义、列宁主义、毛泽东思想,是放之四海而皆准的普遍真理,任何国家的无产阶级革命,都不能离开它作指导,离开它就不能获得胜利。这是无数革命实践所证明了的真理,在这个意义上可以说是绝对真理。然而马克思列宁主义、毛泽东思想并没有结束真理,还要随着实践的发展而发展,因此它也还是相对真理。这就是说,马列主义、毛泽东思想既是绝对真理,又是相对真理,就没有它就不可能引导革命到达胜利来说是绝对真理,就其发展前途来说还是相对真理。列宁讲的:"绝对真理是由相对真理构成的。"③ 毛主席说的:"无数相对的真理之总和,就是绝对的真理。"④ 这就告诉我们,绝对真理是由相对真理构成的,是通过相对真理实现的,离开相对真理的绝对真理是不存在的,离开绝对真理的相对真理也是不存在的。一切真理都是相对真理和绝对真理的统

---

① 《马克思恩格斯全集》(第二十卷),人民出版社,1971年版,第585页。
② 《毛泽东选集》(第一卷),人民出版社,1952年版,第263~264页。
③ 《列宁选集》(第二卷),人民出版社,1972年版,第133页。
④ 《毛泽东选集》(第一卷),人民出版社,1952年版,第272页。

一。认识真理的任务,就在于从有限中追求无限,在相对中认识绝对。雷锋同志那句话说得最好了,"把有限的生命投入到无限的为人民服务之中去"。

如果否认相对真理具有绝对真理的颗粒,就是相对主义,就是诡辩论。如果否认绝对真理是由无数相对真理构成的,就是绝对主义,独断论,杜林的"永恒真理""终极真理",都是以否定相对真理为前提的,妄图一次认识而穷尽整个现实世界,这是唯心论,也是形而上学的世界观。

## 第九节　怎样理解真理变谬误，谬误变真理

真理和谬误是对立的东西，它们之间有着严格的界限。在一定条件下，真理具有绝对性，真理和谬误不能混淆，只有划清真理和谬误，才能区别真假，明辨是非，坚持真理、修正错误。

"好中有坏，坏中有好"，就是如同一切相对主义、修正主义一样，"公说公有理，婆说婆有理"，抹杀社会主义和资本主义的区别，抹杀无产阶级专政和资产阶级专政的区别。在非常有限的范围内具有绝对意义。两者不可混同。

然而两者的对立在一定条件下可以互相转化，真理变谬误，谬误变真理。

变都要有一定的条件。真理变谬误，大家懂得了，譬如在抗战期间，我们八路军和民兵，破坏敌人的铁路交通，来一个铁路大翻身，看到明亮的电灯就生气，可是抗战胜利了，我们进入了城市，我们的战士一枪一个把电灯泡打碎了，这就是过去真理又向前迈一小步错了。因为我们解放了，电灯是我们的了，不再是敌人的了。又如科学种田，合理密植，这是真理，有的人一看密植好，来一个"越密越好"，结果不是好，而是坏了。深耕是好，你浅耕不好，但如说深耕好，你来一个越深越好，结果把冷土翻上来，不长庄稼了，又变坏了。

谬误变真理，也是在一定条件下转化的。例如我们学的曲线与直线，圆形与方形，在常数数学中是不相等的，但到了变数数学，曲线等于直线，方等于圆又变成了真理，但也要在一定条件下，什么条件呢？就是进入变数。

又如我们的民族资产阶级同无产阶级的矛盾本来是对抗性的矛盾，但是在我国的条件下因为我党的正确决策，和民族资产阶级的软弱性和妥协性，加上它也受着"帝官封"的压迫，因而也能够接受我党的政

策，在这种情况下，是属于人民内部矛盾的阶级斗争。这就是说它剥削、压迫工人阶级那是有罪的，可是在我国情况下则把它和官僚买办资产阶级加以区别，有利于无产阶级和人民大众的利益。当民族资本家不守法，放"五毒"，我们来一个"五反"，对那种囤积居奇，破坏国家经济建设的，没收其资产，并给他戴上不法资本家的帽子。

我们犯错误，接受教训，从此不再犯同类错误了，这也是由谬误变真理。

无产阶级最热爱真理，拥护真理，坚持真理。资产阶级害怕真理，仇视真理，歪曲真理，靠谣言和诡辩混日子，一旦揭示真理就等于宣布它的垮台。

真理同谬误相比较而存在，相斗争而发展，真善美是同假恶丑相比较相斗争而发展的，所以要宣传真理，反对谬误，要坚持真理、修正错误，要为真理而斗争，要为共产主义而斗争。

## 第十节　世界观和方法论的关系如何，有时我们说"世界观是好的，方法论不对"，这种说法对不对

世界观是对世界的总的看法，根本的看法。用这个根本的观点去改造世界，搞革命，搞建设，从事各种工作，就是方法论。马克思主义哲学，不仅在于说明世界，重要的是在于改造世界，所以停止在已有的看法，即使是正确的看法，那也是空的，因为主观尚没有见之于客观的行动，还是空道理。真正取得正确的观点，主要靠实践，靠三大革命运动的实践，检验观点正确与否，靠实践，用什么方法指导实践，既有方法论问题，也有世界观问题，所以它是统一的，世界观就是方法论，方法论就是世界观。我们平常说的立场、观点、方法，就是世界观问题，也是方法论问题，是不可分割的。有什么样的立场、观点、方法，也就有什么样的世界观，它是统一的，是一回事。

一般地说，世界观是好的，方法论当然也就是好的了。因为两者是不可分割的。就是你真正是用共产主义的世界观来指导工作，既有全心全意为无产阶级的革命事业奋斗终身，为实现共产主义的崇高理想而斗争，当然你在从事具体革命工作时，就应该用科学的方法论来从事各项工作，你用科学方法论来搞工作，当然也就说明你有了为共产主义事业而奋斗的世界观。

有时我们面对具体的不同情况来说，譬如我们的一些革命老前辈、老干部，革命的锻炼、战争的考验，立场是坚定的，为人民服务的基本观点是不成问题的，可是由于马列主义毛泽东思想学习不够，办起事来也可能陷入形而上学，即片面、孤立、静止看问题，这就是说，在方法论方面成了问题。这种情况是有的。不会运用矛盾分析法，把复杂的问题简单化了，没有从事物的普遍联系中看问题，孤立地去看待了。当然

应该把辩证法贯彻始终。着重去反对自己的形而上学观点，这当然也是对的。在这个意义上可以说，"世界观是好的，方法论不对"。

但是如果不进一步加以纠正，满足于这个论点，因而放松从世界观的高度来看自己，放弃世界观的改造，自以为世界观不成问题了，其实方法论不对，归根到底也是世界观不对。因为形而上学世界观是属于唯心主义世界观，它不根据客观实际地瞎说，那还不是唯心论？实际情况是复杂的、普遍联系的，而你孤立、静止去看，用简单化、粗暴的方法从事，是偶一为之，还是经常用这种方法呢？如果经常这样干，还说世界观是好的，那就不对了。

绝不可以把方法论和世界观对立起来，譬如我们坚决打倒帝国主义，这个观点，大家都同意，但你要打倒帝国主义，就要讲究打倒帝国主义的战略和策略，什么时候以打倒那个帝国主义为主，怎样利用矛盾，争取多数、反对少数、各个击破，十个手指抓跳蚤，一个也抓不住。一实践就错了，还说世界观是好的，这好在哪里呢？

愿意站在无产阶级立场，并坚定这个立场，就动机说是好的，但实际是不是站到无产阶级立场、坚持无产阶级立场呢？都大有问题，学了还不等于会用。我们都愿意执行毛主席的革命路线，可是事实上盲目地有时就执行了资产阶级反动路线，那能说立场没问题吗？世界观没问题吗？有为人民服务的愿望和决心就不能不讲究服务的方法。方法不对的，还是达不到目的。

然而在工作中具体处理某些问题，方法不对头，因为缺乏调查研究，处理不得当，那就不应该不加区别，都称之为世界观、方法论成问题。如果那样的话，有一点错误，就是资产阶级世界观，那岂不是无产阶级世界观的人都没有了吗？因为任何人不犯错误是不可能的，不允许犯错误，不允许改正错误的，恰巧不是马列主义、毛泽东思想的世界观。

把自己所犯错误提到纲上线上来看，提到世界观的高度来看，正是无产阶级阶级觉悟高的表现，要求进步的自觉性高的表现，这就是自觉地在改造客观世界过程中不断改造自己的主观世界，是无产阶级专政下继续革命所必不可少的。

所以说："一般地说世界观是好的，方法论不对"这个提法不妥当。因为它把两者尖锐对立起来了。特殊地说：对某些具体人来说，着重在某一方面加以重视，这种说法也不能说是错误的。

## 第十一节　唯物辩证法的产生是人类认识史上的大革命

恩格斯在《反杜林论》的序言和概论中历史地论述了辩证法的产生和发展，批判了唯心论和形而上学，阐明了唯物辩证法的基本思想，为科学社会主义建立了坚实的理论基础。

伟大领袖毛主席教导我们说："在人类的认识史中，从来就有关于宇宙发展法则的两种见解，一种是形而上学的见解，一种是辩证法的见解，形成了互相对立的两种宇宙观。"①

辩证法的思想，不论在中国，在欧洲，在古代就产生了。公元前五世纪的古希腊唯物主义哲学家赫拉克利特阐述过辩证法思想，他说："你不能两次走进同一条河流中去。"② 这就是从变化、发展的观点来观察事物所得出的朴素的然而是正确的辩证法的结论。所以列宁称他为"辩证法的奠基人之一"。在中国西周奴隶社会时期出现的八卦，这些都是对立的。八卦虽然后来被统治阶级予以迷信化和神秘化了，但八卦从正反两个方面的对立来说明事物的变化发展，具有一定的辩证法因素。由于古代的哲学家所处的历史条件是一个科学还很幼稚的时代，这种辩证法思想带着朴素的、自发的性质，是有局限性的，还不可能有完备的理论，因而不能完全解释宇宙，后来就被形而上学所取代。

随着人类社会历史的发展，自然科学的发展，在亚历山大时期也就是古代希腊化时期，出现了欧几里得的几何学，在力学和物理学方面，阿基米德提出了有名的杠杆原理和关于物体的比重的阿基米德原理，被后人尊为静力学的创始人。在地理学方面，埃拉托斯特尔第一个计算了地球的圆周，与实际长度相差无几。亚里士多德的学生提奥弗拉斯托，研究土壤结构、水利设施、肥料效能、种子质量、工具修造等问题。在

---

① 《毛泽东选集》（第一卷），人民出版社，1952年版，第275页。
② 参见洪潜等编著：《哲学史简编》，人民出版社，1957年版，第15页。

医学方面，许多生理学家开始进行人体解剖，对于人的生理构造机能有了一些认识，达到了古代的最高水平。

在中世纪，也就是封建社会这个历史时期，阿拉伯人又把自然科学向前推进了一步，他们创立了代数学，创造了比较精密的测定天体和地球的测天仪。九世纪前期在巴格达还设立了天文台。哈扬是有名的化学家，改进了蒸馏、过滤方法。阿维森纳的《医典》是中古时代阿拉伯医药学的最高成就。

恩格斯说："真正的自然科学只是从十五世纪下半叶才开始，从这时起它就获得了日益迅速的进展。"① 过去的自然科学在神学的笼罩下，从十五世纪下半叶起，便开始了自然科学从神学中的解放。哥白尼的宇宙的太阳中心论，写了给神学的"挑战书"，以后相继出现了伟大发现。如莱布尼茨的微积分，笛卡尔的解析几何，开普勒的行星运行规律，林耐的动植物分类，牛顿的万有引力定律等等。自然界被分门别类地进行研究，使人类的认识深入了一步，但这种研究方法逐渐形成了一种习惯。这种孤立的、静止的、片面的观察问题的方法被培根和洛克从自然科学移到哲学中以后，就造成了形而上学的思维方式。

这种形而上学的方法，在当时对研究自然界来说是一个进步的方法，因为它用实验观察的方法代替了以前自然科学的主观的空洞臆造。科学家由于运用了这个方法而得到了许多科学发现，开辟了近代实验科学的新纪元。但是由于把这种取之适用于自然科学发展的一种特殊方法，而把它当作是适用于各个领域的普遍方法，一种世界观，所以造成了几个世纪所特有的局限性，陷入了不可解决的矛盾。"因为它看到一个一个的事物，忘了它们互相间的联系；看到它们的存在，忘了它们的产生和消失；看到它们的静止，忘了它们的运动；因为它只见树木，不见森林。"② 由于人类社会的发展，自然科学的进步，形而上学的思维

---

① 《马克思恩格斯全集》（第二十卷），人民出版社，1971年版，第23页。
② 《马克思恩格斯全集》（第十九卷），人民出版社，1963年版，第221页。

框子再也容纳不下了。

十九世纪自然科学出现了伟大的革命,其中重要的成就是三个伟大的发现:细胞学说,能量守恒和转化定律,达尔文的进化论。科学发展到了历史上未有过的水平,"以致它再不能逃避辩证的综合了"①。使人们的认识跃进到一个新的阶段,给宗教迷信、唯心主义和形而上学的沉重打击,三大发现证明了"自然界的一切归根到底是辩证地而不是形而上学地发生的"②。要精确地描绘宇宙,宇宙的发展和人类的发展,以及这种发展在人们头脑中的反映,就只有用辩证的方法,只有经常注意产生和消失之间,前进的变化和后退的变化之间的普遍相互作用才能做到。法国哲学一开始就是以这种精神进行活动的。十八世纪的康德一开始他的科学生涯,就提出了关于太阳起源的假说,推翻了牛顿关乎太阳系自从被上帝第一次推动以后就永恒不变的唯心论和形而上学的观点,而把太阳系的形成看成是客观物质的历史发展过程,太阳和一切行星由旋转的星云团产生的过程。恩格斯说:"康德在这个完全适合于形而上学思维方式的观念上打开了第一个缺口。"③ 十八世纪末和十九世纪初德国的著名哲学家黑格尔的巨大功绩在于他恢复了辩证法,第一次把整个自然的历史的和精神的世界描写为一个过程,把它看作不断运动、变化转变和发展中,并企图揭示这种运动和发展的内在联系。但是黑格尔是个唯心主义者,他把这个过程看成是"绝对精神"的体现,这样,一切都被弄得头足倒置罢了,世界的现实联系完全被颠倒了,他的唯心主义辩证法不可能总结自然科学的最新成就,只有马克思和恩格斯才能担当此项任务。毛主席说:"生活在十八世纪末和十九世纪初期的德国著名哲学家黑格尔,对于辩证法曾经给了很重要的贡献,但是他的辩证法却是唯心的辩证法。直到无产阶级运动的伟大的活动家马克思和恩格

---

① 《马克思恩格斯全集》(第二十卷),人民出版社,1971年版,第17页。
② 《马克思恩格斯全集》(第十九卷),人民出版社,1963年版,第222页。
③ 《马克思恩格斯全集》(第二十卷),人民出版社,1971年版,第62页。

斯综合了人类认识史的积极的成果，特别是批判地吸取了黑格尔的辩证法的合理的部分……才在人类认识史上起了一个空前的大革命。"① 唯物辩证法认为一切事物都存在内部矛盾，都是一分为二的，内部矛盾的统一和斗争就是事物运动变化和发展的根本原因。正如恩格斯所说的："辩证法在考察事物及其在头脑中的反映时，本质上是从它们的联系、它们的连结、它们的运动、它们的产生和消失方面去考察的。"② 要确立辩证的同时又是唯物主义的自然观，需要具体数学和自然科学的知识，因为"自然界是检验辩证法的试金石"③，恩格斯说："马克思是精通数学的"④，对于自然科学，他说："我们只能作零星的、时停时续的、片断的研究"⑤。而对于他自己则自谦说：处在脱毛过程⑥。其实两位伟大革命导师对于人类历史所创立的一切都作了审慎的研究。只要我们看看在《反杜林论》中用无可辩驳的科学材料把杜林驳得体无完肤，看看恩格斯专门研究了七八年的《自然辩证法》，就知道两位伟大革命导师是精通自然科学的。

马克思和恩格斯不但总结了自然科学的伟大成就，而且参加了无产阶级革命运动的实践。把辩证唯物主义的自然观和历史观统一起来，使费尔巴哈停留在自然观方面的半截子唯物主义，发展到社会观、历史观方面，成为彻底的唯物主义。从此世界上才有了真正的社会科学和历史科学，唯心主义从它的最后避难所被驱逐出去了，于是人们过去对于历史和政治所持的极其混乱和武断的见解，为一种极其完整的科学理论所代替。

列宁高度评价辩证法的功绩，"用唯物辩证法从根本上来改造全部政治经济学，把唯物辩证法应用于历史、自然科学、哲学以及工人阶级

---

① 《毛泽东选集》（第一卷），人民出版社，1952年版，第278~279页。
② 《马克思恩格斯全集》（第十九卷），人民出版社，1963年版，第222页。
③ 《马克思恩格斯全集》（第二十卷），人民出版社，1971年版，第25页。
④ 《马克思恩格斯全集》（第二十卷），人民出版社，1971年版，第13页。
⑤ 《马克思恩格斯全集》（第二十卷），人民出版社，1971年版，第13页。
⑥ 参见《马克思恩格斯全集》（第二十卷），人民出版社，1971年版，第13页。

的政策和策略——这就是马克思和恩格斯最为注意的事情,这就是他们做了最重要最新颖的贡献的地方,这就是他们在革命思想史上英明地迈进的一步"①。

马克思主义的唯物辩证法是无产阶级的世界观,又是科学的方法论,是无产阶级认识世界和改造世界的唯一正确的锐利武器,又是无产阶级政党制定路线、方针政策的理论基础。

唯物辩证法是怎样产生的?毛主席给我们做了科学的概括。他说:"由于欧洲许多国家的社会经济情况进到了资本主义高度发展的阶段,生产力、阶级斗争和科学均发展到了历史上未有过的水平,工业无产阶级成为历史发展的最伟大的动力,因而产生了马克思主义的唯物辩证法的宇宙观。"② 这个伟大的理论,只能由马克思和恩格斯创造出来,是因为"除了他们的天才条件之外,主要地是他们亲自参加了当时的阶级斗争和科学实验的实践,没有这后一个条件,任何天才也是不能成功的"③。马克思和恩格斯适应了无产阶级的政治要求,研究了自然,研究了历史,研究了无产阶级革命,创造了辩证唯物论,历史唯物论和无产阶级革命理论。在革命斗争中产生的马克思主义的唯物辩证法又转过来成为无产阶级革命斗争中强大的思想武器。

马克思主义的唯物辩证法的产生是人类认识史上的空前大革命,引起了资产阶级等一切剥削阶级的恐惧,杜林就是最典型的代表,他不但无视这个大革命,而且诋毁人类历史上和科学发展史上的一切优秀成果,妄图用打倒一切的狂叫来树立自己的"绝对权威",用打击马克思的卑鄙伎俩来达到抬高自己的可耻目的。马克思主义辩证法在一个世纪以来,随着革命斗争的实践,被列宁和毛主席极大地丰富和发展了,所向无敌,光照大地。

---

① 《列宁全集》(第十九卷),人民出版社,1959年版,第558页。
② 《毛泽东选集》(第一卷),人民出版社,1952年版,第275页。
③ 《毛泽东选集》(第一卷),人民出版社,1952年版,第264页。

## 第十二节　关于矛盾的认识

不管社会发展到什么历史时期，矛盾是不可缺少的，没有它就不成其为社会，是各种社会都普遍存在的。譬如，阶级斗争是不是社会的基本矛盾呢？不是。因为阶级斗争，是阶级社会所特有的矛盾，在人类社会中，有阶级斗争，就整个人类社会来说，还是短暂的，因此，就人类社会这个事物的矛盾来说，它还不是基本的。如果就阶级社会这一事物的矛盾来说它是基本的矛盾。如奴隶与奴隶主，农民与地主；无产阶级同资产阶级的矛盾。

又如当代世界存在着四个基本矛盾：一是被压迫民族同帝国主义、社会帝国主义的矛盾；二是资本主义、修正主义国家内部无产阶级同资产阶级的矛盾；三是帝国主义国家同社会帝国主义国家之间、帝国主义各国之间的矛盾；四是社会主义国家同帝国主义、社会帝国主义国家之间的矛盾。因为有帝国主义和剥削阶级存在，战争是不可避免的，因为有被压迫人民和被压迫民族，革命是一定要发生的。

我们认识了基本矛盾，懂得革命党总是要进行的，无产阶级先锋队——共产党人就要永远站在斗争的前列。

毛主席早就说过："将来全世界的帝国主义都打倒了，阶级消灭了，你们讲，那个时候还有没有革命？我看还是要革命的。社会制度还要改革，还会用'革命'这个词。当然，那时革命的性质不同于阶级斗争时代的革命。那个时候还有生产关系同生产力的矛盾，上层建筑同经济基础的矛盾。生产关系搞得不对头，就要把它推翻。上层建筑（其中包括思想、舆论）要是保护人民不喜欢的那种生产关系，人民就要改革它。"[1]

---

[1] 中共中央党校编：《马列著作毛泽东著作选读（哲学部分）》，人民出版社，1978年版，第435页。

又说:"生产力是最革命最活跃的因素,它总是要向前发展的。"①

主要矛盾:"在复杂的事物的发展过程中,有许多的矛盾存在,其中必有一种是主要的矛盾,由于它的存在和发展,规定或影响着其他矛盾的存在和发展。"② 任何过程如果有多数矛盾存在的话,其中必定有一种是主要的,起着领导的,决定的作用,其它则处于次要和服从的地位。

---

① 于光远、苏星主编:《政治经济学 资本主义部分》(中册),人民出版社,1978年版,第59页。
② 《毛泽东选集》(第一卷),人民出版社,1952年版,第295页。

# 第二章　马列经典著作研究

本章为编者根据高原先生遗稿整理出来的关于先生学习马克思、恩格斯、列宁等人的经典著作的心得见解。

## 第一节　学习《反杜林论》

### 一、导言

马克思主义在其生命的旅途中每走一步都得经过战斗。正如毛主席所说："马克思主义必须在斗争中才能发展，不但过去是这样，现在是这样，将来也必然还是这样。"① 恩格斯为反击杜林的猖狂进攻而写的《反杜林论》到现在将近百年了，《反杜林论》这部光辉文献，不仅把杜林驳得体无完肤，而且第一次系统地精辟地阐明了马克思主义的三个组成部分，给世界无产阶级提供了无价之宝，是一部永放光芒的马克思主义百科全书。

《反杜林论》由三版序言、《引论》及《哲学》《政治经济学》《社会主义》三编组成。《引论》中的《概论》是全书的纲要，叙述了马克思主义的产生和发展及其三个组成部分的内在联系，集中说明了马克思的两个伟大发现，唯物史观和剩余价值学说，使社会主义由空想变成了

---

① 《毛泽东选集》（第五卷），人民出版社，1977年版，第390页。

科学。

在《哲学》编中,恩格斯着重批判了杜林的唯心主义先验论,戳破了他的"世界模式论",严格地划清了唯物论的反映论和唯心论的先验论的界限。针对杜林的"原则走在前面"的先验论,恩格斯提出了一个著名的科学论断:"原则不是研究的出发点,而是它的最终结果;这些原则不是被应用于自然界和人类历史,而是从它们中抽象出来的;不是自然界和人类去适应原则,而是原则只有在适合于自然界和历史的情况下才是正确的。"① 恩格斯详尽地论述了唯物论的反映论的基本原理,指出:世界是物质的,物质是运动的,物质是运动的存在的方式,时间和空间是物质存在的基本形式,思想是物质的反映,具有相对的独立性;客观事物是可以认识的,认识过程是有限和无限的辩证统一等等。

恩格斯在揭穿杜林的唯心论和形而上学观点的同时,划清了唯物辩证法和形而上学的界限,阐明了马克思主义辩证法关于对立统一、量变质变和否定之否定规律等基本原理,提出了"辩证法不过是关于自然、人类社会和思维的运动和发展的普遍规律的科学"② 的著名经典定义。

针对杜林的资产阶级永恒道德和永恒真理的说教,恩格斯坚持了阶级斗争的理论,反复说明:"以往的全部历史,除原始状态外,都是阶级斗争的历史"③;揭穿了杜林的"终极真理""永恒道德""完全平等""绝对自由"等的无稽之谈;论证了相对真理和绝对真理的辩证关系,以及自由是对必然的认识和改造的原理,提出了"道德是历史的范畴,始终是有阶级性的"。无产阶级的平等要求是"消灭阶级"④;"自由不在于幻想中摆脱自然规律而独立,而在于认识这些规律,从而能够

---

① 《马克思恩格斯全集》(第二十卷),人民出版社,1971年版,第38页。
② 《马克思恩格斯全集》(第二十卷),人民出版社,1971年版,第154页。
③ 《马克思恩格斯全集》(第二十卷),人民出版社,1971年版,第701页。
④ 《马克思恩格斯全集》(第二十卷),人民出版社,1971年版,第116页。

有计划地使自然规律为一定的目的服务"① 等英明论断。

恩格斯捍卫了马克思主义哲学，给无产阶级改造世界提供了锐利的思想武器。如同列宁所说的："只有马克思的哲学唯物主义，才给无产阶级指明了摆脱精神奴役的出路。"②

在《政治经济学》编中，恩格斯着重批判了杜林唯心论的"暴力论"，杜林把一切经济现象的原因归结于暴力，说什么"暴力是'历史上基础性的东西'"③，暴力产生剥削、暴力产生利润。完全颠倒了经济基础和上层建筑的关系，暴露了他在政治经济学方面的唯心主义先验论。

马克思创立了剩余价值学说，第一次科学地揭露了资本主义剥削的秘密，证明资本主义的灭亡和社会主义的胜利是不可抗拒的历史规律。杜林大肆宣扬"暴力论"，其目的就是反对马克思的剩余价值学说，维护资本主义制度，反对无产阶级的暴力革命。针对杜林把暴力说成是"绝对的坏事"④，恩格斯指出，"暴力在历史中还起着另一种作用，革命的作用"⑤。热情歌颂革命暴力"是每一个孕育着新社会的旧社会的助产婆"⑥，它"是社会运动借以为自己开辟道路并摧毁僵化的垂死的政治形式的工具"⑦。

恩格斯还批判了杜林的"唯生产力论"，论证了生产关系和生产力之间的辩证关系。杜林闭口不读生产关系和生产力之间的矛盾，臆造了"第一位的基本规律是技术装备的规律"⑧，胡说"自然资源"因为人们对它的"发现"而增多，劳动生产率因为科学的"发明"而提高。

---

① 《马克思恩格斯全集》（第二十卷），人民出版社，1971年版，第125页。
② 《列宁选集》（第二卷），人民出版社，1972年版，第446页。
③ 《马克思恩格斯全集》（第二十卷），人民出版社，1971年版，第175页。
④ 《马克思恩格斯全集》（第二十卷），人民出版社，1971年版，第200页。
⑤ 《马克思恩格斯全集》（第二十卷），人民出版社，1971年版，第200页。
⑥ 《马克思恩格斯全集》（第二十卷），人民出版社，1971年版，第200页。
⑦ 《马克思恩格斯全集》（第二十卷），人民出版社，1971年版，第200页。
⑧ 《马克思恩格斯全集》（第二十卷），人民出版社，1971年版，第240页。

离开资本家剥削工人的生产关系,而空谈提高劳动生产率,发展生产力,是十足反动的"唯生产力论",他只字不提"资本主义的生产形式和交换形式日益成为生产本身所无法忍受的桎梏"①,不提无产阶级同资产阶级的尖锐对立,充分暴露了他疯狂反对马克思主义,反对无产阶级革命的反革命本性。

杜林又是一个"分配决定论"者,杜林把分配和生产割裂开来,把分配说成纯粹由意志来决定的。恩格斯指出,杜林的经济学归结为这一个命题:"资本主义的生产方式是很好的,可以继续存在,但是资本主义的分配方式完全不适用,必须消灭掉。"② 恩格斯在批判他时指出,有什么样的生产方式,就有什么样的分配方式。生产决定分配,历史如此,而不是相反。杜林"连生产和分配之间的联系都没有理解,自然就会得出这样的谬论"③。

恩格斯阐明了马克思的剩余价值学说,捍卫了马克思的经济理论的基石,粉碎了杜林的资产阶级庸俗政治经济学。正如列宁所说:"只有马克思的经济学说,才阐明了无产阶级在整个资本主义制度中的真正地位。"④

在《社会主义》编中,恩格斯彻底批判了杜林的小资产阶级社会主义;阐明了社会主义从空想变成科学的发展过程;揭示了资本主义的各种矛盾;指明实现社会主义的途径。杜林根据所谓的"普遍的公平的原则",鼓吹建立一种"经济公社"。在这种"经济公社"里既不排除雇佣劳动,又存在自由竞争;既有旧的社会分工,还保存旧的军队、警察、宪兵和律师。一句话,他取消了阶级斗争,反对暴力革命和无产阶级专政。恩格斯一针见血指出这是"特殊普鲁士的社会主义"⑤,是俾

---

① 《马克思恩格斯全集》(第二十卷),人民出版社,1971年版,第164页。
② 《马克思恩格斯全集》(第二十卷),人民出版社,1971年版,第203页。
③ 《马克思恩格斯全集》(第二十卷),人民出版社,1971年版,第203页。
④ 《列宁选集》(第二卷),人民出版社,1972年版,第446页。
⑤ 《马克思恩格斯全集》(第二十卷),人民出版社,1971年版,第343页。

斯麦的社会主义，也就是假社会主义，真资本主义。恩格斯指出"社会主义现在已经不再被看做某个天才头脑的偶然发现，而被看做两个历史地产生的阶级——无产阶级和资产阶级间斗争的必然产物"①。把阶级斗争引到无产阶级专政，才是科学社会主义。

杜林对于空想社会主义者，一律骂倒，其目的在于否定马克思的科学社会主义。因为空想社会主义是科学社会主义的思想来源。恩格斯既批驳了杜林的狂妄企图，又科学地评价了空想社会主义。既肯定了空想社会主义者揭露资本主义的种种罪恶，启发工人觉醒，提供了大量的材料，具有一定的进步意义；又批判了空想社会主义的错误，不会阐明资本主义制度下雇佣奴隶制的本质，又不会发现资本主义的规律，也不会找到能够成为新社会的创造者的社会力量。马克思、恩格斯正是在革命实践中批判地吸取了空想社会主义者的积极成果，创立了科学社会主义的伟大学说。

恩格斯详尽地分析了资本主义社会的基本矛盾，指明了实现社会主义的根本途径。资本主义社会的基本矛盾是社会化的大生产同生产资料的私人占有之间的矛盾，表现在阶级关系上是无产阶级同资产阶级的尖锐对立。无产阶级只有通过暴力革命，打碎资产阶级的国家机器，变资产阶级专政为无产阶级专政，剥夺资产阶级的生产资料变为国家财产，彻底消灭资本主义剥削制度和资产阶级专政赖以存在的基础，社会主义才能变成现实。

只有社会主义才是无产阶级和一切被压迫阶级、被压迫民族争取解放的必由之路。正如列宁所说："除了社会主义以外，再没有别的出路。"②

杜林的反动谬论，虽然早已被马克思和恩格斯彻底粉碎，但是一切机会主义者和修正主义者还是死抱着杜林的衣钵不放，伯恩斯坦、考茨

---

① 《马克思恩格斯全集》（第二十卷），人民出版社，1971年版，第701页。
② 《列宁全集》（第二卷），人民出版社，1959年版，第6页。

基、赫鲁晓夫、勃列日涅夫，统统如此。

## 二、恩格斯为什么写《反杜林论》（共2稿）

### 第1稿

恩格斯的《反杜林论》最初以论文形式于1877—1878年间陆续发表在德国社会主义工人党机关报《前进报》上，1878年7月以单行本出版了第一版。这部伟大著作是恩格斯在同马克思主义的凶恶敌人杜林的激烈斗争中写成的，是当时德国社会民主党内两条道路、两条路线、两种世界观斗争的产物。

十九世纪七十年代，德国工人运动的发展，迫切需要马克思主义指导革命运动。那是德国社会民主党的两派，以李卜克内西、倍倍尔为领导的革命派，通称爱森纳赫派，和以拉萨尔为代表的机会主义派，通称拉萨尔派，刚刚合并。于1875年在哥达召开了统一的代表大会，通过了一个充满拉萨尔机会主义观点的《哥达纲领》，由于李卜克内西等人没有遵循马克思的决不"拿原则作交易"的指示，机会主义思潮在工人阶级队伍中泛滥起来，杜林就是其中最典型的代表。他冒充"社会主义的行家"，装作"理论权威"抛出了《哲学教程》《国民经济学和社会经济学教程》《国民经济学和社会主义批判史》三株毒草，动员了"向马克思进攻的三路论证大军"，疯狂反对马克思主义哲学、政治经济学和科学社会主义。妄图改变党的指导思想的理论基础，达到他分裂党，把工人运动引向邪路，充当俾斯麦的走狗的可耻目的。

杜林"拼"凑的大杂烩：折中主义哲学、资产阶级的庸俗政治经济学和小资产阶级的社会主义，并不是什么"新创造"，不过是黑格尔的唯心主义、康德的先验主义和孔德的实证主义的陈词滥调。可是他却用"科学"的词句装潢起来，用什么"完整的体系"，"最后的终极的真理"吓唬群众，反动气焰十分嚣张。顽固的杜林分子莫斯特、弗里且、恩斯等对杜林肉麻的吹捧，刚冒头的伯恩斯坦也以"高兴的心情"

迎接杜林的言论，甚至使倍倍尔这样党的领导人也一度受了杜林的欺骗。

野心勃勃的杜林，把马克思视为眼中钉、肉中刺，看成是实现他的反革命路线的严重障碍，因此把满腹怒气倾泻在马克思身上。拉山头，结死党，闹分裂，搞阴谋，妄图取代马克思的地位，大造反革命言论，阴谋篡夺党的宣传大权，"着手在自己周围建立一个宗派，一个未来的单独的政党的核心"①。

这种严重情况，使刚刚统一起来的党面临着重新分裂的可能和混乱的局面。马克思和恩格斯决不能容忍党被野心家、阴谋家杜林一伙纳入资产阶级的轨道。恩格斯为了捍卫马克思主义世界观，使工人运动沿着马克思主义的革命路线前进，维护党的团结和统一，得到马克思的赞同和支持，毅然决然中断了《自然辩证法》的写作，把一切都搁下来，反击杜林。

早在十九世纪六十年代，马克思的《资本论》第一卷刚出版，杜林就妄加评论。马克思就开始注意到了这个"极为傲慢无礼的家伙"，指出"他在进行欺骗"②。恩格斯说他的"整篇论文表现狼狈和恐惧③。到了七十年代，杜林的恶劣影响逐渐扩大，尤其在1875年后他更加猖狂，公开宣布要对马克思主义进行所谓的全面"改革"，恶毒攻击了马克思主义三个组成部分。恩格斯怒不可遏，用了两年的时间，"来啃这一个酸果"④，涉及了自然科学、社会科学和哲学的各个领域，用马克思主义的伟大真理和无可辩驳的科学材料，给杜林"密如冰雹的打击"⑤。彻底清除了杜林的反动谬论，并且第一次系统地阐明了马克思主义的三个组成部分。

---

① 《马克思恩格斯全集》（第二十二卷），人民出版社，1965年版，第334页。
② 《马克思恩格斯全集》（第三十二卷），人民出版社，1974年版，第525页。
③ 《马克思恩格斯通信集》（第四卷），李季译，生活·读书·新知三联书店，1958年版，第4页。
④ 《马克思恩格斯全集》（第二十卷），人民出版社，1971年版，第7页。
⑤ 《马克思恩格斯全集》（第三十四卷），人民出版社，1972年版，第19页。

恩格斯采取层层剥皮、跟踪追击的方式写了《反杜林论》，这是由杜林的"体系"本身的性质决定的。它的内容庞杂，涉及了广泛的领域，恩格斯为了把谬论一个个驳倒，剥开了江湖骗子杜林的画皮，展开了针锋相对的斗争，因而也不得不跟着杜林进入广泛的领域。

这部论战性著作，不仅限于批判杜林，而且正面阐述了马克思主义的基本观点及其内在联系。如同恩格斯在序言中指出的"消极的批判成了积极的批判；论战转变为马克思和我所主张的辩证方法和共产主义世界观的比较连贯的阐述"①。

这部著作写得如此广泛和详尽，还由于当时德国革命斗争的需要。杜林的"创造体系"并不是个别现象，跟着杜林一伙热衷于高超的胡说，颇不乏人。一些"最蹩脚的哲学博士，甚至大学生，不动则已，一动至少就要创造一个完整的'体系'"②，妄想出人头地。恩格斯抓住杜林这个假科学的最典型的代表，把它彻底粉碎。同时也就挽救了犯这类错误的知识分子。这也可以说是恩格斯给那些倾向于社会民主党的知识分子医治"价廉质劣"的幼稚病的一剂良药。

所以，这部著作"决不是什么'内心激动'的成果"③，而是革命斗争的需要，革命斗争的结晶，并且在革命斗争中得到了广泛的传播，迄今还是我们反对一切机会主义、修正主义的锐利武器，是永放光芒的马克思主义百科全书。

《反杜林论》是恩格斯的卓越著作，又是马克思和恩格斯的伟大友谊的光辉结晶。正如恩格斯所说："本书所阐述的世界观，绝大部分是由马克思所确立和阐发的，而只有极小的部分是属于我的，所以，我的这部著作如果没有他的同意就不会完成，这在我们相互之间是不言而喻的。"④ 付印前，恩格斯又把全部原稿念给马克思听。而且其中"《批判

---

① 《马克思恩格斯全集》（第二十卷），人民出版社，1971年版，第11页。
② 《马克思恩格斯全集》（第二十卷），人民出版社，1971年版，第8页。
③ 《马克思恩格斯全集》（第二十卷），人民出版社，1971年版，第7页。
④ 《马克思恩格斯全集》（第二十卷），人民出版社，1971年版，第11页。

史》论述"这一章就是马克思写的。马克思在写完了这一章把手稿寄给恩格斯时曾说过:"读这个家伙的东西而不当即狠狠敲打他的脑袋,我是办不到的。"① 他们这种共同战斗的伟大的友谊,列宁曾有过高度的评价,他说:"古老的传说中有各种非常动人的友谊的故事。欧洲无产阶级可以说,它的科学是由两位学者和战士创造的,他们的关系超过了古人关于人类友谊的一切最动人的传说。"② 可以说两位伟大革命导师的许多著作,都是这种伟大友谊的光辉结晶。

《反杜林论》是在斗争中产生的,又在斗争中得到广泛传播。杜林分子阻挠它,俾斯麦反动政府查禁它。结果和这些反动分子的愿望相反,《反杜林论》越被禁止反而越畅销,发行了更多的新版。在今天,用各种文字出版的《反杜林论》,已传遍了全世界。列宁多次论及《反杜林论》的伟大意义,指出:"这是一部内容十分丰富,十分有益的书。"③ 它"同《共产党宣言》一样,都是每个觉悟工人必读的书籍。"④ 伟大领袖毛主席一再号召我们"认真看书学习,弄通马克思主义"⑤。

《反杜林论》这部伟大著作,是无产阶级革命导师恩格斯在同马克思主义的凶恶敌人杜林的激烈斗争中写成的,是当时德国社会民主党内两条路线、两种世界观斗争的产物。

十九世纪七十年代德国统一以后,资本主义有了较大的发展,无产阶级和资产阶级的斗争也日趋尖锐。资产阶级为破坏日益发展的工人运动,一方面利用他们掌握的国家机器镇压无产阶级,另一方面,收买利用工人贵族在工人运动内部进行破坏。以倍倍尔和李卜克内西为首的德国社会民主工党(即爱森纳赫派)虽然接受了马克思主义的指导,但

---

① 《马克思恩格斯全集》(第三十四卷),人民出版社,1972年版,第37~38页。
② 《列宁选集》(第一卷),人民出版社,1972年版,第92~93页。
③ 《列宁选集》(第一卷),人民出版社,1972年版,第92页。
④ 《列宁选集》(第二卷),人民出版社,1972年版,第442页。
⑤ 中共中央文献研究室编:《三中全会以来重要文献选编》(上),人民出版社,1982年版,第59页。

在思想上还不成熟，为了急于建立一个统一的工人阶级的组织，竟然违背马克思、恩格斯关于不要忘记工人阶级的根本利益的指示。他们在与全德工人（即拉萨尔派、机会主义派别）合并时，没有坚持革命原则，通过了一个充满机会主义观点的纲领——《哥达纲领》。由于没有和机会主义路线划清界限，党的队伍虽然扩大了，但党内一些机会主义的思想却泛滥起来。当时反马克思主义的主要代表人物就是杜林。

江湖骗子杜林，是当时柏林大学的讲师。他冒充"社会主义的行家"、工人阶级的"理论权威"，先后抛出了《哲学教程》《国民经济学和社会经济学教程》《国民经济学和社会主义批判史》等"向马克思进攻的三路论证大军"，全面地恶毒攻击马克思主义的哲学、政治经济学和科学社会主义三个组成部分。后来，杜林甚至公开叫嚣要对马克思主义进行所谓全面的"改革"。江湖骗子杜林，趁着当时德国社会民主党处在幼年时期，党内许多人对马克思主义理论不很熟悉、了解不够的机会，把他的一套折中主义的哲学、资产阶级庸俗政治经济学和小资产阶级的社会主义，用所谓"科学"的词句装潢起来，自称为"最后的终极的真理"，称为新的创造体系，到处招摇撞骗，竭力在无产阶级队伍中制造混乱，妄图使工人运动脱离马克思主义的正确指导，以便纳入他的机会主义的轨道上去。杜林的这些谣言和诡辩有很大的欺骗性和煽动性。隐藏在党内的资产阶级代理人莫斯特之流，极力支持杜林的反动谬论，使刚冒头的修正主义分子伯恩斯坦也跳了出来，以"高兴的心情欢迎杜林的文章"，甚至连工人阶级优秀领导人倍倍尔也曾一度上了他的当，受了他的骗，在党的中央机关报《人民国家报》上，发表了两篇吹捧杜林的文章。尤其是在一些不成熟的大学生和大学教授中影响更大。因此，杜林更加野心勃勃，利用自己的影响，在德国社会民主党内组织了莫斯特、恩斯、伯恩斯坦等一伙宗派小集团，分裂党的队伍。

杜林一伙宗派小集团为了改变党的性质，篡夺党的领导权，他们除了在理论上向马克思主义进行猖狂进攻外，还千方百计地同党争夺舆论阵地，妄图把党的中央机关报《人民国家报》变为他们制造反革命舆论的工具。当他们的这种阴谋受到《人民国家报》主编李卜克内西的拒绝和抵制以后，他们篡党夺权的野心仍然未死，在一八七六年的哥达代表大会上，大肆攻击李卜克内西"独裁""专制"，阴谋夺取党的宣传大权。

对于杜林这个马克思主义的凶恶敌人，马克思和恩格斯早有察觉。《资本论》第一卷出版不久，杜林对这部伟大著作妄加评论，马克思和恩格斯就已经注意到杜林观点的反动性，指出他的"整篇论文表现狼狈和恐惧"①，"他在进行欺骗"②。恩格斯在《德意志帝国国会中的普鲁士烧酒》一文中，开始了对杜林的批判。杜林的反动思想严重地腐蚀着党的肌体，干扰和破坏党的正确路线的贯彻执行，杜林及其一伙分裂党的阴谋活动，使得年轻的、刚刚统一起来的德国社会民主党，面临着新的分裂的危险。在这两条路线斗争的关键时刻，马克思和恩格斯为了维护党的团结和统一，加强对工人运动的统一领导，提高全党的马克思主义理论水平，提高全党识别正确路线和错误路线的能力，使德国工人运动沿着马克思的无产阶级革命路线胜利前进，进一步展开了对杜林的批判。正如恩格斯在阐明自己为什么要写《反杜林论》这部著作时说："这件事发生在这样一种时候：德国社会党的两派——爱森纳赫和拉萨尔派——刚刚实现了合并，因而不仅大大地加强了力量，而且更重要的是已经有能力运用这全部力量去反对共同的敌人。德国社会党正在迅速地成为一种力量。但是，要使它成为一种力量，第一个条件是不让这个刚刚赢得的统一受到危害。而杜林博士却公开地着手在自己周围建立一个宗派，一个未来的单独的政党的核心。因此，不管我们是否愿意，我们必须应战，把斗争进行到底。"③ 恩格斯在马克思的支持和协助下，

---

① 《马克思恩格斯通信集》（第四卷），生活·读书·新知三联书店，李季译，1958年版，第4页。
② 《马克思恩格斯全集》（第三十二卷），人民出版社，1974年版，第525页。
③ 《马克思恩格斯全集》（第二十二卷），人民出版社，1965年版，第334页。

毅然决然地放下了从事已经七八年之久的《自然辩证法》的研究，用了两年的时间，来啃杜林这个很大的"酸果"，于一八七八年初写成了《反杜林论》这部伟大著作。该著作痛快淋漓地剥开了杜林这个江湖骗子的画皮，全面地揭露了他的"新学说"的反动本质，系统地阐明了马克思主义的哲学、政治经济学和科学社会主义的基本原理，内容十分丰富，成为马克思主义的百科全书。正如恩格斯在这部著作中的序言指出的："消极的批判成了积极的批判；论战转变为马克思和我所主张的辩证方法和共产主义世界观的比较连贯的阐述。"①

《反杜林论》的写成，"决不是什么'内心激动'的成果"②，而是革命斗争的需要，它是对全党进行思想和政治路线方面的教育，是反对杜林机会主义的产物。一八七七年一月，《反杜林论》头几篇论文在《前进报》发表后，广大工人读者欢欣鼓舞，扬眉吐气，把它当做革命的思想理论武器；杜林一伙实力派集团却暴跳如雷，对李卜克内西施加压力。在这年召开的党的代表大会上，一小撮杜林分子在会上大吵大闹，狂叫什么恩格斯的论文"太专""大多数党员难以理解""不会引起兴趣，甚至引起愤慨"等，并且提出一项荒谬的提案，要求禁止党报上继续发表《反杜林论》。李卜克内西当时尖锐地反驳了这些理论，指出恩格斯的论文的发表是 1876 年在党的代表大会上决定的，而且是由杜林派挑起的。这些论文之专是必然的，因为它的任务在于按照整个线索考察杜林在多卷巨册中提出的观点，在于驳斥杜林的整个体系，粉碎了他的猖狂攻击。《反杜林论》的发表也引起普鲁士帝国统治阶级的震惊，到处查禁，可是革命人民迫切需要马克思主义思想武器势不可挡。随着《反杜林论》的出版发行，马克思主义在无产阶级中得到广泛传播，杜林的机会主义谬论也随着被扫进了历史的垃圾桶，猖獗一时的杜林及其小宗派集团的阴谋遭到彻底破产。

---

① 《马克思恩格斯全集》（第二十卷），人民出版社，1971 年版，第 11 页。
② 《马克思恩格斯全集》（第二十卷），人民出版社，1971 年版，第 7 页。

伟大领袖毛主席教导我们："要搞马克思主义，不要搞修正主义；要团结，不要分裂；要光明正大，不要搞阴谋诡计。"① 这三个基本原则，不但是我们党五十年来两条路线斗争的高度概括和科学总结，同时也反映了国际共产主义运动中两条路线斗争的历史经验。天下乌鸦一般黑，一切机会主义路线的头子，都有他们共同的特点。所不同的是，杜林在一百年前的政治目的是维护资本主义，替普鲁士帝国效劳。所以我们学习《反杜林论》，既要学习马克思主义的基本理论，也要学习革命导师恩格斯同杜林作斗争的革命精神和历史经验。

第2稿

恩格斯为什么和怎样写《反杜林论》的？

恩格斯的《反杜林论》最初以论文形式于1877—1878年间陆续发表在德国社会民主党机关报《前进报》上，1878年7月以单行本出版了第一版。这部伟大著作是恩格斯在同马克思主义的凶恶敌人杜林的激烈斗争中写成的，是当时德国社会民主党内两条道路、两条路线、两种世界观斗争的产物。这部著作在革命斗争中得到了广泛传播，迄今还是我们反对一切机会主义、修正主义的锐利武器，是永放光芒的马克思主义百科全书。

正当德国社会民主党的两派爱森纳赫派和拉萨尔派刚刚合并，迅速地成长为一种力量，反对共同的敌人的时候，杜林迫不及待跳了出来，冒充"社会主义的行家"，抛出了《哲学教程》《国民经济学和社会经济学教程》《国民经济学社会主义批判史》三株大毒草，动员了"向马克思进攻的三路论证大军"，疯狂反对马克思主义的哲学、政治经济学和科学社会主义，妄图改变党的指导思想的理论基础，达到他分裂党、把工人运动引向邪路、充当俾斯麦的走狗的可耻目的。

由于社会民主党在同拉萨尔派合并时，没有遵循马克思的"决不会

---

① 转引自周恩来：《政府工作报告》，人民出版社，1975年版，第14页。

拿原则来做交易"①的指示，使得机会主义思潮泛滥起来，杜林就是其中最典型的代表。杜林七拼八凑的大杂烩：折中主义哲学、资产阶级的庸俗政治经济学和小资产阶级的社会主义，并不是什么新创造，不过是黑格尔的唯心主义、康德的先验主义和孔德的实证主义的陈词滥调。可是他却用科学的词句装潢起来，用什么完整的体系，最后的"终极的真理"吓唬群众，一时把马克思和恩格斯哺育的德国党弄得乌烟瘴气，反动气焰十分嚣张。顽固的杜林分子莫斯特之流对杜林肉麻的吹捧，刚冒头的伯恩斯坦也以"高兴的心情"迎接杜林的言论，甚至连倍倍尔这样的党的领导人也一度受了杜林的欺骗。

野心勃勃的杜林，把马克思视为他的反革命路线和反革命计划的严重阻碍，因此，他把满腹怨气倾泻在马克思身上，妄图取代马克思的地位，拉山头、结死党、制造分裂，"着手在自己周围建立一个宗派，一个未来的单独的政党的核心"②。

刚刚统一起来的党面临着新的分裂和混乱的局面，这种严重情况，简直把恩格斯气坏了。是使党沿着马克思所指引的革命路线继续前进呢？还是使党被野心家、阴谋家杜林一伙纳入资产阶级的轨道呢？为了捍卫马克思主义世界观，使工人运动沿着马克思主义的革命路线前进，维护党的团结和统一，恩格斯得到马克思的赞同和支持，中断了《自然辩证法》的写作，把一切都搁置下来，毅然决然反击杜林，用了两年的时间"来啃这一个酸果"③。《反杜林论》涉及了自然科学、社会科学和哲学的各个领域，用马克思主义的伟大真理和无可辩驳的科学材料，给杜林"密如冰雹的打击"④，把他驳得体无完肤。

《反杜林论》是恩格斯的卓越著作，又是马克思和恩格斯的伟大友谊的光辉结晶。付印前，恩格斯又把全部原稿念给马克思听，书中第十

---

① 《马克思恩格斯全集》（第三十四卷），人民出版社，1972年版，第130页。
② 《马克思恩格斯全集》（第二十二卷），人民出版社，1965年版，第334页。
③ 《马克思恩格斯全集》（第二十卷），人民出版社，1971年版，第7页。
④ 《马克思恩格斯全集》（第三十四卷），人民出版社，1972年版，第19页。

章就是由马克思写的。马克思说:"读这个家伙的东西而不当即狠狠敲打他的脑袋,我是办不到的。"① 恩格斯说:"本书所阐述的世界观,绝大部分是由马克思所确立和阐发的,而只有极小的部分是属于我的,所以,我的这部著作如果没有他的同意就不会完成,这在我们相互之间是不言而喻的。"② 可以说,两位伟大革命导师的许多著作都是这种友谊的结晶。

《反杜林论》由三版序言、《引论》及《哲学》《政治经济学》《社会主义》三编组成。由于杜林全面地恶毒攻击了马克思主义三个组成部分,恩格斯也就不得不跟踪追击,层层剥皮,展开针锋相对的斗争,痛快淋漓地剥下了江湖骗子杜林的画皮,彻底清算了杜林的反动谬论,而且第一次系统地阐明了马克思主义的三个组成部分。恩格斯说:"消极的批判成了积极的批判;论战转变为马克思和我所主张的辩证方法和共产主义世界观的比较连贯的阐述。"③ 列宁说:"这是一部内容十分丰富、十分有益的书"④,"同《共产党宣言》一样,都是每个觉悟工人必读的书籍"⑤。

《反杜林论》是一部全面系统阐述马克思主义基本理论的经典著作。《引论》中的《概论》是全书的纲要,叙述了马克思主义的产生和发展的历史及其三个组成部分的内在联系,集中说明了社会主义怎样由空想变成科学。

在《哲学》编中,恩格斯着重批判了杜林的唯心主义先验论,戳破了他的"世界模式论"⑥,严格地划清了唯物论的反映论和唯心论的先验论的界限、辩证法和形而上学的界限;详尽地论述了唯物论的反映论的基本原理;揭穿了"终极真理""永恒道德"的资产阶级人性论的

---

① 《马克思恩格斯全集》(第三十四卷),人民出版社,1972年版,第37~38页。
② 《马克思恩格斯全集》(第二十卷),人民出版社,1971年版,第11页。
③ 《马克思恩格斯全集》(第二十卷),人民出版社,1971年版,第11页。
④ 《列宁选集》(第一卷),人民出版社,1972年版,第92页。
⑤ 《列宁选集》(第二卷),人民出版社,1972年版,第442页。
⑥ 《马克思恩格斯全集》(第二十卷),人民出版社,1971年版,第45页。

反动本质；阐明了马克思主义辩证法关于对立统一、质变量变和否定之否定规律；提出了"辩证法不过是关于自然、人类社会和思维的运动和发展的普遍规律的科学"①的著名经典定义。

在《政治经济学》编中，恩格斯批判了杜林的唯心论的"暴力论"，阐明了经济基础和上层建筑的辩证关系；批判了杜林的"唯生产力论"，阐明了生产关系和生产力的辩证关系。恩格斯指出，杜林的"暴力论"是用来反对马克思的剩余价值学说的，是迎合资产阶级需要，反对无产阶级革命的。杜林的"唯生产力论"是维护资本主义生产关系，是反对马克思的"剥夺剥夺者"，反对暴力革命，反对无产阶级专政的。恩格斯捍卫了马克思的剩余价值学说。

在《社会主义》编中，恩格斯彻底批判了杜林的小资产阶级社会主义，阐明了社会主义从空想变成科学的发展过程，揭示了资本主义的各种矛盾，指明了实现社会主义的途径。恩格斯指出："社会主义现在已经不再被看做某个天才头脑的偶然发现，而被看做两个历史地产生的阶级无产阶级和资产阶级间斗争的必然产物。"②只有通过无产阶级的暴力革命，打碎旧的国家机器，建立无产阶级专政，才能实现社会主义。杜林的社会主义，丝毫不触犯资本主义的生产方式，只是改变一下分配方式，这纯粹是假社会主义，真资本主义。

杜林这套反动谬论，早已被恩格斯推进了历史的垃圾堆。但是马克思主义的敌人，一切机会主义者和修正主义者，还是抱着杜林的衣钵，反对马克思主义、列宁主义、毛泽东思想。伯恩斯坦、考茨基、赫鲁晓夫、勃列日涅夫通通如此。

### 三、我们为什么要学习《反杜林论》

《反杜林论》是我们必读的马克思主义百科全书。《反杜林论》由

---

① 《马克思恩格斯全集》（第二十卷），人民出版社，1971年版，第154页。
② 《马克思恩格斯全集》（第二十卷），人民出版社，1971年版，第701页。

三版序言、引论和哲学、政治经济学、社会主义三编组成。由于杜林全面地攻击了马克思主义三个组成部分，恩格斯也就展开针锋相对的斗争，彻底清算了杜林的反动谬论，系统地阐明了马克思主义的三个组成部分。列宁评价这部光辉著作时说："这是一部内容十分丰富、十分有益的书。"① 它"同《共产党宣言》一样，都是每个觉悟工人必读的书籍"②。引论中的概论是全书的纲要，叙述了马克思主义的产生和发展及其三个组成部分的内在联系，集中说明了马克思的唯物史观和剩余价值学说这两个伟大发现，使社会主义由空想变成了科学。

在哲学论中，恩格斯着重批判了杜林的唯心主义的先验论，严格地划清了唯物论的反映论和唯心论的先验论的界限。针对杜林的"原则走在前面"的先验论，恩格斯提出了一个著名的科学论断："原则不是研究的出发点，而是它的最终结果；这些原则不是被应用于自然界和人类历史，而是从它们中抽象出来的；不是自然界和人类去适应原则，而是原则只有在适合于自然界和历史的情况下才是正确的。"③ 并且系统地论述了辩证唯物论的基本原理，即物质和意识、物质和运动、物质和时间空间、绝对真理和相对真理、自由和必然的辩证关系。恩格斯指出：物质是第一性的，意识是第二性的；物质是可以认识的，思维是物质的反映；思维对物质只有相对独立性。物质是运动的，运动是物质的存在方式；运动的形式是多样的；运动是永恒的，静止是相对的。物质和时间空间是不可分割的，时间空间是物质存在的形式；时间空间是无限的，又是通过有限存在的。认识客观世界是一个无限发展的过程，人的认识能力是绝对的又是相对的，是无限的又是有限的，真理是绝对真理和相对真理的统一。自由是对必然的认识和运用等等。

恩格斯针对杜林对马克思主义辩证法的污蔑和攻击，系统地论述了

---

① 《列宁选集》（第一卷），人民出版社，1972年版，第92页。
② 《列宁选集》（第二卷），人民出版社，1972年版，第442页。
③ 《马克思恩格斯全集》（第二十卷），人民出版社，1971年版，第38页。

马克思主义辩证法的三个规律——矛盾规律、质量互变规律、否定之否定规律。提出"运动本身就是矛盾"①的光辉思想，科学地说明了矛盾是事物发展的普遍规律，事物发展的根本原因在于事物内部的矛盾性；一切事物的发展又是处于物体静止的量变和显著突变的质变两种状态，"量变改变事物的质和质变同样也改变事物的量"②；一切事物内部都有肯定和否定两个方面，它的发展是一个由肯定、否定到否定之否定的曲折螺旋式的上升运动，是不断地由新事物代替旧事物的无限过程。"辩证法不过是关于自然、人类社会和思维的运动和发展的普遍规律的科学。"③

在社会历史观方面，恩格斯抓住杜林的资产阶级人性论和唯心论的先验论，狠批了他的"永恒道德"论和超阶级的善恶观，以及超阶级的人人平等观，提出道德和平等是由社会经济基础决定，都是历史的产物，在阶级社会中，道德始终是阶级的道德，没有抽象的平等，只有彻底消灭了阶级以后，才会有人类共同的道德，真正的平等，严格区分了无产阶级道德观、平等观同资产阶级道德观、平等观的根本对立。

在政治经济学编中，恩格斯针对杜林的"劳动进行生产、暴力进行分配"和"工资决定价值"论，指出政治经济学"是研究人类社会中支配物质生活资料的生产和交换的规律的科学"④，是一门历史科学，并且系统地阐述了马克思主义政治经济学关于生产力和生产关系、经济基础与上层建筑、政治和经济，生产、交换和分配的辩证关系，以及劳动决定价值、剩余价值学说；指出暴力的两种作用，坚持暴力革命"是社会运动借以为自己开辟道路并摧毁僵化的垂死的政治形式的工具"⑤。

在社会主义编中，恩格斯运用辩证唯物主义和历史唯物主义观点，

---

① 《马克思恩格斯全集》（第二十卷），人民出版社，1971年版，第132页。
② 《马克思恩格斯全集》（第二十卷），人民出版社，1971年版，第139页。
③ 《马克思恩格斯全集》（第二十卷），人民出版社，1971年版，第154页。
④ 《马克思恩格斯全集》（第二十卷），人民出版社，1971年版，第160页。
⑤ 《马克思恩格斯全集》（第二十卷），人民出版社，1971年版，第200页。

深刻地分析了资本主义的经济关系，阐明了科学社会主义产生的物质条件、阶级基础和理论来源，以及科学社会主义的基本原理，指出资本主义社会的基本矛盾是社会化的大生产同生产资料的资本主义私人占有之间的矛盾，表现在阶级关系上是无产阶级同资产阶级的尖锐对立；解决这个矛盾和实现社会主义的革命力量是无产阶级；实现社会主义的根本路径是无产阶级，只有用暴力革命打碎资产阶级的国家机器，变资产阶级专政为无产阶级专政；剥夺资产阶级的生产资料变为国家财产，彻底消灭资本主义剥削制度。社会主义必然要代替资本主义，这是一条不可抗拒的历史规律。这些内容使得社会主义由空想变成了现实，只改变资本主义的分配方式，祈求资本家发善心，实行所谓"普遍的公平原则"① 的假社会主义。

《反杜林论》的发表，彻底揭穿了杜林江湖骗子的丑恶嘴脸，批判了杜林五光十色的反动谬论，粉碎了杜林一伙对马克思主义的猖狂进攻，提高了党的思想理论水平，巩固了党的团结和统一，使德国工人运动沿着正确的路线前进。并且为了斗争的需求，《反杜林论》系统地阐明了马克思和恩格斯所主张的辩证方法和共产主义世界观，是一部伟大的马克思主义的百科全书。《反杜林论》也是我们分清什么是马克思主义，什么是机会主义；什么是唯物论，什么是唯心论；什么是社会主义，什么是资本主义的强大思想武器。我们应该在整风运动中认真学习《反杜林论》，把学习恩格斯批判杜林的历史经验同现实斗争结合起来，提高识别真假马克思主义的能力。

### 四、《反杜林传》章节相关学习

（一）运动是物质的存在方式

世界上有没有不运动的物质？物质和运动是什么关系？物质和运动能够分开吗？这是恩格斯同杜林论战的重要问题之一。为了弄清这个道

---

① 《马克思恩格斯全集》（第二十卷），人民出版社，1971年版，第309页。

理，我们还得把杜林的谬论拿出来示众。

杜林在什么问题上首先向马克思主义哲学进攻的呢？是在天体怎么形成的问题上。天体演化学就是研究这个问题的。

关于天体是怎么形成的问题，自古以来唯物主义和唯心主义，辩证法和形而上学进行了长期激烈的斗争。古代唯物主义哲学家认为，宇宙的来源是水，是火，是气等等。由于时代的限制，他们不可能正确认识这个问题，他们是朴素的自发的唯物主义，唯心主义者则宣扬上帝创世，硬说整个世界是上帝在一个星期内创造出来。客观唯心主义者黑格尔则说，整个世界是由绝对精神转化而来的。主观唯心主义者贝克莱则说，世界是主观的产物，中国的唯心主义者也说过"宇宙便是吾心，吾心便是宇宙"。形而上学唯物主义者虽然认为整个世界是客观存在，但他们不能说明天体是怎么运动的，结果还是陷入了上帝第一次推动的谬论。只有辩证唯物主义才正确地说明了整个宇宙处于不断发展变化运动之中。天体的起源和演化有它固有的规律，是天体自身内在矛盾发展的必然结果。这个结论正被自然科学的发展所不断证实。

关于天体的形成，18世纪德国哲学家康德提出了著名的星云假说。康德在年轻时期主要从事自然科学研究，在1755年他匿名发表了《宇宙发展史概论》一书，向形而上学的宇宙不变论打响了第一枪，冲破了牛顿的"第一次推动"[①]。康德的星云假说，认为天体是由原始星云逐渐演变而来，他说原始星云的体积很大，最初散布在整个太阳系所占据的空间。星云中的质点分布是不均匀的，有的地方密，有的地方稀。由于万有引力的作用，质点之间相互吸引，星云中较大较密的部分就把周围较稀较小的质点吸收过去，逐渐形成一个中心密实，周围稀疏的庞大星云体。又由于吸引同时发生的碰撞（即排斥力），使星云发热和旋转。质点的撞击使星云越来越热，旋转越来越快，原始星云也就逐渐变得像铁饼一样，中心厚边缘薄的扁平状，最后从星云体的赤道上甩出物

---

[①] 《马克思恩格斯全集》（第二十卷），人民出版社，1971年版，第617页。

质形成一个围绕着中心旋转的环，这个环再破碎集中而成为行星。这样反复发生，于是就形成了今天的太阳和行星。康德用引力和斥力的相互作用的对立统一观点解释了太阳的起源，论证了物质是受某种必然的规律所支配的。事物的运动是内部本身的运动，根本不需要一只外来的手。他嘲笑了牛顿的"第一次推动"是回避困难，而不是钻研问题。这种假说尽管有它不完善的地方，但它冲破了形而上学宇宙观的枷锁，打击了唯心论和宗教神学。所以恩格斯说它是"从哥白尼以来天文学取得的最大进步"①，他给"形而上学思维方式的观念上打开了第一个缺口"②。

但是杜林这个头脑僵化而又目空一切的家伙，对康德的星云说采取一笔抹杀、全盘否定的态度，说这个星云假说是"极端模糊"③，"只是一个非常肤浅的概念"。而把自己的谬论吹嘘成"逻辑上真实的公式"④。杜林关于天体形成的谬论是什么货色呢？

杜林关于天体形成的谬论有四点：

第一，他认为世界最初是处于不变的物质原始状态，这种状态他叫做"宇宙介质的状态"（四段）；

第二，"宇宙介质状态"是物质和机械力的统一（九段）；

第三，因为是物质和机械力的统一，所以这个状态既不能理解为现代意义下的纯粹静态的，也不能理解为动态的（七段）；

第四，这种统一的停止，物质不变状态就终结，运动就开始。就是说，物质世界是由不变状态转变为运动状态的（十段）；

杜林的谬论，把它变成现代语言来表述他的观点，就是：

第一，存在着不运动的物质；

第二，运动的基本形成就是一个机械运动；

---

① 《马克思恩格斯全集》（第二十卷），人民出版社，1971年版，第62页。
② 《马克思恩格斯全集》（第二十卷），人民出版社，1971年版，第62页。
③ 《马克思恩格斯全集》（第二十卷），人民出版社，1971年版，第62页。
④ 《马克思恩格斯全集》（第二十卷），人民出版社，1971年版，第64页。

第三，运动和静止是绝对对立的，静止是绝对的静止，运动是绝对的运动；

第四，物质的运动不是从来就有的，他说开始时没有，后来才有的，就是说运动不是永恒存在的。

这些观点反映了杜林的唯心论是错误的，胡诌八扯，也反映了他的形而上学的外因论和机械论。他反对康德的星云假说，妄图用他的"物质的自身等同的状态"① 强加于自然界，这不是科学上的进步，而是开倒车。

恩格斯对杜林的这些谬论给予针锋相对的揭露和批判：

第一，揭露杜林所讲的物质和机械力的统一这个所谓"逻辑上真实的公式"② 是从黑格尔那里抄来的，想使黑格尔的"自在"范畴和"自为"的范畴来为他的哲学效劳。杜林的物质和机械力的统一不过是黑格尔的"自在"范畴的翻版，而他虚构的统一一旦停止，则不过是黑格尔的"自为"范畴的翻版。

第二，质问杜林在原始状态下，即他讲的"物质的自身等同状态"时存在着"物质和机械力的统一"，而在这时他说是绝对的不运动，而不运动还有什么机械力呢？所以恩格斯说，"在那种状态下，机械力在什么地方"③，杜林是无法自圆其说的。

第三，指出杜林用"物质和机械力的统一"的破坏，来说明从不动到动也是荒谬的。杜林永远也找不到由静到动的桥，结果必然把上帝请出来。恩格斯说："如果没有外来的推动，就是说没有上帝，怎样才能从绝对的不动转到运动。"④

第四，指出杜林把运动归结为机械运动的一种形式，就不能理解物质和运动的关系。机械运动，是要靠外力推动，从辩证唯物主义观点来

---

① 《马克思恩格斯全集》（第二十卷），人民出版社，1971年版，第63页。
② 《马克思恩格斯全集》（第二十卷），人民出版社，1971年版，第64页。
③ 《马克思恩格斯全集》（第二十卷），人民出版社，1971年版，第65页。
④ 《马克思恩格斯全集》（第二十卷），人民出版社，1971年版，第65页。

看，外力推动也还要靠机械运动的内部的矛盾性，杜林的形而上学观点当然不懂得这一点，就认为物质和运动是可以分开的。

第五，揭露杜林臆造的"绝对不变状态"的认识论根源。由于他从形而上学的观点出发，把地球上某一物体所能有的相对的机械平衡想象为绝对的静止，然后再把它转移到整个宇宙。杜林把运动局限于单纯的机械力，又把力设想为静止的，受束缚的，因而在瞬息间是不起作用的。这样从静到动的转移的最后一个环节就可以推延到任何时刻。例如，把枪装上子弹以后，人们可以掌握扣扳机发射的时刻。"因此可以设想，在不动的、自身等同的状态时物质是装满了力的。"① 杜林把这理解为"物质和机械力的统一"。但是这里有两个问题杜林是无法逃避的。第一，世界是怎样装满的呢？因为在今天，枪是不会自动装上子弹的；第二，后来是谁的手指扣动扳机呢？杜林可以任意转来转去，但最后又只好回到上帝的手指上。

恩格斯在批判杜林的斗争中深刻地阐释了马克思主义的运动观。

恩格斯指出："运动是物质的存在方式。无论何时何地，都没有也不可能有没有运动的物质。"② "没有运动的物质和没有物质的运动是同样不可想象的。"③ 这个理论就彻底驳斥了唯心论和宗教迷信把事物的发展归之于神的力量的谬论，也彻底驳斥了形而上学的宇宙不动论。物质和运动是不可分开的。而物质之所以是运动的，根本原因，在于事物内部的矛盾性。毛主席说："唯物辩证法的宇宙观主张从事物的内部、从一事物对他事物的关系去研究事物的发展，即把事物的发展看做是事物内部的必然的自己的运动，而每一事物的运动都和它的周围其他事物互相联系着和互相影响着。事物发展的根本原因，不是在事物的外部而是在事物的内部，在于事物内部的矛盾性。任何事物内部都有这种矛盾

---

① 《马克思恩格斯全集》（第二十卷），人民出版社，1971年版，第66页。
② 《马克思恩格斯全集》（第二十卷），人民出版社，1971年版，第65页。
③ 《马克思恩格斯全集》（第二十卷），人民出版社，1971年版，第65页。

性，因此引起了事物的运动和发展。事物内部的这种矛盾性是事物发展的根本原因，一事物和他事物的互相联系和互相影响则是事物发展的第二位的原因。"① 辩证唯物主义用这种观点观察天体的形成，认为各种天体的形成和发展不在于外部的推动，而在于星云内部矛盾发展的必然结果，地球和整个太阳系都是在这种统一的过程中产生的。

世界上除了运动着的物质，什么也没有。科学事实告诉了我们，宇宙间的一切天体，如恒星（包括太阳）、行星（包括地球）、卫星（包括月亮）、彗星、流星、星团、星云等等，无不处在这个变化之中，行星除绕太阳转之外还不断地自转；卫星不仅绕行星转动，而且也自传；像太阳那样的天体，曾经认为是不动的"恒星"，可是借助光谱分析，人们发现所有的恒星从太阳到银河系都在自转。据计算，太阳带着整个行星系以每秒200多公里的速度参加银河系的运动。每个星球内部还有激烈的热核反应，并向外辐射大量的能量和抛射物质。我们在晴朗天空的夜里看到的流星坠落，就是天体运动的表现。

地球自产生到现在大约有60亿年了。在这漫长的年代中，它经历了很大的变化，60亿年前的地球，没有海洋，没有大气，也没有动植物，更没有人类。后来在地球的演化中产生了水圈和大气圈。地球上有了水和空气，给生物的产生、发展创造了条件，地球上才形成了生物圈。生物圈又反过来影响大气圈，最初，大气圈中二氧化碳较多，生物圈出现后，由于植物的光合作用，不断吸收二氧化碳，放出氧气，使大气圈成分发生变化，形成适合今天的动物和人类生存的大气圈。原来的海洋也没有今天这么多的盐分，由于河流的冲刷，把地面上的可溶性盐类带进了海洋，经过年深日久的积累才使海水越来越咸。可见，地球上的水圈、大气圈和生物圈也不是孤立的静止不动的，而是不断互相影响，互相依赖的。地球的外壳也在不断变化，火山喷发，地震等的变化造成今天连绵不断的山脉和纵横交错的河流，都是地壳运动的最明显的

---

① 《毛泽东选集》（第一卷），人民出版社，1952年版，第276页。

证据。宏伟的喜马拉雅山区，五千万年前还是古地中海的一部分，大约三千万年前，喜马拉雅山才出水，古地中海才逐渐消失。1965年，我国在西藏地区发现了一亿年前生活在大海里的鱼龙化石就是见证。据估计喜马拉雅山近百万年内升高了约三千米，而且现在还在不断上升。浩瀚的太平洋也不是固有的，它的产生也不过是一亿多年的历史。尽管宇宙间各种天体的起源和变化还有待继续认识和研究，但是基本的东西是可以肯定的，这就是它必然是运动的，都有各自的产生、发展和衰亡的历史，整个自然界都是如此。从最小的沙粒到太阳，从原始生物到人，都处在永恒的产生和衰亡中，处在无休止的运动和变化中，可见杜林那种有脱离运动的物质，物质可以同运动分开的观点是没有一点科学根据的，恩格斯的关于"运动是物质的存在方式"①的科学论断是完全正确的，是任何人也驳斥不倒的马克思主义真理。

(二) 运动是绝对的，静止是相对的

杜林在力学和物理学方面的谬论观点，就是把运动和静止绝对对立起来。他的错误有下面几点：

第一，他认为运动就是运动，静止就是静止，两者没有任何的联系；

第二，他说静止的状态不能由机械功来计量的，只有运动的状态才能由机械功来计量；

第三，他说静止的状态不代表机械功，所以找不到由静到动的桥；

第四，他说热力学关于传热的理论还有缺陷。那么杜林解决不了物质自身等同状态转为动的问题，有什么值得大惊小怪呢？

恩格斯针对杜林的错误，阐明了运动和静止的辩证法。恩格斯指出："任何静止、任何平衡都只是相对的，只有对这种或那种确定的运动形式来说才是有意义的。例如，某一物体在地球上可以处于机械的平衡，即处于力学意义上的静止；这绝不妨碍这一物体参加地球的运动和

---

① 《马克思恩格斯全集》(第二十卷)，人民出版社，1971年版，第65页。

整个太阳系的运动,同样也不妨碍它的最小的物理粒子去实现由它的温度所造成的振动,不妨碍它的物质原子去经历化学的过程。"①

辩证唯物主义认为,世界上一切事物都处于运动变化中,但并不否认相对的静止和相对的平衡,静止和平衡是相对的,运动是绝对的,绝对的静止是不存在的。由于事物内部矛盾斗争的情况不同,事物的运动就显出两种状态,即相对静止的状态和显著的变动过程。前者反映了物的缓慢的量变过程,后者反映了物的根本性质的变化。例如,我们坐在屋子里,这是相对的静止,但就在我们坐在屋子里的时候,运动一刻也没有停止,首先地球在绕太阳转,每秒钟三十公里在运动着;不断吐故纳新,吸进新鲜氧气,呼出二氧化碳,这也是运动着,进行着生命运动。认真读马列的书,读毛主席的书,大脑在运动着。所以静止是相对的,也是运动的一种表现形式。又如珠穆朗玛峰处在我国西藏和尼泊尔之间的交界处,这个地理位置是不变的,可是它随着地球的转动,却不断改变位置,受太阳热核辐射是不同的,而且山的本身也在不断发生物理的和化学的变化,山在不断增高,岩石在风化。所以静止不是绝对的,而是相对的。在一定条件下和一定范围内是静止的、平衡的,而在另一条件下和范围内则是运动的、不平衡的。从某一事物的具体情况来看是静止的,而从其他事物的关系来看又是运动的。杜林把地球上某一物体的相对静止夸大为绝对静止,又把这种静止运用到整个宇宙上去,认为宇宙有那么一段时期是处于不动状态的绝对静止,造成了他的形而上学的宇宙不动论或绝对平衡论。

运动和静止这两种运动的状态是有区别的,但又是互相联系,互相转化的。恩格斯说:"从辩证的观点看来,运动表现于它的反面,即表现在静止中,这根本不是什么困难。对辩证的观点来说,这一切对立,正如我们已经看到的,都只是相对的;绝对的静止、无条件的平衡是不

---

① 《马克思恩格斯全集》(第二十卷),人民出版社,1971年版,第65页。

存在的。个别的运动趋向于平衡,总的运动又破坏平衡。"① 枪装子弹但未发火,是相对的静止、暂时的平衡,人扣动扳机发火杀死敌人,那是显著的运动状态。相对静止的状态的确存在,因此我们要区分事物。例如蚕从它由卵变成幼虫到未变飞蛾之前是处于相对静止,我们把它称为蚕,变成蛾时又开始一个阶段,产了卵而死亡又是一个阶段;如果否认这个相对静止,怎么区分卵、蚕、蛾呢?在社会生活中这样的事例就更多了,我国农民在中国共产党领导下所走过的这条道路,先是减租减息,剿匪反霸,接着土地改革,平分土地来巩固工农联盟;进行反帝反封,反对官僚资本主义的新民主主义革命,接着把农民引上社会主义道路,由互助组、低级社、高级社到人民公社,不同阶段有不同内容,把不同革命论和革命阶段论统一起来。把革命停顿起来是错误的,不分阶段,即不懂相对静止,妄想一步登天也是错误的。如果否认了相对静止,看成运动是一阵旋风,转瞬而息,那就成了诡辩论。可见否认了运动的绝对性是形而上学,否认了静止的相对性,也是形而上学。只有承认运动的绝对性,又承认静止的相对性,才是唯物辩证法。

(三) 运动的形式是多种多样的

恩格斯在批判杜林把运动只归结于一种形式的时候,提出了物质运动形式的多样性,而且不同的运动形式是可以互相转化的。恩格斯说:"宇宙空间中的运动,各个天体上较小的物体的机械运动,热、电流或磁流这些分子振动,化学的分解和化合,有机生命——宇宙中的每一个物质原子在每一瞬间总是处在这些运动形式的一种或另一种中,或者同时处在数种中。"② 辩证唯物主义认为,物质的运动具有无限的质的多样性,各种运动形式既有区别,又是互相联系的,是可以互相转化的。在自然界中,①有机械运动;②有声、光、电、热、磁的物理运动;③有分解与化合的化学运动;④有动、植物和微生物的生命运动;⑤此

---

① 《马克思恩格斯全集》(第二十卷),人民出版社,1971年版,第68页。
② 《马克思恩格斯全集》(第二十卷),人民出版社,1971年版,第65页。

外，在人类社会还有社会运动。这些不同的物质运动形式是由于它们内部矛盾的特殊性所决定的。机械运动是由于内部矛盾的作用与反作用所决定的；物理运动是由于吸引与排斥；化学运动是由于分解与化合；生物运动是由于同化和异化的基本矛盾不同而有区别的。社会运动则由生产力和生产关系，经济基础与上层建筑的基本矛盾所决定的，从有阶级的社会来说，则表现为阶级矛盾。整个物质世界包括了多种运动形式，而且运动形式从低级形态向高级形态发展，不能把高级运动形态归结为低级运动形态，更不能把整个宇宙的运动归结为一种低级形式的运动。杜林就是这样子的，所以他无法自圆其说，只能前后矛盾，到处碰壁。不懂得矛盾的特殊性，就不能区分事物，就无法解决各种不同的矛盾。毛主席说："如果不研究矛盾的特殊性，就无从确定一事物不同于他事物的特殊的本质，就无从发现事物运动发展的特殊的原因，或特殊的根据，也就无从辨别事物，无从区分科学研究的领域。"①

针对杜林把运动看成是从虚无中产生的谬论，恩格斯指出了运动的永恒性，"运动和物质本身一样，是既不能创造也不能消灭的"②，"运动不能创造，只能转移"③。例如摩擦生热、生电，就是由机械运动转化为物理运动，热引起燃烧又由物理运动转化为化学运动。笛卡尔早就说过，存在于宇宙中的运动的量永远是一样的。而杜林又说物质的不动状态，实在是最空洞和最荒唐的观念之一。

在化学部分中，杜林认为，物质的量、化学元素的量、机械力的量都是不变的，这虽然是他在自然哲学的无机界部分中提供给我们的唯一的积极的东西，可是又不是什么新东西，而是别人在几百年以前就讲过了的陈旧东西，杜林却把它拿出来，贴上他自己的"不变律"的标签。这本来是能量守恒定律，而他表述得十分不能令人满意。

---

① 《毛泽东选集》（第一卷），人民出版社，1952年版，第284页。
② 《马克思恩格斯全集》（第二十卷），人民出版社，1971年版，第65页。
③ 《马克思恩格斯全集》（第二十卷），人民出版社，1971年版，第65页。

最后，对杜林关于现有的黄金数量不变的谬论，进行讽刺性的批判。杜林讲，现有的黄金数量不变。他把整个物资量和具体的物质形态等同起来，认为物质的量是不变的，具体的物体的数量也是不变的。比如黄金从前有多少，现在也应该有多少，将来还应该有多少，这个数量是不变的。杜林把黄金比作一般物质，这是完全错误的，因为物质的具体形态是可以转化的，黄金是物质的具体形态，黄金的数量是可以变的。黄金的矿是由其他物质变来的，它也可以变成其他的东西。杜林认为黄金的数量是"既不能增加，也不能减少"①，他如果用这种思想去考察运动，就应该得出运动也是不能创造、不能消灭的结论，这样他就可以看出自己从绝对静止到运动的观点是错误的，但是杜林却做不到。所以恩格斯讽刺他："可惜杜林先生没有说，我们用这种'现有的黄金'可以买到些什么。"② 意思是说，杜林没有从物质不能凭空产生和消灭的思想中得出不能从绝对静止中凭空产生运动的结论来。

（四）学习马克思主义运动观的伟大意义

马克思主义运动观是辩证唯物论的重要组成部分，它是无产阶级的世界观，又是我们的科学的方法论。毛主席教导我们"运动在发展中，又有新的东西在前头，新东西是层出不穷的。研究这个运动的全面及其发展，是我们要时刻注意的大课题"③。我们学习马克思主义运动观，就是要用发展变化的观点来观察一切事物，就是要坚持唯物辩证法，反对形而上学。

恩格斯说："运动是物质的存在方式。"④ 因为任何事物都处于运动发展变化之中，如果我们用僵化的观点来看，就不能理解千变万化的事物，就要碰壁。人家进步了，我们还用老眼光看待，抓住人家的已经改正了的错不放；或者已经产生了犯错误的苗头，我们还当做好事去赞

---

① 《马克思恩格斯全集》（第二十卷），人民出版社，1971年版，第71页。
② 《马克思恩格斯全集》（第二十卷），人民出版社，1971年版，第71页。
③ 《毛泽东选集》（第二卷），人民出版社，1952年版，第500页。
④ 《马克思恩格斯全集》（第二十卷），人民出版社，1971年版，第65页。

扬，都不可以从运动中来观察事物的结果。这种僵化了的观点，就是机械论，就是形而上学，就是对于层出不穷的新事物缺乏发展运动的观点。

我们学习了运动的根本原因在于事物内部的矛盾性。外部的原因是第二位的，那么事物发展变化就一定要从它的内部去找原因。譬如在两条路线的激烈斗争中，哪一个革命干部不愿站在毛主席的革命路线一边呢？对每一个革命干部来说，还是由于自己的世界观有问题，马列主义、毛泽东思想水平低，阶级觉悟、路线觉悟低所造成。那种怨气十足的人都是没有从自己的内在找原因，没有坚持矛盾分析法。抛开了事物内部的矛盾，就是陷入外因论。不分析内部矛盾，不了解事物内部的特殊性，就不能认识事物，对自己也不能正确认识。

恩格斯教导我们说，运动是绝对的，静止是相对的，这就告诉了我们，不同运动的形成具有不同的性质矛盾。在统一战线中联合是相对的，斗争是绝对的，在革命过程中，什么阶段应该完成什么样的任务，不讲阶段，一味斗下去那是乱斗，要出岔子，只讲相对的联合、团结、统一，不讲原则，忘掉了斗争，就不能不犯右倾机会主义的错误。我们要在无产阶级专政下继续革命，这是斗争的原则性，不讲这个，不按这个办，就是半截子革命，所以我们一定要讲不断革命论才能把阶级斗争进行到底。可是它又要和革命阶段论相结合，在这个阶段应该怎么办，不该怎么办，还要从实际出发，这就是相对的静止，革命的发展阶段论，只有把不断革命论和革命发展阶段论结合起来，才是革命精神和科学态度的结合。

（五）《自然哲学 天体演化学·物理学·化学》

这一章中心思想是阐明马克思主义的运动观。恩格斯揭露和批判了杜林在天体演化学、物理学、化学等方面的形而上学的外因论和机械论观点，精辟地阐明了物质和运动的关系；运动和静止的关系；物质运动的多样性和物质运动的永恒性等辩证唯物主义观点。

全章共分 29 段自然段，重点是 13、19 段，即 56、59 页。

全章分成三个部分：

（1）恩格斯揭露和批判了杜林在天体演化学方面的谬论。阐明了辩证唯物主义的运动观。

（2）恩格斯揭露和批判了杜林在力学、物理学方面的谬论，阐明了运动和静止的辩证关系。

（3）恩格斯揭露和批判了杜林在化学方面的反动谬论和他自我吹嘘的丑恶嘴脸。

（六）《自然哲学·有机界》

恩格斯在这一章中批判了杜林在生物学问题上的形而上学观点和唯心主义的目的论，批判了杜林对达尔文的进化论的恶毒攻击和诬蔑，维护了达尔文学说中的合理部分。

全章共 47 自然段，重点是 2、10 段，第 63、65 页。

第一，揭露和批判杜林在生物起源和进化问题上的庸俗进化论的观点。

杜林认为从无机界到有机界，从有机物的低级形态过渡到人类，可以归结为无数的中间环节，是一部缓慢渐进的历史，否认其中的突变和飞跃。杜林的话"从压力和碰撞的力学到感觉和思维的联系"①，就是说的由无机物到有机界，直到人类。杜林所说的"存在着一个由中间阶段构成的统一的和唯一的阶梯"②，就是说的它们之间存在着过渡的阶梯，以此来否定质变，否定飞跃。

针对杜林的这种庸俗进化论的观点，恩格斯进行了有力的批判。恩格斯说："不管一切渐进性，从一种运动形式转变到另一种运动形式，总是一种飞跃，一种决定性的转折。"③ 辩证唯物主义认为，一切事物

---

① 《马克思恩格斯全集》（第二十卷），人民出版社，1971 年版，第 72 页。
② 《马克思恩格斯全集》（第二十卷），人民出版社，1971 年版，第 72 页。
③ 《马克思恩格斯全集》（第二十卷），人民出版社，1971 年版，第 72 页。

的发展都有量变和质变的两种状态，量变引起质变，否定了质变，就否定了新生事物的产生。恩格斯举例说："从天体的力学转变到个别天体上较小的物体的力学是如此，从物体的力学转变到分子的力学——包括本来意义上的物理学所研究的热、光、电、磁这些运动——也是如此。从分子的物理学转变到原子的物理学——化学，同样也是通过决定性的飞跃完成的；从普通的化学作用转变到我们称之为生命的蛋白质的化学反应历程，更是如此。"[①] 不管经过多少中间环节，这种转变的实现总是通过突变和飞跃，否定质变就是庸俗进化论。

这样的事例可以举出很多。炼钢配多少料加多高温，少了不行，多了也不行，在一定关节点上就引起飞跃，植物生长，肥少了枝叶枯萎，肥多了又可能烧死，量变引起质变。在社会上也是如此，过去土改划成分，剥削量超过25%的是富农，不超过的是富裕中农。这个决定质量的数量界限是非常重要的。虽然从量上说只增加一点点，但这一点点就引起了质的飞跃。

第二，揭露和批判杜林在生物有机体问题上的唯心主义目的论。

杜林不仅用庸俗进化论的观点解释生物的发展史，而且还借助唯心主义目的论来解释自然界的秩序，硬说有机体的产生都是自觉的、有目的产生的，公开宣扬唯心主义的目的论。目的论者认为世界上万事万物都是由神创造的。猫被创造出来是为了吃老鼠，老鼠被创造出来是为了给猫吃，整个自然界被创造出来，为了证明造物主的智慧，杜林认为，从无机界到有机界的转化，是出于目的举动，自然界不但有"目的"，而且还有"意志"，自然界每做一件事，都是有目的的，而且知道为什么要这样做。杜林用这种荒谬观点解释无机界向有机界过渡的问题。

针对杜林的反动谬论，恩格斯指出，任何把自然现象解释为有目的的行为，都会投入上帝的怀抱。一切自然现象都只能从自然界本身中寻找它发生的原因，即使像有机体对生活条件的巧妙适应，某些动物有一

---

① 《马克思恩格斯全集》（第二十卷），人民出版社，1971年版，第72页。

定的保护色之类的现象,也决定不了有什么神秘的观念作指导,"只能从物理的力和化学的因素来说明"①。青蛙是绿色的,沙漠中动物是沙黄色的,北极熊是白色的,它的颜色绝不是有意识地或按照某种观念获得的。只有从事物本身寻求它发展变化的规律,才能有科学的解释,才能贯彻唯物主义的哲学路线。

第三,批判杜林对达尔文学说的歪曲和攻击,维护达尔文学说中的合理部分。

杜林为什么要攻击达尔文呢?杜林又是怎样攻击和歪曲达尔文的学说的?恩格斯对他怎样进行批判的?又怎样评价了达尔文学说?恩格斯在本章中所做的正是他在序言中所讲的"举出正确的、无可争辩的事实去反驳我的论敌的谬误的或歪曲的断言"②。现在我们就来分别谈谈这几个问题。

首先,杜林为什么要攻击和歪曲达尔文学说呢?达尔文(1809—1882)英国的科学家,关于物种起源和发展的唯物主义学说的创始人,达尔文是一个敢于向陈腐教条作斗争的科学上的伟大革新者。列宁说:"达尔文推翻了那种把动植物种看做彼此毫无联系的、偶然的、'神造的'、不变的东西的观点。第一次把生物学放在完全科学的基础上,确定了物种的变异性和承续性……"③ 达尔文周游世界,历时五年,进行了广泛的调查研究,并且亲自进行科学实验,逐渐形成了一个观念,就是植物和动物的物种不是固定的,而是变化的。达尔文的自然选择和人工选择的学说是达尔文的理论的基础。达尔文的理论,致命地打击了自然科学中的"目的论",达尔文的学说击破了关于物种不变的形而上学观点;达尔文的理论粉碎了万物是神造的谬论。

杜林为了宣扬和坚持反动的目的论,贩卖他的形而上学的庸俗进化

---

① 《马克思恩格斯全集》(第二十卷),人民出版社,1971年版,第78页。
② 《马克思恩格斯全集》(第二十卷),人民出版社,1971年版,第9页。
③ 《列宁全集》(第一卷),人民出版社,1955年版,第122页。

论，当然就同达尔文学说对立了。杜林妄图把达尔文学说抹杀掉，把他那套胡说八道的东西，强使人们接受。充分暴露了杜林是与科学为敌的反动立场，暴露了他是一个地地道道逆革命历史潮流而动的反动家伙。

其次，杜林是怎样攻击和歪曲达尔文学说的？杜林对达尔文学说的无耻谩骂和恶毒攻击主要在以下四个方面。

（1）他攻击达尔文把马尔萨斯的人口论从经济学搬到自然科学；

（2）他说达尔文拘泥于牲畜饲养者的观念；

（3）他说达尔文的生存斗争理论是胡说；

（4）他说达尔文学说是从拉马克那里抄来的，是一种与人性对抗的兽性。

再次，恩格斯是怎样批判杜林的种种谬论的？

针对杜林攻击达尔文的生存斗争是从马尔萨斯的人口论搬来的论点，恩格斯指出："达尔文根本没有想到要说生存斗争观念的起源应当到马尔萨斯那里去寻找。"①"人们不需要戴上马尔萨斯的眼镜就可以看到自然界中的生存斗争，看到自然界浪费地产生的无数胚胎同能够达到成熟程度的少量胚胎之间的矛盾；这种矛盾事实上绝大部分是在生存斗争中，而且有时是在极端残酷的生存斗争中解决的。"② 这就是说生存斗争这个事实是客观存在着，它与马尔萨斯人口论并没有必然的联系。"生存斗争也可以没有任何马尔萨斯的解释而依旧在自然界中进行。"③诚然达尔文天真盲目地接受了马尔萨斯学说犯了错误，但是杜林攻击达尔文接受了马尔萨斯学说，是醉翁之意不在酒，他并非反对马尔萨斯学说，而是别有用心的，是要把达尔文正确的东西反掉，来树立自己的"绝对权威"。

杜林攻击达尔文的生存斗争是用兽性对抗人性，也是无中生有的诬

---

① 《马克思恩格斯全集》（第二十卷），人民出版社，1971年版，第75页。
② 《马克思恩格斯全集》（第二十卷），人民出版社，1971年版，第75页。
③ 《马克思恩格斯全集》（第二十卷），人民出版社，1971年版，第75页。

蔑。恩格斯指出，把生存斗争仅仅局限于猛兽争夺食物或互相吞食的斗争，这是杜林的捏造。达尔文恰好把生存斗争看作是整个生物界的现象，不只动物界存在生存斗争，植物界的每一块草地、每一块稻田、每一片树林都同样存在着生存斗争。我们现在提倡的科学种田、合理密植、选育良种，就是考虑了生物生长中存在着生存斗争的因素。达尔文并没有把动物界的现象强加于整个自然界；而是把生存斗争看作本来就是整个生物界的规律，把生存斗争局限于动物界的正是杜林自己。从野兽中寻找谬论的，是杜林，用兽性对抗人性的，不是别人，也是杜林。

杜林还硬说达尔文的自然选择是从虚无中产生变化，甚至把自然选择说成是自由选择配偶，从而产生变异。恩格斯指出：达尔文说得很肯定，"自然选择"这个词，仅指变异的保存，即变异为何形成新品种；而没有谈到变异产生的原因①。诚然达尔文在说明新物种如何形成过程中，没有说明为什么会变异，没有充分估计到环境的不断变化必然引起变异的产生，这是达尔文进化论的缺点之一。可是杜林硬说达尔文是在说明从虚无中可以产生变异，这是欲加之罪，何患无辞的手法，是强加于人。甚至说自然选择就是自由选择配偶，这完全是杜林的"生殖的内在模式"的产物，它同达尔文的自然选择根本无关。

杜林还把达尔文的不同种的生物可能有共同祖先的说法加以歪曲，他胡说达尔文认为一切生物是由一个唯一的原始生物传下来的。其实达尔文说的是"一切生物都不是特殊的创造物，而是少数几种生物的直系后代"②。杜林把少数几种生物歪曲成"一个唯一的"，处处都暴露出他是一个江湖骗子。

最后，恩格斯维护了达尔文进化论的合理部分，同时指出达尔文的缺点。

当达尔文的《物种起源》刚一发表时，马克思和恩格斯就给了高

---

① 参见《马克思恩格斯全集》（第二十卷），人民出版社，1971年版，第80页。
② 《马克思恩格斯全集》（第二十卷），人民出版社，1971年版，第79页。

度的评价，把它看成是辩证唯物论的自然科学基础之一。他们说"达尔文的著作，写得简直好极了"①，是含有我们见解的自然史基础的书②。在杜林攻击达尔文时，恩格斯指出达尔文的巨大功绩，肯定他的主要贡献，通过长期的实验考察，总结了人工育种的丰富实践经验，分析了环球旅行所得到的大量的有关物种变异的材料，发现了自然界中促使物种发生变异的原因，发现了自然界中所产生的胚胎的惊人数量和真正达到成熟的有机体的微小数量之间极不相称这一矛盾。由于每一个胚胎为了发育成长，必然引起生存斗争。在这一斗争中，不同个体的差异就会分出优劣强弱，斗争的结果，优者保存下来，劣者被淘汰。物种就是在生存斗争的基础上，通过自然选择，适者生存，通过积累的遗传而发生变化的。达尔文学说，唯物主义地解释了物种变异的原因，合理地说明了有机体发展进化的客观规律，有力地打击了物种不变的形而上学观点，以及上帝创造万物的神学理论。

恩格斯也指出了达尔文学说存在的一些缺点，例如，他在研究有机体进化的时候，忽视了进一步探讨个体变异的原因，而只注意到这些变异如何成为新品种的条件；在探讨物种变异的时候，又忽视了自然环境的改变的作用，而过分强调了繁殖过剩的因素，天真盲目地接受了马尔萨斯人口论的错误。

这同杜林根本不同，恩格斯维护其合理部分，指出其有序发展的期望，指出他的贡献是第一位的、根本的，缺点是第二位的、次要的。杜林则是抓住一点，无限夸大，先加歪曲，再施攻击，捏造罪名，强加于人。诸如什么照搬马尔萨斯人口论啦，什么"降神术"的混乱啦，什么"陷入绝境"等等手段都使用了，是惯用的伎俩。

然而达尔文主义在科学史上的贡献是永远也抹杀不掉的，可是杜林

---

① 《马克思恩格斯全集》（第二十九卷），人民出版社，1972年版，第503页。
② 参见［苏］弗·阿多拉茨基主编：《马克思年表（1818—1883）》，人民出版社，1977年版，第340页。

却成了一个遗臭万年的罪人。

社会达尔文主义是非常反动的，是法西斯主义的理论基础，把生存斗争理论用来侵略，公开鼓吹"侵略有理"；把人工选择夸大为民族优秀、人种优秀，鼓吹民族沙文主义；现在勃列日涅夫的社会帝国主义、社会法西斯主义奉行的就是这一理论。新沙皇超过老沙皇，在俄国搞民族的牢狱，把生物学上的运动形式用来搞社会就变成反动的东西。

在有机界、生物学上是正确的现在我们也这样干，如碧玛一号小麦、多种产粮、军队选良种马，等等，但一用到人类社会，就是反动的了。

（七）《自然哲学·有机界（续完）》

这一章的中心问题是阐明生命的起源。恩格斯批判了杜林的关于生命起源的谬论，提出了关于生命的科学定义。

全章共分36自然段，大致可分三个部分：揭露批判杜林的狂妄无知和他对生命所下的荒谬定义（1—27段，即73—78页）；阐明生命的本质及其特征（28—33段，即78—80页）；揭露批判杜林所谓感觉宇宙的谬论（34—36段，即80—81页）。

我们现在分三个问题来说明：揭露批判杜林的关于生命的谬论；科学阐明生命的本质和特征；新陈代谢是宇宙的普遍规律。

生命的起源是怎样的？唯心主义者认为是上帝创造的，或者是从天上掉下来的；形而上学的机械论认为生命的现象是机械的原因造成的，说生命体与非生命体之间并没有什么本质的差别，生命就像一架机器一样，只不过比普通机器复杂一点，是一架自动的机器。辩证唯物主义坚决反对上述两种生命观，认为地球上的生命是地球上非生命的物质长期发展的必然结果，是一种特殊的发展到高级阶段的物质——蛋白体的存在方式。恩格斯在这章中就是用马克思主义的生命观批驳杜林的形而上学生命观的。

1. 揭露批判杜林关于生命的谬论

第一，揭露杜林自吹自擂，一无所知。

杜林自我吹嘘他的自然哲学，首先是以数学的一切重大成就做基础的，其次是以力学、物理学、化学的精密知识的主要原理和生理学、动物学等研究领域的科学结论为前提的。对于杜林的无知妄谈，恩格斯给以迎头痛击，戳穿其假面具。

恩格斯指出杜林在数学方面，不是什么博学，而且贫乏得可怜，在物理学和化学方面更是信口胡说，编造杜林式的神谕，特别可笑的是杜林连分子和原子也分不清，竟然张冠李戴把化学研究的原子写在研究分子和力学、物理学头上，胡说什么"有引力作用的原子"[①]。至于说明生物学方面，杜林更是一无所知，只要看他那种自作聪明把"发育"改成"组合"，就知道这个牛皮大王有多么"博学"了。针对杜林"只能说组合不能说发育"的谬论，恩格斯论述了细胞学说的基本思想。

（1）细胞的构成。细胞是由小得肉眼看不见的、内部具有细胞核的蛋白质小块构成的，细胞有三个部分，最外面的是细胞膜。细胞膜里面是或多或少带液体的东西即蛋白质，中心是细胞核。

（2）一切有机体（除最低级的以外）都是由细胞构成的，有的是单细胞，有的是细胞的复合体，低级的有机体是由同类的细胞构成的；在高级的有机体中是由不同形式的类型细胞构成的，例如人体的骨骼有骨骼细胞，肌肉有肌肉细胞，神经有神经细胞等。

（3）细胞的增殖方法是分裂，由胚胎到动物就是由于细胞的重复分裂发展而成的。

可见生物个体成长的过程其实是由细胞的增殖发育而来，根本不是什么"组合"，而杜林却把这个过程叫"组合"，这不仅暴露他在生物学方面的无知，也暴露了他的唯心论先验论在生物学领域中的反映。

第二，批判杜林关于生命的特殊定义的谬论。

---

① 《马克思恩格斯全集》（第二十卷），人民出版社，1971年版，第83页。

杜林给生命下了两个定义,一个叫做一般的理解,是说的新陈代谢就是生命的问题(我们在下面将谈到),一个叫做对生命的特殊的理解,他这个特殊的理解给生命编造了四个标志,恩格斯对他逐条进行了驳斥。

(1)杜林说:只有在真正的分化开始时才有生命。恩格斯说:"如果只有在真正的分化开始时才开始有生命,那末我们就必须宣布海克尔的整个原生生物界是死的,……也许还要宣布更多的东西是死的。"① 原生生物就是单细胞生物,海克尔把原生生物分为两类,一类是单细胞生物,一类是没有形成细胞,无核的、完全没有结构的蛋白质小块。杜林说,只有真正的分化开始才开始有生命,那么单细胞生物和没有形成细胞的蛋白体小块,岂不都宣布了死亡了吗?

(2)杜林说:"只有在这种分化可以通过一种较小的胚胎形态来转化时才开始有生命。"② 那就是说,有胚胎的才叫有生命,没有胚胎的就不是生命。恩格斯批驳说:"那末至少包括单细胞有机体在内的一切有机体都不是有生命的了。"③ 单细胞有机物都没有胚胎,那岂不是说单细胞的有机物都没有生命了吗?

(3)杜林说:"物质循环通过特别的管道来实现是生命的标志。"④ 就是说有循环系统的才叫有生命,没有的就不能叫有生命。恩格斯痛斥说:"那末除去上面所讲的,我们还必须把全部高级的腔肠动物(最多把水母除外),因而把一切水螅和其他植虫从生物的队伍中勾销。"⑤ 这样一来,像海洋这类的生物都被杜林宣布为不是有生命的了。

(4)杜林说:物质循环从一个内在的点,即通过特别的管道来实现是生命的标志⑥。这就是说有心脏循环的才叫有生命,无心脏循环的就不叫有生命。恩格斯驳斥说:"那末我们就必须宣布一切没有心脏的

---

① 《马克思恩格斯全集》(第二十卷),人民出版社,1971年版,第85页。
② 《马克思恩格斯全集》(第二十卷),人民出版社,1971年版,第85页。
③ 《马克思恩格斯全集》(第二十卷),人民出版社,1971年版,第85页。
④ 《马克思恩格斯全集》(第二十卷),人民出版社,1971年版,第85页。
⑤ 《马克思恩格斯全集》(第二十卷),人民出版社,1971年版,第85页。
⑥ 参见《马克思恩格斯全集》(第二十卷),人民出版社,1971年版,第85页。

或有几个心脏的动物是死的。"① 这样把杜林就把单细胞生物，腔肠动物和一切蠕虫、海星和轮虫、一部分甲壳动物（蟹）、脊椎动物的文昌鱼，还有全部植物等都宣布为死的了。

可见杜林指出的互相矛盾的生命四个特征，是极端荒谬的，因为他把半个动物界和整个植物界宣判为永久死亡。就是这样的人还说自己的观点是"彻底独创的结论和观点"②，也是"独创"，独有他才创造了胡说八道。

第三，批判杜林认为生命的基础是细胞的谬论。

杜林说："在自然界中，从最低级的到最高级的一切组织，都是以一个简单的类型为基础的。"③ 这个简单的类型是细胞，就是说生命的基础是细胞，没有形成细胞的就不叫有生命。恩格斯批判说细胞"确实是最高级的组织的基础"④，但不能说它是生命的基础。因为在低级的有机体中，还有许多远远低于细胞的东西，它们也是有生命的。它们和高级有机体都共同执行着蛋白质的功能，即生和死。它们的基本构成部分是蛋白质，这是它们的共同点。所以，杜林说生命的基础是细胞是错误的。

第四，批判杜林关于感觉起源的谬论。

杜林说："感觉是和某种即使很简单的神经器官的存在相联系的。"⑤ 并且武断地说，动物都是有神经的，所以有感觉，植物是没有神经的，所以没有任何感觉的能力。恩格斯批判了杜林的这个谬论。

（1）关于感觉的起源问题，恩格斯揭露了杜林是抄袭黑格尔的"复制品"⑥。黑格尔在他的《自然哲学》中讲，"感觉就是种差。即动物的绝对的标记。"⑦ 动物和植物是两个不同的种类，它们的差别，黑

---

① 《马克思恩格斯全集》（第二十卷），人民出版社，1971年版，第85页。
② 《马克思恩格斯全集》（第二十卷），人民出版社，1971年版，第85页。
③ 《马克思恩格斯全集》（第二十卷），人民出版社，1971年版，第86页。
④ 《马克思恩格斯全集》（第二十卷），人民出版社，1971年版，第86页。
⑤ 《马克思恩格斯全集》（第二十卷），人民出版社，1971年版，第86页。
⑥ 《马克思恩格斯全集》（第二十卷），人民出版社，1971年版，第157页。
⑦ 《马克思恩格斯全集》（第二十卷），人民出版社，1971年版，第86页。

格尔认为是感觉,杜林也说是感觉,看这是不是同出一辙呢?

(2)恩格斯指出,动植物没有严格的界限。含羞草、向日葵是有感觉的植物;而毛毡苔就是食虫的植物,因此这一观点具有一种成立性,感觉不是区别动植物的标志。

(3)感觉并不必然和神经相联系,原始的动物有感觉能力,但并没有任何神经器官的痕迹。神经器官是动物发展到一定阶段才产生的,所以杜林的观点是完全站不住脚的。

(4)恩格斯批驳了杜林的错误观点,提出了感觉"大概和某种至今还没有确切地弄清楚的蛋白体相联系"[1]。为解决感觉的问题提出了明确的方向。

2. 生命的本质和特征

恩格斯在批判了杜林的关于生命的荒谬观点的同时概括了从最简单的有机物一直到人类的一切有机生命物体的根本特征,给生命下了一个科学的定义:"生命是蛋白体的存在方式,这种存在方式本质上就在于这些蛋白体的化学组成部分的不断的自我更新。"[2] 恩格斯的这个定义深刻地说明了生命的起源和本质,这是恩格斯对生物学的一个伟大的贡献,对这个定义恩格斯还作了科学的解释。

第一,恩格斯指出,蛋白体是生命的基础。生命和蛋白体总是相联系的,无论在什么地方,只要遇到蛋白体就能看到生命的现象。而蛋白体不是从来就有的,是物质经过长期发展的结果。恩格斯还说蛋白体和普通的蛋白是不同的,因为普通蛋白是没有生命的,起着最被动的作用,它和蛋黄一起仅是胚胎发育的养料。而蛋白体则是有生命的,能够自我进行新陈代谢。

第二,指出生命的共同现象是一个同化和异化的过程。即"蛋白体"从自己周围摄取其他的适当的物质,把它们同化,而体内其他比较

---

[1] 《马克思恩格斯全集》(第二十卷),人民出版社,1971年版,第87页。
[2] 《马克思恩格斯全集》(第二十卷),人民出版社,1971年版,第88页。

老的部分则分解并排泄掉。同化过程是蛋白体不断吸收新的物质,异化过程就是把分解的脏物排出体外。这个同化异化过程就是新陈代谢,新陈代谢一停止,生命就死亡。

第三,指出生命的新陈代谢和无机物的新陈代谢的区别。无机界的新陈代谢,如铁生锈和岩石的风化,这种新陈代谢的结果不是继续存在,而是它本身的破灭。可是蛋白体的新陈代谢不是由于外界条件影响的结果,如铁生锈是氧化铁的结果,铁遇到氧而发生的变化生锈。而生命、蛋白体的新陈代谢是它本身所固有的。新陈代谢并不产生生命现象,蛋白体在新陈代谢过程中才产生生命现象。

第四,恩格斯概括了生命的主要特征:刺激感应性、收缩性、成长的能力和内在的运动。

恩格斯对生命的定义,揭示了生命最一般、最典型的特征,反映了生命过程的本质,为研究生命指出了方向,提供了研究生命的立场、观点、方法。关于地球上生命的起源问题到今天仍然停留在尚未完备的状态。但要弄通什么是生命,则必须占有丰富的实际材料,研究生命的一切形态,研究从低级到高级发展的各个阶段,只有这样才能使我们对生命的认识更加丰富、充实和深化。

恩格斯的著名定义,是辩证唯物主义对生命本质的科学概括。它说明生命是物质发展到一定阶段的产物,是自然界中物质运动的高级形式,一方面指出了有机界与无机界的联系,同时也划清了生命与非生命的界限。既反对了在生命问题上的神秘主义,又反对了杜林之流的形而上学观点,对于生物学的发展有重大的指导意义。

恩格斯曾预言:"如果化学有一天能够用人工方法制造蛋白质,那末这样的蛋白质就一定会显示出生命现象,即使这种生命现象可能还很微弱。"① 我国科学工作者在毛主席的革命路线指引下,在恩格斯的预言鼓舞下,于1965年首先用化学方法人工合成了有生物活力的蛋白质,

---

① 《马克思恩格斯全集》(第二十卷),人民出版社,1971年版,第90页。

即结晶牛胰岛素；1971年又用X光衍射法完成了对猪胰岛素结晶结构的测定工作，在人类认识生命、揭开生命奥秘的历史上前进了一大步，这也是辩证唯物主义生命观的伟大胜利。

3. 新陈代谢是宇宙的普遍规律

杜林给生命下的一般的定义，就是新陈代谢是生命。辩证唯物主义认为没有生命的物质也有新陈代谢的现象。新陈代谢是宇宙间普遍的、不可抗拒的规律，如果按照杜林的说法，有新陈代谢就是有生命，那么无机界的一切现象都成为有生命的东西了，他的这种说法根本不能区分生命与非生命的界限。

恩格斯说："新陈代谢本身即使没有生命也可以发生。"① 这是说的新陈代谢是宇宙的普遍规律，毛主席说："新陈代谢是宇宙间普遍的永远不可抵抗的规律。"② 不过由于事物的性质不同，所处的条件不同，新陈代谢的具体特点也有所不同。

在宇宙间没有生命的物质中普遍存在着新陈代谢，这种新陈代谢的特点是吸收和瓦解，分解与化合。例如盐和石灰，遇上水就要潮解，这就是吸收了水分而发生的分解现象。盐粒融化了，石灰块变成粉末，岩石经过风吹雨打而风化变成沙粒，变成土壤，铁生锈是氧气发生化学作用的结果。硫黄经过燃烧吸收了空气中的氧气，产生了二氧化硫，二氧化硫再遇上硝酸和水蒸气又吸收其中的氢气和氧气，产生出硫酸来。这种新陈代谢的现象是普遍存在的。

在生物界则是表现为同化和异化，生物从周围环境中自动吸收养料，经过化学变化，一部分成为营养物质，促进生物的发展成长，这叫同化作用，另一部分变成废物排泄出去，这就是异化作用。这种同化和异化的对立统一是蛋白体特有的现象，它与没有生命的物质新陈代谢不同：新陈代谢在没有生命的物质中起破坏作用，而在生物中则是生物生

---

① 《马克思恩格斯全集》（第二十卷），人民出版社，1971年版，第88页。
② 《毛泽东选集》（第一卷），人民出版社，1952年版，第297页。

存和发展的条件，所以它在不同领域有不同的特殊矛盾。

在社会生活中，社会制度的变革，人们思想的进步，也是新陈代谢的结果，这种新陈代谢则表现为新的、进步的东西战胜旧的、腐朽的东西，新东西在斗争中不断成长壮大，上升为支配的地位，旧的东西被克服，为新的东西所代替，无产阶级总是拍手欢迎新东西的成长壮大，战胜腐朽落后的东西。

（八）"到目前为止的全部历史，可以称为从实际发现机械运动转化为热到发现热转化为机械运动这么一段时间的历史"① 与《共产党宣言》中"至今所有一切社会的历史都是阶级斗争的历史"②，两种说法怎样理解？

这两个"到目前为止的全部历史"说的是两个不同的领域。《共产党宣言》中讲的是社会发展的动力，是阶级斗争的历史；《反杜林论》里讲的是人类社会的进步，是低级到高级的不断飞跃的历史，说明越认识必然就越自由。人类历史的初期，发现了摩擦生火，就是人用手使用工具，是机械运动使其发热而生火，第一次使人支配了自然力，从而把人同动物分开，这是了不起的大进步、大飞跃。到后来由于发明了蒸汽机，懂得了由热可以转化为机械运动，又是一次了不起的进步。在这种进步的生产力的基础上，才有可能去实现社会变革，建立社会主义制度，消灭阶级，才谈得上真正的人的自由。这是从生产力发展的方面来说的。当然生产力的发展，资本主义的生产关系早已成为生产力发展的障碍，无产阶级要解放生产力，就必须打碎资产阶级的国家机器，建立适合于新的生产力的社会主义生产关系，当然只有积极斗争才能实现。

这里是就某一方面来说的，绝不是与《共产党宣言》的观点相对立的。

恩格斯之所以要谈到这个问题，是说明历史的必然性。现在的历

---

① 《马克思恩格斯全集》（第二十卷），人民出版社，1971年版，第126页。
② 《马克思恩格斯全集》（第四卷），人民出版社，1958年版，第465页。

史,是由过去的历史发展而来的,不能割断历史,也就是毛主席讲的"不能忘记老祖宗",而杜林是采取历史虚无主义态度,把过去的历史描写为谬误、无知、野蛮、暴力和奴役的历史,恩格斯这段话就是说给杜林听的。说明没有过去就没有现在,过去的进步是现在的进步的前提和基础,学习历史遗产是学习的另一个任务,不应割断历史。毛主席说:"从孔夫子到孙中山,我们应当给以总结,承继这一份珍贵的遗产。"① 毛主席号召我们学一点历史。当然,学习历史是古为今用,是批判地继承。毛主席常说的"学而时习之"②,就是学的孔子嘛?为我们规定的"深挖洞,广积粮,不称霸"③ 的伟大战略方针就是学的明朝的朱升说的"高筑墙,广积粮,缓称王"而来的嘛?杜林这个家伙把自己吹嘘得前无古人,后无继人。只有他才是"真理"的化身,真正无知的确实是他。光无知还不要紧,肯于学习,会从无知到有知的,如果无知而又狂妄,又不知道起码要有一个当小学生的态度,那简直是个无赖了,杜林就是这样的反面教材。

(九) 相对真理和绝对真理的辩证关系

杜林把他先验主义的哲学应用到人类社会,抽掉人的社会性和阶级性,离开人的历史发展,从抽象的人性出发,宣扬永恒道德、永恒真理、抽象平等的唯心史观。恩格斯在第九、十、十一章里引用辩证唯物论和历史唯物论的观点,彻底揭露和批判了杜林的唯心史观。第九章从认识论方面批判了杜林的永恒真理和终极真理的谬论,阐明了相对真理和绝对真理的对立统一关系,科学地揭示了人类认识运动的规律。

认识能力是绝对的,又是相对的。

杜林把思维和认识看成是一种脱离社会历史的所谓"纯正"的个人思维,宣扬孤立的个人"思维至上性""认识的绝对可靠性"和"拥

---

① 《毛泽东选集》(第二卷),人民出版社,1952年版,第499页。
② 《毛泽东选集》(第三卷),人民出版社,1953年版,第776页。
③ 转引自周恩来:《政府工作报告》,人民出版社,1975年版,第13页。

有无条件真理权"。恩格斯指出:"人的思维是至上的吗?在我们回答'是'或'不是'以前,我们必须先研究一下:什么是人的思维。它是个人的思维吗?不是。但是,它仅仅作为无数亿过去、现在和未来的人的个人思维而存在。"① 就人类世世代代延续下去的思维和认识是无限的、绝对的、至上的。过去没有认识的东西,现在认识了,现在没有认识的东西,将来会认识,以至无穷地认识下去。从人类这种思维和认识的本质来说,拥有无条件的真理权。可是这种思维的至上性是在一系列不至上地思维着的人们中实现的;拥有无条件的真理权的那种认识是在一系列的谬误中实现的,是通过各个历史阶段上人们和个人的思维和认识实现的。而在一定历史阶段上人们和个人的思维和认识,要受历史条件的限制,因而是有限的、相对的、不至上的。所以,从这个意义来说,人的思维是至上的,同样又是不至上的,它的认识能力是无限的,同样又是有限的。按它的本性、使命、可能和历史的终极目的来说,是至上的和无限的;按它的个别实现和每次现实来说,又是不至上的和有限的。人的思维和认识,是有限和无限、相对和绝对、至上和不至上的对立统一。离开有限、相对、不至上的一面,或离开无限、绝对、至上的一面去谈思维和认识问题,统统都是荒谬的。不可知论否认思维和认识的绝对性,认为一切认识都没有任何稳定的可靠性;杜林是推断论者,他否认认识的相对性,认为一切认识都是绝对可靠的。割裂思维和认识的相对性和绝对性的辩证关系。这是唯心论、形而上学认识论的共同特征,同辩证唯物论的认识论是根本对立的。

真理是相对真理和绝对真理对立的统一。

恩格斯还指出,思维和认识的有限和无限、相对和绝对"这个矛盾只有在无限的前进过程中,在至少对我们来说实际上是无止境的人类世代更迭中才能得到解决"②。认识真理、认识客观世界是人类伟大的历

---

① 《马克思恩格斯全集》(第二十卷),人民出版社,1971年版,第94页。
② 《马克思恩格斯全集》(第二十卷),人民出版社,1971年版,第95页。

史任务，是无穷尽的历史过程。对每个历史阶段上的人们和个人说来，只能达到相对真理，而不能达到在内容上完全地、无条件地、绝对地反映客观世界，穷尽绝对真理。因为任何人都不能超出历史条件、生产技术水平、生理现象和精神状态等限制去认识问题。从而认识真理必须经过由不知到知、由知得少到知得多、由不完善的知到完善的知、由片面的知到全面的知的历史过程，这个过程是无止境的。客观事物无限发展，真理不断地变化，认识也在不断地发展，绝不会有什么永恒的不变的真理和最后的终极的真理，只有相对真理和绝对真理相互对立统一的客观真理。认识能力不在于能否在内容上毫无遗漏地绝对地反映客观世界，穷尽绝对真理，而在于善于解决相对真理和绝对真理的辩证关系，通过不断地认识相对真理，从相对真理中扩大和积累绝对真理的成分，达到在内容上近似地反映客观世界，接近绝对真理。

杜林把一些对极简单的有限的具体事物的正确认识：如二乘二等于四、三角形三内角的和等于二直角、拿破仑死于1821年5月5日，等等，看成是永恒的不变的真理，并"企图从永恒真理的存在得出结论：在人类历史的领域内也存在着永恒真理、永恒道德、永恒正义等等"①，谁要不承认他的永恒真理，谁就是"病态""虚无""腐蚀性怀疑"。恩格斯批判杜林在这里极简单的、有限的具体事物上，使用永恒真理这个大字眼是非常愚蠢的。二乘二等于四、三角形三内角和等于二直角、拿破仑死于1821年5月5日，等等，既是绝对真理，又是相对真理。就它们正确地反映了这些具体事物来说，就是绝对真理；但对无限的物质世界范围来说，它们只是对整个客观世界的一个局部、一个方面的正确反映，不过是绝对真理长河中的点滴的相对真理。杜林根本不懂得绝对真理存在于相对真理之中，相对真理中存在有绝对真理的因素，不善于从相对真理中追求绝对真理，从有限认识中追求无限的认识。如果杜林这样把一些简单的有限的具体事物当成永恒的不变的真理，那么，人的

---

① 《马克思恩格斯全集》（第二十卷），人民出版社，1971年版，第98页。

认识只是停留在这些极简单的有限的具体事物上就行了，科学研究成为多余的事。杜林的永恒的不变的真理和最后的终极的真理，只能是封闭真理发展和科学发展的道路。

恩格斯以人类认识领域的三大部分中的大量科学发展材料彻底驳斥杜林的永恒真理和终极真理的谬论。在非生物界，在很长一段历史时期人们只是应用常数（即固定不变的数字，如1、2、3……）进行运算，以为常数是永恒的不变的真理。后来数学上应用了变数（即可以变化的数字如 $x$、$y$ 等）运算，声明常数的局限性、相对性，它只能反映客观事物相对静止状态的量变，不能反映客观事物运动状态的量变。变数的应用进而解决了运动状态的量变问题，使数学发生了很大变化，微分学、积分学等蓬勃发展起来，更加证明常数的有限性、相对性，它不是什么永恒的不变的真理。在生物界中比非生物界存在着非常错综复杂的相互关系和因果关系，研究这些关系常常要搞很多假设，要用很多时间。如认识哺乳动物的血液循环，从古代希腊的医生盖仑开始用尸体解剖，认为动脉中没有血液，只有血气，血液是由肝脏里的食物形成的。后来用活的动物解剖，证明动脉里有血液。直到十七世纪意大利医生马尔比基发现了毛细血管，对哺乳动物的血液循环才基本认识比较充分了。前后经过了一千三百多年的研究才获成效。人对社会发展的各个阶段的认识在本质上是相对的，也不是永恒的。"因为它只限于了解一定的社会形式和国家形式的联系和后果，这些形式只存在于一定的时代和一定的民族中，而且按其本性来说都是暂时的"[1]，人类社会历史发展的不同阶段，原始社会、奴隶社会、封建社会和资本主义社会都是过渡型的、暂时的，不是永恒不变的。杜林妄想在人类社会历史领域中"猎取最后的、终极的真理，猎取真正的、根本不变的真理，那末他是不会有什么收获的，除非是一些陈词滥调和老生常谈"[2]。"由于历史材料不

---

[1] 《马克思恩格斯全集》（第二十卷），人民出版社，1971年版，第98页。
[2] 《马克思恩格斯全集》（第二十卷），人民出版社，1971年版，第98页。

足,甚至永远是有缺陷的、不完善的,而谁要以真正的、不变的、最后的、终极的真理的标准来衡量它,那末,他只是证明他自己的无知和荒谬"①,杜林像"一切以往的永恒真理的制造者或多或少都是蠢驴和骗子"②。

真理和谬误的界限是绝对的,又是相对的。

恩格斯在批判杜林的永恒真理和终极真理的谬论时还指出:"真理和谬误,正如一切在两极对立中运动的逻辑范畴一样,只是在非常有限的领域内才具有绝对的意义……只要我们在上面指出的狭窄的领域之外应用真理和谬误的对立,这种对立就变成相对的,因而对精确的科学的表达方式来说就是无用的;但是,如果我们企图在这一领域之外把这种对立当做绝对有效的东西来应用,那我们就会完全遭到失败;对立的两极都向自己的对立面转化,真理变成谬误,谬误变成真理"③。这就是说,真理是有限的,不是无限的;是有条件的,不是无条件的;是历史的,不是永恒的。一切真理都以时间、地点和条件为转移,在一定条件下和一定范围内是真理,超出一定的条件和一定范围真理就会变成谬误。根据波义耳定律,在一定强度和标准气体的条件下和范围内,气体的体积和它所受的压力成反比。物理学家雷尼奥发现,波义耳定律只是近似地正确,特别是对于可以因压力而液化的气体,当压力接近液化开始的那一点时,波义耳定律就失去了效力。如果雷尼奥以他的这种新发现去否定波义耳定律,说它根本不是真理,那么雷尼奥新发现的正确结论也就变成谬误。同样,水在标准压力下到摄氏100°就开了,如果在高原气压小、空气稀薄的条件下,不到摄氏100°就开了;二乘二等于四,在十进位制的条件下是真理,在非十进位制的条件下就不是真理了;三角形三内角的和等于二直角的知识在欧几里得几何学中是真理,

---

① 《马克思恩格斯全集》(第二十卷),人民出版社,1971年版,第99页。
② 《马克思恩格斯全集》(第二十卷),人民出版社,1971年版,第98页。
③ 《马克思恩格斯全集》(第二十卷),人民出版社,1971年版,第99页。

在非欧几里得几何学中就不是真理了。可见，真理和谬误的界限是绝对的，又是相对的。在一定的条件下和一定的范围内，真理和谬误有着严格的界限，真理是正确地反映客观现实的认识，谬误是歪曲地反映客观现实的认识，两者不容混淆。如果混淆起来，就会真伪不明、是非不清，成为"公说公有理，婆说婆有理"的盲目无所适从者，容易上当受骗。一切修正主义和机会主义的诡辩论，颠倒是非、混淆黑白，以假乱真，欺骗群众，掩盖实质。因此，我们必须从认识论上严格划清真理和谬误的界限。但是绝对不可把它们的界限绝对化，要看到真理是有限的、有条件的、历史的，它是以时间、地点和条件为转移的。因此我们绝不可把一定条件下和一定范围内的真理，不管时间、地点和条件的不同而到处生搬硬套，否则就要犯教条主义和经验主义的错误，到处碰壁，遭到失败。

（十）《道德和法·永恒真理》：有没有永恒的终极的真理？

杜林把他的先验主义哲学应用到人类社会历史，彻头彻尾暴露了他的唯心主义历史观。他用资产阶级的人性论，对抗马克思主义的阶级和阶级斗争的理论；离开人们社会性和阶级性，离开人类历史的发展，宣扬永恒的终极的真理和超阶级的道德。恩格斯在《道德和法·永恒真理》这一章中批判了杜林的形而上学真理观，阐明了绝对真理和相对真理的辩证关系。由于杜林的超阶级的道德论是建立在他的永恒真理论的基础上，所以恩格斯在批判他的超阶级的道德论时就不能不把他的永恒真理论也一同连根拔掉。

毛主席说："世界上只有唯心论和形而上学最省力，因为它可以由人们瞎说一气，不要根据客观实际，也不受客观实际检查的。"[①] 杜林就是这样瞎说一气的家伙。他胡编一些"思维的至上性"和"认识的绝对可靠性"，只有他拥有"无条件的真理权"，装腔作势，冒充真理的化身。

---

① 《毛泽东选集》（第五卷），人民出版社，1977年版，第159页。

所谓"思维的至上性"和"认识的绝对可靠性",是说杜林这样"天才"人物,一下子就把真理认识"到头"了,"到顶"了。否认认识真理是一个过程,否认相对真理和绝对真理的辩证关系。而把他的胡思乱想、瞎说一气称之为绝对可靠,否认真理和谬误的界限,反对实践是检验真理的唯一标准。至于拥有"无条件的真理权",则是把他以前的科学传统的惯例,一律宣布为谬误,而在他以后又绝无仅有,只有他这个"第一个超人"拥有"无条件的真理权",发现了"永恒的终极的真理",而他们这个"真理"又适用于一切万能的世界,至扩展到一切时代。杜林玩弄的这套把戏,煞费苦心为他的终极真理寻找根据,似乎由他这样大言不惭的"一切时代是伟大的天才"一经发现终极真理,地球就不转了;一切科学都用不着发展了;无产阶级再也无须进行阶级斗争,用不着暴力革命,就可以坐享清福了。杜林的胡言乱语纯粹是无产阶级的麻醉剂,地地道道的资产阶级辩护士。

恩格斯为了驳倒杜林的永恒真理的谬论,列举了自然科学、社会科学和人类思维规律的科学的各个领域的无可辩驳的事实,来说明人的认识是无限发展的过程,在某一个阶段所发现的真理是相对真理,不可能都是永恒真理。科学地论述了相对真理和绝对真理的辩证关系。

恩格斯认为人的思维是指无数亿过去、现在和未来的人的个人思维。这种世世代代地延续下去的人们的思维,是可以认识绝对真理的。过去没有认识的东西,现在认识了,今天尚未认识的东西,明天会认识的。这样说来,达到绝对真理的认识是世世代代人们的历史任务。可是世世代代人们的思维,又是由各个历史阶段上特定的人们的思维实现的。而一定时代的人们的思维和个人思维是有限的,是不可能穷尽真理的。这也就是说,一方面,人类认识的性质被称为绝对的、无限的;另一方面,人的认识又实现于有限的、相对的认识之中。恩格斯在反击杜林时,有时也借用杜林的用语揭露他的谬论。所以恩格斯说:"人的思维是至上的,同样又是不至上的,它的认识能力是无限的,同样又是有限的。按它的本性、使命、可能和历史的终极目的来说，是至上的和无限的；按它的个别实现和每次的现实来说，又是不至上的和有限的。"①

怎样解决这个矛盾呢？恩格斯阐明了"这个矛盾只有在无限的前进过程中，在至少对我们来说实际上是无止境的人类世代更迭中才能得到解决"②。就是说，对于每一个时代的人们来说，这个矛盾只能相对地解决，而不能绝对地解决，只能达到相对真理，不能穷尽绝对真理。

人类的认识是不断地由相对真理走向绝对真理，走向完全地、最终地认识客观世界。可能这个过程是永无止境的，是不能最终完成的。而杜林却说他一个人最终地完成了永恒真理，既不符合人类社会发展的历史事实，也不符合自然界发展的历史事实。由于人类社会的发展史永远不会完结，自然科学的不断发展永远不会停止在一个水平上，人们认识能力也就不断发展，越来越深刻地认识客观世界，能够不断地接近绝对真理，不断地通过相对真理走向绝对真理。绝对真理不是离开相对真理而存在，而是通过相对真理逐渐积累起来的，绝对真理是不断发展着的相对真理构成的。

为什么一定时代的人，只能达到相对真理呢？这是因为一定时代的人不能超出历史条件所容许的范围，既要受生产发展水平的限制和阶级斗争状况的限制，也受思维者自身认识能力的限制。例如，我们现在已有的电子计算机，几分钟可以算完的数字，在古代一辈子也算不完，对他们来说，电子计算机是不可想象的。将来的各种仪器、机器的发展要比现在更精密、更完善。因此我们现在所达到的认识，还是相对真理。恩格斯说："我们只能在我们时代的条件下进行认识，而且这些条件达到什么程度，我们便认识到什么程度。"③ 毛主席说："不能在封建社会就预先认识资本主义社会的规律，因为资本主义还未出现，还无这种实践。……马克思不能在自

---

① 《马克思恩格斯全集》（第二十卷），人民出版社，1971年版，第95页。
② 《马克思恩格斯全集》（第二十卷），人民出版社，1971年版，第95页。
③ 《马克思恩格斯全集》（第二十卷），人民出版社，1971年版，第585页。

由资本主义时代就预先具体地认识帝国主义时代的某些特异的规律，因为帝国主义这个资本主义最后阶段还未到来，还无这种实践，只有列宁和斯大林才能担当此项任务。"① 这就是说任何人都要受历史条件所制约。没有一个人可以超越这种历史条件的限制。所以人们所能达到的真理，只能是近似的、不完全的、因而是相对真理。杜林妄想超越历史条件的限制，硬说他发现了终极的真理，纯粹是胡说八道。

这样说来，还有没有绝对真理呢？马克思主义哲学认为有。无论是自然科学的发展，还是社会科学的发展，证明绝对真理是存在的。马克思主义、列宁主义、毛泽东思想，是放之四海而皆准的普遍真理，任何国家的无产阶级革命，都不能离开它作指导，这是无数革命实践所证明了的真理，在这个意义上可以说这是绝对真理。然而马克思列宁主义、毛泽东思想并没有结束真理，还是要随着实践的发展而发展，就它的无限发展来说，也还是相对真理。列宁说："绝对真理是由相对真理构成的。"② 毛主席说："马克思主义者承认，在绝对的总的宇宙发展过程中，各个具体过程的发展都是相对的，因而在绝对真理的长河中，人们对于在各个一定发展阶段上的具体过程的认识只具有相对的真理性。无数相对的真理之总和，就是绝对的真理。"③ 这就告诉了我们：绝对真理是由相对真理构成的，是通过相对真理实现的，离开相对真理的绝对真理和离开绝对真理的相对真理，都是不存在的。一切真理都是相对真理和绝对真理的统一。认识真理的任务在于从有限中追求无限，在相对中认识绝对。雷锋同志说得好："把有限的生命，投入到无限的为人民服务之中去。"④ 为我们不断地从必然的自由王国的发展树立了榜样。

如果否认相对真理具有绝对真理的颗粒，就是相对主义，就是否认客观真理，不可避免地陷滚进唯心论和形而上学的泥潭。现代修正主义

---

① 《毛泽东选集》（第一卷），人民出版社，1952年版，第263~264页。
② 《列宁选集》（第二卷），人民出版社，1972年版，第133页。
③ 《毛泽东选集》（第一卷），人民出版社，1952年版，第272页。
④ 《雷锋日记选》，人民出版社，1973年版，第57页。

否定马克思主义的基本原则，否定马克思主义的普遍真理。他们就是奉行相对主义的反动哲学为他们的反革命政治服务的。

马克思主义者承认绝对真理，但它同杜林的终极真理有本质的区别。杜林的终极真理是以否定相对真理为前提的，想通过一次认识活动而穷尽了整个现实世界，这是形而上学世界观的表现。他的终极真理是他的头脑制造的，这和一切唯心论哲学家一样，结果都受到了历史的惩罚。马克思主义承认绝对真理，是因为认识真理是一个过程，一切真理都在发展着。现实世界在人的头脑中的反映也是不断发展的过程。反映和被反映的过程可以逐渐吻合，但不能最终地、完全地吻合，认识不断发展和深化，真理也在不断发展。所以没有永恒的终极的真理。

马克思主义哲学认为，认识从实践开始，离开实践是无所谓认识的。而杜林根本无视实践，他那个永恒不变的真理，恰恰是十足反动的谬误。

毛主席说："一个正确的认识，往往需要经过由物质到精神，由精神到物质，即由实践到认识，由认识到实践这样多次的反复才能够完成。"① 杜林妄图一次穷尽真理，他喋喋不休"永恒的终极的真理"，不但没有发现任何一点真理，而且是人类认识史上的大倒退。

杜林最早不是提出 2+2=4，三角形的三内角之和等于二直角之类的真理来证明有永恒不变的真理吗？当然这样的真理是存在的。但它也是有条件的。2+2 在常数教学中等于 4，是绝对真理，在变数教学中就不等于 4 了；在欧几里得几何学中三内角之和等于二直角，可是在除欧几里得几何学中三内角之和就不等于二直角了。恩格斯说像杜林举出的这种例子，还可以举出更多，但是对这样简单的现象所做的肯定，对人类认识的发展是没有多大意义的，用这个案例来说明是枉费心机的。这是"对极简单的事物使用大字眼"②。不应该玩弄永恒真理的字眼，而

---

① 《毛泽东著作选读（甲种本）》，人民出版社，1965 年版，第 384 页。
② 《马克思恩格斯全集》（第二十卷），人民出版社，1971 年版，第 96 页。

应该善于解决相对真理和绝对真理的辩证关系。

在我们的队伍中出现的"生产到顶""潜力挖尽"等论调，之所以是错误的，就在于不懂得相对真理和绝对真理的辩证法，离开了马克思列宁主义、毛泽东思想的认识路线。生产没有顶，潜力挖不尽，这才是科学的真理。

我们要遵照列宁的教导："从马克思的理论是客观真理这一为马克思主义者所同意的见解出发，所能得出的唯一结论就是：遵循着马克思的理论的道路前进，我们将愈来愈接近客观真理（但决不会穷尽它）；而遵循着任何其他的道路前进，除了混乱和谬误之外，我们什么也得不到。"①

道德始终是阶级的道德。恩格斯在《道德和法·永恒真理》这章中，批判了杜林的永恒道德的谬论，阐明道德的历史性和阶级性，论证了道德始终是阶级的道德。

马克思主义诞生以前的关于道德的种种说教，都是离开社会的经济基础和阶级关系，把道德说成是抽象的、超阶级的、永恒的东西。他们的道德观，或者从天下掉下来的，也就是从上帝的意思引申出来，僧侣、地主和资产阶级都是假借上帝的名义说话，为的是要贯彻他们剥削者的利益。或者是认为从他们头脑里产生的，也就是从往往同上帝意思很相似的唯心主义或半唯心主义论调中引申出来的精神麻醉剂作为蒙蔽工农的手段。在马克思主义诞生以后，杜林还把他的道德观说成是恒久的原则，应说他的道德适用于一切世界，又适用于一切时代，不仅凌驾于历史和民族差别之上，甚至其他天体上也适用，这就更加反动和荒谬了。

马克思主义认为，社会存在决定社会认识，有什么样的经济基础，就有什么样的上层建筑。道德属于上层建筑的范畴。恩格斯在批判杜林的反动道德观时论述了马克思主义的道德观。提出了三个著名的科学论

---

① 《列宁选集》（第二卷），人民出版社，1972年版，第143页。

断："人们自觉地或不自觉地，归根到底总是从他们阶级地位所依据的实际关系中——从他们进行生产和交换的经济关系中，吸取自己的道德观念。"①"一切已往的道德论归根到底都是当时的社会经济状况的产物。"② 这就是说，道德是一定经济状况的产物，不是超历史的东西。任何道德观念都是和当时社会的经济关系相适应的，并不是永恒不变的。就像"切勿偷盗"这样的道德戒律，也只存在于私有制的社会里，也不是永恒的。这样就把道德的产生建立在唯物史观的科学基础上，彻底戳穿了杜林的关于道德的先验主义的胡说。

恩格斯指出："现代社会的三个阶级即封建贵族、资产阶级和无产阶级都各有自己的特殊的道德。"③"社会直到现在还是在阶级对立中运动的，所以道德始终是阶级的道德；它或者为统治阶级的统治和利益辩护，或者当被压迫阶级变得足够强大时，代表被压迫者对这个统治的反抗和他们的未来利益。"④ 这就告诉了我们，道德是阶级意志的表现，不是超阶级的东西。毛主席说："在阶级社会中，每一个人都在一定的阶级地位中生活，各种思想无不打上阶级的烙印。"⑤ 封建阶级用忠孝节义、三纲五常的道德来杀人，资产阶级用自由、平等、博爱的"美谈"，损人利己，任意宰割各民族，实行对劳动者敲骨吸髓的压榨。可见这种道德纯粹是骗人的鬼话，是地主和资产阶级用来愚弄工农、禁锢工农头脑的精神枷锁。

恩格斯还指出："只有在不仅消灭了阶级对立，而且在实际生活中也忘却了这种对立的社会发展阶段上，超越阶级对立和超越对这种对立的回忆的、真正人的道德才成为可能。"⑥ 这就是说，在将来彻底消灭了阶级的时候，那时候道德才失去了阶级性，成为真正人的道德。可是

---

① 《马克思恩格斯全集》（第二十卷），人民出版社，1971年版，第102页。
② 《马克思恩格斯全集》（第二十卷），人民出版社，1971年版，第103页。
③ 《马克思恩格斯全集》（第二十卷），人民出版社，1971年版，第102页。
④ 《马克思恩格斯全集》（第二十卷），人民出版社，1971年版，第103页。
⑤ 《毛泽东选集》（第一卷），人民出版社，1952年版，第260页。
⑥ 《马克思恩格斯全集》（第二十卷），人民出版社，1971年版，第103页。

在阶级社会存在的时候。宣扬超阶级的道德，那就无疑是用资产阶级道德欺骗人民，破坏无产阶级革命。

资产阶级为了维护它的阶级的私利，不断采用极其野蛮的镇压手段，用军队、警察、宪兵、监狱、法庭等等强制办法来维持它的统治，而且还采用甜言蜜语的说教，把它那个剥削阶级的道德冒充为"全民"道德，借以愚弄人民。美帝国主义满篇仁义道德，干出了数不尽的伤天害理的勾当，大肆宣扬，在中国开办学校、设医院、举办慈善事业，装作同中国人"友谊"的面孔。毛主席揭穿他们："当面撒谎，将侵略写成了'友谊'。"① 第二次世界大战后，美国又搞什么"慈善事业"，洒了些救济粉，又是毛主席一语道破："吃下去肚子要痛的。"② 苏修社会帝国主义，步美帝国主义之后尘，一个夜晚占领捷克斯洛伐克，用刺刀制造傀儡政权，使它沦为苏修的殖民地和附属国，可是口头上还美其名曰对兄弟国家的"帮助"，为了社会主义大家庭的共同利益，苏修叛徒集团口头上说他们对亚、非、拉国家提供"援助"，实际上是打着援助的幌子，把这些地区的一些国家纳入自己的势力范围，同美帝争夺中间地带。苏修通过军事输出、资本输出和不平等贸易，掠夺它们的资源，干涉他们的内政，并且攫取军事基地。资产阶级道德早已沦丧，钩心斗角，尔虞我诈，不讲信用，背信弃义，损人利己，相互攻讦，精神糜烂，意志颓废，盗窃成风，吸毒成瘾，犯罪迭起，祸害无穷，再也无法挽救它们的垂死命运了。

资产阶级不但把自己的道德冒充为"全民"的东西，而且还常常责备共产党人摒弃一切道德，借以混淆视听，蒙蔽工农耳目。在我们看来，超人类和超阶级的道德是没有的，我们要摒弃的正是地主资产阶级的剥削道德，因为这种道德维护的是剥削阶级的利益，对劳动人民是精神枷锁，对他们自己也不过是自欺欺人的谎言，所以我们不但要揭穿他

---

① 《毛泽东选集》（第四卷），人民出版社，1960年版，第1394页。
② 《毛泽东选集》（第四卷），人民出版社，1960年版，第1384页。

们那种一切关于道德的骗人鬼话，而且断然同这些道德划清界限。正如马克思恩格斯在《共产党宣言》中所说的："共产主义革命就是同传统的所有制关系实行最彻底的决裂；毫不奇怪，它在自己的发展进程中要同传统的观念实行最彻底的决裂。"① 我们不仅有自己的道德，而且它是人类历史中无可比拟的、最高尚、最进步的道德，这种道德是从无产阶级阶级斗争利益中引申出来的，它完全服从于无产阶级阶级斗争的利益。我们说我们的道德是无产阶级的道德，因为只有无产阶级才具有的；我们说我们的道德是共产主义道德，因为我们的道德一时一刻也不能离开为共产主义事业的利益而斗争。它是为破坏剥削者的旧社会，巩固和完成共产主义事业而斗争服务的。列宁说："共产主义的道德就是为了把劳动者团结起来反对一切剥削和一切小私有制服务的道德。"② 这种道德是在马克思列宁主义、毛泽东思想指导下，在生产斗争、阶级斗争和科学实验的革命斗争中不断丰富和发展。他鼓舞人们热爱社会主义祖国，热爱劳动人民，热爱集体，热爱领导我们事业的核心力量——中国共产党，热爱伟大领袖毛主席。它表扬同志们珍惜友谊、夫妻和睦、尊老扶幼、救死扶伤、助人为乐。毛主席号召我们学习的毫不利己，专门利人的白求恩和为人民的利益而死"比泰山还要重的"张思德，就是无产阶级道德非常高尚的人。《红灯记》中的三代人"阶级情意重如泰山"，中国工人阶级的代表、优秀的共产党人李玉和在张牙舞爪的凶恶敌人面前，"宁肯把牢底来坐穿"，为了人民的利益，视死如归。给革命接班人树立了光辉的榜样。在战场上奋不顾身，舍己忘生的董存瑞、黄继光；宁可活活被烧死，也要遵守纪律的邱少云；牺牲自己，救活朝鲜儿童的国际主义伟大战士罗盛教；对兰考的一草一木都有深厚感情，鞠躬尽瘁，死而后已的毛主席的好干部——焦裕禄；时时处处把毛泽东思想当粮食、武器、方向盘的雷锋，把自己有限的生命投入

---

① 马克思、恩格斯：《共产党宣言》，人民出版社，1964年版，第42~43页。
② 《列宁选集》（第四卷），人民出版社，1972年版，第353页。

到无限的为人民服务中，做了大量的好事；一不怕苦，二不怕死，战天斗地，为夺油而战的大庆铁人王进喜等等，他们的光辉业绩永远铭刻在人们的脑海里，为人民所敬仰。

毛主席说："世上决没有无缘无故的爱，也没有无缘无故的恨"①，"我们不能爱敌人，不能爱社会的丑恶现象，我们的目的是消灭这些东西"②。人们行为的善恶、是非、好坏，光荣和耻辱、正义与非正义、道德和不道德等等，在阶级社会里无不打上阶级的烙印，都是以阶级利益来衡量的。当年杜林妄图在道德领域中播下他那个最右的终极的真理，破坏社会革命，结果是徒劳的，资产阶级的人性论被马克思恩格斯的阶级斗争理论压得粉碎。恩格斯的有关道德的光辉论述，是揭穿骗子、伪善者、假慈悲、邪恶歪道的照妖镜，是革命者为共产主义事业而斗争的宝贵财富。

（十一）《道德和法·平等》无产阶级的平等就是消灭阶级（共2篇）

1

恩格斯在《道德和法·平等》这一章中，彻底揭露和深刻批判了杜林的反动的资产阶级平等观；精辟地论述了马克思主义的平等观。

杜林的"完全平等"的谬论，在方法上是先验主义的，在内容上是矛盾百出的，是十分虚伪和极端反动的。这位玄想家随心所欲地兜圈子，编造了"两个完全平等的人"的模式，强加于社会。他把社会分解为它的最简单的要素，而最简单的社会至少要有两个人。这两个人"是彼此完全平等的，而且一方不能首先向另一方提出任何肯定的要求。"③

恩格斯痛斥了杜林的"这种最简单的要素，最多只带有纯粹概念的性质"④。在平等观的问题上，它"是纯粹的玄想，它不是从现实本身

---

① 《毛泽东选集》（第三卷），人民出版社，1953年版，第827页。
② 《毛泽东选集》（第三卷），人民出版社，1953年版，第828页。
③ 《马克思恩格斯全集》（第二十卷），人民出版社，1971年版，第106页。
④ 《马克思恩格斯全集》（第二十卷），人民出版社，1971年版，第105页。

推论出现实，而是从观念推论出现实"①。在杜林所说的"两个完全平等的人"②，不是现实的人，不是属于一定阶级关系的人，而是抽象的人，"在这两个人身上的除了人这个光秃秃的概念以外，再没有别的什么了"③。因此，他们成了"两个十足的幽灵"④。这就是说：杜林不是从客观世界出发，不是从现实的阶级关系出发，而是从概念出发，从抽象的人性出发。毛主席说："阶级斗争，一些阶级胜利了，一些阶级消灭了。这就是历史，这就是几千年的文明史。拿这个观点解释历史的就叫做历史的唯物主义，站在这个观点的反面的是历史的唯心主义。"⑤杜林把先验主义的方法应用于社会历史，从抽象的概念和抽象的人性出发，正如凹面镜上头是导致的映像，这是十足的历史唯心主义，是反动的资产阶级人性论的狂热鼓吹者。

  杜林把它臆造的"两个完全平等的人"的模式，强加于社会，不能不和现实社会的真实情况发生尖锐的矛盾。现实社会中根本不存在什么"两个完全平等的人"，存在的是压迫与被压迫，剥削与被剥削的关系。那么，怎么办呢？为了自圆其说，杜林耍尽了一切鬼把戏，不惜用最可耻最荒唐的诡辩来骗人，甚至连基督教为了掩盖阶级剥削和压迫，把人区分为善人和恶人，善人可以对恶人行使世界审判者的职权的反动说教也使用上了。窘态百出的杜林，当他的"完全平等"一再化为乌有的时候，给自己的逃跑找了三条遁词：一是说人的意志有强弱的不同，"自我规定足的"强者，可以压迫"自我规定不足的"弱者；二是说人有人性和兽性之分，人性的善人可以压迫兽性的恶人；三是说人有按真理、科学行动的人和按迷信或偏见行动的人，前者可以用暴力压服后者。由此可见，杜林编造的"完全平等"和"产出不平等"的谬论，

---

① 《马克思恩格斯全集》（第二十卷），人民出版社，1971年版，第105页。
② 《马克思恩格斯全集》（第二十卷），人民出版社，1971年版，第110页。
③ 《马克思恩格斯全集》（第二十卷），人民出版社，1971年版，第108页。
④ 《马克思恩格斯全集》（第二十卷），人民出版社，1971年版，第108页。
⑤ 《毛泽东选集》（第四卷），人民出版社，1960年版，第1376页。

纯粹是资产阶级的弱肉强食的辩护士，是"剥削有功""压迫有理"的急先锋，是殖民主义者掠夺和屠杀不发达国家和弱小民族的强盗逻辑。

马克思主义并不否定平等观念在历史上的作用，而是要对平等观念的内容和作用，作出科学的分析和估价，从而划清无产阶级平等和资产阶级平等的界限。

马克思主义认为：超历史、超阶级的"完全平等"是根本不存在的。平等是就社会成员在政治地位和社会地位上的平等权利而言。但认为平等是具体的、有阶级性的、历史发展的产物。恩格斯分析了几千年的人类历史，对平等作了具体的分析。他指出：原始的古老的平等观，说的是大家都是人，所以都应该平等，这是由原始社会的具体条件所决定的。但就是原始社会里的平等，也是相对的，它也只是原始公社成员之间的平等，公社之外的人是没有平等权利的。奴隶社会是历史上第一个阶级社会，在那里"人们的不平等比任何平等受重视得多"①。这就是说，在奴隶社会里不平等被看作正常现象，如果有谁来要求平等的政治地位，那就要被认为是发疯了。所以在奴隶社会，顶多也只是自由民之间的平等，自由民和奴隶之间根本谈不上平等的。到了封建社会，"逐渐建立了空前复杂的社会和政治的等级制度，从而在几个世纪内消除了一切平等观念"②。接着恩格斯全面论证了资产阶级的平等要求及其历史作用和阶级实质。一方面，恩格斯指出，当封建制度束缚资本主义生产方式的发展时，资产阶级提出了自由、平等的要求，资产阶级要求自由地雇佣工人，平等地交换商品。因此，自由、平等的口号，作为资产阶级同封建等级制度的对立物，在当时反对封建制度的条件下，曾起着积极的作用，但资产阶级平等的"要求是为了工业和商业的利益提出的"③，"平等归结为法律面前的资产阶级的平等"④。正因为如此，

---

① 《马克思恩格斯全集》（第二十卷），人民出版社，1971年版，第113页。
② 《马克思恩格斯全集》（第二十卷），人民出版社，1971年版，第114页。
③ 《马克思恩格斯全集》（第二十卷），人民出版社，1971年版，第116页。
④ 《马克思恩格斯全集》（第二十卷），人民出版社，1971年版，第20页。

这一口号就必然还包含着另一种对立，即资产阶级同无产阶级及其他劳动群众的对立。"平等"对无产阶级来说，就是把自己仅有的商品——劳动力，"平等"地出卖给资本家，任凭资本家去剥削；对于小生产者来说，也不过是"平等"地交换商品，被资本家大生产排挤得破产而已。所以，平等是有阶级性的，有资产阶级的平等，就没有无产阶级的平等。

无产阶级的平等要求，是伴随着资产阶级平等要求的提出而产生的。但是无产阶级的平等要求同资产阶级的平等要求是根本对立的。资产阶级的平等要求是消灭封建阶级的特权而代之以资产阶级的特权；无产阶级的平等要求则是消灭一切阶级。因为社会上存在不平等的根本原因是私有制，只有消灭了私有制，消灭了阶级和阶级差别，才能逐步消灭工农差别、城乡差别和体力劳动与脑力劳动的差别，才能把不平等的基础消除掉，才有真正事实上的平等，才能解放全人类。无产阶级从其阶级本性和历史使命来说，就是要消灭一切阶级，解放全人类。只有解放了全人类才能解放无产阶级自己。恩格斯指出：无产阶级平等要求的实际内容"是消灭阶级的要求。任何超出这个范围的平等要求，都必然要流于荒谬"[①]。因为，如果超出消灭阶级和阶级差别来谈论平等要求，那不是绝对平均主义，就是为资产阶级争取同无产阶级"平起平坐"的"平等"权利，就是妄图"平等"地同无产阶级争夺革命的领导权，反对无产阶级革命；就是怂恿被推翻了的阶级"平等"地推翻无产阶级专政，复辟资本主义。列宁转述马克思、恩格斯的话说："如果不把平等理解为消灭阶级，平等就是一句空话。"[②] 列宁对那些用一般平等的空话来骗人的撒谎者，进行了无情的揭露和彻底的批判。列宁说，我们要撕破鼓吹一般平等的"这些撒谎者的假面具，要拨开这些瞎子的眼睛，要问问他们……'是哪个阶级同哪个阶级平等'？'是摆脱哪一种

---

① 《马克思恩格斯全集》（第二十卷），人民出版社，1971年版，第117页。
② 《列宁选集》（第三卷），人民出版社，1972年版，第838页。

压迫或哪个阶级的压迫而获得的自由？……'谁要谈政治、谈民主、谈自由、谈平等、谈社会主义，而不提出这些问题，不把这些问题提到第一位，不对隐蔽、掩盖和抹煞这些问题的行为作斗争，谁就是劳动人民最可恶的仇敌，就是披着羊皮的豺狼，就是工人农民的死对头，就是地主、沙皇和资本家的走狗。"① 江湖骗子杜林在资本主义疯狂掠夺殖民地、侵略各民族、加紧剥削和压迫无产阶级和广大劳动人民时，鼓吹超历史、超阶级的"完全平等"，恰好说明他是劳动人民最可恶的仇敌，是地主、资本家的走狗。

2

革命导师恩格斯在第十章《道德和法·平等》中，论述了马克思主义的平等观，批判了杜林鼓吹超阶级的"完全平等"的虚伪性和反动性。

杜林的平等观，在方法论上是先验主义的，在内容上是自相矛盾和十分虚伪、极端反动的。

杜林从先验主义的原则出发，编造了"两个完全平等的人"的模式，强加于社会，他把社会分解成为最简单的要素，而最简单的社会至少要有两个人。他胡说这两个人"是彼此完全平等的，而且一方不能首先向另一方提出任何肯定的要求"②。恩格斯对杜林这种谬论，从方法到内容实质，都进行了深刻地揭露和批判。

恩格斯指出：杜林的"这种最简单的要素，最多只带有纯粹概念的性质"③。所以杜林的哲学"在这里也是纯粹的玄想，它不是从现实本身推论出现实，而是从观念推论出现实"④。又指出：杜林所说的"两个完全平等的人"⑤，不是现实的人，不是属于一定阶级关系的人，而

---

① 《列宁全集》（第三十卷），人民出版社，1957年版，第101~102页。
② 《马克思恩格斯全集》（第二十卷），人民出版社，1971年版，第106页。
③ 《马克思恩格斯全集》（第二十卷），人民出版社，1971年版，第105页。
④ 《马克思恩格斯全集》（第二十卷），人民出版社，1971年版，第105页。
⑤ 《马克思恩格斯全集》（第二十卷），人民出版社，1971年版，第110页。

是抽象的人,"在这两个人身上的除了人这个光秃秃的概念以外,再没有别的什么了"①。因此,它们是"两个十足的幽灵"②。这就是说,杜林不是从客观世界出发,不是从现实存在的阶级关系出发,而是从概念出发,从抽象的人性出发。毛主席说:"阶级斗争,一些阶级胜利了,一些阶级消灭了。这就是历史,这就是几千年的文明史。拿这个观点解释历史的就叫做历史的唯物主义,站在这个观点的反面的是历史的唯心主义。"③又说:"在阶级社会中,每一个人都在一定的阶级地位中生活,各种思想无不打上阶级的烙印。"④杜林把先验主义的方法运用于社会历史,从抽象的概念和抽象的人性出发,谈论"两个人的完全平等",这是十足的历史唯心主义,是鼓吹反动的资产阶级人性论。

杜林把"两个人的完全平等"的模式,强加于社会,不能不和现实社会的真实情况发生尖锐的矛盾。现实社会中根本不存在什么"两个完全平等的人",存在的是压迫与被压迫,剥削与被剥削的关系。那么,怎么办呢?为了自圆其说,杜林不惜用最可耻最荒唐的诡辩来骗人,甚至连基督教为了掩盖阶级剥削和压迫,把人区分为善人和恶人,善人可以对恶人行使世界审判者的职权的反动说教也使用上了。他胡凑了三条"理由":一是说人的意志有强弱的不同,"自我规定足的"强者,可以压迫"自我规定不足的"弱者;二是说人有人性和兽性之分,人性的善人可以压迫兽性的恶人;三是说人有按真理、科学行动的人和按迷信或偏见行动的人,前者可以用暴力压服后者。由此可见,杜林编造的"完全平等"说和"产出不平等"说,是多么的荒唐和反动!它是资产阶级进行压迫和剥削的辩护词,是殖民主义者掠夺和屠杀不发达国家和弱小民族的强盗逻辑。

马克思主义并不否定平等观念在历史上的作用,而是要对平等观念

---

① 《马克思恩格斯全集》(第二十卷),人民出版社,1971年版,第108页。
② 《马克思恩格斯全集》(第二十卷),人民出版社,1971年版,第108页。
③ 《毛泽东选集》(第四卷),人民出版社,1960年版,第1376页。
④ 《毛泽东选集》(第一卷),人民出版社,1952年版,第260页。

的内容和作用,作出科学的分析和估价,从而划清无产阶级平等和资产阶级平等的界限。

马克思主义认为:超历史、超阶级的"完全平等"是根本不存在的。平等是就社会成员在政治地位和社会地位上的平等权利而言。平等是历史发展的产物,是具体的、有阶级性的。恩格斯分析了几千年的人类历史,对平等作了具体的分析。他指出:原始的古老的平等观,说的是大家都是人,所以都应该平等,这是由原始社会的具体条件所决定的。但就是原始社会里的平等,也是相对的,它也只是原始公社成员之间的平等,公社之外的人是没有平等权利的。奴隶社会是历史上第一个阶级社会,在那里"人们的不平等比任何平等受重视得多"①。这就是说,在奴隶社会里不平等被看作正常现象,如果有谁来要求平等的政治地位,那就要被认为是发疯了。所以在奴隶社会,顶多也只是自由民之间的平等,自由民和奴隶之间根本谈不上平等的。到了封建社会,"逐渐建立了空前复杂的社会和政治的等级制度,从而在几个世纪内消除了一切平等观念"②。接着恩格斯全面论证了资产阶级的平等要求及其历史作用和阶级实质。一方面,恩格斯指出,当封建制度束缚资本主义生产方式的发展时,资产阶级提出了自由、平等的要求,资产阶级要求自由地雇佣工人,平等地交换商品。因此,自由、平等的口号,作为资产阶级同封建等级制度的对立物,在当时反对封建制度的条件下,是有积极的作用的。另一方面,恩格斯又指出这一口号的资产阶级实质:平等的"要求是为了工业和商业的利益提出的"③,"平等归结为法律面前的资产阶级的平等"④。正因为如此,这一口号就必然还包含着另一种对立,即资产阶级同无产阶级及其他劳动群众的对立。"平等"对无产阶级来说,就是把自己仅有的商品——劳动力,"平等"地出卖给资本

---

① 《马克思恩格斯全集》(第二十卷),人民出版社,1971年版,第113页。
② 《马克思恩格斯全集》(第二十卷),人民出版社,1971年版,第114页。
③ 《马克思恩格斯全集》(第二十卷),人民出版社,1971年版,第116页。
④ 《马克思恩格斯全集》(第二十卷),人民出版社,1971年版,第20页。

家，任凭资本家去剥削；对于小生产者来说，也不过是"平等"地交换商品，被资本家大生产排挤得破产而已。所以，作为一个马克思主义者，在承认资产阶级平等在一定历史条件下的积极作用时，如果不揭露它同无产阶级和广大劳动人民的对立的资产阶级实质及其欺骗性，就是对马克思主义的背叛。

无产阶级的平等要求，是伴随着资产阶级平等要求的提出而产生的。但是无产阶级的平等要求同资产阶级的平等要求是根本对立的。资产阶级的平等要求是消灭封建阶级的特权而代之以资产阶级的特权；无产阶级的平等要求则是消灭一切阶级。因为社会上存在不平等的根本原因是私有制，只有消灭了私有制，消灭了阶级和阶级差别，才能逐步消灭工农差别、城乡差别和体力劳动与脑力劳动的差别，才能把不平等的基础消除掉，才有真正事实上的平等，才能解放全人类。无产阶级从其阶级本性和历史使命来说，就是要消灭一切阶级，解放全人类。只有解放了全人类才能解放无产阶级自己。恩格斯指出：无产阶级平等要求的实际内容"是消灭阶级的要求。任何超出这个范围的平等要求，都必然要流于荒谬"①。因为，如果超出消灭阶级和阶级差别来谈论平等要求，那不是绝对平均主义，就是为资产阶级争取同无产阶级"平起平坐"的"平等"权利，就是妄图"平等"地同无产阶级争夺革命的领导权，反对无产阶级革命；就是妄图"平等"地推翻无产阶级专政，复辟资本主义。列宁尖锐地指出："如果不把平等理解为消灭阶级，平等就是一句空话。"② 列宁对那些用一般平等的空话来骗人的撒谎者，进行了无情地揭露和彻底的批判。列宁说，我们要撕破鼓吹一般平等的"这些撒谎者的假面具，要拨开这些瞎子的眼睛，要问问他们：……'是哪个阶级同哪个阶级平等？''是摆脱哪一种压迫或哪个阶级的压迫而获得的自由？……'谁要谈政治、谈民主、谈自由、谈平等、谈社会主义，

---

① 《马克思恩格斯全集》（第二十卷），人民出版社，1971年版，第117页。
② 《列宁选集》（第三卷），人民出版社，1972年版，第838页。

而不提出这些问题,不把这些问题提到第一位,不对隐蔽、掩盖和抹煞这些问题的行为作斗争,谁就是劳动人民最可恶的仇敌,就是披着羊皮的豺狼,就是工人农民的死对头,就是地主、沙皇和资本家的走狗"①。江湖骗子杜林在资本主义疯狂掠夺殖民地,侵略各民族,加紧剥削和压迫无产阶级和广大劳动人民时,鼓吹超历史、超阶级的"完全平等",恰好说明他是劳动人民最可恶的仇敌,是地主、资本家的走狗。

现代修正主义的头子赫鲁晓夫,继承杜林的衣钵,并且比杜林更"前进一步",竟然胡说:"共产主义'将是一个充满和平、劳动、自由、平等、博爱的社会'"②,并且把它作为党的纲领,他把资产阶级反封建斗争的纲领,作为共产党的纲领,这是地地道道的修正主义,是对共产党和共产主义的极大诬蔑和歪曲。

(十二)《道德和法·自由和必然》中为什么要讲"自由"和"必然"?

我们知道道德和法,都是属于上层建筑,有什么样的经济基础,就有什么样的上层建筑。封建社会里为了维护其封建统治,它的法是强迫农民受其剥削和压迫的,譬如农民不交租或少交租,封建地主就要用法律制裁,为了使农民受其束缚,运用道德的说教来愚弄农民,譬如三纲五常,臣必须服从君,不准说个不字,叫君为臣纲;子必须孝顺老子,老子说什么,儿子不能反对,叫父为子纲;妻子必须尊敬丈夫,丈夫说什么就是什么,说怎么干就怎么干,他要讨九个小老婆,妻子也不准说个不字,叫做夫为妻纲;还有仁义礼智信这个五常。例如臣反对君,那就是"犯上作乱",而被称为乱臣贼子予以法律制裁,也称为不道德。丈夫可以讨九个老婆,妻子想改嫁,却犯了法,自由恋爱那更是"大逆不道"了。这究竟是谁的道德和法呢?可见有了封建主的自由,即没有老百姓的自由。

---

① 《列宁全集》(第三十卷),人民出版社,1957年版,第101~102页。
② 转引自朱培兴等编译:《赫鲁晓夫和勃列日涅夫统治下的苏联农业》,生活·读书·新知三联书店,1978年版,第23页。

资产阶级宣扬自由，是为了反封建的，在反封建时有一定进步意义，但借自由字眼，残酷自由压榨雇佣劳动者，借自由奴役掠夺殖民地，这个自由是资产阶级的意志，劳动人民是一点自由也没有。你谈言论自由，但一反对资产阶级他就不自由了；你谈出版自由，你没有钱，没有纸，没地方去出版，所以还是出版商的自由；你谈结社自由，但不准推翻它的无产阶级结社，你起义，他就镇压，所以自由在资本主义社会只是资产阶级的自由，而没有无产阶级的自由。

那么无产阶级要争自由，则视为不合法、不道德。

杜林吹嘘自己是懂法的，三年大学理论，三年审判实践，宣扬的自由是主观的意志自由。离开法的阶级性谈集体决议是掩盖了个人言论，以陪审员的多数票的判决是压制了一部分人的自由，谈到他根本不懂道德和法，不懂这是上层建筑。谈一方面是合理地认识，另一方面是本能冲动联结在一起，合谁的理呢？怎么去冲动呢？在阶级社会中，只有阶级的自由，无产阶级要造反，资产阶级视为非法，不道德，你怎么冲动呢？

所以要真正获得自由，就得对必然有认识。所以恩格斯肯定了黑格尔的论自由是对必然的认识，并且指出"自由不在于幻想中摆脱自然规律而独立，而在于认识这些规律，从而能够有计划地使自然规律为一定的目的服务"①。还说："自由是在于根据对自然界的必然性的认识来支配我们自己和外部自然界。"② 毛主席说："自由是对必然的认识和对客观世界的改造。只有在认识必然的基础上，人们才有自由的活动。这是自由和必然的辩证规律。"③

我们反对意志自由，你随心所欲那种自由一定妨碍他人的自由。例如骑车不顾红绿灯，一碰到汽车上死了，还有什么自由呢？你自由不劳

---

① 《马克思恩格斯全集》（第二十卷），人民出版社，1971年版，第125页。
② 《马克思恩格斯全集》（第二十卷），人民出版社，1971年版，第125~126页。
③ 中共中央党校编：《马列著作毛泽东著作选读（党的学说部分）》，人民出版社，1978年版，第485页。

动、不下种、不耕，你就没有粮食吃。读报必然才有自由，特别对客观世界的改造。

也要反对宿命论，客观面前无能动的奴隶，即无所作为的错误观点，要由必然王国向自由王国的飞跃，自由要靠斗争才能取得，要靠生产斗争、阶级斗争来取得。

因为在阶级社会里，自由总要涉及道德和法的。所以，这里讲到"自由和必然"的问题。

(十三)《辩证法·量与质》

这一章里，恩格斯主要是批判杜林否认矛盾规律，量变质变规律的客观性和普遍性的理论，阐述了马克思主义的矛盾规律、量变质变规律的基本原理。

全章共39个自然段，重点是5、9、26、30段，即117、118、122、124页。

我们分别来讲。

1. 批判杜林否认矛盾规律的形而上学的观点，阐述矛盾规律的客观性和普遍性

先谈杜林的谬论：

杜林认为，矛盾是个主观的荒谬的东西。胡说矛盾只是一个范畴，"只能属于思想的组合"。在现实中"没有任何矛盾"。矛盾就等于悖理，矛盾就成为荒谬。他把"力的对抗"当作"一切活动的基本形式"，并且恶毒攻击和咒骂辩证法是个"粗糙的木偶"，是"天降神学"，是"神秘主义"等等。

从上面几章中我们大家可以说领略了杜林这种无聊的可耻货色，他常常是张冠李戴，混淆视听，把马克思的辩证法和黑格尔辩证法看成是一个东西。而马克思早就说过"我的阐述方法和黑格尔的不同，因为我是唯物主义者，黑格尔是唯心主义者"①。而在1873年，马克思在《资

---

① 《马克思恩格斯全集》(第三十二卷)，人民出版社，1974年版，第526页。

本论》法文第二版跋中又非常明确地指出："我的辩证方法，从根本上说，不仅和黑格尔的辩证方法不同，而且和它截然相反。"① 杜林在1875年攻击马克思、攻击辩证法，他还装作看不见，这不是别有用心是什么？可见野心家只是要制造混乱，浑水摸鱼，以便从此爬上去称王称霸。这个江湖骗子不仅采取张冠李戴、混淆视听的手段，而且采用极其下流的、无耻手段。他在反对别人时拿不出任何论据来驳倒对方，只凭单纯的断言和许多的谩骂，装腔作势，借以吓人。马克思和恩格斯早就看准了这个小丑是在进行欺骗。

下面我们就谈谈恩格斯是怎样批判杜林的：

第一，恩格斯指出，承认还是否认矛盾，矛盾规律的客观存在，是两种世界观，两种思维方式的根本对立。杜林之所以否认事物的矛盾，是由于杜林用形而上学的思维方法考察问题，他把事物看作是静止而没有生命的，各自独立，相互并列，或是先后相继出现的东西，因而看不到事物内部的矛盾，看不到事物之间的联系和相互作用，看不到事物的产生、运动、变化、发展和消灭的过程。相反地，如果用唯物辩证法的观点看问题，从事物的运动、变化，生命和相互作用方面去考察事物时，就会立刻碰到矛盾，矛盾不仅存在于事物之间，也存在于每个事物之中。

关于辩证法和形而上学的对立，列宁和毛主席都曾做了更加深刻的论述和极大的发展。毛主席说："在人类的认识史中，从来就有关于宇宙发展法则的两种见解，一种是形而上学的见解，一种是辩证法的见解，形成了互相对立的两种宇宙观。"② 列宁说，对于发展（进化）所持的两种基本的（或两种可能的？或两种在历史上常见的？）观点是：①认为发展是减少和增加，是重复；②认为发展是对立的统一（统一物分成为两个互相排斥的对立，而两个对立又互相关联着）③。列宁说的

---

① 《马克思恩格斯全集》（第二十三卷），人民出版社，1972年版，第24页。
② 《毛泽东选集》（第一卷），人民出版社，1952年版，第275页。
③ 参见《列宁选集》（第二卷），人民出版社，1972年版，第712页。

就是这两种不同的宇宙观。

这两种不同的宇宙观，毛主席阐释得最深刻、最全面、最容易为我们理解和掌握。

他说："所谓形而上学的或庸俗进化论的宇宙观，就是用孤立的、静止的和片面的观点去看世界。这种宇宙观把世界一切事物，一切事物的形态和种类，都看成是永远彼此孤立和永远不变化的。如果说有变化，也只是数量的增减和场所的变更。而这种增减和变更的原因，不在事物的内部，而在事物的外部，即是由于外力的推动。"①

"唯物辩证法的宇宙观主张从事物的内部、从一事物对他事物的关系去研究事物的发展，即把事物的发展看做是事物内部的必然的自己的运动，而每一事物的运动都和它的周围其他事物互相联系着和互相影响着。事物发展的根本原因，不是在事物的外部而是在事物的内部，在于事物内部的矛盾性。任何事物内部都有这种矛盾性，因此引起了事物的运动和发展。事物内部的这种矛盾性是事物发展的根本原因，一事物和他事物的互相联系和互相影响则是事物发展的第二位的原因。"②

第二，恩格斯在批判了杜林的形而上学观点的同时，深刻地论述了矛盾、矛盾规律的客观性和普遍性。恩格斯指出了"运动本身就是矛盾"的光辉思想，没有矛盾就没有运动，恩格斯列举了大量的事实证明："简单的机械的位移本身已经包含着矛盾。""有机生命及其发展，就更加包含着矛盾。""高等数学的主要基础之一是矛盾。""初等数学也充满着矛盾。"③ 这就是说任何事物，任何地方，任何时候矛盾都是普遍存在的。正如毛主席所说："矛盾存在于一切过程中，并贯串于一切过程的始终，矛盾即是运动，即是事物，即是过程，也即是思想。否认事物的矛盾就是否认了一切。"④

---

① 《毛泽东选集》（第一卷），人民出版社，1952年版，第275页。
② 《毛泽东选集》（第一卷），人民出版社，1952年版，第276页。
③ 《马克思恩格斯全集》（第二十卷），人民出版社，1971年版，第133页。
④ 《毛泽东选集》（第一卷），人民出版社，1952年版，第294页。

简单的机械运动,即位置的移动,是因为物体在一瞬间既在某一点上又不在某一点上,既在此处又不在此处。没有这种矛盾,物体就不能从甲地移到某地。车轮的滚动,在一眨眼的时间内,车轮上总有一点和地面的某一点接触,即在某一点上;但同时又在离开这一点上,即不在某一点上,这种接触点的不断转移,既在一点又不在一点的矛盾不断发生和解决,车轮就不断地向前滚动。如果没有内部的这种矛盾性,车轮是不会滚动。火车烧煤,蒸汽冲动机器的运动,汽车燃烧汽油发动机,而使汽车行走,自行车也要靠人脚踏蹬板的作用才行走的。

生命现象,是蛋白质不断进行同化和异化的运动,不断地吸收养料,不停地排除废物。新细胞的不断产生,旧细胞的不断死亡,生物体内的这种不停运动,使得生命在一瞬间是它自身,又不是它自身。所以,生命就是蛋白质的自我更新,没有这样的矛盾斗争,新陈代谢,生命现象就不存在了。所以,恩格斯指出:"矛盾一停止,生命也就停止,死亡就到来。"①

高等数学的主要基础之一是矛盾,在一定条件下,直线和曲线是一回事,从表面看来似乎是荒谬的,可是事实上确实如此。例如,地球是个椭圆形的球体,如果我们从地球上取出很有限的一段,这一段却成了直线,这无数直线加在一起,等于这个曲线。我们再来拿武汉往滁州、天津去北京为例。在第一平面上是个曲线,但我们走五公里,十公里路程却是直线的,这无数个五公里、十公里相加等于由武汉去北京的路程,即使我们坐火车由京广线去北京,因为地球是椭圆形,在地平面上也是个曲线,这个曲线也是由无数的短距离直线构成的。再如圆桶的底,本来是个圆边,即曲线,但是把这个桶底劈成很多个木条后,当一条的两头都和直线没有区别。根据这个道理,高等数学要计算圆的面积,不用一般的平面几何求面积,而是用微积分的算法,这把圆无限分割,然后把圆当做方形来计算,得出的结果和当做圆面积算的结果是一

---

① 《马克思恩格斯全集》(第二十卷),人民出版社,1971年版,第133页。

样的，这就证明直线和曲线是对立的，但又是统一的。

相交的线，只要离开交点五厘米，就应当认为是平行的，即使无限延长，也不会相交的线。为什么离开五厘米就不是相交的？相交的线无限延长，即使它的夹角几乎等于零时也不会相交的，所以应该看成是平行的，因为平行的线是不能相交的。再有，我们从离开五厘米多夹角的线也可以看出是平行的，不能再相交了。从高等数学看来，相交是不能平行的，因为这是孤立地看，当然这是对的，可见高等数学，是用辩证法的观点来看，用微积分的方法来运算，达到了初等数学完全不能达到的成果。

初中数学中也有正数和负数，实数和虚数，开方乘方等矛盾。没有这种矛盾，是没有数学运动和变化。当着数学只是计算定量，还没有进入辩证法的时候，2+2=4。但是一进入变量，进入辩证法时，情况就不同了。假如我们说这个2，不是十进位的，而是二进位的时候，那么2进一位就是10了，10+10=20，但是2还要进一位，那么2+2就等于100了。

根号下负一本来开不了方，但是数学上非有它不可，在许多情况下，量变是正确的数学运算的必然结果。不要它是不行的。

有人指出负的乘方为什么没正的呢？而且它同正的乘方的结果又一模一样呢。例如2×2=4，可见量变；还有一个负2×-2=-4。这就是说，一个数它有两个开平方根，一个是正数，一个是负数，负二本来是对二的否定，可是负二又被它的负而否定了，它变成肯定的了，我们看负二本来是向二的相反方向，可是相反的方向再相反，当然它又是正的方向了。这是否定的否定。它和那个肯定是一致的。

研究变量的变数数学中，在一定条件下，直线和曲线相等，相交线可以平行。长方形的面积可以等于圆的面积。因为在常数数学中，不是从对立统一的关系去看事物。而是孤立静止看待事物，变数数学中则不同，它冲破了常数数学中的局限性，从事物的联系、运动、变化去看事物。恩格斯就是在这个意义上说："辩证思维对形而上学思维的关系，和变数数学对常数数学的关系是一样的。"① 变数数学不顾乘数的抗议，证明了"在事物和过程本身中客观地存在着，而且可以说是见诸形体的"② 矛盾。

社会运动发展的根本原因是社会内部的生产力和生产关系，经济基础和上层建筑之间的矛盾。在阶级社会中表现为阶级斗争是社会发展的动力。在社会主义社会中仍然存在着阶级、阶级矛盾和阶级斗争，存在着两个阶级，两条道路，两条路线的矛盾和斗争，推动社会主义社会向前发展。毛主席说："没有矛盾的想法是不符合客观实际的天真的想法。"③

人们思想中的矛盾，就人的认识客观世界来说是无限的，但一个人的认识能力是有限的，这个矛盾只有在无穷无尽的前进运动中解决的。在思想领域中不断去改变客观世界又在改造客观世界的过程中改造自己和主观世界，即不断灭资兴无，才能进步，不断在革命实践斗争中，思想才能符合客观实际。

可见，矛盾是无时不有、无处不在，矛盾是普遍存在，不依人的意志而客观存在的。你杜林不是不得不承认有运动吗？你是运动就是矛盾，驳得杜林无处躲藏。

杜林的哲学本质是抄黑格尔的本质论，但他却把黑格尔的合理部分丢掉了。

黑格尔的"本质论"说的是什么呢？

黑格尔的"本质论"是黑格尔《逻辑学》第二部分。在这部分，黑格尔主要讲概念的矛盾运动。他认为本质包含着统一、矛盾、差别的概念。由于差别、矛盾、统一向对立面发展，本质的概念就必然表现出

---

① 《马克思恩格斯全集》（第二十卷），人民出版社，1971年版，第134页。
② 《马克思恩格斯全集》（第二十卷），人民出版社，1971年版，第131页。
③ 《毛泽东著作选读（甲种本）》，人民出版社，1965年版，第327页。

来，就是现象，黑格尔认为现象是本质的表现，现象再发展就到了现实的概念。现实就是本质和现象的统一。黑格尔的"本质论"中包含三个阶段。第一段是本质，第二段是现象，第三段是现实。黑格尔在"本质论"中论述了矛盾、因果论、必然性等辩证法的范畴。杜林唯独不提矛盾，他自己搞了个"力的对抗"、因果性、必然性他都照抄了黑格尔的东西。他对"力的对抗"又根本不做任何证明，只是一阵空话。无论他怎样对抗矛盾辩证法，但结果必然是"蔑视辩证法是不能不受惩罚的"。不仅杜林是如此，一切机会主义者和修正主义者，他们一个一个都被革命辩证法送进了坟墓。

第三，恩格斯批驳了杜林对马克思的辩证法的恶毒攻击。他对马克思的《资本论》进行了无耻的歪曲和诽谤。他把《资本论》中论述的一般与个别的辩证关系，歪曲为"一切可以在每一个东西中寻找，而每一个东西可以在一切中寻找；归根到底一切都是一个东西"①。

马克思主义辩证法认为，一般与个别是对立的统一，一般是对个别的抽象和概括。个别包含一般，一般只能存在于个别之中。不能把一般和个别等同起来，更不能把一般歪曲为一切。由于杜林否定了矛盾，他就不可能懂得一般与个别的辩证关系。正如恩格斯所说的，"仅仅'辩证法'这个字眼就已经使杜林先生陷入一种神经错乱而无能负责的状态"②。

毛主席说："这一共性个性、绝对相对的道理，是关于事物矛盾的问题的精髓，不懂得它，就等于抛弃了辩证法。"③ 这是对马克思主义辩证法的极大的发展。

矛盾的普遍性和矛盾的特殊性的关系就是矛盾的共性和个性的关系。共性是矛盾存在于一切过程中，并贯穿一切过程的始终。矛盾即是

---

① 《马克思恩格斯全集》（第二十卷），人民出版社，1971年版，第134页。
② 《马克思恩格斯全集》（第二十卷），人民出版社，1971年版，第136页。
③ 《毛泽东著作选读（甲种本）》，人民出版社，1965年版，第75~76页。

运动，即是事物，即是过程，也即是思想。否认了物的矛盾，就是否认了一切。所以它是共性，是绝对性。然而，这种共性既包含于一切个性之中，无个性即无共性。假如除去一切个性，还有什么共性呢？因为矛盾个个特殊，所以造成了个性，一切个性都是有条件的暂时存在的，所以是相对的。

例如，我们说十月革命是各国无产阶级都要走的共同道路，这是共性，无产阶级取得了政权，建立无产阶级专政，还要防止资本主义的复辟，还要搞无产阶级专政下继续革命。这也是共性。但是各国的无产阶级革命在不同时期，不同条件下又有特殊性，例如我国是由农村包围城市，建立人民武装，建立根据地，就区别于资本主义国家的城市武装起义。这是特殊性，无产阶级专政下继续革命，不同的国家，不同时期含有不同的特殊性。

否认共性，必然是修正主义。杜林指出，"差异不是矛盾"，他的哲学为布哈林的右倾机会主义路线服务，引出富农可以和平共入社会主义的阶级斗争熄灭论。赫鲁晓夫说，时代变了，矛盾可以融合了，否认社会主义社会的矛盾和阶级斗争，引出了"三和""两全"的复辟资本主义的路线。否认个性，否认特殊性，是不能解决千差万别的特殊矛盾的，那是教条主义、懒汉的世界观。叛徒王明不顾中国革命的特点，给中国革命造成了多么大的损失。我们在日常生活中能否正确处理共性、个性的关系，也是会不会运用辩证法的问题。饭馆里指出的"大众化不是简单化"，就是正确地处理了这个关系。因为我国之大，各地方的人都有不同的特殊要求，有爱吃甜的，有爱吃酸的，有爱吃辣的，有爱吃咸的。湖南人喜欢吃辣子，山东人喜欢吃大葱，河南人喜欢吃大蒜，南方人喜欢吃甜的，北方人喜欢吃咸的。注意了这种矛盾的特殊性，就能正确地解决矛盾。

我们把个别现象当成普遍真理，用个别代替了一般，就完全是错误的。坐井观天的人说，天只有井口那么大，这不合实际。说天的一部分有井口那么大,才是对的。我们有经验,这是宝贵的,但光靠经验办事,就可能把事办坏了。所以要总结,要学会由个别到一般,并由一般做指导,继续深入研究个别,无限循环,以至无穷。

如果停止在一般,只懂得矛盾的普遍性,或者说只承认矛盾的普遍性,那还不能代替你去解决千变万化的特殊矛盾。如果不深入实践,调查研究,只用矛盾的普遍性到处乱套,还是要碰壁的,教条主义和懒汉都是这样干的,是不能解决具体的和特殊矛盾的。

只有懂得了矛盾的共性、个性的辩证关系。才懂得了辩证法。

杜林自我吹嘘,说他具有"伟大风格",又是什么"历史论述",或者是称为"总括方法"。他的"伟大风格",是不顾事实,随意捏造;他的"历史记述"是空洞无物,废话连篇;他的"总括方法",是使你抓不着他的具体的东西。恩格斯说,你杜林这样干,让我们也这样做,这不是合乎每个人的口味的①。现在你破例丢掉崇高而尊贵的风格,举出了两个例子,那"我们应该感谢杜林先生"。这是对杜林的讽刺。

杜林极端仇视辩证法,也害怕辩证法这个照妖镜现出他的原形。先是靠造谣,硬把马克思恩格斯论述的一般与个别的辩证法,歪曲为"一切"与个别,这不是别有用心是什么?接着就是谩骂,什么"粗糙的木偶""天降神学""神秘主义",再就是把马克思主义的辩证法和黑格尔的辩证法混为一谈,来达到他宣扬形而上学,调和阶级矛盾,为反动派效劳的可耻目的。既然一切都已是一个东西,按杜林的这个歪曲,那是不是剥削者和被剥削者也是一个东西,那还要什么革命呢?可见杜林歪曲矛盾,是有他卑鄙的政治目的的。

马克思主义的唯物辩证法认为,对立统一规律是辩证法的核心和实质。列宁说:"统一物之分为两个部分以及对它的矛盾着的部分的认识……是辩证法的实质。"② 又说:"可以把辩证法简要地确定为关于对

---

① 参见《马克思恩格斯全集》(第二十卷),人民出版社,1971年版,第136页。
② 转引自李达编:《唯物辩证法大纲》,人民出版社,1978年版,第241页。

立统一的学说。这样就会抓住辩证法的核心,可是这需要说明和发挥。"[1] 列宁指出的这个任务被毛主席创造性地完成了。毛主席把辩证法的对立统一规律,用它深刻简明的语言加以概括:"一分为二。"毛主席说:"马克思主义的哲学认为,对立统一规律是宇宙根本规律。这个规律,无论在自然界,人类社会和人们的思想中,都是普遍存在的。矛盾着的对立面又统一,又斗争,由此推动事物的运动和变化。"[2] 毛主席多次指出,没有矛盾,就没有世界。否认矛盾,就否认了辩证法,可以说时时、事事存在着矛盾。正是用这个观点来观察社会主义社会。指出在社会主义历史阶段中始终存在着阶级,阶级矛盾和阶级斗争,存在着社会主义同资本主义两条道路的斗争,存在着资本主义复辟的危险性,存在着帝国主义和社会帝国主义进行颠覆和位置的威胁。学习矛盾规律使我们进一步认识阶级斗争路线的长期性和复杂性。

我们一定要学会辩证法,掌握辩证法。矛盾和斗争是永远存在的。有阶级斗争存在,党内路线斗争就不可避免,即使将来到了共产主义社会,也还存在矛盾。那时还有新与旧,正确与错误,先进与落后的矛盾和斗争,这是辩证法的实质和核心。掌握了它,就能使我们永远保持清醒的头脑和旺盛的革命斗志。用它来识别假马克思主义和政治骗子,做好各项工作。

2. 批判杜林否定量变质变规律的形而上学观点,阐明量变质变规律的客观性和普遍性

杜林谩骂量变质变规律是个"混乱的模糊的观念"。他厚着脸皮自编胡话,硬说"预付款项达到一定界限时就会单单由于这种量的增加而成为资本"[3] 来歪曲马克思在《资本论》中所阐述的关于"价值量达到一定的最低限度的数量时,它才能转变为资本"[4] 的原理,作为他否

---

[1] 《列宁全集》(第三十八卷),人民出版社,1959年版,第240页。
[2] 《毛泽东著作选读(甲种本)》,人民出版社,1965年版,第335页。
[3] 《马克思恩格斯全集》(第二十卷),人民出版社,1971年版,第137页。
[4] 恩格斯:《反杜林论》,人民出版社,1959年版,第129页。

定量变质变规律客观性和依据,并且污蔑了马克思的这一原理,是根据黑格尔量转变为质的规律推论出来的。

首先,恩格斯揭露和批判了杜林对马克思的歪曲和攻击,捍卫了马克思的科学思想,指出了马克思在《资本论》中所讲的"价值量达到一定最低限度数量时才能转变为资本"的原理,是马克思对不变资本和可变资本以及剩余价值进行长期研究所得出的科学结论。马克思说:"不是任何一个货币额或价值额都可以转化为资本,相反地,这种转化的前提是货币所有者或商品所有者手中有一定最低限额的货币或交换价值。"①

什么叫资本?

资本家用货币购买商品,又卖掉商品,目的是获取剩余价值。货币作为带来剩余价值的价值,就是资本。

我们手里的货币,当作商品流通媒介和货币,是商品—货币—商品,当作资本的货币则是货币—商品—货币。

商品生产者卖出商品,是为了买进另一种商品,是"为买而卖",交换的目的是他所需要的使用价值。

资本家拿出货币,取回来的仍然是货币,在性质上同前者不同。如果资本家拿出 100 元购买商品,去掉后仍是 100 元,资本家不干这个傻事。他要卖出更多的货币,后面这个货币大于前面的货币的增加额,就是剥削的剩余价值。带来剩余价值的价值才是资本,它是一个历史范畴,存在于人类历史发展的一定阶段上。

不变资本:购买生产资料的资本部分在生产过程中并不改变它的价值量,所以马克思把它叫做不变资本。

可变资本:购买劳动力的资本部分会在生产过程中变动它的价值量,所以马克思称为可变资本。这样的划分结果就更进一步揭露资本主义剥削的秘密,使我们认识到,带来剩余价值的并不是不变资本,而是

---

① 《马克思恩格斯全集》(第二十卷),人民出版社,1971 年版,第 137 页。

可变资本。

马克思说，"不是任何一个货币额或价值额都可以转化为资本，相反地，这种转化的前提是货币所有者或商品所有者手中有一定的最低限额的货币或交换价值。"①

因为货币只有投入生产，生产剩余价值并为资本家积攒财富，才能转化为资本。为此就必须支付原料、劳动资料和工人的工资，这就需要一定的最低限额的货币额。因此，马克思指出，不是任何一个微利的价值额都足以转换为资本，每一发展时期和每一工业部分为实现这一转换都有自己的一定最低限额。马克思做了这些说明之后才说，事实证明了"单纯的量变化到一定点时就会转化为质的差别"。杜林将不知为知，把马克思实际所说的相反的话强加给马克思的。

杜林胡说马克思是根据黑格尔的量转变为质的观念，才拉出从货币到资本的转化的理论，这纯粹是捏造和歪曲。黑格尔讲量转变质是观念的转化，而马克思讲的量和质的转化是客观事物发展的规律，两者截然不同的，一个是唯心主义的，一个是唯物主义的，所以"混乱的模糊观念"，恰恰是杜林。

质变决定了事物内部所应有的规定性量变。是事物的多寡、大小、长短、规模、进程、进度等。

毛主席对质所下的科学论断，"矛盾着的两个方面中，必有一方面是主要的，他方面是次要的。其主要的方面，即所谓矛盾起主导作用的方面。事物的性质，主要地是由取得支配地位的矛盾的主要方面所规定的。"②

中华人民共和国的成立，无产阶级专政取代地主买办资产阶级专政，也有别于解放区政权性质，形成了人民民主专政，当解放前的性质是公共民主专政，而全国解放后性质是无产阶级专政。

---

① 《马克思恩格斯全集》（第二十卷），人民出版社，1971年版，第137页。
② 《毛泽东著作选读（甲种本）》，人民出版社，1965年版，第78页。

我们在想，两种世界观斗争，主要方面是无产阶级的，就属于无产阶级世界观，主要方面是资产阶级的，就属于资产阶级世界观。

接着，恩格斯列举了大量的无可辩驳的事实，论述了量变质变的客观性和普遍性。他列举了物理现象：由于温度的增减而形成的液体、气体、固体的三态变化。社会现象：如协作、分工和工厂手工业，机器和大工业，谈到无数关于改变了物的质和质变，同样也改变了物的量的情况。化学现象：用碳、氢气、氧三种元素化合物，由于各种元素的数量不同，而引起多种性质差别的化合物。最后，恩格斯还从军事上指出拿破仑军队作战经验的可笑来说明量转化为质，质转化为量，量变改变事物的质和质变同样也改变了事物的量，是客观的普遍存在的规律。

辩证法认为，任何事物的发展过程都是由量变到质变的过程，量变是在数量上的增加或减少，是一种逐渐地显现着的变化，这时事物处于相对静止的状态。量变是事物的根本性质的变化，是事物由一种质向另一种质的飞跃，这时事物处于显著变化状态，量变达到某一最高点，就引起质变。质变又为新的量变开辟地盘，从而形成量转化质，质转化量的辩证运动。这两种状态都是由于事物内部，包括这两个矛盾着的因素相互斗争引起的事物内部矛盾，双方对立和斗争的转化表现为量变到质变，质变到量变的过程。矛盾规律的普遍性、客观性决定了量变质变规律的普遍性，客观性。不理解矛盾规律，当然也就不理解量变质变规律。

毛主席对量变质变规律给以进一步的发展，提出在总的量变过程中，有部分质变的思想。许多事物的发展是由部分质变达到根本质变，我们在全国解放前的许多解放区完全区别于国民党统治区，在性质上是根本不同的，是两种性质的社会。但是到了1949年，中华人民共和国的成立，这是根本的质变，农民走上社会主义道路也是通过许多的部分质变实现的。

马克思主义关于量变质变的规律告诉我们，量变改变了物的性质，所以推翻地主资产阶级的统治需经过质变、革命不可。如果害怕革命，不敢革命，那就要犯右倾机会主义的错误，否认质变，就是庸俗进化论。量变是质变的必要准备，否认量的积累，不愿做艰苦的细微工作，就要犯"左"倾机会主义的错误。只有掌握量变质变的规律，排除左右干扰，才能更好地沿着毛主席的革命路线前进。

（十四）《辩证法 否定的否定》

这一章主要是批判杜林的形而上学观点及其对马克思主义辩证法的恶毒攻击，阐明马克思的唯物辩证法是无产阶级的世界观和方法论，论述了否定的否定规律的客观性和普遍性。

全章共分27个自然段，重点是25、26段，即138-140页。

1. 驳斥杜林对马克思主义的攻击和污蔑，阐明唯物辩证法不是单纯的证明工具，而是无产阶级的科学世界观和方法论

杜林污蔑否定的否定规律是一种"文字游戏"，是"从宗教领域中抄袭来的荒唐类比"，胡说马克思是依靠黑格尔的"否定的否定"做"助产婆"才得出社会主义公有制必然代替资本主义私有制的论断的；他还抛出了所谓"既是个人又是公共的所有制"的谬论，并强加给马克思，妄图以此来诋毁马克思的辩证法。恩格斯给他以无情的捣毁和批判。

第一，恩格斯针对杜林对马克思的《资本论》的歪曲，驳斥了杜林的恶毒攻击。马克思在《资本论》中深刻地揭示了社会主义公有制必然要代替资本主义私有制的客观规律，并且指出，在剥夺剥夺者之后的社会主义社会里，将建立"以土地和靠劳动本身生产的生产资料的公有制为基础的个人所有制"①。在这里，马克思的思想是十分清楚的，"公有制包括土地和其他生产资料，个人所有制包括产品即消费品"②。而杜林硬把这个科学论断歪曲成"既是个人的又是公共的所有制"，并

---

① 《马克思恩格斯全集》（第二十卷），人民出版社，1971年版，第143页。
② 《马克思恩格斯全集》（第二十卷），人民出版社，1971年版，第143页。

强加在马克思的头上,这是卑鄙至极的手法,先篡改人家的原意,又厚着脸皮去批评人家。杜林是别有用心的。恩格斯指出,杜林之所以这样做,绝不是由于他不能正确理解马克思的原意,也不是他在引证时马虎了事,而是为了贬低马克思主义,贩卖并提高他们"经济公社"的谬论,为推销他的反动社会主义鸣锣开道的。

第二,恩格斯针对杜林攻击马克思的学说是依靠黑格尔的"否定的否定"做助产婆的谬论,进行了驳斥。恩格斯指出,马克思的社会主义公有制必然代替资本主义私有制的科学结论是通过对资本主义经济和历史的研究而得出的结论,绝不是靠黑格尔的否定的否定起助产婆的作用。黑格尔的"否定的否定",他把一切发展过程归结为三个阶段,第一阶段(正经),被第二阶段(反经)所否定,第二阶段又被第三阶段(合经)所否定,黑格尔把这作为一个公式,他虽然猜到了发展的否定的否定过程,但他并不是把否定的否定看作是事物本身所固有的规律,而把它当作由思维所产生的夸大一切事物之上的主观现成的公式,当做证明工具。当然黑格尔的"否定的否定"也还有积极的一面,即合理的部分,他说到的由低级到高级的过渡,看到了事物的发展总是由简单到复杂的螺旋式的上升运动。但由于它的整个哲学是唯心主义体系,他这个"否定的否定"就成了夸大客观事物的主观公式。杜林把马克思的辩证法和黑格尔辩证法混为一谈,是杜林的唯心主义体系和形而上学观点的本性所决定。他污蔑马克思的社会主义代替资本主义的结论是从黑格尔的公式夸大出来的,纯粹是捏造。

"否定的否定规律"不是马克思研究的出发点,而是马克思研究的结果。这就是说,马克思从社会历史出发的研究过程中,科学地概括了剥夺者一定被剥夺这个否定的否定规律。这个规律指明人类的社会历史是按照辩证法的发生、发展的。杜林攻击马克思从黑格尔的"否定的否定"出发推论出"剥夺者被剥夺",显然是混淆是非、颠倒黑白的。

第三,恩格斯针对杜林把辩证法诬蔑为"证明工具",以及"助产婆""拐杖""文字游戏"等无耻谰言，论证了马克思主义辩证法是世界观和方法论。马克思主义辩证法和黑格尔的辩证法是根本对立的两种不同的世界观和方法论。马克思主义辩证法是唯物主义的，黑格尔的辩证法是唯心主义的。马克思主义辩证法是无产阶级的科学的世界观和方法论，黑格尔的辩证法是资产阶级的世界观和方法论。马克思在资本论中明确指出我的辩证方法"从根本上来说，不仅和黑格尔的辩证方法不同。而且和它截然相反。在黑格尔看来，思维过程，是现实事物的创造主，而现实事物只是思维过程的外部表现。我的看法则相反，观念的东西不外是移入人的头脑并在人的头脑中改造过的物质的东西而已"①。

马克思主义哲学、世界观和方法论是统一的。世界观就是方法论，方法论也就是世界观。世界本来就是不断运动变化和发展，这样本来面目反映到我们的头脑中来，就形成我们对世界的根本观点，这就是世界观。我们用这个根本观点做指导思想，去研究世界发生的一切现象，去干革命，去搞建设，去解决矛盾，就成为方法论。毛主席说："这个辩证法的宇宙观，主要地就是教导人们要善于去观察和分析各种事物的矛盾的运动，并根据这种分析，指出解决矛盾的方法。"②

这个世界观和方法论，对人们的社会实践和科学研究具有普遍的指导意义，给人们提供研究各种科学的方向和方法，但它不能代替各种科学的具体研究。恩格斯说："这已经根本不再是哲学，而只是世界观，它不应当在某种特殊的科学的科学中，而应当在现实的科学中得到证实和表现出来。"③ 也不能把辩证法加以主观随意夸用，不顾情况到处乱夸，它只是提供一般的指导原则，而客观事物千变万化，无穷无尽的，都各有特点的，因此只有在马克思主义辩证法的一般原则指导下，从客观实际出发，深入分析事物的具体矛盾，掌握事物固有的特殊规律，才

---

① 《马克思恩格斯全集》（第二十三卷），人民出版社，1972年版，第24页。
② 《毛泽东著作选读（甲种本）》，人民出版社，1965年版，第60页。
③ 《马克思恩格斯全集》（第二十卷），人民出版社，1971年版，第151页。

能正确地认识事物。恩格斯说："辩证法不过是关于自然、人类社会和思维的运动和发展的普遍规律的科学。"①

杜林之所以把辩证法看作是"单纯的证明工具"，是由于他是个形而上学者，完全不懂辩证法的本质。他向人们把形式逻辑和初等数学狭隘地理解为单纯的证明工具一样，把辩证法也看成是这样的工具。恩格斯说："甚至形式逻辑也首先是探寻新结果的方法，由已知进到未知的方法；辩证法也是这样，只不过是更高超得多罢了。"② 杜林用形而上学观点来看马克思的辩证法，就像用初等数学的观点来看高等数学的结论一样，当然会感到不可理解。这完全说明杜林的妄自尊大和狂妄无知。他自己对辩证法一窍不通，而又极端仇视，妄加评论，当然就指出了一连串的反动谬论。

2. 阐明否定的否定规律的客观性，划清两种根本对立的否定观的界限

恩格斯为了进一步批判杜林对马克思主义辩证法的攻击，他从植物学、动物学、地质学、数学、历史、哲学等各个领域阐明否定的否定这个基本原理。恩格斯说否定的否定"是一个非常简单的，每日每地都在发生的过程"③。如果把蒙在它上面的唯心主义神秘垃圾（指黑格尔的正、反、合）抛弃，把杜林蒙在它上面的形而上学神秘的垃圾（指证明工具）抛掉，也就是说抛掉唯心主义和形而上学的世界观，那就是任何一个小孩都能够理解的。因为它是一个极其普遍的，因此极其广泛地起作用的重要的自然历史和思维的发展规律，并且指出："按本性说是对抗的，包含着矛盾的过程，每个极端向它的反面的转化，最后，作为整个过程的核心的否定的否定。"④

否定的否定是辩证法的基本规律之一，它同黑格尔的"否定的否

---

① 《马克思恩格斯全集》（第二十卷），人民出版社，1971年版，第154页。
② 《马克思恩格斯全集》（第二十卷），人民出版社，1971年版，第147页。
③ 《马克思恩格斯选集》（第二十卷），人民出版社，1972年版，第148页。
④ 《马克思恩格斯全集》（第二十卷），人民出版社，1971年版，第153页。

定"是截然不同的。在马克思主义创始人那里，运用了黑格尔遗留下来的这个"否定的否定"概念，但列宁指出否定的否定规律的表述还存在着"黑格尔表述方式的残迹"。列宁没有来得及清除这个残迹，毛主席为了清除这个"黑格尔表述方式的残迹"，深刻地揭示了这一规律的实质和内容，用"肯定、否定"来表述这一规律，这样不仅清除了黑格尔表述方式的残迹，而且揭示了事物发展中肯定与否定的对立统一关系，抓住了这个规律同对立统一规律的联系，发展了列宁的对立统一，是辩证法的本质和核心的思想。毛主席指出："对立统一规律是宇宙的最根本规律。"① 肯定否定规律是对立统一规律在事物发展过程中的表现。

这里有人对恩格斯上述的话有这样的理解，好像恩格斯说否定的否定是核心问题，这种理解我以为是不妥当的。这样势必与列宁和毛主席的科学论断对立起来，那就歪曲了恩格斯的原意。也有人说那时表述三个规律，还没有区分主次，是三个规律并列的。这种理解也是欠妥的。我们从恩格斯的《反杜林论》中可以看出，恩格斯一开始就抓住了矛盾规律这个核心问题批驳杜林的。而且在讲述这个规律时，一开始就说"按本质说是对抗的，包含着矛盾的过程"这句话也可见不是并列的，而是阐明了他们之间的内在联系的。当然这个问题的丰富和发展是列宁和毛主席，尤其是毛主席对这方面的贡献更大。

那么恩格斯这里讲的核心究竟应该怎样理解呢？我认为恩格斯这里讲的核心问题是指过程的最后转化是核心，而不是说这个规律是辩证法的核心。

恩格斯从各个领域中举出大量事实证明否定的否定规律是普遍存在的，是不以人们意志为转移的客观规律。恩格斯在论述这一原理时，给我们提供了三个结论：

第一，唯物辩证法的否定的否定规律是自然界、人类社会和思维的

---

① 《毛泽东著作选读（甲种本）》，人民出版社，1965年版，第335页。

发展的普遍规律。它是从客观事物的本质中抽出来的一般规律。人们思维中形成的否定的否定概念就是客观事物辩证发展规律的反映。恩格斯说:"人们远在知道什么是辩证法以前,就已经辩证地思考了,正象人们远在'散文'这一名词出现之前,就已经在用散文讲话一样。否定的否定这个规律在自然界和历史中起着作用,而在它被认识以前,它也在我们头脑中不自觉地起着作用。这个规律只是被黑格尔第一次明确地表述出来而已。"①

第二,唯物辩证法的否定观和形而上学的否定观是根本不同的。形而上学者从否认事物内部矛盾的观点出发,把肯定和否定绝对对立起来,在他们看来否定就是简单地说"不是",就是"消灭",把大麦粒磨掉就否定了大麦粒,把昆虫踩死就否定了昆虫,他们认为肯定就是肯定一切,否定就是否定一切,否认两者是对立的统一。辩证法的否定观则相反,认为肯定与否定是对立的统一,肯定不是简单地肯定一切,而是肯定中包含着否定。否定也不是否定一切,而是否定中包含着肯定。事物的肯定、否定、再肯定、再否定的辩证发展过程,就是对立面斗争和转化的过程。否定是事物联系和发展的环节,没有新生事物对旧事物的否定,就不可能有质变,也就没有新事物的发展。马克思在《资本论》中指出:"辩证法在对现存事物的肯定的理解中同时包含着对现存事物的否定的理解,即对现存事物的必然灭亡的理解;辩证法对每一种既成的形式都是从不断的运动中,因而也就是从它的暂时性方面去理解;辩证法不崇拜任何东西,按其本质来说,它是批判的和革命的。"②

第三,唯物辩证法的否定的否定规律具有普遍性,但任何事物的发展都有其本身的特有矛盾运动形成。因此,恩格斯说:"否定的方式在这里首先取决于过程的一般性质,其次取决于过程的特殊性质。"③ 例

---

① 《马克思恩格斯全集》(第二十卷),人民出版社,1971年版,第155页。
② 《马克思恩格斯全集》(第二十三卷),人民出版社,1972年版,第24页。
③ 《马克思恩格斯全集》(第二十卷),人民出版社,1971年版,第155页。

如，马克思早就讲过"批判的武器不能代替武器的批判"。对敌人是专政的办法，对人民是民主的方法，解决人民内部不能用咒骂，也不能用拳头，更不能用刀枪，只能用讨论的方法，说理的方法，批评和自我批评的方法，一句话，只能用民主的方法，让群众讲话的方法。用简单方法处理思想问题，不但不会收效，而且非常有害。

  伟大领袖毛主席教导我们，对任何事物都应取分析的态度，不要肯定一切，也不要否定一切。"肯定一切或者否定一切，都是片面性的。"① 片面性就是思想上的绝对化，就是形而上学地看问题。教导我们："不应该肯定我们的一切，只应该肯定正确的东西；同时，也不应该否定我们的一切，只应该否定错误的东西。"② 毛主席指出："我们要求把辩证法逐步推广，要求大家逐步地学会使用辩证法这个科学方法。"③

---

① 《毛泽东著作选读（甲种本）》，人民出版社，1965年版，第373~374页。
② 《毛泽东著作选读（甲种本）》，人民出版社，1965年版，第372页。
③ 《毛泽东著作选读（甲种本）》，人民出版社，1965年版，第374页。

## 第二节 学习《路易·波拿巴的雾月十八日》（共2稿）

### 一、第1稿 供78级研究生用（1979. 9. 30）

（一）本书的由来

马克思的这本书写于1851年12月至1852年3月。

书名：用雾月18日，即法国资产阶级革命派共和八年雾月18日，也就是1799年11月9日，是拿破仑第一次发动政变，改行专制，实行军事独裁的日子。马克思用这个日子来讽刺和揭露路易·波拿巴，因为他在1851年12月2日也效仿他的伯父，举行政变，建立军事独裁。后来又于1852年12月2日干脆废除共和，改行帝制，号称拿破仑第三。

写书经过：马克思自己说："根据对于事变的直接观感写成的。"① 恩格斯说马克思写这本书"叙述了二月事变以来法国历史的全部进程的内在联系，揭示了12月2日的奇迹，就是这种联系的自然和必然的结果，而他在这样做的时候对政变的英雄除了给予完全应得的蔑视以外，根本不需要采取别的态度"②，说他"忠实地反映了现实"③，对当时的历史是"卓越的理解"。

马克思之所以能做到这一点，就在于他看到了法国的资产阶级统治具有典型性，而无产阶级反对资产阶级统治在法国也以其他各国所没有的党派形式表现出来。所以他不仅特别偏好地研究了法国过去的历史，而且还考察了法国当时的历史的一些细节，搜集了大量资料。马克思不仅经常向恩格斯交换法国情况的意见，占有了大量报刊和官方资料，而且还利用了一些寄自于巴黎的个人通讯。

---

① 《马克思恩格斯全集》（第十六卷），人民出版社，1964年版，第404页。
② 《马克思恩格斯全集》（第二十一卷），人民出版社，1965年版，第290页。
③ 《马克思恩格斯全集》（第二十一卷），人民出版社，1965年版，第290页。

马克思之所以能做到这一点，还在于马克思最先发现了伟大的历史运动规律，这就是"一切历史上的斗争，无论是在政治、宗教、哲学的领域中进行的，还是在任何其他意识形态领域中进行的，实际上只是各社会的阶级的斗争或多或少明显的表现，而这些阶级的存在以及它们之间的冲突，又为它们的经济状况的发展程度、生产的性质和方式以及由生产所决定的交换的性质和方式所制约"①。

这就告诉了要占有大量材料，要满腔热情详细了解情况，历史的，现状的，尤其是对现状的熟知；同时还要有通晓社会发展规律的正确观点，这就是要有马克思主义的观点作阶级分析，也就是要用唯物史观来观察社会，观察历史。所以恩格斯说这是"马克思用以理解法兰西第二共和国历史的钥匙"②。恩格斯在这本书的三十三年间所写的序言中说历史检验了这个规律，并"获得了辉煌的结果"。现在一百二十七年后不同样证明是一条颠扑不破的真理吗？我们要学到一点东西，就得占有材料，熟悉情况，就得要用马克思主义的基本观点进行研究。

(二) 内容摘要

本书共分七章，没有标题。但每一章的重点还是十分清楚的。全书的中心都是围绕着路易·波拿巴政变做了深刻的分析。过去旧译为《拿破仑第三政变记》《路易波拿巴政变记》是有道理的。过去在延安的解放社出版的就称《拿破仑第三政变记》，莫斯科外文局出版的叫《路易·波拿巴政变记》，现在的版本都直译为现在的书名。

马克思在这部著作中深刻地总结了法国1848年到1849年革命的历史经验，进一步发展了历史唯物主义的基本原理、阶级斗争和无产阶级革命的理论、国家学说和无产阶级专政学说，第一次提出了工人阶级必须打碎资产阶级国家机器这个极其重要的原理。

下面我们分章把要点做一个简介。

---

① 《马克思恩格斯全集》(第二十一卷)，人民出版社，1965年版，第291页。
② 《马克思恩格斯全集》(第二十一卷)，人民出版社，1965年版，第291页。

## 第一章

首先提出了历史唯物主义的一句名言:"人们自己创造自己的历史,但是他们并不是随心所欲地创造,并不是在他们自己选定的条件下创造,而是在直接碰到的、既定的、从过去承继下来的条件下创造。"①

这里告诉了我们:不是英雄伟人创造历史,而是人们自己创造;随心所欲,想怎么来就怎么来不行,按主观意志进行不行,一定要垮台;必须从自己直接碰到的、既定的、从过去承继下来的条件下创造,这就是从实际出发。想入非非、幻想是无济于事的,直接碰到的条件,这就是具体从实际情况,过去承继下来的条件,历史进展到什么程度,不能回避历史,也就是我们常说的不能忘掉老祖宗。老祖宗留下来的东西,有两种情况,一是好的传统,要继承和发扬。"忘记过去就意味着背叛";一种是坏的东西,当然要抛弃,要一刀两断,重复不得。

我们看法国当时的情况是什么呢?

是"请出亡灵来给他们以帮助,借用它们的名字、战斗口号和衣服,以便穿着这种久受崇敬的服装,用这种借来的语言,演出世界历史的新场面"②。他们"使死人复生是为了赞美新的斗争,而不是为了勉强模仿旧的斗争"③。

这就一针见血,酣畅淋漓地揭露了路易·波拿巴重演拿破仑称帝的丑剧。

马克思在这里向被压迫被剥削的人民群众指出:"它在破除一切反对过去的事物的迷信以前,是不能开始实现自身的任务的。"④

因此马克思在总结革命斗争时,向无产阶级指明,要总结经验教训,要自己批评自己,要不怕失败,要重新再做一遍。没有在困难面前灰心、丧气,而是充满信心,未来是属于无产阶级的。

---

① 《马克思恩格斯全集》(第八卷),人民出版社,1961年版,第121页。
② 《马克思恩格斯全集》(第八卷),人民出版社,1961年版,第121页。
③ 《马克思恩格斯全集》(第八卷),人民出版社,1961年版,第123页。
④ 《马克思恩格斯全集》(第八卷),人民出版社,1961年版,第124页。

马克思用对比方法的一段话非常精彩,让我们再来重复一遍。"资产阶级革命,例如十八世纪的革命,总是突飞猛进,接连不断地取得胜利的;革命的戏剧效果一个胜似一个,人和事物好像是被五色缤纷的火光所照耀,每天都充满极乐狂欢;然而这种革命为时短暂,很快就达到自己的顶点,而社会在还未清醒地领略其疾风暴雨时期的成果之前,一直是沉溺于长期的酒醉状态。相反地,像十九世纪的革命这样的无产阶级革命,则经常自己批判自己,往往在前进中停下脚步,返回到仿佛已经完成的事情上去,以便重新开始把这些事情再作一遍;它们十分无情地嘲笑自己的初次企图的不彻底性、弱点和不适当的地方。"① 马克思在这里提出一个十分重要的问题:"为什么三千六百万人的民族竟会被三个衣冠楚楚的骗子弄得措手不及而毫无抵抗地作了俘虏呢?"② 难道现在我们不可以提出一个问题:为什么久经考验的老干部竟被林彪"四人帮"几个阴谋家、野心家弄得束手无策呢?好像是历史的重复。其实这也不是偶然的,它们都有产生这个问题的根源。只要洞察社会的情况,了解这个社会的阶级关系,看看各个党派的动作,就可以一清二楚了。

第二章

该章主要讲的是资产阶级共和国派独占统治,在与自由主义被镇压之后,这种统治表现为拟定共和主义宪法和宣布巴黎戒严。(1848年6月24日至12月10日)

这时,一个由普选产生的750名的国民议会,一个是具有完全的一切特性的总统。

国民议会拥有无限的立法权力,最终决定出战、媾和及商约等的问题。独揽大赦权,因为自己不断地召集会议,经常站在政治舞台的最前面。

---

① 《马克思恩格斯全集》(第八卷),人民出版社,1961年版,第125页。
② 《马克思恩格斯全集》(第八卷),人民出版社,1961年版,第126页。

总统他有权不经国民议会而任免自己的内阁部长,他掌握行政权,分封一切官职,掌握各级官吏,统帅军队,享有赦免个别罪犯,解散国民自卫军,并且经国务会议同意可以罢免由公民选出的省委员会、县委员会和市镇委员会的特权。同外国缔约,他有倡议和领导的作用。

这样站在前台的国民议会是公众日常批判的对象,而总统都在极乐净土过着隐居的生活。

当资产阶级在国民议会内忙着虚构、讨论和表决这个宪法时,卡芬雅克却在国民议会外把巴黎控制在戒严状态中。这里使我们看到真正有权威的,还是兵营、马刀、毛瑟枪和军官。因此,这些人就可以把资产阶级的钱包也搜查一下,希望得到更多的现金报酬。他们不经审判就把一万五千名起义者放逐。他们能够乱用武力对付人民,波拿巴看在眼里,以便日后使用这种方法黄袍加身。

1848年12月10日的选举,波拿马当选总统了。

马克思分析这个原因有四:

(1) 农民反对国内其他各阶级的表现,农村反对城市的表现。

(2) 军队的同情,从共和派那里既未得光荣,也未能增加影响。

(3) 大资产阶级的同情,是把波拿巴作为恢复君主制的一个跳板。

(4) 受到无产者和小资产阶级的同情,他们欢迎他是作为对卡芬雅克的一种惩罚。

然后讲到制宪会议解散。资产阶级共和派灭亡的历史。波拿巴当选总统,任命巴罗为首的秩序党内阁。波拿巴在后面,看到巴罗攻击国民议会,把这一切攻击立法权的说法都记在心里,熟读了这些说法。巴罗内阁和秩序党在全国掀起了向国民议会请愿的运动,要他们隐退。这样又教会了波拿巴从诉诸议会转而诉诸人民。1849年1月29日,军队占据了国民议会的场所,公然指出,不让步就使用暴力。这样又教会了波拿巴诉诸武力来反对议会的初步尝试。

## 第三章

在立宪共和国和立法国民议会时期，从1849年5月28日开会到1851年12月2日被解散。这个时期包含着各种惊人的矛盾和最复杂的混合。马克思非常透彻地分析了各阶级、各党派之间的错综复杂的斗争，又分析了各政党、各派别怎样代表着各自阶级的经济利益。在不同所有制形式上，在生存的社会条件上，耸立着由各种不同情感、幻想、思想方式和世界观构成的整个上层建筑。整个阶级在它的物质条件和相应的社会关系的基础创造和构成的一切。

例如马克思在分析秩序党好像是各种保皇派的结合体，但他们的利益的对立使他们两个王朝不能结合为一。马克思又分析资产阶级的两大派，随着社会发展已完全资产阶级化了。因而他们的"权力只有在议会制共和国的形式下才可能存在，因为只有在这种国家形式下，法国资产阶级的两大集团才能互相结合起来"①，"从而把自己的阶级的统治提到日程上来，以代替这一阶级中的一个特权集团的统治"②。

马克思详尽分析了社会民主派，即小资产阶级与工人阶级的联合称号。指出他们"以民主主义的方法来改造社会，但是这种改造始终不超出小资产阶级的范围"③。又指出："他们的思想不能越出小资产阶级者的生活所越不出的界限，因此他们在理论上得出的任务和作出的决定，也就是他们的物质利益和社会地位在实际生活上引导他们得出的任务和作出的决定。"④

马克思说无产阶级的力量在街上，小资产阶级的力量在议会中，秩序党要消灭它就引诱它从议会到街上，以便摧毁它在议会中的力量。果然，山岳党上了街巷，入了陷阱。马克思批评小资产阶级不懂策略："如果山岳党真想在议会中获得胜利，它就不应该号召使用武力。如果

---

① 《马克思恩格斯全集》（第八卷），人民出版社，1961年版，第150页。
② 《马克思恩格斯全集》（第八卷），人民出版社，1961年版，第150~151页。
③ 《马克思恩格斯全集》（第八卷），人民出版社，1961年版，第152页。
④ 《马克思恩格斯全集》（第八卷），人民出版社，1961年版，第152页。

它在议会中号召使用武力,它就不应该在街头采取议会式的行动。如果它认真考虑过和平示威,那末它没有预先看到示威将受到武力的干涉,就很愚蠢了。如果它想过实际的战斗,那末放下战斗所必需的武器,就是件怪事了。"① 他们模棱两可,说大话,夸大自己的力量,错误估计形势。出战的震耳欲聋的前奏曲变成怯懦的唠叨,像吹胀了的氢气球一样,针一刺,就破灭了。

### 第四章

这一章说明波拿巴怎样把假面具丢掉,露出铁面具,这是以撤销巴罗内阁(1849.11.1)为开端,干起冒险家、急于称帝的野心和阴谋活动。

波拿巴解散内阁,建立一个没有内阁头衔的新内阁——奥普尔内阁。他是一个将军,陆军部长,从此使秩序党丧失了对行政权的领导。波拿巴在国家取得了支配一切的地位。

接着,波拿巴抓财政,任命高利贷者富尔法,这样波拿巴就从交易所那里找到了同盟者,经济大权抓到手。

同时任命卡尔利埃为警察局长,加上任命奥普尔将军掌管军权。这样镇压工具就被波拿巴掌握了。

在农村,波拿巴设立侦探制度。

收买军队,给下级军官每天增加4个苏的津贴,创设"荣誉贷款银行",企图诱惑群众,博得声望。

虽然波拿巴有时也表示遵照议会的多数,但那毕竟丝毫也没有损害波拿巴独揽行政大权。

### 第五章

普选权刚一废止,波拿巴同国民议会展开了两个权力之间的大规模战斗。

首先,波拿巴每年薪俸60万法郎,就任总统不到半年就增加了一

---

① 《马克思恩格斯全集》(第八卷),人民出版社,1961年版,第154页。

倍，还要 300 万法郎的文官费。他采取欺诈手段、威胁口吻，不给就向人民报告议会的犯罪行为。

接着，波拿巴看到秩序党分裂各个派别，七月王朝的复辟派，正统王朝复辟派都想复辟王位。波拿巴搞了一个到处巡游，为自己张罗选票。到处都有十二月十日会的流氓组织护驾、迎送、吹捧，同时侮辱和殴打共和党人。十二月十日会成了他私人的军队。

其次，波拿巴用收买军队的办法，把强力掌握在自己的手中，他用雪茄烟、香槟酒、冷熏禽肉和蒜腊肠款待军官和士兵。

由于坏事的不断发酵，波拿巴又用伪善而温和庸俗慈善的腔调，把陆军部长奥普尔除职和解散十二月十日会，把替罪羊送到祭坛上。

还有，波拿巴用发彩票的办法，说利息是为了遣送游民到加利福尼亚去，"用黄金梦来排除巴黎无产阶级的社会主义梦想，用可望中头彩的诱人幻景来驱除空论式的劳动权"①。

波拿巴还苦费心机，要建立所谓的工人村，向全国募捐，他虽然第一个报名，但其他资产阶级不信而失败了。

波拿巴搞掉尚加尔涅，从此军队的指挥权也落入了总统手中。

从此秩序党失去内阁，失去了军队，也失去了议会的多数，波拿巴也就容易利用行政权力来达到个人的目的。

波拿巴同议会的斗争在 1849 年 11 月满足于非议会的内阁；1851 年 1 月他满足于超议会的内阁，而 1851 年 4 月他就有力剿灭反议会的内阁了。可见波拿巴的篡权是经过了深思熟虑，一步步夺取的。

第六章

这一章着重分析了秩序党的分裂和垮台。

秩序党善于修改宪法的决定表明，它既不能统治，又不能服从；既不能生，又不能死；既不能和共和国调和，又不能服从；既不能捍卫宪法不受侵犯，又不能废除宪法；既不能和总统合作，又不能和总统决

---

① 《马克思恩格斯全集》（第八卷），人民出版社，1961 年版，第 182 页。

裂。它自己不能支配事变，只好被事变所支配了。它自身矛盾重重，处于进退维艰的境地。

政党分裂了，其中集团再分裂，议会内的秩序党和议会外的秩序党也分裂了。资产阶级老家和资产阶级自己也分裂了。

商业资产阶级和他的政治家分裂。

议会内的秩序党叫嚣生产而使自己处于无所作为的境地，议会外的资产阶级却对总统奴颜婢膝，诋毁议会。

议会与行政权力公开决裂。议会处于垂死状态，它被自己的阶级、军队以及其余各阶级所抛弃而覆灭，波拿巴获得胜利。

第七章

这一章说明资产阶级反对劳动无产阶级的统治，结果把政权送给了以十二月十日会为首的流氓无产阶级。

马克思首先痛斥了资产阶级的种种蠢事，自食恶果。

其次说明波拿巴王朝为什么是农民的王朝，指出历史传统在法国农民中造成了一种迷信，迷信波拿巴将把福利送给他们。

马克思详细分析波拿巴代表什么样的农民，说他代表的是保守的农民，全国巩固的小块土地的农民，守旧的农民，迷信的农民，偏见的农民，过去的农民，反动的农民。

接着分析了"波拿巴观念"，说明了波拿马这个小丑的登台表演的条件和基础。马克思的预见被证实了"如果黄袍终于落在路易·波拿巴身上，拿破仑的铜像将从汪东圆柱顶上被推下来"①。

全书共106页。（第598页到703页），我们初步做这样一个简要式的介绍。

（三）主要思考问题

第一章

1. 人们自己创造自己的历史，继承什么传统？反对什么传统？

---

① 《马克思恩格斯全集》（第八卷），人民出版社，1961年版，第227页。

2. 为什么三千六百万的民族完全被三个骗子（哪三个？）弄得措手不及而毫无抵抗地做了俘虏呢？

第二章

3. 波拿巴怎样由诉诸议会到诉诸人民，到诉诸武力的？
4. 波拿巴怎样当选总统的？

第三章

5. 为什么在法国两个王朝不能结合为一，而资产阶级两大集团能够互相结合起来？
6. 小资产阶级不懂策略，为什么？

第四章

7. 波拿巴怎样抓各种实权的？

第五章

8. 波拿巴怎样运用行政权力达到个人目的？

第六章

9. 秩序党怎样分裂和垮台的？

第七章

10. 为什么说波拿巴王朝是农民王朝？

（四）问题解答

1. 怎样理解农民既是无产阶级的"天然同盟者"，同时又是资产阶级的"天然同盟者"？

农民是无产阶级的"天然同盟者"吗？这要做历史的阶级的分析，也就是要看什么时候，又是何种阶级关系的情况下来回答。

例如十八世纪末法国资产阶级革命时期，在法国西部的万第省曾经发生过贵族和僧侣领导的农民反革命暴动。这种情况能说它是无产阶级的"天然同盟者"吗？显然不能。

当农民反对封建制度而采取的革命斗争，当然它就是无产阶级的同盟者。我们中国就是如此。

是不是"天然同盟者"呢？对农民历来我们要作阶级分析：有革命的农民；有保守的农民；有跟随无产阶级前进的农民；也有跟着资产阶级力图巩固自己的小块土地的农民。就其要保存的小土地私有制度说来又可能同无产阶级破裂，所以不能说它是无产阶级的"天然同盟者"。

马克思说过："农民就把负有推翻资产阶级制度使命的城市无产阶级看做自己的天然同盟者和领导者。"① 这话是完全正确的。无产阶级是农民的"天然同盟者"，只有无产阶级才能挽救农民，使农民获得解放，中外历史都证明这一点。

我们说农民是资产阶级的"天然同盟者"，没有农民的革命，资产阶级就消灭不了农村的封建制度，离开它，资产阶级的革命就不能成功。所以，1789年法国资产阶级片刻也不离开自己的同盟者——农民。马克思在痛斥1848年法国资产阶级时就曾说它毫无良心地出卖这些农民，出卖自己的"天然同盟者"，因为它出卖自己的"天然同盟者"，所以它就无力反对贵族，是雷声大雨点小的资产阶级革命，是对法国1789年革命的讽刺。反封建极不彻底，资产阶级就向贵族投降了。

2. 1848年革命期间，德国资产阶级比法国资产阶级落后，但德国农民似乎要比法国的农民进步，为什么？

从资本主义发展进程来说法国资产阶级比德国资产阶级走在前面，这样说德国的资产阶级是落后了一步。

我们提出的问题是指什么而说的，不要在本质上来加以区别。它们的本质、共同性、普遍性是一致的，这方面不要去加以区别。

至于农民，不同国家、不同时期都各有不同。更不该谈哪国的农民进步些，哪国的农民落后些。如果要谈进步的话，那就是那样的农民进步，在哪些活动中是进步的，在历史的进程中扮演的什么样的角色，因而对历史起了推动作用，才可以称为进步的。

---

① 《马克思恩格斯全集》（第八卷），人民出版社，1961年版，第221页。

3. 路易·波拿巴是靠农民的选票上台的，为什么马克思说他是"流氓无产阶级的首领"？

马克思说法国的小农，每一个农户是自给自足，一小块土地，一个农民和一个家庭和另一小块土地、另一个农民和另一个家庭，形成一个村子，他们不是靠社会交往，这样数百万家庭的经济条件使他们的生活方式、利益和教育程度与其他阶级的生活方式、利益和教育程度各不相同并且互相敌对，所以他们就形成一个阶级；但是他们，由于各个小农彼此间只存在地域的联系，由于他们利益的同一性并不使他们彼此间形成任何的共同关系，形成任何的企图性联系，形成任何一种政治组织，所以他们就没有形成一个阶级。他们不能以自己的名义来代表自己，一定要别人来代表他们，要有一个高高在上的权威，成为他们的主宰，赐给他们的阳光和雨水。

而历史的传统在法国农民中间造成了一种迷信，以为一个名叫拿破仑的人将会把一切失去的福利送还给他们，于是就出现了冒充这个人的人。所以那些保守的农民，想巩固小块土地的农民，又希望给他们造福的幽灵来拯救。"波拿巴王朝所代表的不是农民的开化，而是农民的迷信；不是农民的理智，而是农民的偏见；不是农民的未来，而是农民的过去。"① 历史迫使他们履行诺言，而大多数农民当时还十分糊涂，以致恰恰是在最红的各省中农村居民公开投波拿巴的票，农民认为国民议会妨碍波拿巴的活动，认为波拿巴才能打破城市对农村的破坏。

正如马克思所说的"恰好在这种革命危机时代，他们战战兢兢地请出亡灵来给他们以帮助，借用它们的名字、战斗口号和衣服，以便穿着这种久受崇敬的服装，用这种借来的语言，演出世界历史的新场面"②。波拿巴靠欺骗农民，骗取选票上台的，也由于农民的糊涂甘心受骗而把他请出来的。

---

① 《马克思恩格斯全集》（第八卷），人民出版社，1961年版，第218页。
② 《马克思恩格斯全集》（第八卷），人民出版社，1961年版，第121页。

为什么马克思又说波拿巴是"流氓无产阶级"的代表呢？这是因为波拿巴的所作所为纯粹是流氓无产阶级的首领。

他组织了十二月十日会，名义上是慈善团体，实际上是些什么东西呢？是流氓无产阶级的秘密团体。是波拿巴的走狗所领导的，总领导人就是波拿巴将军。在这个团体里，除了一些来历不明和生计可疑的破落放荡者之外，除了资产阶级的冒险分子之外，还有一些流氓、退伍的宪兵、释放的刑事犯、脱逃的劳改犯、骗子、卖艺、游民、扒手、玩魔术的、赌棍、私娼狗腿、妓院老板、挑夫、下流作家、扛琴卖唱的、捡破烂的、磨刀的、镀锡匠、叫花子，一句话，就是随着时事浮沉流荡而被法国人称作浪荡游民的那个五颜六色的不回家的人群，波拿巴所依靠的力量就是社会的渣滓和糟粕。

而他干的勾当呢？尽是阴谋诡计。

他欺骗了农民，他收买了军队和士兵，他用雪茄烟、香槟酒、冷冻禽肉和蒜腊肠款待了军官和士兵。他大发彩票，骗取法郎，他又用募捐建立所谓工人村，第一个实名认捐大批款了，等到那些上钩者以后，又把它装进自己的腰包。

波拿巴挑拨秩序党各派相互攻讦，从中渔利。

利用行政命令网罗自己的亲信，他用从法兰西银行窃取了二千五百万法郎，用一百万法郎收买了马尼扬将军，用十五个法郎加烧酒收买了士兵，偷偷像贼一样闯进议会首领的住宅，把议员送去监狱，他自己黄袍加身了。一切坏东西的总代表，说它是"流氓无产阶级的首领"不是非常恰当吗？

4."政治自由主义"？

它有特定的含义：这是指资产阶级统治，按资产阶级利益随心所欲进行统治，即打破封建的束缚，按资产阶级意志去期待奇迹。

在德国，恩格斯说"永远不可能实现了"[①]。在《德国农民战争》

---

[①]《马克思恩格斯全集》（第八卷），人民出版社，1961年版，第114页。

一文中又说:"当资产阶级的政治统治在英国和法国已经衰败了的时候,资产阶级在德国安安静静地确立自己的政治统治,已经是不可能的了。"① 这是就当时德国的封建势力来说的。

现实呢？德国不仅仅是资产阶级统治,而且是大资产阶级的统治。恩格斯用的"永远"那是指当时的资产阶级永远不可能而说的。

5. 马恩预见德国资产阶级革命成为无产阶级革命的序幕,为什么没有转变为无产阶级革命呢？

预见毕竟是预见,他说的是可能性,可能性有变成现实的可能,但也有不能变成现实的可能性。没有变成现实,归根到底是阶级力量的对比和无产阶级的觉悟。

直到现在还没有变成现实,马克思主义的预见为什么还不能成功呢？可马克思主义的势力,我们不能低估,革命爆发与否要看有没有革命形势,要看革命的主观力量。

6. 民族革命和民主革命的关系、政治革命和社会革命的关系、输入革命和国际援助的关系？

民族革命,是反对压迫民族。独立,统一。

民主革命,是反对封建主义,实现政治上的权利,反对专制独裁。

政治革命,一个阶级代替另一个阶级的政治,即最终哪个阶级占统治地位的问题。

社会革命,是什么样的生产方式代替另外的生产方式的革命,主要由经济决定,但是政治上谁统治,怎样的统治观念,代表谁的利益。

输入革命是歪曲,革命不能输出和输入。

国际援助是无产阶级专政的国际义务。

7. 遗嘱执行人路线:波拿巴和俾斯麦

这是说1948年革命,打着无产阶级旗帜,使无产阶级做了资产阶级工作,革命未进行到底,未继续发展而被波拿巴、俾斯麦窃取了果

---

① 《马克思恩格斯全集》(第十六卷),人民出版社,1964年版,第450~451页。

实，留下的任务是被他们夺走了。

## 二、第 2 稿  供 82 级研究生用

(一) 内容概述

马克思的《路易·波拿巴的雾月十八日》写于 1851 年 12 月—1852 年 3 月。本来准备给魏德迈在美国筹办的共产主义刊物《革命》上发表的，由于魏德迈的经济窘迫和马克思书稿的晚到，在 5 月才以平行本作为《革命》的"不定期刊物"第一期发表。(唯一的一期)

该书第二版 1869 年 7 月在汉堡出版，马克思写了第二版序言，一方面说明他的写书经过；一方面说明他写的政治舞台的小丑与其他人写的"伟人"或为小丑作辩护的截然不同。

该书第三版又在汉堡于 1885 年出版，此时马克思已去世两年了，恩格斯写了著名的序言。

在法国于 1891 年 1—11 月载于法国工人党机关报《社会主义者报》，同年又以单行本出版。

1894 年在日内瓦第一次出版了俄文本。

中文本最早见到的是抗日战争时期，在延安解放社出版《拿破仑第三政变记》，莫斯科外文出版局出版的《马恩文选》(两卷集)，1954 年出版《路易·波拿巴政变记》。

我们把它选作研究生必读的文献之一，是为了学习马克思如何运用阶级分析法，分析各类政治代表人物的。这本书与前一篇《法兰西阶级斗争》是姊妹篇。是学习政治科学的必不可少的文献之一。

说明写书经过：根据对于事变的直接观察写成的。

说明他写书的同时，雨果写的《小拿破仑》和蒲鲁东写的《政变》。

前者把小人写成伟人，后者则是对政变主人公的辩护。马克思自己"则是说明法国阶级斗争怎样造成了一种条件和局势，使得一个平庸而

可笑的人物有可能扮演英雄的角色"①。

马克思第二版序言（1869年6月23日）

三十三年后也未失去价值。

有人对事变"大声诅咒它"，有人说是对于"革命误入歧途的惩罚"。所有的人"只是感到惊异"，没有一个人理解它。只有马克思才正确了解它。

而马克思则是"叙述了二月事变以来法国历史的全部进程的内在联系，揭示了12月2日的奇迹就是这种联系的自然和必然的结果，而他在这样做的时候对政变的英雄除了给予完全应得的蔑视以外，根本不需要采取别的态度"②。

恩格斯称"忠实地反映了现实"，称他"对当前活的历史的这种卓越的理解，他在事变刚刚发生时就对事变有这种透彻的洞察，的确是无与伦比"③。

马克思之所以把注意力集中在法国。

法国资产阶级统治具有的典型性是欧洲其他国家所没有的，而奋起向上的无产阶级反对占统治地位的资产阶级的斗争在这里也以其他各国所没有的尖锐形式表现出来。

他观察法国过去的历史，而且也观察了当时历史的一些细节，收集材料，以备将来使用，事变从未让他感到意外。

马克思首先发现伟大的历史运动规律：

这就是"一切历史上的斗争，无论是在政治、宗教、哲学的领域中进行的，还是在任何其他意识形态领域中进行的，实际上只是各社会阶级的斗争或多或少明显的表现，而这些阶级的存在以及它们之间的冲突，又为它们的经济状况的发展程度、生产的性质或方式以及由生产所

---

① 《马克思恩格斯全集》（第十六卷），人民出版社，1964年版，第405页。
② 《马克思恩格斯全集》（第二十一卷），人民出版社，1965年版，第290页。
③ 《马克思恩格斯全集》（第二十一卷），人民出版社，1965年版，第290页。

决定的交换的性质和方式所制约"①。

恩格斯说这是理解法兰西第二共和国历史的钥匙。

马克思的《雾月十八日》全书共分七章,这是马克思运用唯物史观,特别是阶级和阶级斗争的观点,深刻分析了法国1848年二月革命后到1852年法国阶级斗争的几个基本阶级,科学阐明了路易·波拿巴政变的原因、实质及其结局。进一步发展了马克思主义的国家学说和工农联盟思想,第一次提出打碎资产阶级国家机器的结论。

恩格斯写的第三版序言（1885年）

第一章是概论性质。

第一,马克思从重复出现的事变和人物,得出结论说:"人们自己创造自己的历史,但是他们并不是随心所欲地创造,并不是在他们自己选定的条件下创造,而是在直接碰到的、既定的、从过去承继下来的条件下创造。"②

人们自己创造自己的历史,这是一个客观的不以人们意识为转移的历史规律,谁也违背不了的它。

但是具体的国情不同,风俗习惯不同,历史传统不同,创造的历史又不能是同一模式,必然有许多不同特点,就是在一个国家内重复出现的人物也不完全相同,因为阶级斗争的条件不同,也不可能是一模一样的。

第二,马克思指出路易·波拿巴模仿拿破仑,再版雾月十八日政变,两者之间还是有很多不同之处,马克思在文章中揭露侄儿效法伯父,但是还有许多不同。马克思说:"他们战战兢兢地请出亡灵给他们以帮助,借用它们的名字、战斗口号和衣服,以便穿着这种久受崇敬的服装,用这种借来的语言,演出世界历史的新场面。"③

---

① 《马克思恩格斯全集》（第二十一卷）,人民出版社,1965年版,第291页。
② 《马克思恩格斯全集》（第八卷）,人民出版社,1961年版,第121页。
③ 《马克思恩格斯全集》（第八卷）,人民出版社,1961年版,第121页。

其目的是"使死人复生是为了赞美新的斗争，而不是为了勉强模仿旧的斗争"①。马克思一眼看穿阴谋家野心家的卑鄙目的。

第三，马克思指出接受教训的重要。一方面深刻分析了资产阶级革命的局限性和虚伪性的表现，论证了无产阶级革命同资产阶级革命的区别，指出无产阶级不能依靠旧思想旧传统来实现自己的使命，要进行长期性曲折的反复的斗争才能获得胜利。

马克思指出资产阶级革命靠回忆过去；请出亡灵；幻想奇迹；陶醉胜利。而无产阶级则应是打破旧传统，打破迷信，高瞻远瞩，经常自己批判自己。

第四，揭露了路易·波拿巴政变的历史条件，提出了发人深省的问题。为什么三千六百万人的民族竟然被三个衣冠楚楚的骗子弄得措手不及而毫无抵抗地做俘虏呢？

第二章至第六章都是对法国1848—1851年阶级斗争进行了具体分析：

其中第二章说明资产阶级共和派与波拿巴、秩序党之争；第三章分析小资产阶级民主派与波拿巴、秩序党之争；第四章论述波拿巴与秩序党之争；第五章论述波拿巴打败秩序党揭示政变的历史条件和社会基础以及政变的原因；第六章论述了秩序党的垮台。

这些历史事实和他们的角逐争夺我们在前一篇文章已有所领会，这里不再重复。

在第二章中提出的问题是波拿巴怎样被选上总统的。

第一节阐述各阶级各党派的角逐，马克思进行了深刻的阶级分析，马克思在分析秩序党内两大集团彼此分离绝不是由于什么所谓的原则，而是由于各自生存的物质条件，由于两种不同的所有制形式；它们彼此分离是由于城市和农村之间的固有的对立，由于资本和地产的竞争。

马克思说："在不同的所有制形式上，在生存的社会条件上，耸立

---

① 《马克思恩格斯全集》（第八卷），人民出版社，1961年版，第123页。

着由各种不同情感、幻想、思想方式和世界观构成的整个上层建筑。整个阶级在它的物质条件和相适的社会关系的基础上创造和构成这一切。"①

马克思在这里特别指出：小资产阶级自己摧毁自己在议会中的力量，纵马飞奔落入资产阶级的陷阱；它不但不从无产阶级中汲取力量，反而把自己的懦弱传染给无产阶级。指出他们的策略，夸大自己的力量，轻率地错误估计形势，空喊口号；吓人战术；模棱两可；幻想奇迹；急于求成，分析得十分深刻。

第四章论述波拿巴与秩序党的斗争，把野心家阴谋家波拿巴揭露得淋漓尽致。波拿巴在1849年11月1日送给议会一份咨文就巴罗内阁已经免职。波拿巴踢开巴罗内阁，为什么？

"是宣布他自己的名字和这个秩序党的国民议会无关。"②

目的是达到恢复帝国他当皇帝"在波拿巴身上，帝位追求者和破产冒险家的身分紧紧地结合在一起"③。

标志是秩序党丧失了对行政权的领导，波拿巴在国家支配地位：50万官吏管制、控制、指挥、监督权力；集权。

波拿巴抓财权，任命富尔德，在交易所找到了同盟者。

波拿巴抓警察，任命卡尔利埃为局长。

抓了权后表示听命于国民议会，扮演了一个不被赏识而被全世界当做傻瓜的天才角色。

在农村施行控制一切人的侦探制度，宪兵制度。

收买军队，增加四个苏的津贴，创设了"荣誉贷款银行"，诱惑群众，利用庸俗习气来进行投机勾当。

1850年3月10日的补缺选举，他又躲到秩序党背后，怯懦地请罪，

---

① 《马克思恩格斯全集》（第八卷），人民出版社，1961年版，第149页。
② 《马克思恩格斯全集》（第八卷），人民出版社，1961年版，第161页。
③ 《马克思恩格斯全集》（第八卷），人民出版社，1961年版，第162页。

表示服从议会多数人意志。

1850年7月，通过了彻底消灭革命报刊的出版法。

1850年工商业繁荣，无产阶级有了充分的就业机会。

小资产阶级自我陶醉，"说大话，谁敢动普选权"，明明遭打击，说根本不是打击，等着1852年5月的第二星期日，登上总统宝座，用预言安慰自己。

第五章论述波拿巴打败秩序党揭示政变的历史条件、社会基础以及政变原因。

普选权刚一废止，国民议会同波拿巴之间斗争重新爆发了。两个权力间的大规模战斗，你死我活的斗争。

（向资产阶级要三百万文官费采取欺诈手段，威胁办法，不给就向人民报告议会犯罪行为。）

波拿巴巡游，为自己张罗选票。

利用十二月十日会，拥驾，迎送大打出手。

收买军队办法：雪茄烟、香槟酒、冷冻禽肉和蒜腊肠款待军官和士兵。

伪善而温和，庸俗慈善的腔调出自专制鹰王的口中。

图谋篡夺权位，用解散12月10日会和免除奥普尔的陆军部长职务，把替罪羊送到祭坛上。

波拿巴发行彩票，说利息为了遣送游民到加利福尼亚去。"用黄金梦来排除巴黎无产阶级的社会主义梦想，用可望中头彩的诱人幻景来驱除空论式的劳动权。"①

波拿巴要建立所谓工人村向全国募捐第一个签名，资产阶级不信而失败了。

搞掉尚加尔涅，实际上统帅军队和国民自卫军。表明资产阶级丢失了对军队统治的能力，这样"国民议会已经没有内阁，没有军队，没有

---

① 《马克思恩格斯全集》（第八卷），人民出版社，1961年版，第182页。

人民，没有社会舆论支持，从5月31日通过选举法起就不再是有主权的国民的代表者了，它没有眼睛、没有耳朵，没有牙齿，它一无所有，逐渐变成了一个旧法国的议会，它让政府去行动，自己则满足于在事后发出唠叨的抗议"①。

秩序党丢掉了内阁、军队、议会多数，一部分议员开了小差，天主教党投靠了波拿巴。

波拿巴的内阁委员会成了单纯性配角，波拿巴就愈是明显地把全部行政权力集中在他一个人身上，愈容易利用行政权力达到个人目的。

波拿巴用挑拨秩序党使各派互相攻讦。

1849年11月波拿巴满足于非议会制内阁。

1851年1月他满足于超议会制内阁。

4月11日组织反议会制内阁了。

第六章是秩序党的分裂垮台。

秩序党本来就是各种不同社会成分的结合体。

自身矛盾重重。

商资与政治家分裂；工业资本。

议会内的秩序党叫嚣安宁而陷自身于无所作为的境地。

议会外的资产阶级却对总统奴颜婢膝，诋毁议会。

法国工业生产的奢侈品对商业的任何停滞却特别敏感。

法国资产阶级的恐慌。

波拿巴用谣言。

用恢复普选权。

议会内的资产阶级与议会外的资产阶级决裂。

工业资产阶级卑屈地鼓掌欢迎12月2日的政变。

议会与行政权力公开决裂，议会处于垂死状态，它被自己的阶级军队以及其余各阶级所抛弃而覆灭。议会制度和资产阶级统治覆灭。波拿

---

① 《马克思恩格斯全集》（第八卷），人民出版社，1961年版，第185~186页。

巴获得了胜利。

第七章是全文的结论。马克思分析了政变的实质，预见波拿巴政变必遭覆灭的下场，总结了法国1848年二月革命以来的经验教训，阐明无产阶级革命与资本主义国家的关系以及实现工农联盟的原理。

第一，马克思深刻分析了波拿巴政变的实质。政变的结果表明："法国资产阶级反对劳动无产阶级的统治，结果是把政权送给了以十二月十日会的头目为首的流氓无产阶级。"① 实际上，它代表大资产阶级的利益，是大资产阶级跟封建统治阶级在某种程度上达成妥协的产物。它不过是用一种新的更加反动的资产阶级统治形式来代替原来的资产阶级统治形式，并没有缓和资产阶级同无产阶级、劳动农民人民之间的矛盾，相反使其加剧起来。为了巩固其反动统治，政变后强化国家机器，对劳动者实行残酷镇压。

第二，马克思总结法国革命的统治，着重阐明了两个重要原理，这就使无产阶级革命必须彻底摧毁资产阶级军事官僚机构和建立巩固的工农联盟。

马克思指出，资产阶级国家产生于封建制度的崩溃时期，它的出现促进了资本主义的发展，加速了封建制度的崩溃。第一次法国资产阶级革命形成了中央集权制的资产阶级国家政权，拿破仑第一帝国完成了这个国家机器；之后正统王朝和七月王朝进一步扩大了分工；1848年二月革命后建立了第二共和国，在反对无产阶级的革命斗争的过程中，加强了政府权力和集中化。在路易·波拿巴执政初期，这个庞大的资产阶级国家机器有五十万人的官吏队伍和五十万人的军队——这个俨如密网一般缠住法国社会全身并阻塞其一切毛孔的可怕的寄生机体②。马克思剖析法国国家机器发展的各个时期和各种不同形式的演变，解释了资产阶级国家的本质。"一切变革都是使这个国家机器更加完备，而不是把

---

① 《马克思恩格斯全集》（第八卷），人民出版社，1961年版，第212页。
② 参见《马克思恩格斯全集》（第八卷），人民出版社，1961年版，第215页。

它毁坏。那些争夺统治权而相继更替的政党，都把这个庞大的国家建筑物的夺得视为自己胜利的主要战利品。"①

而无产阶级需要的是完全不同类型的政权，它决不能原封不动地保留这个寄生物和剥削性的镇压群众的工具，"而必须集中一切政权力量来反对这个权力"②，即彻底摧毁资产阶级国家机器。列宁非常重视马克思这个思想，在《国家与革命》中曾引用了马克思的名言。

马克思在这里正论述了必须建立巩固的工农联盟，才能取得无产阶级革命的胜利。马克思分析了法国农民在1848年革命和革命后法兰西阶级斗争的经历，详细阐明工农联盟的必要性和可能性。指出法国的农民是保守的农民，政治上落后，生产方式的彼此隔绝的小农经济造成目光短浅。在1848年革命中一度受资产阶级共和派的愚弄，参与了反对无产阶级的活动。他们在资产阶级共和派统治下，又不满意他们的反动政策，眷恋自己的小块土地又把拿破仑王朝视为自己利益的传统保护者，因而投了路易·波拿巴的票，把它视为救世主，使自己上当受骗了。

马克思分析了小土地所有制经济，随着资本主义发展，小农经济必然就破产，从而必将扫除"拿破仑观念"同工人阶级采取一切行动。马克思认为农民必将革命化。"农民就把负有推翻资产阶级制度使命的城市无产阶级看作自己的天然同盟者和领导者。"③ 随着小块土地所有制的解体，建立在它上面的国家建筑物将倒塌下去。当农民摆脱了拿破仑观念后，幻想破灭后，必将成为无产阶级的可靠同盟军。所以马克思说："于是，无产阶级革命就会得到一种合唱，若没有这种合唱，它在一切农民国度中的独唱是不免要变成孤鸿哀鸣的。"④

第三，最后马克思解释了政变短命的必然历史规律。马克思指出波

---

① 《马克思恩格斯全集》（第八卷），人民出版社，1961年版，第215页。
② 《〈国家与革命〉提要和注释》，人民出版社，1973年版，第14页。
③ 《马克思恩格斯全集》（第八卷），人民出版社，1961年版，第221页。
④ 《马克思恩格斯论国家和法》，法律出版社，1958年版，第249页。

拿巴的独裁统治使得矛盾必将进一步激化，导致人民奋起革命。马克思预言："如果黄袍终于落在路易·波拿巴身上，拿破仑的铜像就将从汪东圆柱顶上被推下来。"① 历史的进程完全证实了马克思的预言。靠政变上台的路易·波拿巴支撑了18年的腐朽统治于1870年被扫进历史垃圾堆。

列宁高度赞赏这部著作："马克思的学说在这里也像其他任何时候一样，是由深刻的哲学世界观和丰富的历史知识阐明的经验总结。"②

马克思1871年给路·库格曼的信中说："如果你读一下在《雾月十八日》的最后一章，你就会看到，我认为法国革命的下一次尝试再不应该象以前那样把官僚军队机器从一些人的手里转到另一些人手里，而应该把它打碎，这正是大陆上任何一次真正的人民革命的先决条件。"③

从这里可以看到打碎旧的国家机器，建立无产阶级专政是科学社会主义最主要的基本原理。没有这一手，一切理想都成为空谈。

唯物史观和丰富的历史知识对我们研究科学社会主义是多么重要。

（二）思政问题

1. 如何理解"人们自己创造自己的历史"？
2. 马克思怎样论述资产阶级革命和无产阶级革命的区别？
3. 为什么三千二百万法国人当了三个骗子的俘虏？
4. 小资产阶级民主派给无产阶级什么教训？
5. 路易·波拿巴政变的历史条件和社会基础？
6. 路易·波拿巴采取哪些阴谋手段？
7. 马克思怎样论述打碎旧的国家机器？
8. 为什么说政变必然是短命的？

---

① 《马克思恩格斯全集》（第八卷），人民出版社，1961年版，第227页。
② 《列宁全集》（第二十五卷），人民出版社，1958年版，第394页。
③ 《马克思恩格斯全集》（第三十三卷），人民出版社，1973年版，第206页。

### 三、相关问题思考

（一）在1849年6月30日事件后法国资产阶级的联合势力为什么屈服于金融贵族的统治？

（1）"共和国从其存在的头一天起就不仅没有消灭金融贵族的统治，反而巩固了这个统治。"①

（2）我们看看这个共和国内部的矛盾重重：

波拿巴反对联合起来的奥尔良派和正统派的复辟愿望；

秩序党反对波拿巴复辟欲望；正统派反对奥尔良派，奥尔良派反对正统派。秩序党中所有这些集团自己心里都有自己的国王，都为了反对对方，求得互相抵销而又互相保留原治形式——共和国。（无名称的共和制王国中）

他们每一集团分开来看是保皇主义的，那么他们化合物就必然是共和主义的了。他们用联合势力来对付无产阶级和向无产阶级靠拢的过渡阶级相对抗。

（3）当他们把无产阶级镇压下去，1848年六月起义以后，接着又在1849年六月起义之后把小资产阶级打败了，这样资产阶级的各集团之间的矛盾突出了。

（4）利用政权1849年11月1日，波拿巴撤销巴罗内阁，开始共和国的第三个时期，组成奥普尔内阁，把国家财富交给交易所大银行家等于把国家财富交付给交易所。

金融贵族本身在保皇主义联合势力内部形成重要的领导集团，大地产与金融贵族结成联盟是一种正常现象，英、奥地利是个证明。

（二）各种假社会主义出现的原因、表现及其阶级实质？

农民、小资产者、社会的一般中等阶层逐渐转到无产阶级方面，而共和国又把这些看成是自己的敌人。

---

① 《马克思恩格斯全集》（第七卷），人民出版社，1959年版，第89页。

愤恨资产阶级专政，要求改造社会要把民主共和机构保存起来作为实现这种改造的工具，团结在作为决定性革命力量的无产阶级周围。

被它的敌人称号为"无政府党"，是各种不同利益的联合。

被它的敌人骂为"社会主义"，并非社会主义，各集团相互攻讦的口头禅，害怕革命，害怕群众，相互倾轧的一种手段。

各种彩色的改良之友，社会主义因一定阶级或阶级集团所处的经济条件以及由此产生的一般革命之间而有所不同。

（1）资产阶级的社会主义。《国民报》《新闻报》《世纪报》要求摆脱金融贵族的统治。一部分工人和小资产阶级不知它的阶级实质而受欺骗。

（2）小资产阶级社会主义，资本以债权人迫害，它要设立信贷机关；资本以竞争来扼杀它，又要设立协作社；资本是以集中来战胜它，它要施行累进税等，梦想和平实现把未来的历史寄托在社会思想家的设计。

他们想使运动都服从于运动的一个阶段，用个别的头脑来代替全部社会生产，借助细小的手段（即改良）和巨大的伤感情怀（即劝说、感动被人发善心）来消除阶级的革命工作。他们实质上把现代社会理想化，不顾社会现实而力求实现的理想，所以是空谈的社会主义。

真正的科学的社会主义的任务：

"这种社会主义就是宣布不间断革命，就是实现无产阶级的阶级专政，把这种专政作为必须的过渡阶段，以求达到根本消灭阶级差别，消灭一切产生这些差别的一切生产关系，消灭一切和这些生产关系相适应的社会关系，改变一切由这些社会关系产生出来的一切观念。"[1]

阶级根源：反映各种不同阶级、集团的要求，愤恨资产阶级专政，要求改造社会。资—社会主义要求摆脱金融贵族的统治，小资—社会主义梦想和平实现理想方案。

---

[1]《马克思恩格斯全集》（第七卷），人民出版社，1959年版，第104页。

历史条件：要团结在作为决定性革命力量的无产阶级周围，不成熟的理论是不成熟的阶级斗争的表现，是远没有发展成为自己那个自由历史运动以前的理论表现。

思想根源：脑子想出来的空论的社会主义、历史唯心主义或者表现为折中主义，即形而上学。如信贷机关企图避免债权人的压迫，协作社企图避免资本主义之争使其破产的要求。但不能彻底根治，看不见阶级斗争，无产阶级专政是自己的必由之路，容易受骗上当，即搞折中主义。

（三）在资产阶级社会的生产力正以在资产阶级关系范围内一般可能的速度蓬勃发展的时候，也就谈不上什么真正的革命。为什么？

恩格斯说得很好。"只有在现代生产力和资产阶级生产方式这两个要素互相发生矛盾的时候，这种革命才有可能。"①

资本主义的生产关系还适应它的生产力的发展，革命怎能出现呢？

大陆秩序党内各集团的无休止争吵，是对方丧失威信，而决不能导致新的革命。

所以，"新的革命，只有在新的危机之后才有可能。但是新的革命的来临，像新的危机的来临一样，是不可避免的"②。

法国当时工商业繁荣，但大部分人口，即农民由于严重的不景气而受苦。但三年来的历史证明，这个阶级根本没有能力发动革命。

没有新的危机，不能革命，有了危机，知识农民也革不起来。这是针对法国当时情况说的。

人为制造革命是不行的。没有革命要求，你制造不出来，你制造了也要失败。1958年"大跃进"、人民公社，是群众要求吗？还是要回到队伍基础上来。搞"左"了，而把实事求是、坚持真理视为右倾机会主义。这是历史的教训。

---

① 《马克思恩格斯全集》（第二十一卷），人民出版社，1965年版，第258页。
② 《马克思恩格斯全集》（第二十二卷），人民出版社，1965年版，第593页。

当然不说我们就可以不去准备革命力量。

现在资本主义世界，由于科技的利用，生产力发展了，又说是黄金时代，又有人说马克思主义不灵了。帝国主义也不垂死了，能否这样说呢？

说垂死时代，不是一两年、十几年，而是很长时期。时代，这个尺子不以年月计量的。"早一二十年或迟一二十年，这用世界历史的尺度来衡量，是算不得什么的。"① 列宁说的垂死是就世界范围说的，俄国革命成熟程度说明了这一点，垂死是就趋向说的，难道这和马克思说的资本主义灭亡无产阶级胜利同样不可避免的，不是一致的吗？

因此垂死是对的。有人说它现在尚未死，有的是还有很多未死，甚至还蓬勃发展那又如何解释呢，我说不能世界历史的尺子去量具体每一个国家的具体情况，但不管如何它逃不出垂死的命运。

有人说列宁说早了，我说不是列宁说早了，是列宁说对了，它永远鼓舞我们革命的前程，提高我们的信心。我们要有信心，当然不是靠咀嚼马列词句，而是要研究新情况，解决新问题，用马列观点立场方法去解决面临的新问题。不能一遇到实际情况与马列词句对不上号，就责难革命导师，他们不能"包治百病"，他们不能代替更不能阻止我们研究新情况新问题。

现在世界未出现那种革命形势，并不等于资本主义固有矛盾不存在了，既然存在，革命或迟或早是要发生，人民要革命，民族要解放，国家要独立，这个潮流是不可抵抗的。

美国和其他资本主义国家汽车多，但汽油紧张，怨声载道，一旦能源枯竭，尽管还会有不断新发明新能源来代替，但原有汽车要成为废物，这就是突出的矛盾所在。有些人又骑起自行车来，这是落后的变先进了。

---

① 《列宁全集》（第三十一卷），人民出版社，1958年版，第38页。

（四）为什么在法国普选权已完成自己的使命？

当波拿巴与秩序党之间斗争日益尖锐的时候，小资产阶级民主派与无产阶级又联合起来，抗击君主派，并在1850年3月立法议会的补充选举中取得了优势。山岳党心花怒放了，认为它可以用纯粹合法的方式达到自己的目的，无须掀起一场新的革命。

秩序党看透了山岳党在任何情况下都保持平静，所以就以废除普选权的选举法来回答。5月31日立法会议取消了普选权，规定在一个地区居住三年以上并有一定财产者才有选举权。这样，民主势力的威胁就被扫除了，结果山岳党仍是以温文尔雅的人道态度对待大资产阶级的野蛮进攻，山岳党就是违反宪法，秩序党说宪法在必要时是要违反的，说宪法可以有各种解释只有多数才有权决定那种解释是正确的，山岳党说你们破坏了法的基础，秩序党说法的基础是资产阶级所有制，当废除普选权的法案被通过时，山岳党连抗议书也不敢公开发表，偷偷塞进议员衣袋里，胆小怕事，庄严的宁静。

普选权的废除给大多数人上了有教育意义的一课。

这里说"它必然被革命或者反动所废除"，这在法国当时，是被反动所废除的。

所以有一个"哪个阶级的普选权，谁的普选权"的问题，资产阶级用它反对封建等级制度无疑是进步的，但它毕竟是资本主义所有制的产物，是虚伪的，残缺不全的，是三年或六年由什么人代表去镇压人民的问题。

要是革命的主旨为什么还要废除普选权呢？革命的发展当然要废除资产阶级那个普选权，要打碎它的整个机器，人民当家作主当然不需要镇压自己的工具。

## 第三节  学习《1848年至1850年的法兰西阶级斗争》

[供研究生1982级用（1983.3.5）]

马克思的《1848至1850年的法兰西阶级斗争》本来是一篇连载文章，是为《新莱茵报·政治经济评论》写的，写于1850年1-11月。虽然最初以单篇文章陆续发表，但它却是一部十分完整系统的著作。1895年以《法兰西阶级斗争》的单行本在柏林出版，恩格斯专门写了《导言》，又把他们合写的《国际述评（三）》中有关法国事件部分加了进去，成为该书第四章《1850年普选权的废除》。

我们知道，1850年时马克思正居住在英国，但是马克思对法国1848年的革命给予特别的注意，是因为法国的阶级斗争的历史具有典型性，法国革命的经验对世界各国无产阶级革命具有普遍的指导意义。对于法国当时发生的各种事件，给予充分的关注，及时总结法国革命的经验，为无产阶级指明革命的道路，制定无产阶级的革命策略，用马克思主义的革命理论武装无产阶级，连接未来的无产阶级革命。

马克思的这篇著作以及我们按着要学的《路易·波拿巴的雾月十八日》都是总结法兰西这一时期阶级斗争宝贵历史经验，用唯物史观对法国这段历史作了科学的阐述，以丰富的史实揭示了各种政治事变的内在联系，深刻地论述了阶级斗争和社会革命对历史发展的推动作用，高度赞扬了工人阶级的革命气概和英勇斗争的革命精神，精辟地阐述并第一次明确提出了工人阶级专政的口号；建立独立的工人阶级政党；以及团结小资产阶级和农民的工农联盟思想；科学地阐明不断革命的科学社会主义原理。

这部著作已经面世一个多世纪了，它所论述的基本原理，它的科学研究方法，将始终放射万丈光芒，是我们从中汲取智慧和力量不能不读的光辉著作。

尤其是当恩格斯发表的《导言》被歪曲过,也被各种机会主义、修正主义者拒绝暴力革命,当做"议会迷"的一根稻草来救命时,更有必要全面地准确地系统地了解无产阶级的革命斗争理论和革命策略。那么这部光辉著作就非读不可。

当然我们读这部著作,不是轻易就能读懂的,其中许多错综复杂的政治事件,各种党派的明争暗斗,各种代表人物的权术诡计多端。把它弄清楚,把各种主张以及它们的倾向弄明白,没有历史知识,没有马克思主义的观点即唯物史观以及从一定经验状况出发来解释历史,当然是不能透彻了解的。

所以要下苦功夫啃几本难懂的原著,训练一下基本功。我们不但要掌握理论武装,尤其要学会运用理论武器,归根到底,学习是为了运用。

学习历史、学习理论,为的是指导我们的行动掌握现在,放眼未来。所以,对于现状,而今天的我国情况也必须熟知,不然怎么到达未来呢?

### 一、内容概述

这部著作由一个简短的前言和四章组成。

马克思在这部著作的前言中指出,革命虽然失败了,"但是,在这些失败中陷于灭亡的不是革命"①。这是说的 1848 年的革命是失败了,但是只有从失败中总结教训,受到锻炼和教育,才能使它打破旧传统的束缚,清除对资产阶级的幻想,摆脱小资产阶级思潮的影响,为马克思主义传播扫清障碍。

这种通过一连串的失败才能摆脱旧传统,摆脱对各种任务的迷惑,摆脱那种唯心史观的幻想、观念和方案,这种通过实践的历史唯物主义观点和后来列宁的"战败的军队善于学习"以及毛泽东讲的"错误往

---

① 《马克思恩格斯全集》(第七卷),人民出版社,1959 年版,第 11 页。

往是正确的先导"是一脉相承的。也和我国古人所说的"失败是成功之母""吃一堑长一智"的朴素辩证法思想有异曲同工之妙,所不同的是,马克思的思想是完全建立在唯物史观的基础上的。

由于革命的失败,反革命力量得到了加强,要看到"革命向前进展并为自己开拓道路"①。而无产阶级政党定会在同敌人的斗争中把自己发展成为真正革命的政党。

这种从失败中看到胜利,从教训中增长信心,提高无产阶级斗争的勇气,马克思、恩格斯的所有文章都是为无产阶级的解放而发的至理名言。阐述1848年二月革命到六月起义失败的历史,分析了各阶级的动作,论证了无产阶级专政和工农联盟的必要性。

1830年七月革命后,建立了以路易·菲力普为国王的奥尔良王朝(又称七月王朝)它代表着资产阶级的上层,即金融贵族。马克思称它是"剥削法国国民财富的股份公司"②,这样掌握法国政权的不是法国资产阶级,只是法国资产阶级中的一个集团,即金融贵族(银行家、交易所大王、铁路大王、煤矿和森林的所有者以及土地所有者)而工业资产阶级是金融贵族的反对派,它们为了工业的利益反对投机事业以及走狗,煽动酿酒厂去反对现存的统治制度。

金融贵族既当官又发财,"颁布法律,指挥国家行政,支配全部有组织的社会权力机关,而且借助于自己的统治地位和报刊来操纵社会舆论,所以在一切地方,上至宫廷,下至低级的咖啡馆,到处都是一样卖淫,一样无耻欺诈,一样贪图不靠生产而靠巧骗他人财产来发财致富"③。

工业资产阶级眼红了,于是高叫"腐败""打倒大盗、打倒杀人凶手"。它们自己利益受到威胁,忍无可忍了。

---

① 《马克思恩格斯全集》(第七卷),人民出版社,1959年版,第11页。
② 《马克思恩格斯全集》(第七卷),人民出版社,1959年版,第14页。
③ 《马克思恩格斯全集》(第四十四卷),人民出版社,1982年版,第45页。

小资产阶级和农民不仅完全被排斥在政权之外，而且常常利用公债券和税收使小资本家倾家荡产，物价高昂和马铃薯病虫害使农业歉收，农民受饥荒而暴动又被处死刑，这就激起了人民的广泛不满。

加上英国工商业危机波及西欧，以及金融贵族执行使民族感情遭受凌辱的对外政策，这样就加速了法国1840年二月革命的爆发。

金融贵族的统治，弄得工业资产阶级无利可得；弄得小资产阶级倾家荡产，军队采取消极态度，七月王朝不得不让位给临时政府。

马克思分析了在街垒战中产生出来的临时政府，分析了这个政府的成员阶级性质。

马克思认为这个临时政府，按其构成成分必然是分享胜利果实的各个不同党派的反映。它只能是各个不同阶级间的妥协。临时政府中的绝大多数是资产阶级的代表；有共和主义小资产阶级；也有代表王朝反对派的资产阶级自由派；工人阶级也有两个代表：路易·勃朗和阿尔伯；还有一个不代表任何现实利益，不代表任何阶级，这个任务按其地位和观点还是属于资产阶级的。

小资产阶级和工人代表在政府中不过是从属于资产阶级的地位，因为绝大多数代表资产阶级。资产阶级实际上在政权中掌握了一切，内阁中的一切职位都被临时政府的资产阶级分子瓜分了。在无产阶级的压力下，拉斯拜尔声明以无产阶级名义，命令临时政府宣布成立共和国，这样法国由七月王朝金融贵族统治的法国变成了整个资产阶级统治的临时政府。

在资产阶级政府中，虽然有小资产阶级代表和工人代表，但工人尚不懂得街垒战士有权宣布成立共和国，竟要等法国国民大多数投票决定。这也说明无产阶级尚缺乏斗争经验和应有的觉悟，把自己的权力竟然交由资产阶级来摆布。小资产阶级社会主义者路易·勃朗，竟然以为设立了组织工人劳动的所谓劳动部（卢森堡委员会）为满足，实际上是软弱无能的，欺骗工人的"社会主义礼拜堂"。

马克思在这里一方面赞扬了无产阶级强迫临时政府实行共和制度，

赞赏了拉斯拜尔要带领二十万人回来强迫实行共和制度,是"立刻以一个独立政党的姿态走上了前台",同时马克思又指出"它招致了整个资产阶级的法国来同它作斗争"。

马克思赞赏了巴黎无产阶级的要求既然越出了资产阶级共和国的范围,确实也只能在卢森堡委员会的朦胧形式中得到表现。

但是无产阶级的力量和影响还没有在全国占优势,因而还没有力量实现自己的革命。"一般说来,工业无产阶级的发展是受工业资产阶级的发展所制约的。"① "只有工业资产阶级的统治才能除掉封建社会的物质根蒂,并且为无产阶级革命铺平它唯一能借以实现的地基。"② 二月革命前,工业资产阶级还没有在法国占统治地位,工业无产阶级反对工业资产阶级的斗争也还不是普遍现象。由于小资产阶级思想的毒害,在无产阶级队伍中存在一些幻想,他们对资产阶级共和国的反动革命本质又缺乏认识,一度沉醉在资产阶级宣扬的"博爱"之中,无产阶级还不懂得"这种博爱就是内战,就是最可怕的国内战争——劳动与资本间的战争"③。"这样轻松地抹杀阶级矛盾,这样温柔地调和对立的阶级利益,这样痴心妄想地超越阶级斗争。"④ 所以马克思说:"巴黎无产阶级就沉醉在这种宽大仁慈的普遍博爱气氛中了。"⑤ 由于这种陶醉,把无产阶级以及农民、小资产阶级的利益同资产阶级的利益并列在一起,而不是把自己的利益提出来当作社会本身的革命利益。马克思指出:"在革命进程还没有把站在无产阶级与资产阶级之间的国民大众即农民和小资产者发动起来反对资产阶级制度,反对资本统治以前,在革命进程还没有迫使他们承认无产阶级是自己的先锋队而靠拢它以前,法国的工人们不能前进一步,不能丝毫触动资产阶级制度的。"⑥

---

① 《马克思恩格斯全集》(第七卷),人民出版社,1959年版,第21页。
② 《马克思恩格斯全集》(第七卷),人民出版社,1959年版,第21页。
③ 《马克思恩格斯全集》(第五卷),人民出版社,1958年版,第154页。
④ 《马克思恩格斯全集》(第七卷),人民出版社,1959年版,第23页。
⑤ 《马克思恩格斯全集》(第七卷),人民出版社,1959年版,第23页。
⑥ 《马克思恩格斯全集》(第七卷),人民出版社,1959年版,第22页。

马克思阐明了第二共和国时期无产阶级与资产阶级矛盾的发展和激化,论述六月起义的爆发。

资产阶级共和派掌权后,立即勾结金融贵族,反对劳动人民。把革命时期许下的诺言,看作必须打破的桎梏。他们施展阴谋诡计,有目的有步骤地进行反革命准备。例如巴黎无产阶级把共和国堪称自己的产儿,自然欢迎临时政府所采取的每一项巩固资产阶级社会地位的措施,路易·勃朗调停工人与雇主关于工资的争议。临时政府的财政措施,把负担转嫁到小资产阶级、仆奴和工人身上,征收新税,把所有四种在接税每法郎加征45生丁附加税,共和派这一措施主要落在农民身上,落在法国大多数人的身上,农民把这件事看成"共和国就是45生丁的税,而巴黎无产阶级在他们看来就是专靠他们出钱来逍遥享乐的浪费者"①。这样就挑起农民对工人的仇恨和不满。

接着又收买流氓无产者,编成二万四千人的别动队,使一部分无产者与另一部分无产者相对立,用每天付给一法郎五十生丁薪饷收买他们为共和派效劳;另外还举办所谓"国家工厂",而这样的工厂使枯燥、单调的笨重劳动,看成使所谓实现社会主义的第一步,用它来败坏社会主义的声誉,使社会主义受辱于众人之前。工业资产阶级把仇恨倾注到国家工厂,小资产阶级把自己所处的困境归罪于好吃懒做竟有斗金可得的国家工厂,归罪于社会主义不过如此罢了,致使小资产阶级疯狂反对无产阶级。这说明将到来的无产阶级同资产阶级的搏斗,资产阶级在实力上和舆论方面都占据了优势。

3月17日事件和4月16日事件表明资产阶级共和国内部所蕴蓄的伟大阶级斗争的初步交锋。

无产阶级奉行示威游行的最初目的,是要临时政府再回到革命轨道上来,使它在必要时把资产阶级的阁员排挤出去,并使国民议会和国民自卫军的选举延期举行。3月16日国民自卫军代表的资产阶级举行了

---

① 《马克思恩格斯全集》(第七卷),人民出版社,1959年版,第27页。

反对临时政府的游行示威。无产阶级要袒护危机的资产阶级共和国，使临时政府服从于自己，反而巩固了临时政府的地位，国民自卫军喊着"打倒赖德律-洛兰！"人民则高喊"赖德律-洛兰万岁！临时政府万岁！"这种戏剧性的场面在3月17日显示了巴黎无产阶级的强大力量，但是却加强了资产阶级击败无产阶级的决心。

4月16日事件是资产阶级造谣生事的一个误会，而小资产阶级又把捕风捉影的谣传信以为真，并且三个人互争头功，把推翻临时政府宣布成立共产主义政府，十万国民自卫军占据了通往市政府的道路，无数代表团表示效忠临时政府，工人们把募集的爱国捐款献给临时政府，资产阶级共和派把军队召回巴黎。

5月4日普选产生的国民议会，它迫使资产阶级社会各中等阶层迅速消除自己的幻想和失望。它一下子就把剥削阶级所有集团提到国家高峰，从而揭去他们骗人的假面具，他们从自己任命的执行委员排除了无产阶级的代表，否决了设立专门劳动部的提案，并准备武装镇压无产阶级。资产阶级一定要用武器来反对无产阶级的要求。

5月15日巴黎人民的革命发动是在进一步推进革命和支持法国、波兰的革命运动口号下进行的，在这次发动中起主要作用的是以布朗基为首的巴黎工人，涌入制宪会议会场的示威者，要求议会实现诺言，给工人以面包和工作，成立劳动部；他们企图驱散制宪会议，成立新的临时政府，结果被镇压下去，他们的领导人布朗基、巴尔贝斯、阿尔伯、拉萨拜尔都被捕。在资产阶级的步步紧逼下，"工人没有选择的余地，若不甘愿饿死，就要展开斗争"①。他们在6月22日以大规模起义作了回答。马克思说："这是现代社会中两大对立阶级间的第一次伟大战斗。"② 马克思对这个伟大战斗赞扬说："大家都知道，当时那些没有领袖、没有共同行动计划，没有经费和多半没有武器的工人，是多么无比

---

① 《马克思恩格斯全集》（第七卷），人民出版社，1959年版，第34页。
② 《马克思恩格斯选集》（第一卷），人民出版社，1972年版，第415页。

勇敢、无比巧妙地扼制了军队、别动队、巴黎城内的国民自卫军以及从外省开来的国民自卫军联合势力，一连坚持了整整五天之久。"① 六月起义失败了，资产阶级残杀了三千多名俘虏。这是因为没有革命理论作指挥，没有无产阶级政党的领导，失去了农民的支持，加上小资产阶级的背叛，终于被资产阶级血腥镇压了。

马克思总结了六月起义的经验教训，提出了"推翻资产阶级！工人阶级专政！"② 论述了工农联盟的必要性。

历史向我们表明：一旦无产阶级斗争超出了资产阶级所允许的范围而危及资本的利益时，资产阶级就一定要对无产阶级实行血腥镇压。这就是暴露了资产阶级所谓的博爱。拉马丁点燃的焰火变成了炮火，博爱就是一方剥削另一方；博爱就是写在监狱上面、写在营房上面；博爱就是内战；博爱就是资产阶级张灯结彩；而无产阶级却在呻吟、流血。这些话多么深刻地指出资产阶级国家的反动本质。

由于六月起义的失败，"唯有它的失败才使它认识了这样一条真理：它要在资产阶级共和国范围内稍许改善一下自己的处境都只是一种空想，这种空想在一开始企图实现的时候就会成为罪行"③。由此马克思得出一条主要结论，无产阶级要获得解放，必须"推翻资产阶级！工人阶级专政！"这是马克思第一次鲜明提出了工人阶级专政的口号。

马克思根据法兰西阶级斗争的经验得出结论："在无产阶级暂时被挤出舞台而资产阶级专政已被正式承认之后，资产阶级社会内的各个中等阶层，即小资产阶级和农民，就不免要随着他们境况的恶化以及他们与资产阶级对抗的尖锐化而愈益紧密地靠拢无产阶级。"④ 马克思的团结大多数，建立工农联盟的思想在这里非常明确地提出了，中等阶级的灾难是由于无产阶级的失败，反过来说无产阶级的胜利，他们的灾难就

---

① 《马克思恩格斯选集》（第一卷），人民出版社，1972年版，第475页。
② 《马克思恩格斯全集》（第四十四卷），人民出版社，1982年版，第62页。
③ 《马克思恩格斯全集》（第七卷），人民出版社，1959年版，第36~37页。
④ 《马克思恩格斯全集》（第七卷），人民出版社，1959年版，第37页。

可免除，在下一篇文章即《路易·波拿巴的雾月十八》中马克思说无产阶级易脱离农民则不免要孤鸿哀鸣的，可见工农联盟对于革命成败关系何等重要了。

马克思在本章结束时，高呼"革命死了，革命万岁"。革命虽然暂时失败了，但革命一定要万古长青。

第二章阐述了从六月起义失败到1849年6月13日事件的这段历史，论证了资产阶级和小资产阶级的特点，指出了无产阶级的社会经济改造要求的公式。

马克思叙述资产阶级各集团间的明争暗斗，相互倾轧，以及相互勾结，镇压人民的资产阶级本性。从保皇党战胜共和派的历史，生动说明了资产阶级的特性。

当共和派镇压了工人的六月起义之后，急忙给旧的资产阶级关系恢复旧的保障，并消除革命浪潮遗留下来的一切痕迹。制宪会议一方面继续迫害六月起义的参加者成立"调查委员会"到处捉拿；另一方面制定宪法巩固资产阶级统治，迎合大资产阶级，把矛头对准农民和小资产阶级，把原来的暂时同盟者小资产阶级共和派弄得破产和被拍卖的下场。

这样共和国支柱只有大资产阶级了，而他们大多数又是反对共和派的。共和派失掉了群众，就是让拿破仑的侄子路易·波拿巴有机可乘，得到农民的轻信也就是农民对他的迷信，把他当作救世主，投了它的票，于是波拿巴在1848年12月10日轻易地当选了法国总统。

波拿巴上台后，展开了君主派同共和派的斗争，共和派已失掉群众的支持，政权落到了君主派手中，共和派的别动队被解散，共和派在内阁、军队和地方官中均被保皇派所取代。资产阶级共和派有的议会权力经过1848年"1月29日事件""3月21日事件""5月8日事件"几个回合的争夺也以共和派失败而告终，仅仅保存共和国的形式而已，实质上成为君主派的共和国了。这就是马克思说的"无名称的共和制王国"。

马克思叙述了大资产阶级击败小资产阶级共和派的历史。生动说明小资产阶级的特性。

小资产阶级在选举中得到了不少的议席,议会里的小资产阶级民主主义代表即山岳党与社会主义代表结成联盟,山岳党成为议会里的先锋,它成了联合革命力量的指挥官,人们把那种草拟控诉书、提出威吓、高声喊叫、发表雷鸣式的演说和提出不外是些辞令的极端措施的人物视为英雄。可是这种人物"总是觉得站在资产阶级共和党人后面比站在革命无产阶级前面更为自在"①。他们缺乏革命毅力和政治远见,容易掉进资产阶级的陷阱,山岳党总是代表摇摆于资产阶级与无产阶级之间的群众。当秩序党与山岳党矛盾突出起来,出现了6月13日的游行,很快就遭到了失败。马克思生动指出小资产阶级从二月革命以来的左右摇摆、自相矛盾,是由其经济地位决定的特性,而政治上的摆脱性、斗争的软弱性和革命的不彻底性。因此在同大资产阶级的斗争中,不可避免地要遭到失败。

马克思在批判制定会议所拟定的共和宪法时,阐述了无产阶级在社会经济改造方面的历史任务。

在六月起义前制宪草案中提到了劳动权,但在六月起义失败后的共和宪法却把劳动权取消了,改为"享受社会慈善救济权"。马克思对此十分重视,深刻阐明这个问题的实质,指出:"劳动权在资产阶级的意义上说乃是一种胡说,乃是一种可怜的善良愿望,其实劳动权是表示控制资本,而控制资本又表示占有生产资料,使其受联合的工人阶级支配,从而消灭雇佣劳动、资本及其相互间的关系。"② 恩格斯1895年所写的导言中指出,马克思"第一次提出了世界各国工人政党都一致用以

---

① 《马克思恩格斯全集》(第七卷),人民出版社,1959年版,第63页。
② 《马克思恩格斯全集》(第七卷),人民出版社,1959年版,第47页。

概述自己的经济改造要求的公式,即:生产资料归社会占有"①。恩格斯还说这一公式的重大意义在于"初次定出了一个原理,这个原理是使现代工人社会主义既与所有的各种封建、资产阶级、小资产阶级等等的社会主义大不相同,又与那由空想和自发工人共产主义提出的模糊的'公产论'大不相同的"②。

马克思在这一章里引出爱尔维修所说的"每一个社会时代都需要有自己的伟大人物,如果没有这种的人物,它就要创造出这样的人物来"③。我们中国常说的"时势造英雄"也就是这个意思,当然这个话由马克思说出来,就把群众和领袖、社会条件和伟大人物的关系用唯物史观揭示出来,使我们认识客观必然性有着重大指导作用。

第三章叙述了立法议会时期的历史,进一步阐述工农联盟的原理,论证革命的作用和不断革命的思想。

马克思把立法议会诞生的立宪共和国,确立了秩序党的统治分为四个时期,第一个时期秩序党战胜新山岳党,把联合保皇党人的立法独裁变成了既成事实。第二个时期秩序党独裁时期保皇势力猖獗。第三个时期秩序党内奥尔良派和正统派以及波拿巴之间争斗。保皇派得势又重征葡萄酒税引起全国人民特别是农民的不满,无产阶级与小资产阶级再度团结起来,他们的代表被选进法议会。第四个时期立宪共和国解体时期,废除普选权,向君主国倒退。这一段历史在马克思在下篇文章仍然详细论述,这里不多费唇舌了。

马克思进一步论述工农联盟的历史必然性和无产阶级领导权思想。

农民从实践中,一步一步有了新的认识,先是受资产阶级的欺骗以为资产阶级能满足他们的利益,所以在二月革命时期及其以后一段跟着资产阶级跑;当资产阶级击败无产阶级之后立即把矛头对准他们,农民

---

① 《马克思恩格斯全集》(第二十二卷),人民出版社,1965年版,第593页。
② 马克思:《法兰西阶级斗争(1848年—1850年)》,人民出版社,1960年版,第4页。
③ 《马克思恩格斯全集》(第七卷),人民出版社,1959年版,第72页。

又把希望寄托在波拿巴身上，但事与愿违，波拿巴当选总统后又针对他们，由于赋税土地抵押和高利贷盘剥，农民处境日益困难，因而农民的出路只有同无产阶级联合。

马克思明确指出："农民所受的剥削和工业无产阶级所受的剥削，只是在形式上不同罢了。剥削者是同一个：资本。单个的资本家通过抵押和高利贷来剥削一个是农民；资本家阶级通过国家赋税来剥削农民阶级。"① 因此马克思提出："只有资本的倾复，才能使农民地位提高；只有反资本主义的无产阶级政府，才能终结他们在经济上的贫困和社会上的衰落。"② 立宪共和国是农民的剥削者联合实行的专政；社会民主主义的红色共和国，是它的同盟者的专政。农民应该自己决定自己的命运，即同无产阶级结成同盟，才是战胜资产阶级的出路。

马克思在这里提出了"革命是历史的火车头"的光辉思想，各个阶级正是围绕政权在谁手里展开阶级斗争，暴力是助产婆，推翻旧政权建立新政权这是决定性手段，革命唤起人民觉悟，革命使农民具备革命性，当然革命要有领导并有策略，既不在敌人面前畏首畏尾，也不是瞎摸乱撞，而是依靠客观形势，依靠群众觉悟组织起来进行斗争。

马克思在分析秩序党统治下阶级关系和阶级矛盾的基础上，进一步发挥了不断革命思想，提出了革命的社会主义同资产阶级的社会主义、小资产阶级社会主义以及空论的社会主义等划清界限。

在秩序党的独裁统治下，农民、小资产阶级和其他中等阶层均受到了迫害，因此愤恨资产阶级专政，要求改造社会，把危害秩序党的一举一动都攻击为社会主义；而一些反对秩序党的人士中也把自己标榜为社会主义，于是各种各样社会主义出现了。马克思认为他们宣布革命的社会主义"就是宣布不断革命，就是无产阶级的阶级专政，这种专政是达到消灭一切阶级差别，达到消灭这些差别所由产生的一切生产关系，达

---

① 《马克思恩格斯全集》（第七卷），人民出版社，1959 年版，第 98 页。
② 《马克思恩格斯全集》（第七卷），人民出版社，1959 年版，第 98 页。

到消灭和这些生产关系相适应的一切社会关系，达到改变由这些社会关系产生出来的一切观念的必然的过渡阶段"①。

这一经典论断不仅指明了资产阶级民主革命要过渡到社会主义革命，而且要达到那四个要求，指出无产阶级专政在各方面的任务，指出无产阶级专政是由资产阶级社会过渡到无产阶级社会的过渡阶段的英明论断。

那种曾经在我国出现过歪曲这四个要求的"左"的观念，就是简单说成"四个消灭"。马克思明明说的有的是消灭，有的是改变，这是非常科学准确的。思想能消灭？如曾提出过"灭资兴无"看来很革命，实则消灭的不是资，而且又保护了封建思想，要消灭你能消灭了吗？要批判资产阶级思想才行，而且当世界上资产阶级尚未绝种之时，这个思想就消灭不了，何况即使资产阶级在地球上绝种了，思想落后于客观存在，还要有反映。所以要认真学懂。

第四章，《1850年普选权的废除》叙述了1850年3月至11月的阶级斗争状况，阐明了爆发社会革命的历史条件。

第一，关于普选权被废除的问题。

立法会议于1850年5月31日废除了普选权。说明秩序党巩固了自己的统治，但是两大派各自为了私利彼此互相倾轧，加上他们同波拿巴之间的钩心斗角也愈演愈烈。

废除普选权，加上又颁布了扼杀报刊的新出版法，表明了小资产阶级新山岳党除了大吵大嚷的义愤外，却无能为力，只能发表两篇贫困无力的《告人民书》（8.11和8.14登在《1850年人民》报上），表明了革命的民主党派退出了历史舞台，剩下的是秩序党中的奥尔良派和正统派以及波拿巴派三者之间的你争我夺，马克思形容他们之间的争斗是："相互的仇视，陷害，谋杀，常常拔剑动武，而结果总是拉摩勒特式的

---

① 《马克思恩格斯选集》（第一卷），人民出版社，1972年版，第479~480页。

接吻。"①

马克思说的"普选权已经完成了自己的使命。大多数人民都上了有教育意义的一课，普选权在革命时代所能起的作用也不过如此。它必然会被革命或者反动所废除"②。

随着历史的推移，恩格斯在1895年对普选权又大加赞扬说街垒战已经过时了，当然这是对法国的具体情况说的。于是机会主义者修正主义者把恩格斯歪曲成为一个毫不惜任何代价发起合法性的和平崇拜者，引起了恩格斯的气愤。其实恩格斯从来也没有否认过武装斗争。

我们有些人对普选权也欣赏备至，其实普选权不过是无产阶级争取解放斗争的一种手段。什么时候，什么条件下应用它要看对无产阶级和人民大众是否有利。譬如我们在县以上单位实行直接民主，进行普选，对发扬民主，动员人民监督自己的公仆，行使自己的民主权利这是很正确的。

可是我们也不能说直接民主，普选权就绝对好，河北省肥乡县普选就被"造反派"利用了。另外，省以上的单位还不能直接民主即实行普选，还是间接民主好些，我国这样民族这么多，情况这样复杂，简单的直接民主选举，少数民族代表选不上，不利于统战工作的开展，表面上的平等，事实上不平等，所以在我国省以上间接民主好些。

第二，马克思科学地分析了革命的发生发展同社会经济的内在联系，指出1849年特别1850年以后在法国开始出现的经济繁荣表明资本主义生产方式还有一定的发展余地，无产阶级革命的客观形势尚不具备。

马克思指出："在这种普遍繁荣的情况下，即在资产阶级社会的生产力正以在资产阶级关系范围内一般可能的速度蓬勃发展的时候，还谈

---

① 《马克思恩格斯全集》（第七卷），人民出版社，1959年版，第119页。
② 《马克思恩格斯全集》（第七卷），人民出版社，1959年版，第522页。

不到什么真正的革命。"① "新的革命，只有在新的危机之后才有可能，但是新的革命的来临，像新的危机来临一样，是不可避免的。"②

马克思这个理论在今天还是闪闪发光。有的以为现在资本主义世界没有革命形势，因而得出结论说"马克思主义不灵了""马克思主义过时了"。马克思主义肯定回答了新的革命的来临和新的危机一样是不可避免的，这是说的资本主义内部矛盾的必然性。至于何时冲破这个资本主义生产关系，那是说的现实性和可能性。如果怀疑这个，那就是抛弃了马克思主义，那就是对马克思主义的背叛。

## 二、思考问题

1. 1848年二月革命爆发的原因是什么？
2. 无产阶级能够与资产阶级并肩实现无产阶级革命吗？
3. 略论"自由""平等""博爱"。
4. 1848年六月起义的经验教训有哪些？
5. 小资产阶级的特点表现在哪些方面？
6. 生产资料归社会占有的意义是什么？
7. 马克思在本书中怎样论述工农联盟和无产阶级领导权思想的？
8. 不断革命思想的现实意义是什么？
9. 怎样理解普选权？

分两次讨论：

既要认真读原著、写笔记、写提纲，又要联系实际对现实问题有新见解。

---

① 《马克思恩格斯全集》（第七卷），人民出版社，1959年版，第114页。
② 《马克思恩格斯全集》（第二十二卷），人民出版社，1965年版，第593页。

## 第四节 学习《国家与革命》

### 一、列宁为什么要写《国家与革命》

马克思列宁主义的任何一部著作都是为着革命斗争的需要而产生的,是革命实践把这个问题提上了议事日程。所以,《国家与革命》也是回答革命实践的需要而写成的。

《国家与革命》是在国际无产阶级革命运动日益高涨,俄国十月社会主义革命即将爆发,马克思主义同第二国际修正主义激烈斗争的情况下写成的。列宁在《初版序言》里说明了这个问题。

第一,我们知道,十九世纪末二十世纪初,资本主义已发展到了帝国主义的阶段。帝国主义是垄断的、腐朽的、垂死的资本主义,是资本主义的最后阶段,是社会主义革命的前夜。它使资本主义国家的矛盾更加尖锐。帝国主义为了重新瓜分世界,重新划分势力范围,于1914年发动了第一次世界大战。列宁说:"帝国主义战争大大加速和加剧了垄断资本主义变为国家垄断资本主义的过程。"① 资产阶级的国家政权同垄断资本家密切地融合在一起,对广大劳动群众进行空前的残酷的剥削和压迫。列宁说的情况是"愈来愈骇人听闻了"。各帝国主义国家已经变成了"囚禁工人的军事苦工监狱"。哪里有压迫,哪里就有反抗,哪里压迫愈深,哪里反抗也就愈激烈。帝国主义国家里的无产阶级反对资产阶级的革命运动迅速高涨。德、英、法等国无产阶级掀起了波澜壮阔的反战运动和罢工运动。东方殖民地和半殖民地各国(印度、朝鲜、越南、中国、波斯等)民族解放运动也在蓬勃发展,使得帝国主义殖民体系危机日益加剧。革命高潮的到来,把革命的根本问题即夺取政权的问题提上了议事日程。列宁说:"连绵不断的战争造成的空前惨剧和灾难,使群众

---

① 《列宁全集》(第二十五卷),人民出版社,1958年版,第371页。

生活困苦不堪，使他们更加义愤填膺。国际无产阶级革命正在显著地发展，这个革命对国家所抱的态度，已经成为具有实际意义的问题了。"①

实际要求理论来回答，列宁担当了这项光荣的任务，写了《国家与革命》。

第二，从十九世纪末以来，第二国际修正主义者在国家与革命这个根本问题上对马克思主义进行全面的"修正"和进攻，歪曲和阉割马克思主义的革命内容，以伯恩斯坦和考茨基为头子的第二国际修正主义者，疯狂反对马克思主义，反对无产阶级的暴力革命和无产阶级专政，他们极力美化资产阶级的民主、自由，鼓吹"议会道路"，成了"议会迷"。他们卑躬屈膝地维护本国资产阶级利益，在"保卫祖国"的口号下，积极支持帝国主义战争，完全堕落为社会沙文主义者。以列宁为代表的马克思主义者，以大无畏的反潮流精神，始终站在无产阶级国际主义的立场上，坚持无产阶级革命路线，反对帝国主义战争，提出了"变帝国主义战争为国内战争"，"使本国政府在战争中失败"的革命口号，主张无产阶级武装夺取政权，无产阶级能够在资本主义世界的薄弱环节，冲破帝国主义的统治，建立无产阶级专政，一国可以首先取得社会主义革命的胜利。列宁同第二国际修正主义者和俄国的机会主义者进行了长期的激烈的斗争，但是必须打败修正主义者和机会主义者，否则就不能获得革命的胜利。列宁认为，在修正主义者歪曲马克思主义者风气流行一时的时候。"我们的任务首先就是要恢复马克思关于国家的真正学说。"② 还说："如果不在'国家'问题上反对机会主义偏见，就不能展开斗争，不能使劳动群众摆脱资产阶级的影响，特别是摆脱帝国主义资产阶级的影响。"③ 为了粉碎修正主义的种种谬论，坚持马克思主义的国家观，列宁写了《国家与革命》。

---

① 《列宁全集》（第二十五卷），人民出版社，1958年版，第371页。
② 《列宁全集》（第二十五卷），人民出版社，1958年版，第373页。
③ 《列宁全集》（第二十五卷），人民出版社，1958年版，第372页。

第三，俄国国内的情况是俄国无产阶级和劳动群众在列宁和布尔什维克党的领导下，利用帝国主义战争所造成的革命形势，举行罢工和起义，推翻了沙皇政府，取得资产阶级民主革命的胜利。但是由于社会革命党和孟什维克的叛变，由于无产阶级和广大革命群众还缺乏政治经验，缺乏应有的组织性和觉悟，使政权落到了资产阶级手里。出现了两个政权并存的局面，一方面是布尔什维克在街头上英勇斗争，另一方面资产阶级在上面窃取了政权，这时列宁认为俄国革命应由民主革命过渡到社会主义革命，并制定了进行社会主义革命的马克思列宁主义路线，提出了具体的任务要求即党努力提高工人阶级的觉悟，把千百万农民吸引到社会主义革命方面来。到了七月间，资产阶级联合临时政府下令逮捕列宁和迫害布尔什维克其他领导人，封闭《真理报》，疯狂镇压革命运动，革命形势发生了急剧的变化。因此消灭资产阶级国家，建立无产阶级专政的苏维埃共和国已成为当时迫切的任务。正如列宁所指出的：无产阶级社会主义革命对国家的态度问题"不仅具有实际的政治意义，而且具有最迫切的意义"①。

为了继承和捍卫马克思主义的国家学说，打败第二国际修正主义的谬论，从思想上武装无产阶级和广大革命群众，以便实现无产阶级的社会主义革命斗争的需要，为了争得无产阶级专政的需要，列宁精心地研究了国家问题。他侨居瑞士期间于1916年秋至1917年初阅读了马克思、恩格斯有关国家问题的大量著作，翻阅了修正主义头目伯恩斯坦、考茨基等人的书籍。1917年一至二月间，做了《马克思主义论国家》读书笔记。同年八至九月间，列宁在俄国和芬兰边界的拉兹里夫湖畔的草棚里匿居时，利用在瑞士时的研究成果，写成了《国家与革命》这部不朽的名著。

---

① 《列宁全集》（第二十五卷），人民出版社，1958年版，第372页。

## 二、为什么要学习列宁的《国家与革命》

我们共产党人的崇高理想和奋斗目标,就是要在全世界实现共产主义,彻底消灭人剥削人的制度。

要实现这样一个伟大目标,需要几代人艰苦卓绝的努力奋斗。当她还没有取得政权时,要为争取实现无产阶级专政而斗争;当她已经建立了无产阶级专政,就要为巩固和加强无产阶级专政而斗争。没有无产阶级专政,就没有社会主义,没有无产阶级专政也当然就到达不了共产主义。所以只有认为"阶级斗争必然要导致无产阶级专政"的人才是马克思主义者。"只有承认阶级斗争、同时也承认无产阶级专政的人,才是马克思主义者"。

最近,伟大领袖毛主席作了理论问题的指示,又一次教导我们"要多看点马列主义的书"①。我们知道伟大领袖毛主席多次谆谆教导我们:"要搞马列主义,不要搞修正主义"②,"认真看书学习,弄通马克思主义"③,"坚持数年,必有好处"④,并强调"这几年应当特别注意宣传马、列"⑤。当然除此以外,全党同志特别是高级干部还要学好马恩列的主要著作和毛主席的著作。《国家与革命》就是我们必须学习的主要著作之一。学习这本关于无产阶级专政问题的专门论述,必将有助于我们学懂弄通毛主席关于理论问题的指示,有助于我们搞清楚无产阶级专政这个马克思主义的精髓。只有搞清楚了,才能防止变修正主义,只有搞清楚了,才能自觉地沿着毛主席的革命路线,为巩固无产阶级专政而斗争。

---

① 转引自《政治经济学讲话(社会主义部分)》,人民出版社,1976年版,第36页。
② 中国革命博物馆:《中国共产党党章汇编》,人民出版社,1979年版,第220页。
③ 《唯物主义和经验批判主义》提要和注释编写组:《〈唯物主义和经验批判主义〉提要和注释》,人民出版社,1978年版,第178页。
④ 《坚持认真看书学习》,湖北人民出版社,1972年版,第1页。
⑤ 转引自人民出版社资料组编:《人民的好总理 纪念敬爱的周恩来同志》(中),人民出版社,1977年版,第290页。

思想路线搞对头,才能保证执行政治路线不犯错误。理论上搞不清楚,在政治上必然发生错误。"没有革命的理论,就不会有革命的运动。"① "指导我们思想的理论基础是马克思列宁主义。"② 所以我们要搞清楚毛主席提出的理论问题的指示,达到完全理解毛主席指示的重大现实意义和深远的历史意义。学好《国家与革命》是非常必要的。

列宁的《国家与革命》是系统阐述马克思列宁主义国家学说的伟大著作,是无产阶级革命经验的科学总结。在这部著作中,列宁详尽地阐明了马、恩的国家学说,特别是关于无产阶级专政的理论。列宁在这部著作中,进一步论述了无产阶级必须通过暴力革命打碎资产阶级的国家机器;论证了必须建立无产阶级专政以及如何巩固无产阶级专政和国家消亡等重要问题。从而了解列宁是怎样继承、捍卫和发展了马克思主义的国家学说的。我们知道列宁是怎样继承、捍卫和发展马克思主义的,那就有助于我们进一步加深理解毛主席关于无产阶级专政下继续革命的伟大理论。学习《国家与革命》,进而学习《法兰西内战》,结合学习毛主席的《论人民民主专政》《在七届二中全会上的讲话》《关于正确处理人民内部矛盾的问题》,这是一条红线联结在一起,是马克思主义、列宁主义、毛泽东思想关于国家学说的最系统最完整的理论,我们正处在无产阶级专政下继续革命,要不断铲除滋生修正主义的土壤。要实现在一九八〇年以前,建成一个独立的比较完整的工业体系和国民经济体系;要在本世纪内,全面实现农业、工业、国防和科学技术的现代化,使我国国民经济走在世界的前列。为巩固和加强无产阶级专政,《国家与革命》是我们的强大思想武器。这就必须学好《国家与革命》。

列宁的这部伟大著作,是反对修正主义、机会主义的锐利的思想武器,列宁在这部著作里,极其深刻而尖锐地批判了第二国际修正主义者同伯恩斯坦、考茨基之流的反动国家观,无情地揭露了他们反对无产阶

---

① 《列宁全集》(第二卷),人民出版社,1984年版,第443页。
② 《毛泽东同志论政治工作》,人民出版社,1964年版,第10页。

级革命和无产阶级专政的背叛行为，从而捍卫了马克思主义。

我们懂得了列宁是怎样反对机会主义、修正主义的，也就帮助了我们同形形色色的现代修正主义作斗争。我们必须学懂弄清无产阶级专政的理论，当他们一露头时我们就能及时识别他们。《国家与革命》就是我们手中的强大思想武器，是我们战胜修正主义的强大思想武器。列宁早就教导我们说："不预先完全战胜工人运动中的机会主义，就根本谈不上无产阶级专政。"① 如果我们不战胜现代修正主义，那就不能抵抗帝国主义和社会帝国主义的侵略和颠覆，那就要出现列宁所缔造的第一个社会主义国家蜕变为社会帝国主义国家、社会法西斯主义国家的情况。学习《国家与革命》看列宁是怎样战胜修正主义的，从而给我们提供了一个战胜现代修正主义的锐利武器。

总之，我们学习《国家与革命》，首先是要把我们的思想路线搞正确。思想路线正确了，才可能正确地执行党的基本路线和政策。理论上搞不清楚，必然在政治上糊里糊涂，吃亏、上当、受骗，当了修正主义路线的俘虏。这种教训可实在太多了。

毛主席说："思想上政治上的路线正确与否是决定一切的。"② 路线搞对头了，没有人可以有人，没有枪可以有枪，失败了还会转为胜利的；反之，路线搞错了，有了的东西还会丢掉的，有了政权也还会丢掉的。我们的路线是毛主席为我们制定的，是完全正确的马克思列宁主义毛泽东思想的正确路线。但是我们要正确执行这条正确路线，首先得要从自己的思想路线上搞正确，而正确的思想路线，只能是辩证唯物主义和历史唯物主义。那也就是说要有一个正确的无产阶级的世界观。

所以有没有一个无产阶级世界观，用不用马克思列宁主义毛泽东思想作为指导我们思想的理论基础，是关系到能否正确执行党的路线和政策，是真的还是假的为巩固无产阶级专政而斗争的大问题。学习《国家

---

① 《列宁全集》（第三十卷），人民出版社，1957年版，第244页。
② 《按照毛主席革命路线加强民兵建设》，人民出版社，1972年版，第12页。

与革命》,既要为巩固无产阶级专政而斗争,也要在三大革命实践中,在改造客观世界的过程中不断改造自己的主观世界,不断革命,继续前进!

### 三、《国家与革命》的中心思想和基本内容

《国家与革命》本文六章,两篇序言和初版跋。这本书是没有写完的,已经拟定了第七章《1905年和1917年俄国革命的经验》的大纲,但因为"做出'革命的经验'总比论述'革命的经验'更畅快、更有益"而没有完成,现在我们也可以说,列宁在后来的其他著作中如《无产阶级革命与叛徒考茨基》和我们现在已选的列宁的语录就是列宁的这部光辉著作的继续和发展。

《国家与革命》的中心思想,就是无产阶级专政的问题,即是无产阶级国家如何建立、巩固、发展和最终消亡的问题,并在这个根本问题上,揭露和批判第二国际修正主义者对马克思主义的可耻背叛。

这个中心思想像一根红线一样贯穿于《国家与革命》全书的始终。列宁给这部著作确定的副标题是《马克思主义关于国家的学说与无产阶级在革命中的任务》也就表明了这部著作的中心思想。这个中心思想体现在这本书的基本内容中。简略说来:

第一章,列宁首先引述了恩格斯关于国家的产生、本质和自行消亡的论断,概述了国家产生和发展的历史。列宁概括地阐述了马克思主义对待国家的基本看法和无产阶级革命对国家的基本态度。

第二、三、四章,列宁考察了马克思关于1848—1851年革命经验的总结,论述了资产阶级国家机器的产生和发展过程;同时根据马克思恩格斯总结的巴黎公社的经验,具体阐明了怎样用巴黎公社式的无产阶级国家去代替已被打碎的资产阶级国家机器的问题。列宁根据马克思的论述并且根据帝国主义时期的新情况和新经验,进一步发展了马克思恩格斯的国家学说。

第五章，列宁根据马克思、恩格斯关于国家消亡的理论深刻地论述了国家消亡的客观条件，科学地论证了在整个社会主义历史阶段，必须坚持无产阶级专政这一马克思主义国家学说的最重要的结论，进一步阐明了无产阶级国家产生、发展和消亡的辩证过程。

在以上各章中也都分别批判了机会主义者对马克思主义国家学说的"遗忘""回避""歪曲"和"修正"。

第六章，列宁着重就无产阶级革命对国家的态度问题，揭露和批判了考茨基和普列汉诺夫之流背叛马克思主义国家学说的全部历史过程。

全书集中到一点都是围绕无产阶级专政这个中心问题，历史的辩证地继承、捍卫和发展了马克思主义的国家学说。

## 四、《国家与革命》中的几个基本理论问题

列宁在《国家与革命》中所提出的问题和阐发的思想是极为丰富的。我们越多读几遍，也就会从中受得不少的教益。

下面仅就自己的学习的肤浅认识谈几个问题。

在《国家与革命》第一章中，列宁从各方面详细地阐明了国家的阶级本质。

从列宁在这一章中的大量引文和论述中可以看出，马克思主义者观察问题时始终坚持辩证唯物主义的思想路线，同资产阶级、小资产阶级和一切机会主义的唯心主义路线是决然对立的。

唯心主义哲学家黑格尔把国家看成是精神发展的产物，而他的"绝对精神"不过是上帝的别名而已，所以国家就是上帝在人间的统治，他认为普鲁士君主国就是这种国家的典型。黑格尔把国家说成是"道德观念的现实""理性的形象和现实"，从根本上否认了社会的经济基础对国家这个上层建筑的决定作用，歪曲了国家产生的根源，掩盖了国家的阶级实质，否认国家是阶级矛盾不可调和的产物和表现，把国家看成是超阶级的、永恒的神圣不可侵犯的东西，是一种历史唯心论的反动国

家观。

另一种唯心论的反动国家观是"暴力论"者。他们认为国家是暴力创造的，是一个种族用暴力征服另一个种族的结果，否认国家是社会内部阶级矛盾不可调和的产物，他们认为国家产生以后私有制才产生，国家、法权、私有制产生的原因应当从暴力去寻找，而不应从经济关系中去寻找，说国家是从外部强加于社会的一种力量。

马克思主义者认为国家不是从外部强加于社会的一种力量，也不是黑格尔的那种绝对精神的产物，而是社会经济发展到一定阶段，即社会分裂为阶级，出现了剥削者和被剥削者的对立和冲突时产生的。所以说国家是阶级矛盾不可调和的产物。

列宁从国家的起源、特征、作用等各方面充分阐明了国家本质的问题。

第一，国家是一个历史的阶级的范畴。它不是从来就有的，像原始社会时就没有；也不是永恒存在的，它在未来的共产主义社会的高级阶段，阶级消灭了，国家也要自行消亡。它只是在社会发展到一定阶级上，出现了剥削，出现了敌对阶级的基础上，为了适应统治阶级的需要而产生的。所以国家是"阶级矛盾不可调和产物和表现。在阶级矛盾客观上达到不能调和的地方、时候和程度，便产生国家"①。"反过来说，国家的存在表明阶级矛盾的不可调和。"②

第二，国家的一个主要特点，就是握有军队、警察、法庭、监狱等暴力工具。它们是执行统治阶级的意志，并为统治阶级服务的。列宁说："国家是特殊的权力组织，是用来镇压某一个阶级的强力组织。"③ 而"常备军和警察是国家权力的主要工具"④。国家这种特殊的暴力组织，既然是为了阶级斗争的需要而产生的，它也就必然会随着阶级斗争

---

① 《列宁全集》（第二十五卷），人民出版社，1958年版，第374页。
② 《列宁全集》（第二十五卷），人民出版社，1958年版，第374页。
③ 《列宁全集》（第二十五卷），人民出版社，1958年版，第390页。
④ 《列宁全集》（第二十五卷），人民出版社，1958年版，第377页。

的尖锐化而日益加强。恩格斯指出帝国主义国家由于"阶级斗争和侵略竞争已把社会权力提高到可以吞食整个社会,甚至吞食整个国家的地步"①。

第三,国家是经济上占统治地位的阶级的国家。列宁引述恩格斯的话说,国家"照例是最强大的、在经济上占统治地位的阶级的国家。这个阶级借助于国家而在政治上也成为占统治地位的阶级,因而获得了镇压和剥削被压迫阶级的新手段"②。接着指出不仅古代奴隶主国家是剥削奴隶的机关,封建国家是剥削农奴的机关,而在资产阶级国家也是资本剥削雇佣劳动的工具。列宁在这里特别揭露了资产阶级民主共和制、普选制的阶级实质。

---

① 《列宁全集》(第二十五卷),人民出版社,1958年版,第378页。
② 《列宁全集》(第二十一卷),人民出版社,1965年版,第196页。

# 第五节　学习《共产主义运动中的"左派"幼稚病》

## 一、列宁写《共产主义运动中的"左派"幼稚病》的目的

一九二〇年的四、五月间,列宁写了一部论述马克思主义战略和军略的卓越著作——《共产主义运动中的"左派"幼稚病》。列宁把它称为"马克思主义战略和军略通俗讲话之尝试"。在这本书里,列宁总结了无产阶级革命和无产阶级专政的丰富斗争经验,痛斥了第二国际叛徒们的卑鄙可耻;医治了刚刚发病的"左派幼稚病患者";耐心教育了新成长起来的各国年轻共产党人。这本书的丰富内容、理论力量和生动的语言以及鲜明的无产阶级感情,一定会吸引它的一切读者。我们中国共产党还在抗日战争时期就把这本书列为教育干部的"干部必读"文件之一。一九四八年我们党又做了决定,重印《共产主义运动中的"左派"幼稚病》的第二章,教育党员和干部克服当时存在的某些无纪律状态或无政府状态。在我们深入批判无政府主义和极左思潮时,认真学习列宁这部著作就更为必要了。

列宁的这部著作,是在一九二〇年六月共产国际第二次代表大会的前夕用俄文出版的,分发给第二次代表大会的全体代表。该书的德文本、法文本和英文本差不多同时在七月相继出版。中国最早是在一九二六年的《中国青年》上发表了这本书的最后一章"几点结论",一九三〇年就有了全书的译本。在抗日战争时期和解放战争时期,在解放区都曾出版过列宁的这部著作,在中国人民伟大革命取得胜利后这本书就广为传播了。

列宁写这本著作时正是十四个帝国主义国家加紧进行武装干涉苏维埃国家时期,当时波兰地主和俄国国内白匪弗兰格尔是国际帝国主义企图用来扼杀苏维埃国家的两双手,妄想在苏维埃国土上恢复地主和资本

家的反革命政权。在这样紧张时期和极端困难的情况下，列宁满怀革命胜利信心指导革命战争，克服难以想象的种种困难，同时对于国际共产主义运动的发展给以极大的关心和帮助。列宁总是把俄国革命和世界无产阶级革命运动连接在一起。列宁认为俄国革命的胜利一定会给世界各国的革命创造了基础和前提，世界各国的革命运动也一定会给俄国革命的发展和社会主义的胜利一个莫大的援助和支持。列宁为了及时向各国共产党人介绍世界上无产阶级的第一个"突击队"——布尔什维克的丰富经验，写了《共产主义运动中的"左派"幼稚病》。

  伟大的十月社会主义革命的胜利，开辟了人类历史的新纪元。从此社会主义的伟大理想变成了活生生的现实，劳动人民做了新社会的主人。俄国工人阶级在列宁和布尔什维克党领导下建立了无产阶级专政。布尔什维克的英勇斗争和首创精神，鼓舞了各国工人阶级的革命斗争，于是在德国、在匈牙利、在意大利相继爆发了革命，纷纷效法布尔什维克，进行了翻天覆地的搏斗。十月社会主义革命的胜利，唤醒了一切被压迫被剥削的人们，东方各民族的民族解放运动广泛地开展起来。"十月革命一声炮响，给我们送来了马克思列宁主义。"① 一九一九年中国发生了五四运动，毛主席说："五四运动是在当时世界革命号召之下，是在俄国革命号召之下，是在列宁号召之下发生的。""五四运动是在思想上和干部上准备了一九二一年中国共产党的成立。"② 自从有了中国共产党，中国革命的面目就焕然一新了。十月革命的光芒，照耀着全世界。十月革命给全世界工人阶级和被压迫民族的解放事业开辟了广大的可能性和现实的道路。十月革命的胜利，证明了马克思列宁主义是唯一正确的科学真理，国际共产主义运动迅速向前发展着，第二国际机会主义完全破产了，在全世界建立起年轻的、迅速成长的共产党和共产主义团体。如果说在1919年3月共产国际第一次代表大会上树起了一切

---

  ① 《毛泽东选集》（第四卷），人民出版社，1960年版，第1360页。
  ② 《毛泽东选集》（第二卷），人民出版社，1952年版，第660页。

革命无产阶级力量应该聚集到它周围的共产主义大旗,那么,一九二〇年七月共产国际第二次代表大会时,全世界革命工人的最优秀的代表,都已站到共产主义方面来,站到拥护苏维埃政权,拥护无产阶级专政方面来了。当然迅速成长起来的共产党还很年轻,在斗争中还缺乏足够的经验和锻炼,所以,在共产主义运动蓬勃增长的同时,也产生了许多困难、许多成长和发展中的危机,以及在战略上和策略上的错误。

因此,摆在国际共产主义运动中的一项迫切任务,就是用布尔什维克主义教育这些年轻的共产党,克服他们在成长过程中患着的幼稚病,帮助他们遵循马克思列宁主义理论来进行革命运动,教会他们正确地吸收和运用布尔什维克的革命经验。列宁担当了这个光荣而伟大的任务,总结了俄国无产阶级革命和无产阶级专政的丰富经验,写了《共产主义运动中的"左派"幼稚病》。

如同列宁自己所说的那样:"本文的目的就是要把布尔什维主义历史上和现今策略上普遍适用的、具有普遍意义和必须普遍实行的原则应用到西欧去。"① 列宁写这本书的目的是为着发展革命,推动共产主义运动,把世界无产阶级的革命运动引到马克思列宁主义的革命路线上来,我们向列宁的这本书请教时更应如此,是为着革命而学理论,为着提高我们的阶级斗争和路线斗争觉悟、提高我们执行毛主席的马克思列宁主义革命路线的自觉性,为着战胜敌人,批判"左"的和右的反马克思列宁主义路线,而寻找智慧的。

## 二、一个不容忽视的问题

(一) 问题的提出

《共产主义运动中的"左派"幼稚病》到现在已走过了半个世纪的历程,五十几年来国际共产主义运动大大向前发展了。无产阶级专政早已越出一国的范围。在东方,中国人民在毛主席的领导下经历了长期的

---

① 《列宁选集》(第四卷),人民出版社,1972年版,第203页。

革命战争，取得了人民革命的胜利，这是十月革命后世界无产阶级革命的最伟大的胜利。如果从这里得出结论说，学习第一个无产阶级专政的历史经验似乎无关紧要了，那是完全错误的。有些人在阅读列宁这部著作时，仅仅以为列宁是在反对"左派"幼稚病，而忽视列宁一再强调右倾机会主义在当时是国际共产主义运动的主要敌人。那就歪曲了列宁，也歪曲了这部书，所以我们向读者介绍本书的正文之前，就提出这一个不可忽视的问题。尤其是当苏联叛徒集团常常利用列宁的这本书找攻击中国共产党的"根据"，为他们的修正主义路线辩护时，我们就要认真读一读这本书。叛徒的卑鄙伎俩是徒劳的，列宁这本书同列宁的其他著作一样，只能是马克思列宁主义者反对各种机会主义的武器，而决不能成为修正主义者为自己辩护的工具。

(二) 列宁的论证

请看列宁在本书中是怎样再三再四阐明这个问题的吧！

列宁讲道："机会主义在1914年彻底变成社会沙文主义，彻底倒向资产阶级方面反对无产阶级。这自然就是工人运动内部布尔什维主义的主要敌人。现在这个敌人在国际范围内仍然是主要敌人。对于这个敌人，布尔什维主义过去和现在都给予极大的注意。"①

列宁在本文的"几点结论"中又谈道："工人运动的历史现在表明：在一切国家中，工人运动都必然（而且已经开始）经历一种斗争，即正在成长、巩固和走向胜利的共产主义首先而且主要是同本国的（每个国家的）'孟什维主义'，也就是同机会主义和社会沙文主义的斗争；其次是同'左倾'共产主义的斗争（这可说是一种补充的斗争）。"②

列宁接着又说："目前共产主义运动中的左倾学理主义错误同右倾学理主义（即社会沙文主义和考茨基主义）错误比较起来，其危害性和严重性不及后者的千分之一，然而这不过是由于左倾共产主义只是一

---

① 《列宁选集》（第四卷），人民出版社，1972年版，第188页。
② 《列宁选集》（第四卷），人民出版社，1972年版，第244~245页。

种刚刚产生的还很年轻的思潮。只是因为这个缘故，这种病症在一定条件下，可以容易地医好，但是必须用最大的努力来着手医治。"①

布尔什维克在两条道路的斗争中，无论是反对右倾机会主义，还是反对"左"倾机会主义，都进行了毫无调和的斗争。右倾机会主义害怕革命，反对革命，背叛革命，自然布尔什维克就不能丝毫放松反对这个主要敌人，谴责它、痛斥它、和它划清界限，把它称作叛徒，不使群众受它的欺骗和迷惑。布尔什维克对待另一种敌人，"左派"幼稚病，固然丝毫也未容忍它、放纵它，同它进行斗争，把它也称作"敌人"，但是对它的态度却同对待右倾机会主义的态度完全不同。因为当时的"左派"幼稚病患者，主观上还是想要革命的，敢与敌人势不两立，这和右倾机会主义的背叛革命截然不同。只是由于"左派"幼稚病还很年轻，没有经验，不懂得革命斗争的策略，所以列宁说这种病是不难医治的。

列宁对于"左派"的错误，进行了尖锐的批评，但是对于"左派"的热情，还是很赞扬的，并且同时指出只靠热情来领导群众是不够的。列宁对于"左派"的热情是这样说的："这种情绪是极其可喜、可贵的，应当善于珍视和支持这种情绪，因为没有这种情绪，英国或任何其他国家的无产阶级革命的胜利是没有希望的。对于那些善于表达群众这种情绪，善于激发群众这种（往往是蒙胧的、不自觉的、未觉醒的）情绪的人，应该爱护，应该关切地给以种种帮助。但同时应该直言不讳地告诉他们：在伟大的革命斗争中，单凭情绪来领导群众是不够的；即使是对革命事业无限忠诚的人所要犯的或正在犯的哪些哪些错误，也会给革命事业带来危害。"②

对于那种犯了"左派"幼稚病的错误，不是采取一棍子打死的办法，而是严格划清界限，开展原则性的斗争，循循善诱，摆事实，讲道

---

① 《列宁选集》（第四卷），人民出版社，1972年版，第256页。
② 《列宁选集》（第四卷），人民出版社，1972年版，第234页。

理，指出他们的错误，分析错误产生的原因，提出纠正错误的办法，以极大的热情和信心向他们介绍布尔什维克的经验。列宁说："我们无论如何要使左派共产党人以及西欧和美国忠于工人阶级的革命家，不致于象落后的俄国人一样，付出那样昂贵的代价来领会这个真理。"①

（三）为什么说右倾机会主义是主要敌人

在当时列宁为什么说右倾机会主义是主要敌人和主要危险呢？

因为右倾机会主义的头子，完全变成了公开的反革命分子。第二国际在当时虽然破产了，但还没有被彻底消灭，考茨基、鲍威尔、希法亭、麦克唐纳等还在各国进行疯狂的挣扎，反对十月革命，反对无产阶级专政，他们企图从根本上扭转方向，破坏革命，与资产阶级同流合污。

右倾机会主义历史悠久，从伯恩斯坦到考茨基，具有长期的恶劣影响，从19世纪70年代发生时起，经过不断修改，具有极大的欺骗性。右倾机会主义是个广泛的国际思潮。虽然各国的机会主义者在为本国资产阶级效劳上，也有摩擦，然而在攻打马克思列宁主义这个根本问题上却是一丘之貉，互相联系，彼此配合。右倾机会主义者具有系统的机会主义谬论，他们有一整套歪曲马克思列宁主义的理论和策略。因此，扫除它的影响，就不能不费莫大的气力。右倾机会主义具有大名鼎鼎的领袖，第二国际的领袖，曾经显过威名，在群众中还有迷惑作用。

列宁虽然没有在本书中用大量篇幅批判右倾机会主义，但列宁在当时写这本书时并没有放松对这个敌人的斗争，始终把它看成是主要的敌人和主要的危险。

既要反对右倾机会主义，又要反对"左"倾机会主义。

是不是任何时期、任何国家，右倾机会主义始终是主要敌人和主要危险呢？不能这样说。就整个国际共产主义运动的历史来说，右倾机会

---

① 《列宁选集》（第四卷），人民出版社，1972年版，第226页。

主义是主要敌人和主要危险。就当代国际共产主义运动的现状说来，右倾机会主义仍然是主要敌人和主要危险。现代修正主义跟历史上的右倾机会主义者一脉相承的，从伯恩斯坦、考茨基到赫鲁晓夫、勃列日涅夫。所不同的是现代修正主义头子窃据了政权，它的欺骗性和危险性就更大。早在1957年毛主席就在《关于正确处理人民内部矛盾的问题》一文中指出："修正主义，或者右倾机会主义，是一种资产阶级思潮，它比教条主义有更大的危险性。修正主义者、右倾机会主义者，口头上也挂着马克思主义，他们也在那里攻击'教条主义'。但是他们所攻击的正是马克思主义的最根本的东西。"① 明确这一点是十分必要的，否则就迷失了方向。我们学习列宁的著作，是看看过去，想想现在，归根到底是用马克思列宁主义、毛泽东思想指导我们的未来。

当然，"左"倾机会主义也可能在某一个国家，或在某一个国家的某一个历史时期形成主要的危险。例如，在布尔什维克的历史中反对签订布列斯特和约的"左派"。中国共产党在第二次国内革命战争中反对三次"左"倾机会主义的斗争，就是这种情况。

在国际共产主义运动中，必须高举马克思列宁主义的革命红旗，反对"左"倾和右倾机会主义。有右倾机会主义就要反对右倾机会主义，有"左"倾机会主义就要反对"左"倾机会主义，决不可以因为反对右倾机会主义，而忽略"左"倾机会主义，也决不可以因为反对"左"倾机会主义，而忘掉了反对右倾机会主义。在注意到一种主要倾向的时候，要注意可能掩盖着的另一种倾向。毛主席教导说："思想上政治上的路线正确与否是决定一切的。"② 在学习列宁这部光辉著作时，要使自己永远成为头脑清醒的坚定不移地执行马克思列宁主义革命路线的革命者。

---

① 毛泽东：《关于正确处理人民内部矛盾的问题》，人民出版社，1964年版，第29页。
② 转引自中央党校编写小组编：《〈国家与革命〉提要和注释》，人民出版社，1973年版，第48页。

### 三、十月革命的道路

(一) 无产阶级解放的必由之路

列宁这本书的第一章,首先谈到的是俄国革命具有国际意义的问题。列宁在这里明确指出,俄国革命的某些基本特点具有国际意义。既批判了那种夸大真理的错误,又痛斥了第二国际的叛徒们否定俄国革命的国际意义。列宁所说的俄国革命"具有在国际范围内重演的历史必然性"[①]。就是我们现在常说的各国都要走如十月革命的道路。列宁所批判的夸大真理的错误,就是那些不顾自己的国情,不根据自己民族的特点,不管适合不适合,把俄国革命的一切,不加分析,生搬硬套,当时各国"左派"共产党人所犯的正是这种错误。列宁所痛斥的第二国际的叛徒,就是疯狂反对列宁的道路,反对十月革命的道路,反对无产阶级专政的道路。

列宁强调指出在俄国革命的某些基本特点具有国际意义,就是世界无产阶级解放的必由之路。走不走十月革命的道路,是要不要无产阶级革命的问题,要不要无产阶级专政的问题。

(二) 十月革命胜利的意义

十月革命的胜利,开辟了人类历史的新纪元。工农劳动群众当家做主人,这就给一切被压迫人民和被剥削群众带来了希望,使他们看到自己胜利的前途和光明的未来。

十月革命的胜利,鼓舞了世界上被压迫被奴役的民族,使他们看到了一丝推翻在他们头上的压迫者和博学者,变成社会的主人的曙光,他们就会创造出无穷无尽的人间奇迹。

十月革命的胜利,冲破了帝国主义的统治,从根本上动摇了帝国主义的统治,从此帝国主义的创伤,再也无法医治了。

十月革命的胜利,证明了马克思列宁主义的无限生命力。一切反马

---

① 《列宁选集》(第四卷),人民出版社,1972年版,第178页。

克思列宁主义的敌人，都要在它的面前土崩瓦解，宣告破产。

十月革命的光辉，照耀着全世界。十月革命的种子，已在许多国家开花结果了，而且必将在全世界结满丰盛的果实。

十月革命胜利了，中国革命胜利了，无产阶级专政的国家，在一系列国家出现了。"现在是全世界资本主义和帝国主义走向灭亡，全世界社会主义和人民民主主义走向胜利的历史时代。"①

然而帝国主义是不甘心失败的。几十年来，帝国主义一天也没有停止颠覆无产阶级专政的行动。他们用武装干涉、经济封锁、思想麻痹、派遣特务、收买拉拢各国反动派的手段，企图"改变共产党世界的性质"，它们一次一次地失败，又一次一次地捣乱，不正是要改变十月革命所开辟的革命道路吗？

历史是曲折的，十四个帝国主义国家武装干涉年轻的苏维埃国家，没有扑灭它；德国法西斯的疯狂进攻，没有征服它。可是竟被赫鲁晓夫、勃列日涅夫这类人把世界上第一个无产阶级专政的国家，变成了资产阶级专政的国家。毛主席说："修正主义上台，也就是资产阶级上台。"② 现代修正主义喋喋不休宣扬的"特殊道路""议会道路""和平过渡"等等，都是对十月革命的背叛。

（三）暴力革命是无产阶级革命的普遍规律

坚持十月革命的道路，也就是坚持暴力革命的道路，就是列宁所说的无产阶级专政代替资产阶级专政，"非通过暴力革命不可"；就是毛主席所教导的"枪杆子里面出政权"的著名论断。第二次世界大战后嚣张一时的"和平过渡""议会道路""结构改革"等等，有哪一个国家走通了呢？相反地不是一个一个都破产了吗？那些发誓"不干俄国干过的事情"的家伙早就成了帝国主义的忠实走狗。中国共产党历来都把

---

① 毛泽东：《目前形势和我们的任务》，人民出版社，1960年版，第21页。
② 转引自《人民日报》、《红旗》杂志、《解放军报》编辑部：《列宁主义，还是社会帝国主义？》，人民出版社，1970年版，第8页。

中国革命的胜利,看成是伟大十月革命的继续。十月革命的道路,就是无产阶级通过暴力革命争得无产阶级专政的道路,是世界各国无产阶级为了取得胜利都必须走的康庄大道。

可见,正确认识十月革命的国际意义,是要不要无产阶级革命,要不要无产阶级专政的问题,要不要把世界无产阶级革命进行到底的问题。伟大领袖毛主席在苏联最高苏维埃庆祝十月革命四十周年会议上的讲话,对这个问题作了科学的结论。他说:"事情很明显,在十月革命以后,各国无产阶级的革命家如果忽视或者不认真研究俄国革命的经验,不认真研究苏联无产阶级专政和社会主义建设的经验,并且按照本国的具体条件,有分析地、创造性地利用这些经验,那末,他就不能通晓作为马克思主义发展新阶段的列宁主义,就不能正确地解决本国的革命和建设的问题。那末,他就会或者陷入教条主义的错误,或者陷入修正主义的错误。我们需要同时反对这两种错误倾向,而在目前,反对修正主义的倾向尤其是迫切的任务。"①

由于修正主义上台,使列宁缔造的、斯大林捍卫的世界上第一个无产阶级专政的国家,退化为资产阶级专政的国家,退化为社会帝国主义、社会法西斯主义国家。尽管十月革命的伟大成果被苏联修正主义叛徒集团所断送,但十月革命的光辉是永远也磨灭不了的,十月革命的原则是永存的。我们相信受过列宁和斯大林教导的,有着光辉革命传统的苏联人民,绝不会长期容忍"新沙皇"骑在自己脖子上。正如毛主席早就指出的:"苏联是第一个社会主义国家,苏联共产党是列宁创造的党。虽然,苏联的党和国家的领导现在被修正主义者篡夺了,但是,我劝同志们坚决相信,苏联广大的人民、广大的党员和干部,是好的,是要革命的,修正主义的统治是不会长久的。"②

---

① 中苏友好协会总会宣传部编:《中国人民庆祝十月革命四十周年纪念文集》,人民出版社,1958年版,第3页。
② 转引自《人民日报》、《红旗》杂志、《解放军报》编辑部:《列宁主义,还是社会帝国主义?》,人民出版社,1970年版,第29页。

我们党再三指出，无论过去、现在和将来，始终都要认真研究俄国革命的经验。因为它是世界无产阶级和劳动人民最宝贵的财富。我们始终相信列宁的话是正确的："经验证明，在无产阶级革命某些非常重要的问题上，一切国家都必然要做俄国已经做过的事情。"① 所以说，十月革命的道路是无产阶级革命和无产阶级专政的道路，是胜利了的无产阶级的阶级斗争的总结，也是被压迫阶级和被剥削群众奋斗的纲领。

## 四、铁的纪律

（一）纪律的重要性

列宁在这部书的第二章中论述了布尔什维克党的铁的纪律的问题，指出它是布尔什维克成功的基本条件之一。当然布尔什维克取得革命的胜利，要靠许多基本条件，可是列宁把这条经验，放在重要地位，足见这个问题是何等不可忽视了的。列宁在这部书的第五章中批判德国"左派"共产党人的错误时又一次讲到党的纪律问题，可见它与无产阶级革命的成败关系极大，它对争得无产阶级专政和巩固无产阶级专政的问题上又是怎样地不可缺少了的。

列宁把纪律问题看成是进行无产阶级革命，实现无产阶级专政的大问题加以阐明，有没有极严格的真正的铁的纪律，看成是要不要建立真正的无产阶级革命政党的问题。革命党如果没有铁的纪律，是不能引导革命胜利的；（革命）② 胜利了没有铁的纪律，也不会有巩固的无产阶级专政。

资产阶级和小资产阶级的个人主义者、自由主义者、无政府主义者，是不能也不愿意去理解无产阶级革命政党必须有极严格的真正的铁的纪律的。

无产阶级政党之所以需要铁的纪律，为的是战胜自己前进道路上的

---

① 《列宁选集》（第四卷），人民出版社，1972年版，第187页。
② 编者注：这里的胜利指的是"革命"的胜利。

一切敌人。为了对付残酷的、狡猾的、诡计多端的敌人，无产阶级需要思想坚定、队伍整齐、步调一致，进行长期的、系统的、不屈不挠的、坚韧不拔的斗争。如果无产阶级队伍思想分歧、组织涣散、步调紊乱，是不能战胜强大的敌人的。这不仅是俄国革命经验所证明了的真理，而且也是无数革命经验所证明了的真理。列宁说："如果我们党没有极严格的真正铁的纪律，如果我们党没有得到工人阶级全体群众全心全意的拥护，也就是说，没有得到工人阶级中所有一切能思考、忠诚、有自我牺牲精神、有威信并且能带领或吸引落后阶层的人们全心全意的拥护，那末布尔什维克别说把政权保持两年半，就是两个半月也保持不住。"[1]我们从抗美援朝战争中邱少云烈士遵守纪律的模范事迹中，可以看到铁的纪律的无敌威力。邱少云同志在侦察中宁可活活被烈火烧死，也不把目标暴露给敌人，避免给我们部队造成损失。邱少云同志识大体、顾全局的英雄气概，使每一个活着的革命战士都深为感动。无产阶级的阶级斗争的政治大军，只有在统一指挥下统一意志、统一组织、统一行动，才能形成无敌的力量，使它的敌人只得在它的面前纷纷破产。

无产阶级政党之所以需要铁的纪律，为的是改造千百万小生产者，把阶级斗争进行到底。对于小生产者，列宁说："不能驱逐，不能镇压，必须同他们和睦相处；可以（而且必须）改造他们，重新教育他们，这只有通过很长期、很缓慢、很谨慎的组织工作才能做到。"[2] 要知道只要小生产者存在，它就要"经常地、每日每时地、自发地和大批地产生着资本主义和资产阶级的"[3]。只要小生产者存在，他们就会"用小资产阶级的自发势力从各方面来包围无产阶级，浸染无产阶级，腐蚀无产阶级，经常使小资产阶级的懦弱性、涣散性、个人主义以及由狂热转为灰心等旧病在无产阶级内部复发起来"[4]，"用他们日常的、琐碎的、

---

[1]《列宁选集》（第四卷），人民出版社，1972年版，第180~181页。
[2]《列宁选集》（第四卷），人民出版社，1972年版，第200页。
[3]《列宁选集》（第四卷），人民出版社，1972年版，第181页。
[4]《列宁选集》（第四卷），人民出版社，1972年版，第200页。

看不见摸不着的腐化活动制造着为资产阶级所需要的,使资产阶级得以复辟的恶果"①。"无产阶级政党的内部需要实行极严格的集中制和极严格的纪律,才能抵制这种恶劣影响,才能使无产阶级正确地、有效地、胜利地发挥自己的组织作用(这是它的主要作用)。"② 只有用铁的纪律武装起来的革命政党,才能把自己的队伍巩固起来,才能教育、团结和吸引一切劳动者沿着无产阶级所指引的方向胜利前进,才能把无产阶级专政下的阶级斗争进行到底。

无产阶级政党之所以需要铁的纪律,为的是不断增强自己的战斗力。列宁说:"无产阶级专政是新阶级对更强大的敌人,对资产阶级进行的最奋勇和最无情的战争,资产阶级的反抗,因为自己被推翻(哪怕是在一个国家内)而凶猛十倍。"③ 又说:"无产阶级专政是对旧社会的势力和传统进行的顽强斗争,流血的和不流血的,暴力的和和平的,军事的和经济的,教育的和行政的斗争。千百万人的习惯势力是最可怕的势力。"④ 还说过:"资产阶级无疑地正在派遣而且将来还会派遣奸细到共产党里来。"⑤ 这就是说无产阶级政党不是生活在真空中,而且生活在激烈复杂的长期的阶级斗争中,无产阶级既要打破资产阶级的反抗,又要打破小资产阶级自发势力的包围,还要警惕阶级敌人派遣奸细从内部破坏无产阶级专政的领导核心——共产党。各种各样的非无产阶级思想,总要通过各个渠道反映到党内来,因此,无产阶级的革命党就必须紧紧掌握马克思列宁主义,划清无产阶级和其他一切阶级的区别,划清马克思主义和机会主义的界限,划清无产阶级先锋队和普通群众的界限。只有保持无产阶级先锋队的独立性,不与其他任何政党相混淆,才能团结群众、教育群众,率领群众进行革命斗争。所以在党内一切反马

---

① 《列宁选集》(第四卷),人民出版社,1972年版,第201页。
② 《列宁选集》(第四卷),人民出版社,1972年版,第200页。
③ 《列宁选集》(第四卷),人民出版社,1972年版,第181页。
④ 《列宁选集》(第四卷),人民出版社,1972年版,第200页。
⑤ 《列宁选集》(第四卷),人民出版社,1972年版,第202页。

克思列宁主义,一切非无产阶级思想,都是不合法的,都必须加以克服,否则就不会有统一认识、统一意志、统一组织、统一纪律、统一行动。然而统一认识、统一意志,还必须靠统一组织、统一纪律加以保证。否则统一认识、统一意志也是无法实现的。因此只有用马克思列宁主义武装起来的党,而这个党又是一个有全党共同遵守的铁的纪律的党,它才是一个具有战斗力的党。只有这样的党,才能率领群众,排除万难,从一个胜利走向另一个胜利。

一句话,共产党需要有铁的纪律,是无产阶级和劳苦群众翻身求解放的需要,即无产阶级革命和无产阶级专政的需要,是共产主义事业胜利的需要。基于此,共产党必须提高自己,团结朋友,战胜敌人。

(二) 纪律靠什么维持和加强的

无产阶级革命政党的纪律是靠什么来维持的?有事靠什么来加强的?列宁指出有三个条件:"第一,是靠无产阶级先锋队的觉悟,它对革命的忠诚,它的坚韧性、自我牺牲精神和英雄气概。第二,是靠它善于同最广大的劳动群众,首先是同无产阶级劳动群众,但同样也同非无产阶级劳动群众联系、接近,甚至可以说在某种程度上同他们打成一片。第三,是靠这个先锋队所实行的政治领导正确,靠它的政治战略和策略正确,而最广大的群众根据切身经验也确信其正确。"① 简单说来,这三条就是:一是靠先锋队的觉悟;二是靠密切联系群众;三是靠领导的正确。这三条是其他任何阶级所不能有的,因而任何其他阶级都不可能具有铁的纪律。尽管奴隶主、地主、资本家使用棍棒、刀枪的残酷镇压,小恩小惠的诱骗和金钱的收买,它们的纪律还是要土崩瓦解啊,就是因为它们不可能有这三条。

无产阶级政党的纪律,是铁的纪律,又是自觉的纪律,而首先是由于思想上的自觉,所以它才形成了组织上的铁的纪律。因为无产阶级的觉悟性,对革命的忠诚,相信共产主义事业的胜利,所以它能够百折不

---

① 《列宁选集》(第四卷),人民出版社,1972年版,第181~182页。

挠、坚韧、顽强、大公无私,在困难和危机面前,能够顾全整体利益和长远利益,肯于自我牺牲,不知恐惧,视死如归,他有不达目的誓不罢休的英雄气概,他有无坚不摧的英勇精神。这种觉悟性所形成的纪律,是任何敌人所不能具有的,因而是任何敌人也攻不破、打不乱的。马克思列宁主义政党的建设,始终把思想建设摆在首要地位,列宁写的《从何着手》《怎么办》,就是从思想上奠定了布尔什维克党的基础。毛主席写的《关于纠正党内的错误思想》《〈共产党人〉发刊词》《改造我们的学习》《整顿党的作风》,以及《关于正确处理人民内部矛盾的问题》等等,都是从思想上来建设我们的党,毛主席领导的历次整风运动和整党运动等等,都是看重从思想上提高马克思列宁主义觉悟,达到组织上的整顿。历史一再证明,不解决这个问题,就不可能真正有铁的戒律,如同列宁所说的那样:"就必然会变成空谈,变成废话,变成装模作样。"①

无产阶级政党的纪律,是建立在密切联系群众这个基础上,它反映群众的利益和要求。我们共产党人的一切事业,都是人民群众的事业。毛主席说:"共产党人的一切言论行动,必须以合乎最广大人民群众的最大利益,为最广大人民群众所拥护为最高标准。"② 一方面有无产阶级先锋队自觉,全心全意为人民服务,"俯首甘为孺子牛";另一方面又得到了人民群众的赞成和拥护,得道多助。所以,这种纪律是牢不可破的。凡是人民群众所需要的,无产阶级先锋队就义不容辞,粉身碎骨也心甘。凡是违背群众利益的,无产阶级先锋队就坚决反对。党的纪律建立在人民群众利益的基础上,又受到了人民群众的监督,这就有了身后的群众基础,就有了取之不尽的智慧和力量的源泉。列宁把人民群众的比作大海,而共产党人则不过是"沧海一粟"。毛主席把党同人民群众的关系,比作鱼水之间的密不可分。教导我们一时一刻也不脱离群

---

① 《列宁选集》(第四卷),人民出版社,1972年版,第182页。
② 《毛泽东选集》(第三卷),人民出版社,1953年版,第997页。

众,离开群众将一事无成。同样,离开群众企图建立铁的纪律,那是不可能的。

无产阶级政党的纪律,还建立在他们政治领导的正确、战略策略的正确,也就是革命路线的正确,而且广大的群众根据切身经验也确信其正确。布尔什维克党有了列宁的无产阶级革命路线,十月社会主义革命胜利了,无产阶级专政建立和巩固了。十四个帝国主义的武装干涉被粉碎了,随后在斯大林的领导下,苏联人民反法西斯战争胜利了。赫鲁晓夫实行的修正主义的错误路线,一度颠覆了苏维埃无产阶级专政,复辟了资本主义,勃列日涅夫上台后变本加厉,修正主义变成了社会帝国主义、社会法西斯主义,把十月革命的伟大成果断送了,这是多么严重的教训啊!中国革命的胜利,就是毛主席领导下的马克思列宁主义革命路线的胜利,这种革命路线战胜了各种各样的"左"的和右的机会主义,动员了群众,武装了工农,战胜了各种凶恶的敌人,才取得了胜利。在无产阶级取得政权后,经过了社会主义改造,在无产阶级专政下继续革命,不断取得新的胜利,是党的政治领导的正确,毛主席领导下的革命路线的正确、战略策略的正确,团结了一切可能团结的力量,调动了一切积极因素,孤立了最顽固的敌人。毛主席教导我们说:"革命党是群众的向导,在革命中未有革命党领错了路而革命不失败的。我们的革命党要有不领错路和一定成功的把握,不可不注意团结我们的真正的朋友,以攻击我们的真正的敌人。"① 毛主席无论在民主革命时期,还是在社会主义革命时期,都为我们党制定了马克思列宁主义的革命路线和政策,使我国人民能够沿着正确的方向从胜利走到新的胜利。在社会主义社会整个历史阶段,毛主席又为我们制定了一条马克思列宁主义的革命路线,而且教导我们要"年年讲,月月讲,天天讲"。这条总路线是:"社会主义社会是一个相当长的历史阶段。在社会主义这个历史阶段中,始终存在着阶级、阶级矛盾和阶级斗争,存在着社会主义同资本

---

① 《毛泽东选集》(第一卷),人民出版社,1952年版,第3页。

主义两条道路的斗争，存在着资本主义复辟的危险性。"① 要提高警惕，要进行社会主义教育。要正确理解和处理阶级矛盾和阶级斗争问题，争取区别和处理敌我矛盾和人民内部矛盾。不然的话，我们这样的社会主义国家，就会走向反面，就会变质，就会出现复辟。我们从现在起，必须年年讲，月月讲，天天讲，使我们对这个问题，有比较清醒的认识，有一条马克思列宁主义的路线。路线对了，还要广大群众相信其正确。毛主席说："当着群众还不觉悟的时候，我们要进攻，那是冒险主义。群众不愿干的事，我们硬要领导他们去干，其结果必然失败。当着群众要求前进的时候，我们不前进，那是右倾机会主义。"② 这就是说，没有正确的革命路线，就休想建立起什么铁的纪律，无产阶级政党的纪律，它是为无产阶级的政治路线服务的。毛主席教导说："思想上政治上的路线正确与否是决定一切的。"③ 可见政治路线的正确是何等重要了。毛主席又教导我们说："纪律是执行路线的保证，没有纪律，党就无法率领群众与军队进行胜利的斗争"④，又说"加强纪律性，革命无不胜"⑤。在列宁所讲的三个条件基础上建立起来的纪律，才真正是自觉的又是铁的纪律。

列宁所讲的三个条件是怎样产生的呢？他告诉我们"只有经过长期的努力和艰苦的实验才能造成这些条件；正确的革命理论，会使这些条件容易造成，而这个理论并不是教条，它只有同真正群众性的和真正革命的运动的实践密切地联系起来，才能最终形成"⑥。列宁根据布尔什

---

① 《中华人民共和国第五届全国人民代表大会第一次会议文件》，人民出版社，1978年版，第79页。

② 《毛泽东选集》（第四卷），人民出版社，1960年版，第1215页。

③ 转引自中央党校编写小组：《〈帝国主义是资本主义的最高阶段〉提示和讲解》，人民出版社，1975年版，第204页。

④ 转引自中国革命博物馆：《中国共产党党章汇编》，人民出版社，1979年版，第244页。

⑤ 转引自中央中共组织部研究室编：《做好新时期的干部工作》，人民出版社，1984年版，第374页。

⑥ 《列宁选集》（第四卷），人民出版社，1972年版，第182页。

维克的经验，总结了革命理论和革命实践相结合。这可以说是一个普遍的革命真理。列宁把马克思主义和俄国革命实践相结合，把马克思主义发展到列宁主义阶段，同样我们的伟大领袖毛主席又把马克思列宁主义和中国革命实践相结合，又把马克思列宁主义发展到了毛泽东思想的新阶段。

我们党的丰富斗争经验和它的极严格的纪律，是和布尔什维克相似的。布尔什维克经历了15年的丰富历史实践，进行了无数次和多种形式的战斗，才取得伟大十月革命的胜利。我们党经历了整整28年的艰苦卓绝的战斗，才取得了中国革命的胜利。两国人民寻找革命真理的情景也是相似的，请看列宁在这部书中描写俄国人寻找革命理论艰难情况和毛主席在《论人民民主专政》中论述中国人寻找革命真理的情况，就清楚了。在中国革命斗争过程中，我们党参照国际革命的经验，充分利用本国的历史经验，以及采取多种多样的斗争形势，并把各种斗争形势相互配合，或者迅速转换斗争形式，较之布尔什维克的丰富经验，毫无逊色。

（三）毛主席论纪律的意义

我们党早就是一个具有统一纪律的马克思列宁主义政党，我们党一建立就以布尔什维克为自己的榜样的，特别是我们党有了毛主席为自己的伟大领袖，不断拨正中国革命的航向，我们党在毛泽东思想的指引下成长起来，成为伟大的、光荣的、正确的中国共产党，这是中国人的光荣和幸福，当现代修正主义在世界泛滥时，尤其是现代修正主义颠覆了无产阶级专政，实行资本主义复辟时，又是伟大领袖毛主席拨正了国际共产主义运动的航向，这是世界各国人民的幸福！

我们的伟大领袖毛主席多次论述党的纪律的重要意义，并亲手为我们党、我军制定了党纪和军纪。远在1921年古田会议，纠正党内错误思想时他就指出："党的纪律之一是少数服从多数。少数人在自己的意见被否决之后，必须拥护多数人所通过的决议。除必要时得在下一次会议再提出讨论外，不得在行动上有任何反对的表示。"① 远在建军伊始，毛主席就亲手制定了"三大纪律、八项注意"。在抗日战争时期鉴于张国焘破坏党纪的教训，又重申党的纪律，教导我们认识："纪律是执行路线的保证"②，"统一纪律，是革命胜利的必要条件"③。号召"我们要把我们党的一切力量在民主集中制的组织和纪律的原则之下，坚强地团结起来"④。在中国人民解放战争时期，全国胜利的前夕，毛主席又及时提出了"必须坚决地克服许多地方存在着的某些无纪律状态或无政府状态"⑤，指出"加强纪律性，革命无不胜"⑥。全国解放后又多次反对了妨碍党的集中统一的分散主义和本位主义，加强党的组织性和纪律性。

正因为我们有了一个严格纪律的马克思列宁主义、毛泽东思想武装起来的共产党，所以它无往而不胜，它能够排除万难，夺取胜利；即使它处在不利情况下也能够退却得最有秩序，损失最少，保存的干部最多，工作恢复得也是最迅速；在胜利的情况下，它能够不骄不躁，仍然谨慎、谦虚、极细心、极深入地进行工作。

有的人一听到纪律，似乎觉得可怕，这恰恰是暴露了小资产阶级的散漫、动摇、不能坚持、不能团结、不能统一行动的劣根性，是资产阶级的随意性、放荡性，是解除无产阶级武装而有利于资产阶级的腐朽表现。无产阶级对于纪律，不仅不害怕，而且自觉地遵守纪律。毛主席说："在人民内部，民主是对集中而言，自由是对纪律而言。这些都是一个统一体的两个矛盾着的侧面，它们是矛盾的，又是统一的，我们不应当片面地强调某一个侧面而否定另一个侧面。在人民内部，不可以没

---

① 《毛泽东选集》（第一卷），人民出版社，1952年版，第87~88页。
② 毛泽东：《论新阶段》，东北书店，1947年版，第103页。
③ 《中共党史教学参考资料（三）》，人民出版社，1959年版，第7页。
④ 《毛泽东选集》（第三卷），人民出版社，1953年版，第998页。
⑤ 《毛泽东选集》（第四卷），人民出版社，1960年版，第1227页。
⑥ 转引自中央中共组织部研究室编：《做好新时期的干部工作》，人民出版社，1984年版，第374页。

有自由，也不可以没有纪律；不可以没有民主，也不可以没有集中。这种民主和集中的统一，自由和纪律的统一，就是我们的民主集中制。"① 我们依靠这个制度，充分发扬民主，调动一切积极因素，是任何其他的阶级都未曾有过的自由，正确地开展批评和自我批评，就会更有利于党的集中统一，有利于加强党的组织性和纪律性，有利于增强党的战斗力。

有的人认为稍稍违背点纪律，算得了什么呢？纪律是铁的，不能违背的。假如被这种思想所支配，就必然给涣散、动摇、队伍松懈、步调紊乱开了方便之门。要知道大错是由小错铸成的。还是用列宁的教导来回答这样人吧！列宁说："谁要是把无产阶级政党的铁的纪律哪怕是稍微削弱一点（特别是在无产阶级专政时期），那他事实上就是帮助资产阶级来反对无产阶级。"②

党的纪律不仅不能丝毫削弱，而且必须大大加强，只有党的战斗力不断加强，群众才有了效法的榜样，才有统一集中的坚强领导核心。党才有了率领群众克服一切障碍的本领，才有了不断取得新胜利的把握。

### 五、走着曲折道路的历史

列宁在这部书的第三章中简明扼要地阐述了布尔什维主义历史的几个主要阶段，总结了从1903年到1920年的长期奋斗经验。得出结论说："没有这种谨慎的、周详的、仔细的、长期的准备，我们就既不能在1917年10月取得胜利，也不能保持住这个胜利。"③

（一）阶级斗争是长期的斗争

布尔什维克的历史，向我们表明了它的胜利不是一帆风顺的，而是经过长期的、曲折的、复杂艰巨的阶级斗争实现的。

---

① 毛泽东：《关于正确处理人民内部矛盾的问题》，《人民日报》，1957年6月19日。
② 《列宁选集》（第四卷），人民出版社，1972年版，第201页。
③ 《列宁选集》（第四卷），人民出版社，1972年版，第188页。

任何国家的革命，都不会唾手而得。这是由布尔什维克的奋斗经验和中国共产党的长期斗争历史所证明了的。可是俄国的或者是中国的小资产阶级革命家，都在这个问题上碰了壁。他们往往把革命的胜利，看成轻而易举，不做坚韧不拔的努力和不屈不挠的斗争，把自己良好的愿望，建立在侥幸心理上，对各阶级不做科学的分析和正确的估量，往往在"左"的词句掩盖下，实行孤注一掷的盲动，一旦遇到挫折，就心灰意冷，悲观丧气。这种人给革命造成的损失，我们已经见到很多了。

有没有一个按照马克思列宁主义的革命理论和革命风格建立起来的革命党来领导革命运动，这是革命成败的关键。这个党要同各种各样的敌人作战，要在革命的暴风雨中锻造自己足以引导革命胜利，它的纲领观点和策略观点都要受到群众行动的检验，并被群众的亲身经验所证实是正确的，这只能在长期的革命实践中造成。

毛主席说："除了我们的觉悟，无产阶级先锋队的觉悟问题以外，还有一个人民群众的觉悟问题……人民的觉悟不是容易的，要去掉人民脑子中的错误思想，需要我们做很多切切实实的工作。"① 归根到底，要靠人民群众觉悟起来，组织起来，在共产党的正确领导下，将反革命消灭掉。

由于敌人不会自甘退出历史舞台，必然要做垂死挣扎。革命的阶级和人民绝不应该设想给敌人一次次定性打击，就可以把敌人消灭净尽。列宁说："资产阶级的反抗，因为自己被推翻（哪怕是在一个国家内）而凶猛十倍。"② 列宁还说在无产阶级专政时期："阶级还存在，而且在任何地方，在无产阶级夺取政权之后都还要存在好多年。"③ 毛主席把马克思列宁主义的阶级斗争学说大大向前发展了。还在1955年毛主席在给《人民日报》写的《关于胡风反革命集团的材料》按语中就指出：

---

① 《毛泽东选集》（第四卷），人民出版社，1960年版，第1029页。
② 《列宁选集》（第四卷），人民出版社，1972年版，第181页。
③ 《列宁选集》（第四卷），人民出版社，1972年版，第181页。

"在地球上全部剥削阶级彻底灭亡之后多少年内,很可能还会有蒋介石王朝的代表人物在各地活动着。"① 多次指出:"社会主义同资本主义之间谁胜谁负的斗争,需要一个很长的时间才能解决。几十年内是不行的,需要一百年到几百年的时间才能成功。"② 告诉我们要进行长期的坚持不懈的你死我活的斗争,认为敌人会因为失败而停止捣乱是没有根据的。它绝不会违背毛主席所指出的规律:"捣乱,失败,再捣乱,再失败,直至灭亡——这就是帝国主义和世界上的一切反动派对待人民事业的逻辑,他们决不会违背这个逻辑的。"③ 新老修正主义者,过去一直都在这样或那样地宣扬"阶级斗争熄灭论"。

为了巩固无产阶级专政,就必须把阶级斗争进行到底,在无产阶级专政下继续革命。为了夺取革命的胜利,需要进行长期的阶级斗争和艰苦的奋斗,胜利以后,革命的路程更长,这一点毛主席早在全国取得胜利的前夕就指出:"夺取全国胜利,这只是万里长征走完了第一步……中国的革命是伟大的,但革命以后的路程更长,工作更伟大,更艰苦。"④ 苏联由一个无产阶级专政的国家倒退回资本主义这个教训,和俄国无产阶级专政的历史经验证明,必须把无产阶级反对资产阶级的阶级斗争进行到底。

(二) 阶级斗争又是曲折的斗争

布尔什维克的历史还向我们表明了革命不仅是长期的,而且是曲折的。有高潮和低潮,有顺利与困难,有胜利也有失败,有进攻也有退却。革命的前途是光明的,革命的道路是曲折的,它不是平坦大道,倒像是滚滚波涛流进东海的长江。

1905年第一次俄国革命失败了,普列汉诺夫站在一旁指责群众的

---

① 中国人民大学哲学系辩证唯物主义与历史唯物主义教研室资料组编:《毛泽东同志论哲学》,中国人民大学出版社,1960年版,第61页。
② 《关于国际共产主义运动总路线的论战》,人民出版社,1965年版,第436页。
③ 《毛泽东选集》(第四卷),人民出版社,1960年版,第1375页。
④ 《毛泽东选集》(第四卷),人民出版社,1960年版,第1328页。

革命运动，说什么"本来是用不着拿起武器的"。列宁愤怒地批判了普列汉诺夫，斩钉截铁地回答说："本来应该更坚决、更果敢和更主动地拿起武器"①，痛斥普列汉诺夫是俄国马克思主义的叛徒。请看列宁是怎样总结这次革命的教训吧，他说："没有1905年的'总演习'就不可能有1917年十月革命的胜利""正是这一大失败给革命政党和革命阶级上了真正大有教益的一课，上了历史辩证法的一课，上了使它们懂得如何进行、善于进行和巧妙地进行政治斗争的一课。患难认识朋友。战败的军队善于学习。"②

毛主席在中国革命的过程中，多次教导我们："革命的道路，同世界上一切事物活动的道路一样，总是曲折的，不是笔直的。"③"世界上没有直路，要准备走曲折的路，不要贪便宜。不能设想，那一天早上，一切反动派会统统自己跪在地下。"④

有人以为革命走着曲折的道路是可以理解的，因为历史已经检验了的确是如此。建立了无产阶级专政的国家，阶级斗争是否还会有曲折呢？是有曲折的，苏联出了赫鲁晓夫、勃列日涅夫，这不是极大的曲折吗？社会主义社会始终存在着阶级，阶级矛盾和阶级斗争，存在着社会主义同资本主义两条道路的斗争，存在着资本主义复辟的危险性。怎能说想没有曲折呢？社会主义社会以至于将来的共产主义社会，也还会有曲折的。因为"任何事物的内部都有其新旧两个方面的矛盾，形成为一系列的曲折的斗争"⑤。毛主席说："在社会主义社会中，新生事物的成长条件，和过去根本不同了，好得多了。但是压抑新生力量，压制合理的意见，仍然是常有的事。不是由于有意压抑，只是由于鉴别不清，也会妨碍新生事物的成长。"⑥ 那种一帆风顺、不受挫折、不遇困难就能

---

① 《列宁选集》（第一卷），人民出版社，1972年版，第666页。
② 《列宁选集》（第四卷），人民出版社，1972年版，第184~185页。
③ 《毛泽东选集》（第一卷），人民出版社，1952年版，第141页。
④ 《毛泽东选集》（第四卷），人民出版社，1960年版，第1061页。
⑤ 《毛泽东选集》（第一卷），人民出版社，1952年版，第297页。
⑥ 毛泽东：《关于正确处理人民内部矛盾的问题》，人民出版社，1964年版，第26页。

获得胜利的想法,是不切实际的想法。归根到底,还是毛主席的结论是正确的。"斗争,失败,再斗争,再失败,再斗争,直至胜利——这就是人民的逻辑,他们也是决不会违背这个逻辑的。这是马克思主义的又一条定律,俄国人民的革命曾经是依照了这条定律,中国人民的革命也是依照这条定律。"①

(三) 阶级斗争又是复杂的斗争

布尔什维克的历史还向我们表明了,革命不仅是长期的、曲折的,而且是复杂的、激烈的斗争。那时布尔什维克所面临的敌人,既有国内的,又有过国际的;在工人阶级内部既有从右的方面来进攻的,又有"左"的方面干扰和破坏的;有杀气腾腾武装干涉的敌人,又有从内部充当可耻内应的;各个不同历史阶段又有不同的敌人;各个领域里的阶级斗争又各有不同。显然用千篇一律的办法,是不足以战胜各种敌人的。无论处在革命高潮时期,还是革命低潮时期,对于无产阶级革命者来说,革命的基本目的是没有改变的,但是革命的策略,在不同时期,不同环境下,却要求千变万化的、多样的、灵活的斗争形式,不熟悉各种斗争形式,没有随机应变,是不可能战胜狡猾的敌人的。

例如,在俄国革命斗争的历史上,抵制议会的斗争,在各个不同时期就有着不同的策略。1905年布尔什维克在革命高潮时期,宣布采取抵制议会的策略,因为沙皇企图用议会诱骗革命群众,拆散革命力量;使革命群众离开革命的斗争。因此,揭穿议会的阴谋,宣布抵制议会是有益的。可是在1906年革命已转向低潮时,布尔什维克抵制议会,列宁说:"虽然是一个不算大的、易于纠正的错误,但毕竟已经是一个错误。至于1907年、1908年以后几年的抵制,就是极其严重而难于纠正的错误了,因为当时一方面不能期望革命浪潮的迅速高涨并且转为起义。"② 如果再去抵制,就等于使自己丧失联系群众的可能,和丢掉反

---

① 《毛泽东选集》(第四卷),人民出版社,1960年版,第1376页。
② 《列宁选集》(第四卷),人民出版社,1972年版,第192页。

对沙皇专制制度斗争的一个有利阵地,能够利用合法斗争和不合法斗争结合起来,而不去利用,就等于放弃自己有利的阵地。正是因为布尔什维克参加了议会斗争,所以保全了党,保存了干部,争取了群众。在十月革命后,已经建立起苏维埃政权,应该蛮有理由不再参加资产阶级的议会了,但是布尔什维克还是参加了,因为人民群众对它还有幻想,只好用事实来开导那些具有幻想的群众,然后用参加它的办法去解散它。所以,面对这种复杂的情况,不能简单地、抽象地回答参加或不参加。如果不顾条件,不分环境,盲目地、毫无批判地到处乱搬,那是没有不出错误的。俄国有个"召回派",就是这种例子的人物,他们不顾历史条件,部分革命的高潮时期和低潮时期,把高潮时期抵制议会的成功经验,搬到革命低潮时期,硬要召回参加议会的布尔什维克代表,这种貌似"革命"的极左分子,列宁称他们是变相的取消派。

这种复杂的情形,在中国也很多。例如,在抗日战争胜利以后,我们要建一个无产阶级领导的以工农联盟为基础的人民民主专政的新国家,而大地主大资产阶级的政治代表蒋介石要篡夺抗日战争胜利果实,仍然要保存着一个大地主大资产阶级专政的半殖民地半封建的旧国家。在这样两条道路斗争的过程中,毛主席为我党制定正确的方针,就是"针锋相对,寸土必争"。当时蒋介石一面大举进攻解放区,一面又搞和平阴谋。针对蒋介石的反革命两手策略,我党采取了革命的两手策略反对反革命的两手策略,它来进攻,我们就将它消灭之,它搞阴谋,我们就揭破其阴谋。毛主席当时就指出:"蒋介石已经在磨刀了,因此,我们也要磨刀。"① 毛主席教导我们:"人民的武装,一杆枪、一粒子弹,都要保存,不能交出去。"② 毛主席指出:"'针锋相对',要看形势。有时候不去谈,是针锋相对;有时候去谈,也是针锋相对。从前不去是对的,这次去也是对的,都是针锋相对。这一次我们去的好,击破

---

① 毛泽东:《抗日战争胜利后的时局和我们的方针》,人民出版社,1960年版,第5页。
② 《毛泽东选集》(第四卷),人民出版社,1960年版,第1059页。

了国民党说共产党不要和平、不要团结的谣言。……如果他们要打,就把他们彻底消灭。事情就是这样,他来进攻,我们把他消灭了,他就舒服了。消灭一点,舒服一点;消灭得多,舒服得多;彻底消灭,彻底舒服。中国的问题是复杂的,我们的脑子也要复杂一点。"① 正因为毛主席为我们党规定了正确的路线、方针和政策,击破了各种"左"的和右的机会主义的干扰和破坏,才保证我党在复杂的阶级斗争中永远立于不败之地。

世界上的事情是复杂的,是由多方面的因素构成的。不能用简单的方法,千篇一律的办法,对付复杂的阶级斗争。

(四)巩固无产阶级专注依然要进行长期的、曲折的、复杂的阶级斗争

在争取无产阶级专政的斗争中,要经过长期的、曲折的、复杂激烈的阶级斗争,在为巩固无产阶级专政的斗争中同样要经过长期的、曲折的、复杂激烈的阶级斗争。毛主席说:"无产阶级和资产阶级之间的阶级斗争,各派政治力量之间的阶级斗争,无产阶级和资产阶级之间在意识形态方面的阶级斗争,还是长时期的,曲折的,有时甚至是很激烈的。"② 毛主席全面地总结了无产阶级专政正反两个方面的历史经验,为了防止资本主义复辟,毛主席早在1962年就说过:"从现在起,五十年内外到一百年内外,是世界上社会制度彻底变化的伟大时代,是一个翻天覆地的时代,是世界任何一个历史时代都不能比拟的。处在这样一个时代,我们必须准备进行同过去时代的斗争形式有着许多不同特点的伟大的斗争。"③ 这一科学预见,像灯塔一样照耀着我们前进,指引着一切真正的马克思列宁主义者为实现共产主义的伟大理想而英勇奋斗。

---

① 《毛泽东选集》(第四卷),人民出版社,1960年版,第1057页。
② 毛泽东:《关于正确处理人民内部矛盾的问题》,人民出版社,1964年版,第26~27页。
③ 中共中央党校编:《马列著作毛泽东著作选读(党的学说部分)》,人民出版社,1978年版,第480页。

过去的历史,无论是俄国布尔什维克的历史,还是中国共产党的历史,都向我们指明了,它们是走着曲折道路的历史,但是世界的前途是光明的,这是任何人也扭转不了的总趋势。在苏联最高苏维埃庆祝伟大的十月社会主义革命四十周年会议上毛主席就说过:"社会主义制度终究要代替资本主义制度,这是一个不以人们自己的意志为转移的客观规律。不管反动派怎样企图阻止历史车轮的前进,革命或迟或早总会发生,并且将必然取得胜利。"① 人民要革命,民族要解放,国家要独立,已成为当代不可抗拒的历史潮流。一九六二年一月三十日,在扩大的中央工作会议上毛主席又说过:"苏联是第一个社会主义国家,苏联共产党是列宁缔造的党。虽然,苏联的党和国家的领导现在被形式主义者篡夺了。但是,我劝同志们坚决相信,苏联广大的人民、广大的党员和干部,是好的,是要革命的,修正主义的统治是不会长久的。"② 世界上第一个无产阶级专政的国家由于修正主义的篡夺变成社会帝国主义国家,这是历史的大倒退,是一个曲折,然而这不过是人类历史长河中的一个小小逆流。这种局面总有一天要改变的。苏联的广大人民、广大的党员和干部,是要革命的,他们是会进步觉悟起来,总会拥护马克思列宁主义,人民革命的激流必将冲破修正主义统治的冰层,社会主义的春天一定会回到苏联的大地。

### 六、党是在两条路线的斗争中成长和壮大起来的

在这部书的第四章中,列宁总结了党内斗争的经验。指出布尔什维主义是在同"左"右倾机会主义的斗争中成长、壮大和得到锻炼的。

列宁在这章一开头就讲到反对右倾机会主义这个主要敌人的问题。列宁说:"机会主义在1914年彻底变成社会沙文主义,彻底倒向资产阶

---

① 中苏友好协会总会宣传部编:《中国人民庆祝十月革命四十周年纪念文集》,人民出版社,1958年版,第4页。
② 转引自《列宁主义,还是社会帝国主义?》,山东人民出版社,1970年版,第29页。

级方面反对无产阶级。这自然就是工人运动内部布尔什维主义的主要敌人。"① 可是列宁在这里并没有占用篇幅详细说明这个问题,是因为布尔什维克在这方面的活动,国外也知道得很清楚。

(一) 布尔什维克反对了哪些右倾机会主义的斗争

在半个世纪以后的今天,对于布尔什维克究竟反对了哪些右倾机会主义的斗争,是不是都很清楚呢?因此,哪怕是极其简要地回顾一下这方面的情况,还是必要的。

列宁在俄国着手建立马克思主义政党的时候,就同伯恩施坦修正主义作了毫不调和的斗争,批判了它在俄国的变种——经济派。办了《火星报》,写了《怎么办》。为俄国缔造了一个在思想上、纲领上、旗帜上完全区别于第二国际的真正马克思列宁主义的政党。

当列宁在思想上彻底粉碎了经济派之后,面临着同另一种机会主义的斗争,这就是孟什维克在组织问题上暴露出的机会主义。他们把党的组织看成是"可怕的工厂",把部分服从整体,少数服从多数,看成是"受奴役",把中央领导下的分工,视为难以忍受的"小轮子和小螺丝钉"。列宁写了《进一步退两步》,彻底揭露了孟什维克的机会主义建党路线,科学论证了新型的马克思主义政党的原理,丰富和发展了马克思的建党学说,规定了党是无产阶级先进分子所组织起来的部队,是按民主集中制原则组织起来,密切联系群众的,能够自我批评的,并由统一纪律巩固起来的无产阶级的最高组织形式。

在1905年俄国革命时期,俄国社会民主工党内部存在着两条根本不同的路线。一条是孟什维克的路线,一条是布尔什维克的路线,孟什维克认为俄国革命既然是资产阶级性质的革命,就应该让资产阶级充当革命的领导者;孟什维克主张用改良的办法,来"改善"沙皇制度,反对用武装起义推翻沙皇专制制度,即使革命胜利了,也不触动资产阶

---

① 《列宁选集》(第四卷),人民出版社,1972年版,第188页。

级，让它来掌握政权；至于社会主义革命在他们看来那是五十年到一百年以后的事情。列宁对这种害怕革命的策略，投降主义的策略，给以坚决的回击。指出帝国主义时代的资产阶级革命和资本主义上升时期的资产阶级革命根本不同；这个时期的资产阶级革命只能是无产阶级充当革命的领袖；依靠工人和农民的联盟，麻痹资产阶级，反对沙皇专制制度，才能取得胜利；它的手段是武装起义，用暴力推翻沙皇，建立革命政权；并认为民主革命一完成，社会主义革命即开始。列宁在《社会民主党在民主革命中的两种策略》中给孟什维克的机会主义路线以彻底的批判，同时规定了布尔什维克的马克思列宁主义革命路线。

第一次俄国革命失败了，接着在俄国就开始了一个斯托雷平反动时期，一切反革命势力联合起来向革命者疯狂进攻。党的同路人纷纷离散了，一部分公开钻进反革命营垒，一部分躲在工人内部引诱工人离开革命，披着马克思主义的外衣，反对马克思主义。尤其在哲学方面，他们用所谓最新科学成就来篡改马克思主义的根本原理，其实不过是用冒牌的"科学"论据加以掩饰的宗教流派，他们的所谓新发明不过是马赫主义在俄国的新翻版，归根到底是贝克莱的陈词滥调。列宁撕破了他们的假面具，痛斥了背叛马克思主义理论的"变节分子"，捍卫了马克思主义政党的理论基础，写了《唯物主义和经验批判主义》。

在第一次世界大战时期，第二国际有些国家的政党叛变工人阶级，站在本国资产阶级立场上，充当帝国主义的走狗。那时只有列宁领导的布尔什维克，效忠无产阶级，效忠于社会主义和国际主义，高举革命大旗，逆流而进。列宁在这个时期写了划时代的理论著作《帝国主义是资本主义的最高阶段》，深刻分析了帝国主义时代的各种矛盾，揭示了帝国主义发展的不平衡规律，指出帝国主义是垂死的资本主义，是无产阶级革命的前夜，得出了社会主义首先在一国胜利的理论。这一理论创造性地发展了马克思主义，鼓舞了世界无产阶级进攻的主动性。历史已证明了其科学性和正确性。在这个时期，列宁针对机会主义主张"国内和平"的口号,提出了"变帝国主义战争"为国内战争,针对"保护祖国"的口号,列宁确定了"使本国政府在帝国主义战争中失败"的政策。列宁在这个时期写了许多批判第二国际机会主义的著作,例如《第二国际的破产》《社会主义与战争》《国家与革命》以及十月革命后写的《无产阶级革命与叛徒考茨基》等等,可见布尔什维主义从诞生那天起,差不多主要精力都放在了反对右倾机会主义的斗争。

(二)布尔什维克反对小资产阶级革命性的斗争

现在我们就来介绍一下,列宁所讲的布尔什维主义反对另一个敌人的问题,就是反对"左"倾的斗争问题,这个问题列宁讲的是同小资产阶级的革命性作斗争的问题。

列宁说:"布尔什维主义是在同小资产阶级的革命性作长期斗争中成长、形成和得到锻炼的,关于这一点,国外知道得还很不够。"① 因此列宁在这章中详细地分析了这种斗争的情况。

列宁在分析小资产阶级的革命性的特点时,指出:"这种革命性有些象无政府主义,或者说,有些地方剽窃无政府主义;它在任何重大问题上,都离开无产阶级进行坚韧的阶级斗争的条件和要求。"② 这就是说,他们的思想方法,不是从客观实际出发,去做政治形势的分析和阶级势力的估计,而是主观片面,好走极端,一会儿革命狂热,一会儿又心灰意冷。这种革命性表现在政治上,是"左"右摇摆,动摇不定。革命高潮时表现为极端革命,革命低潮时又表现为消沉颓废,"左"起来"唯我独革",右起来投降叛变。这种小资产阶级的革命性表现在组织方面,不能团结,不能统一行动,不能表现出坚韧性、组织性、纪律性和坚定性。

布尔什维克曾经同小资产阶级的革命性作了无情的斗争,又同表现小资产阶级革命性最厉害的政党,即"社会革命党"作了毫不调和的

---

① 《列宁选集》(第四卷),人民出版社,1972年版,第188页。
② 《列宁选集》(第四卷),人民出版社,1972年版,第188页。

斗争，列宁讲到了同它们在三个主要的点上作了斗争。

"第一，这个党否认马克思主义，顽固地不愿（说它不能也许更确切一些）了解在采取任何政治行动之前，必须对各个阶级的力量及其相互关系作出严格的客观估计。"① 这就是说，它不能用阶级和阶级斗争的观点观察一切，它的行动不是以辩证唯物主义的世界观为自己的行动指南，而是用唯心论和形而上学来麻醉自己。所以要革命，要斗争，就要马克思列宁主义来指导，没有革命的理论，就没有革命的运动。

"第二，这个党认为它的独特的'革命性'和'左'的精神，在于它承认个人恐怖、暗杀手段，而我们马克思主义者却坚决摒弃这种手段。"② 列宁在这里告诉我们，革命是千百万群众的事业，不是靠那种少数所谓的勇敢分子的暗杀手段所能成功的。马克思早就说过，"历史活动是群众的事业"③，毛主席教导我们："人民，只有人民，才是创造世界历史的动力。"④ 这里又一次告诉我们，是搞唯物史观，还是搞唯心史观的根本原则的问题。

"第三，'社会革命党人'以为，他们的'左的精神'就在于嘲笑德国社会民主党内比较轻微的机会主义罪过，而他们在某些问题上，例如在土地问题或无产阶级专政问题上，却又效法这个党的极端机会主义者。"⑤ 这里列宁又一次告诉了我们"社会革命党"用批判右的机会主义掩盖自己的错误，打着正确的招牌，贩卖机会主义的货色，警惕这种贼喊捉贼的伎俩，撕破形"左"实右的假面具。

列宁在分析这种小资产阶级革命性的根源时指出：小资产阶级"是一切资本主义国家所固有的一种社会现象"⑥。在俄国小资产阶级成分大于西欧各国，但无政府主义的影响是比较小的，这是什么原因呢？列

---

① 《列宁选集》（第四卷），人民出版社，1972年版，第190页。
② 《列宁选集》（第四卷），人民出版社，1972年版，第190页。
③ 《马克思恩格斯全集》（第二卷），人民出版社，1957年版，第104页。
④ 《毛泽东选集》（第三卷），人民出版社，1953年版，第932页。
⑤ 《列宁选集》（第四卷），人民出版社，1972年版，第190页。
⑥ 《列宁选集》（第四卷），人民出版社，1972年版，第189页。

宁回答说有两个原因。一个见它在历史上出来表演，彻底暴露了它是不正确的，不适合作革命阶级的指导理论；另一个是由于布尔什维主义一贯对机会主义进行最无情最不调和的斗争。

列宁说："无政府主义往往是对工人运动中机会主义罪过的一种惩罚。这两种畸形东西是互相补充的。"① 当机会主义害怕革命美化资产阶级国家时，无政府主义跳到另一极端，连无产阶级专政的国家也不要了。关于布尔什维克反对自己党内"左"倾的斗争，有两次规模特别大：一次是1908年关于是否参加最反动的"议会"和是否参加最反动法律限制的合法工人组织的问题；另一次是1918年（缔结布列斯特合约时）关于可否容许某种"妥协"的问题。这两次事件列宁在本书中写得很详尽，认真看书，就可以通晓了。但是这两次斗争却给我们提供了非常宝贵的经验，它显示了布尔什维克的坚定的原则和策略的灵活性的结合。

1908年反对"左派"的斗争，向我们提供了在革命处于低潮时，善于集聚革命力量，有准备有组织地退却，把合法的斗争和不合法的斗争形式结合起来的经验，保住了无产阶级革命政党的坚强核心。学会地下工作，把无产阶级革命运动的司令部隐藏起来；另外尽可能争取广大群众，在一切可能的公开组织中工作，参加最反动的议会，参加受反动法律限制的组织，把议会内的斗争和议会外的斗争结合起来，把合法斗争同不合法斗争结合起来。那时候"左派"不参加反动议会，是他们"革命精神"的表现，其实他们正是害怕占领阵地，把群众交给反动派去愚弄。他们不参加议会的根据，是援引1905年抵制议会的成功经验，他们不懂得客观形势的不同，随之而来的斗争形式和组织形式亦应有所不同。1905年抵制议会是正确的，因为那时客观形势是群众罢工迅速转为政治罢工，进而转为革命罢工，再进而转为起义。如果不去抵制，让沙皇用召开议会的阴谋得逞，就等于给热火朝天的革命群众运动泼了

---

① 《列宁选集》（第四卷），人民出版社，1972年版，第189页。

一瓢冷水,中了沙皇拆散革命力量的奸计。可是后来的客观形势变了,革命处于低潮,不但没有起义的形势,甚至连政治罢工都不可讲,如果还不顾时间、条件、地点,一味盲目地、不加批判地运用这种经验,那就大错特错了。如同列宁所说的那样:"因为任何真理,如果把它说得'过火'(如老狄慈根所指出的那样),加以夸大,把它运用到实际所能应用的范围以外去,便可以弄到荒谬绝伦的地步,而且在这种情形下,甚至必然会变成荒谬绝伦的东西。"①

1918年布尔什维克同德帝国主义者签订了布列斯特和约,这件事情,当时在党内引起了很大的争论。"左派"共产主义者,并不认真思索,以为同帝国主义的无论什么妥协,都应该加以反对,认为这才是他们的"革命精神",其实正因为他们的阻挠,不仅无助于革命,而且确实帮助了帝国主义,即束缚无产阶级的手脚,帮助了敌人的进攻。

同敌人的妥协,是一种斗争方式,只要它不违背无产阶级的根本利益,某些妥协是允许的。当时签订布列斯特和约,是让了空间,争得了时间,把自己组织起来,迅速建立红军,以便认真对付敌人。这是如同列宁所说的"从强盗的光顾中脱险出来"②,"以便后来容易捕获和枪毙强盗"③。历史已经证明这种妥协是完全正确的。后来在斯大林时代苏联曾经同法西斯签订过协定,又同日本帝国主义签订过协定。这是为集中力量反对最主要的敌人,利用敌人之间的矛盾,不伤害无产阶级的根本利益,这种妥协是允许的。我们同世界上头号敌人美帝国主义,曾签订板门店协定,又进行了历史最长的华沙会谈,今年又签署了中美《联合公报》,这都是同敌人的一种妥协。妥协是斗争的结果,但并不是放弃斗争,妥协不能束缚斗争。如果痴心妄想,以为敌人也会像我们那样认真执行协定,那就是幻想。敌人会随时撕毁协定,因为它们本性是永

---

① 《列宁选集》(第四卷),人民出版社,1972年版,第217页。
② 《列宁选集》(第四卷),人民出版社,1972年版,第193页。
③ 《列宁选集》(第四卷),人民出版社,1972年版,第194页。

远也不会改变的，它要一而再，再而三捣乱。所以，革命者任何时候也不能放弃斗争，任何时候也不能用妥协来束缚自己的手脚。

列宁在这里既反对了"左"倾机会主义的错误，批评了那种"不论什么妥协都一概加以反对，这简直是难于当真看待的孩子气"①，又批驳了那种右倾投降主义。

（三）毛主席丰富和发展了党内斗争经验

列宁在这里告诉了我们，反对右倾机会主义和反对"左"倾机会主义的斗争，是党的发展规律。布尔什维克的历史上也向我们证明了布尔什维主义的胜利，就是战胜形形色色的机会主义的斗争史。反对"左"右倾机会主义的斗争，我们党有着丰富的斗争经验，在这方面毛主席的总结，丰富和发展了马克思列宁主义宝库。

毛主席说："党内不同思想的对立和斗争是经常发生的，这是社会的阶级矛盾和新旧事物的矛盾在党内的反映。党内如果没有矛盾和解决矛盾的思想斗争，党的生命也就停止了。"② 毛主席还教导我们说："马克思主义必须在斗争中才能发展，不但过去是这样，现在是这样，将来也必然还是这样。"③ 他《在中国共产党宣传工作会议上的讲话》中又说："马克思主义在同资产阶级、小资产阶级的思想作斗争中发展起来，而且只有在斗争中才能发展起来。"④ 毛主席还说过："历史告诉我们，正确的政治的和军事的路线，不是自然地平安地产生和发展起来的，而是从斗争中产生和发展起来的。一方面，它要同'左'倾机会主义作斗争，另一方面，它又要同右倾机会主义作斗争。不同这些危害革命和革命战争的有害的倾向作斗争，并且彻底地克服它们，正确路线的建设和革命战争的胜利，是不可能的。"⑤ 又说："一个政党要引导革命到胜

---

① 《列宁选集》（第四卷），人民出版社，1972年版，第194页。
② 《毛泽东选集》（第一卷），人民出版社，1952年版，第281页。
③ 《毛泽东著作选读（甲种本）》，人民出版社，1965年版，第352页。
④ 《毛泽东著作选读（甲种本）》，人民出版社，1965年版，第378页。
⑤ 《毛泽东选集》（第一卷），人民出版社，1952年版，第170页。

利，必须依靠自己政治路线的正确和组织上的巩固。"① 一再教导我们要搞马克思主义不搞修正主义。不论在民主革命时期，还是在社会主义革命时期，都为我们规定了正确的革命路线和政策。指引了中国革命由胜利走向新的胜利。

在中国没有像俄国那样的小资产阶级政党，这是中国社会的特点和我国阶级斗争特别尖锐的缘故。中国是一个小资产阶级大量存在的国家，这一点比俄国的小资产阶级所占的比重还要大，但是它没有可能建立小资产阶级政党。这是因为阶级斗争的阵线摆得非常清楚，要革命的就去找共产党，要反革命的就投靠国民党，而且在中国社会里，小资产阶级的绝大多数是革命的，受着帝国主义、封建主义和官僚资本主义的残酷压迫。革命的旗帜被中国共产党高举着，反革命的旗帜也非常鲜明被国民党挥舞着，没有小资产阶级独立活动的余地。所以，中国没有俄国那样的小资产阶级政党。

中国虽然没有这种小资产阶级政党，但是这种小资产阶级的思想，却从各个方面侵蚀着无产阶级，干扰和破坏共产党的革命路线。毛主席说："中国是一个小资产阶级成份极其广大的国家，我们党是处在这个广大阶级的包围中，我们又有很大数量的党员是出身于这个阶级的，他们都不免或长或短地拖着一条小资产阶级的尾巴进党来。小资产阶级革命分子的狂热性和片面性，如果不加以节制，不加以改造，就很容易产生主观主义、宗派主义，它的一种表现形式就是洋八股，或党八股。"② 毛主席领导我们党开展的整风运动，就是给这种人治病的运动，同样是向全党进行马克思列宁主义的教育运动。

这种小资产阶级思想，突出表现为无政府主义。这种无政府主义，在政治上，不听无产阶级司令部的指挥，还美其名曰"不当奴隶主义"，否定一切权威，把个人的权利看成是无限的。在经济上破坏统一

---

① 《毛泽东选集》（第一卷），人民出版社，1952年版，第278页。
② 《毛泽东选集》（第三卷），人民出版社，1953年版，第790页。

的计划经济，把规章制度，一概视为"老一套""旧框框"，想怎么干就怎么干，各行其是，为所欲为。在组织上，拉山头、闹宗派，用资产阶级的自由，破坏无产阶级的纪律，不服从调配，不执行党的方针政策，为非作歹，目无党纪国法，甚至堕落成为犯罪分子。其结果是一害革命，二害人民，三害自己。毛主席早就警告过："你们那一套是不行的，无产阶级是不能迁就你们的，依了你们，实际上就是依了大地主大资产阶级，就有亡党亡国的危险。"①

这种思想，不加节制，不加改造，就极易被反革命野心家、阴谋家所利用。列宁曾经深刻地指出过："我们不能忘记现在还有各种阶级存在，不能忘记小资产阶级的无政府主义反革命性是通向白卫匪帮的政治桥梁。"② 对于党内一些犯错误的同志，毛主席历来采取"团结—批评—团结"的方针，"惩前毖后、治病救人"，既要弄清思想又要团结同志。毛主席的这个正确方针，保证我党的兴旺发达，永远朝气蓬勃地前进。毛主席的这个处理党内矛盾的正确方针，既区别于右倾机会主义否认矛盾、不分是非的"党内和平论"，又区别于"左"倾机会主义的"残酷斗争，无情打击"论。这是毛主席对马克思列宁主义宝库增添的极其宝贵的贡献。

毛主席总结我们党反对"左"右倾的斗争经验，教导我们在注意到一种主要倾向的时候，也要注意可能掩盖着的另一种倾向。必须充分地看到和抓紧主流方面，同时逐一解决非主流方面的问题。既要看到事物的正面，又要看到事物的反面。要看到已经出现的问题，也要估计到我们还没有察觉而可能出现的问题。每当我们取得伟大胜利时，毛主席总是向我们敲起警钟，力戒骄傲，提醒我们谦虚谨慎。认真注意政策，防止违反政策的"左"的倾向；而当资产阶级猖狂进攻，或者我们遇到暂时困难时，或者某种力量纠正工作中的某些缺点错误时，毛主席总

---

① 《毛泽东选集》（第三卷），人民出版社，1953年版，第832页。
② 《列宁全集》（第三十二卷），人民出版社，1958年版，第178页。

是提醒我们要坚定，要坚持无产阶级的领导权，区别主流和支流，不要肯定一切或者否定一切，提防公开的暗藏的敌人的破坏和反扑，注意防止右的倾向。当某种倾向已经成为对党的事业造成危害的历史关头，毛主席总是以反潮流的大无畏的无产阶级革命精神为我们稳稳地把住了航向。这是毛主席对马克思列宁主义宝库增添的又一个极其宝贵的贡献。

毛主席又教导我们："反对党内'左'右倾向，必须依据具体情况决定方针。例如：军队在打胜仗的时候，必须防止'左'倾；在打败仗或者未能多打胜仗的时候，必须防止右倾。土地改革在群众尚未认真发动和尚未展开斗争的地方，必须反对右倾；在群中已经认真发动和已经展开斗争的地方，必须防止'左'倾。"① 这样就把我党反对"左"右倾的斗争建立在切实可靠的基础上，根据阶级斗争发展的新情况、新特点、新动向，开展反对"左"右倾的斗争，保证我们党始终沿着马克思列宁主义的革命路线胜利前进。这又是毛主席给马克思列宁主义宝库增添的极其宝贵的贡献。

还有一点我们说及的，"左"倾机会主义和右倾机会主义，它们是彼此相通的，并没有隔着一条不可逾越的鸿沟。比如王明，先是"左"倾机会主义，后来又成了右倾机会主义，当他"左"起来时，把小资产阶级看成是"最危险的敌人"，要"一律打倒"；可是右起来时就"一切通过统一战线"，他就是一切依靠国民党依靠大地主大资产阶级的政治代表。

（四）驳两个谬论

有这样一种谬论，说什么"'左'比右好"，"宁'左'勿右"。当然说这种话的人大部分是由于认识不清所致，可是别有用心的坏家伙，故意散播这种论调也是不能排除的。无论是"左"倾机会主义，还是右倾机会主义，都是马克思列宁主义毛泽东思想的大敌，它们是一丘之貉，怎能说是谁好谁坏呢？都是破坏党、破坏无产阶级专政的，都是干

---

① 《毛泽东选集》（第四卷），人民出版社，1960年版，第1163页。

扰和破坏无产阶级革命路线的，是两者皆坏，没有说谁比谁好的问题。毛主席说过："唯心论和机械唯物论，机会主义和冒险主义，都是以主观和客观相分裂，以认识和实践相脱离为特征的。以科学的社会实践为特征的马克思列宁主义的认识论，不能不坚决反对这些错误思想。"①这不是说得很清楚吗？都是错误的，怎么能够去分谁好谁坏呢？"左"是方法问题，右是立场问题。这又是一种糊涂观念。"左"是方法的问题吗？不对。"左"是方向路线问题，是举什么旗走什么路的问题，是走正确的道路，还是走邪路的问题。那种把"左"仅仅归结为方法问题，实际上是给错误路线充当辩护士。右是立场问题，难道"左"就不是立场问题了吗？"左"同样是站在非无产阶级立场上。为什么有人爱给"左"倾辩解呢？根本的问题是放松世界观的改造问题，中了"阶级斗争熄灭论"的流毒，是和那种错误的东西情投意合，臭味相投。这种思想若不加以改造，就不可避免地要走到邪路上去。

可见路线问题必须年年讲、月月讲、天天讲。毛主席教导我们"路线是个纲，纲举目张"②，"思想上政治上的路线正确与否是决定一切的"③。无论从事任何具体工作，都不能离开纲，都不能离开党的总路线和总政策，否则就不是一个清醒的革命者，就会迷失方向，就会贻误我们的工作。由于阶级斗争的长期性决定路线斗争的长期性。实践证明，两个阶级、两条道路的斗争，一直没有停止过，每过几年就有一次大的路线斗争出现。这样的斗争还可能有十次、二十次、三十次，一直要斗到共产主义。这是不以人们意志为转移的客观规律。因此，我们要不断提高阶级斗争路线、斗争和继续斗争的觉悟，就得"认真看书学习，弄通马克思主义"④才能自觉地执行党的革命路线和政策。

---

① 《毛泽东选集》（第一卷），人民出版社，1952年版，第272页。
② 《按照毛泽东革命路线加强民兵建设》，人民出版社，1972年版，第2页。
③ 中国革命博物馆：《中国共产党党章汇编》，人民出版社，1979年版，第227页。
④ 转引自中央党校编写小组：《〈路德维希·费尔巴哈和德国古典哲学的终结〉提要和注释》，人民出版社，1973年版，第5页。

我们的党早已是一个伟大、光荣、正确的党，在半个世纪的斗争中，打败了各种各样的敌人，战胜了"左"右倾机会主义的多次干扰和破坏。由于我们有伟大英明领袖毛主席的领导和正确的革命路线指引，我们党更加团结，更加坚强，尽管反党分子如何搞阴谋、闹分裂，"搞垮我们是不容易的，这是历史经验"①。最终只能被我们所打败。今后我们党也仍然要在两条路线的激烈斗争中，朝气蓬勃地胜利前进！

### 七、关于领袖、政党、阶级、群众间的相互关系

如果说列宁在这部书中的前几章着重介绍布尔什维克的经验。那么，从第五章到第九章，列宁则是针对当时"左派"的幼稚病所犯错误，进行了恰如其分的批判，并且从中引出必要的结论。

在第五章中列宁批驳了德国"左派"共产党人的错误，论证了领袖、政党、阶级、群众间的相互关系。

（一）德国"左派"犯了什么错误

德国"左派"共产党人犯了什么错误呢？

这些人犯了把领袖和群众、阶级和政党对立起来的错误。列宁揭露这种错误时说："是党专政还是阶级专政？是领袖专政（领袖的党）还是群众专政（群众的党）？——单是这种问题的提法就已经证明思想的混乱到了不可思议的无可救药的地步。"②

列宁指出他们煞费苦心，标新立异，结果却弄巧成拙。接着论证了领袖、政党、阶级、群众间的相互关系。列宁说："群众是划分为阶级的……阶级通常是由政党来领导的；政党通常是由最有威信、最有影响、最有经验、被选出担任最重要职务而称为领袖的人们所组成的比较稳定的集团来主持的。"③ 列宁在说这话的时候，前面说了一个"谁都

---

① 转引自邵阳地委五·七干校编印：《马克思恩格斯列宁斯大林毛主席论干部教育》，邵阳地委五·七干校，1976年版，第17页。
② 《列宁选集》（第四卷），人民出版社，1972年版，第197页。
③ 《列宁选集》（第四卷），人民出版社，1972年版，第197页。

知道",在后面紧接着又说"这都是起码的常识。这都是简单明了的"①,来证明它们之间的相互关系,是一个统一整体,我们在下一章中,还看到列宁又说到无产阶级的革命政党,"要是这个党不学会把领袖和阶级、领袖和群众结成一个整体,结成一个不可分离的整体,它便不配拥有这种称号"②。拿我国的情况来说,我国革命的胜利和无产阶级专政的巩固,都要直接依靠广大人民群众。而群众是划分为阶级的。毛主席说过:"除了沙漠,凡有人群的地方,都有左、中、右,一万年以后还会是这样。"③ 群众中有觉悟的部分,又有落后的部分,还有处在中间状态的部分,这就需要先进的阶级——无产阶级这样的阶级来领导;而无产阶级又要靠它的先锋队——共产党来领导,而共产党呢?又是由于有伟大领袖毛主席的领导,才能获得胜利的。如果没有中国共产党的正确领导,也就没有无产阶级的一切,没有人民的一切。这是实践一再证明了的真理,可是当时德国"左派"共产党人,却硬要把它们对立起来冒出了这一套说辞。

(二)德国"左派"犯错误的原因

列宁接着分析德国"左派"共产党人所犯错误的原因:"一方面,大概是由于党的合法状态和不合法状态的迅速更替,破坏了领袖、政党和阶级之间的普通、正常和简单的关系,把人们的思想弄糊涂了,陷于困惑莫解的地位。"④ 这是说的他们所犯错误的客观原因。列宁又说:"另一方面,很明显,这不过是不加思索,胡乱使用'群众'和'领袖'这类现代的'时髦'字眼而已。这些人时常听到并且切实学会了怎样攻击领袖,怎样把'领袖'同'群众'对立起来;但是他们却不

---

① 《列宁选集》(第四卷),人民出版社,1972年版,第197~198页。
② 《列宁选集》(第四卷),人民出版社,1972年版,第206页。
③ 中共中央党校编:《马列著作毛泽东著作选读(科学社会主义部分)》,人民出版社,1978年版,第576页。
④ 《列宁选集》(第四卷),人民出版社,1972年版,第198页。

会想一想这是什么对什么的关系，不会把事情弄清楚。"① 这是说的他们所犯错误的主观原因。他们不假思索，不想一想这是什么对什么的关系，例如第二国际的机会主义者，本来就不是无产阶级的领袖，而是"工人贵族"的领袖，是无产阶级和劳动群众的敌人，绝不是领袖和群众的关系，这是叛徒与无产阶级和人民群众的敌对关系。可是因此而否认无产阶级和群众，需要自己的政党和领袖，正是这些人没弄清楚是什么对什么的关系问题。

(三) 德国"左派"犯错误的实质

列宁说："为此竟把群众专政和领袖专政根本对立起来，实在是荒唐和愚蠢得可笑。尤其可笑的是人们在'打倒领袖'这一口号掩饰下，实际上竟把一些胡说八道满口谬论的新领袖拉出来代替那些对普通事物还能持常人见解的老领袖。"②

这些胡说八道的新领袖，进而"宣称政党是根本不需要的，是'资产阶级性'的"③，真是荒谬。

他们这样做的结果，就是否认党性，否认党的纪律。而否认党性，否认党的纪律，"这就等于完全解除无产阶级的武装而有利于资产阶级。这也就恰恰是小资产阶级的散漫、动摇、不能坚持、不能团结、不能统一行动，而纵容这些行为，就必然使无产阶级的任何革命遭到失败"④。他们不懂得在无产阶级专政下阶级斗争还要存在好多年，如果没有巩固的无产阶级专政，资本主义就要复辟。而无产阶级专政若没有党，这种斗争是不可能顺利进行的。列宁得出结论说："无产阶级专政是对旧社会的势力和传统进行的顽强斗争，流血的和不流血的，暴力的和和平的，军事的和经济的，教育的和行政的斗争。千百万人的习惯势力是最

---

① 《列宁选集》（第四卷），人民出版社，1972年版，第198页。
② 《列宁选集》（第四卷），人民出版社，1972年版，第199页。
③ 《列宁选集》（第四卷），人民出版社，1972年版，第199页。
④ 《列宁选集》（第四卷），人民出版社，1972年版，第200页。

可怕的势力。没有铁一般的和在斗争中锻炼出来的党,没有为本阶级全体忠实的人所信赖的党,没有善于考察群众情绪和影响群众情绪的党,要顺利地进行这种斗争是不可能的。"①

(四)陈腐不堪的谬论,改头换面的花招

我们知道赫鲁晓夫全盘否定了斯大林,就是在所谓"反对个人迷信"的幌子下进行的,是对列宁的关于领袖、政党、阶级、群众相互关系的学说的恶毒攻击。赫鲁晓夫否定斯大林,其结果造成了群众对无产阶级政党、无产阶级专政和社会主义制度的自我怀疑,实实在在打击了真正的马克思列宁主义革命者,为修正主义提供了机会和空间。

## 八、"哪里有群众,就一定到哪里去工作"

列宁在第六章中揭露了德国"左派"共产党人对待工会运动的错误。问题是革命家应当不应当在反动工会里做工作?实质是说的共产党人如何对待群众的问题。反动工会,在我国,随着中国人民革命的胜利,早已一扫而光。对于已经建立了无产阶级专政的社会主义国家,似乎议论参加反动工会问题,还有什么必要呢?但是作为一个无产阶级革命家,如果把自己的眼界仅仅限于本国的问题上,那他就不配有这样的光荣称号。对于我国来说反动工会的问题已成为历史的过去,但对于依然处于资本主义统治下的各国工人群众来说还是现实问题。即使在我国反动工会已不存在了,但是共产党人如何对待群众的问题,却是永远必须重视的问题。

(一)要不要到反动工会里去工作

"左派"共产党人在对待反动工会的问题上,当时犯了哪些错误呢?

德国的"左派"怒气冲冲痛骂反动工会,说什么共产党人不能够也不应该到反动工会内去进行工作,说什么必须退出这种反动工会,而

---

① 《列宁选集》(第四卷),人民出版社,1972年版,第200页。

另外创设一种崭新的、清一色的、由很可爱的共产党人自己想出来的"工人联合会"。他们拒绝到反动工会内工作的唯一理由,是说这个工会是反动的。他们把反动工会的上层分子、工人贵族和广大工人群众混为一谈,他们不愿意也看不到这种区别,于是就去制造一种臆想的工人联合会,结果煞费苦心才弄到七万工人参加他们的所谓广泛的"工人联合会",而仍然留在反动工会的工人却有八百万,这就是"左派"共产党人臆想的称心如意的"杰作"。

"左派"共产党人企图一下子把工会变成"没有反动色彩"的幻想,不仅在当时是无法办到的,就是在无产阶级专政时期也是不可避免的。所以列宁说:"这无异于叫四岁的小孩去学高等数学。"①

"左派"共产党人,硬要臆想一种"工人联合会",实际上是他们害怕到反动工会里去工作,企图逃避困难。所以列宁说:"这无异是害怕无产阶级先锋队的作用,即训练、启发、教育工人阶级和农民中最落后的阶层和群众并吸引他们来参加新生活。"②

"左派"共产党人拒绝去反动工会内工作,就是放弃了同机会主义和社会沙文主义的"领袖"作斗争,不做这种斗争,就没有办法争取这方面的群众。所以列宁说:"这无异是共产党人给资产阶级帮大忙。"③"不在反动工会里工作,就是把那些不十分开展的或落后的工人群众委弃在反动领袖、资产阶级的代理人、工人贵族或'资产阶级化的工人'的影响之下。"④"左派"共产党人空喊"群众",而实际上当工人迫切要求组织起来时。他们却袖手旁观,害怕反动派的挑剔、捣乱、侮辱和迫害。

"左派"共产党人臆造出一些幼稚可笑的"左"的口号,他们当时需提出"承认苏维埃制度和专政"才可以加入工人联合会的条件。列

---

① 《列宁选集》(第四卷),人民出版社,1972年版,第205页。
② 《列宁选集》(第四卷),人民出版社,1972年版,第206页。
③ 《列宁选集》(第四卷),人民出版社,1972年版,第208页。
④ 《列宁选集》(第四卷),人民出版社,1972年版,第208页。

宁批评他们说:"很难想象谁还会做出比'左派'革命家更不明智、对革命更有危害的事情来!即使现时在俄国,在我们打败本国资产阶级和协约国资产阶级,取得空前胜利已经两年半的今天,如果我们提出'承认专政'作为加入工会的条件,那我们也是做蠢事,破坏自己对群众的影响,帮助孟什维克。因为共产党人的全部任务,就是要善于说服落后分子,善于在他们中间进行工作,而不是臆想出一些幼稚的'左的'口号同他们隔离开来。"①

列宁尖锐地批评了他们那种唱高调,说废话,孤立自己的策略,提出了"哪里有群众,就一定到哪里去工作"②。一个说"要",一个说"不要"。反映了两条不同路线的斗争,两种不同的策略。

(二) 敢不敢到反动工会里去工作

解决了要不要到反动工会里去工作的问题,还有一个敢不敢去的问题,到反动工会里去工作,无疑地会遇到难以想象的种种困难。可想而知,反动派一定要设置种种障碍,阻止共产党人加入公会,以求达到他们愚弄群众的目的。"机会主义的'领袖'先生们一定会使用各种资产阶级的外交手腕,依靠资产阶级政府、教士、警察和法庭来阻止共产党人进入工会,千方百计地把他们排挤出去,使他们极不便于在工会内部进行工作,并且对他们进行侮辱、攻击和迫害。"③再加上工人阶级开始成长的时候,各种资产阶级的偏见,某些狭隘的行会习气,某些不同的政治倾向和因循守旧的积习等,在那里去工作无疑是比较困难的,甚至有牺牲生命的危险。所以列宁讲:"'不怕困难',不怕那些'领袖'对我们进行挑剔、捣乱、侮辱和迫害。"④ 这里讲的都是一个敢字的问题。也就是敢不敢革命的问题。

---

① 《列宁选集》(第四卷),人民出版社,1972年版,第209~210页。
② 《列宁选集》(第四卷),人民出版社,1972年版,第209页。
③ 《列宁选集》(第四卷),人民出版社,1972年版,第210页。
④ 《列宁全集》(第三十一卷),人民出版社,1958年版,第34页。

（三）学会在群众中进行工作

不仅要敢于革命，还有一个会不会革命的问题，也就是我们通常说的是不是善于斗争的问题。明确了要革命，又敢于革命，学会革命也就并不难了。如果连敢都不敢，坐着不动，怎么能学会呢？但是有了敢于革命的勇气和决心，还不等于就会革命，能够善于斗争。列宁在本章里介绍了布尔什维克的经验。列宁说："党直接依靠工会来进行自己的工作。"① "党就是通过这个机构同本阶级和群众取得密切联系的；阶级专政便是在党的领导下通过这个机构来实现的。"② "要进行很复杂的多样化的宣传鼓动工作，及时地和经常地召集工会领导者的会议，以及有威信的工会工作者的会议，同时还要跟孟什维克作坚决的斗争。"③ 列宁还说通过工会来联系群众还是不够的，还要通过苏维埃，通过工农代表会议等，"以便考察群众的情绪，接近群众，满足群众的需求，从群众当中提拔优秀的人材来担任管理国家的职务等等"④。列宁还说："政治家的艺术（以及共产党人对自己任务的正确了解）就在于正确判断在什么条件下，在什么时机无产阶级先锋队可以成功地夺取政权，可以在夺取政权过程中和夺取政权以后得到工人阶级和非无产阶级劳动群众十分广大阶层的充分支持，以及在夺取政权以后，能通过教育和训练吸引愈益众多的劳动群众来支持、巩固和扩大自己的统治。"⑤ 使自己在斗争中造成"深谋远虑、经验丰富、熟悉情况的无产阶级的政治领导者"⑥。"善于说服落后分子，善于在他们中间工作。"⑦ 善于对付一切反动派的捣乱、攻击和迫害。"正是为了在凡是有无产阶级群众和半无产阶级群众的机关、社团和协会（哪怕是最反动的）里系统地、不屈

---

① 《列宁选集》（第四卷），人民出版社，1972年版，第203页。
② 《列宁选集》（第四卷），人民出版社，1972年版，第204页。
③ 《列宁选集》（第四卷），人民出版社，1972年版，第204页。
④ 《列宁选集》（第四卷），人民出版社，1972年版，第204页。
⑤ 《列宁选集》（第四卷），人民出版社，1972年版，第207页。
⑥ 《列宁选集》（第四卷），人民出版社，1972年版，第207页。
⑦ 《列宁选集》（第四卷），人民出版社，1972年版，第210页。

不挠地、坚韧不拔地、耐心地进行宣传和鼓动工作，也就应当善于忍受一切牺牲，克服各种重大障碍。"① 所有这些教导，都是说的要学会斗争，也就是要善于斗争的问题。

（四）学会群众观点，走群众路线

如何对待群众的问题，毛主席经常教导我们学会群众的观点，走群众路线，什么工作都要搞群众运动。

毛主席把密切联系群众，看成是我们党区别于任何其他政党的显著标志之一。他把党同人民群众的关系，比作鱼水关系。教导我们"全心全意地为人民服务，一刻也不脱离群众"②，"共产党人的一切言论行动，必须以合乎最广大人民群众的最大利益，为最广大人民群众所拥护为最高标准"③。多年来，我们党在毛泽东思想的光辉照耀下，懂得了相信群众、依靠群众，向群众学习，又率领群众前进，养成了"从群众中来，到群众中去"的群众路线的工作方法和作风。

毛主席说："只要我们依靠人民，坚决地相信人民群众的创造力是无穷无尽的，因而信任人民，和人民打成一片，那就任何困难也能克服，任何敌人也不能压倒我们，而只会被我们所压倒。"④ 事实正是这样，由于我们相信群众是一切工作的出发点，我们能够放手发动群众，壮大自己，孤立敌人。由于我们党同人民群众建立了正确的关系，向群众学习，具有甘当小学生的精神，所以我们能够从群众中吸取智慧和力量，获得为人民服务的本领能够充当人民群众的向导。由于我们有了一个正确的态度和方法，关心群众，热爱群众，细心倾听群众的呼声，有事同群众商量，根据群众的觉悟程度去启发和提高群众的觉悟，按照群众的自觉和自愿的基础上把群众组织起来，进行斗争。所以我们能够不断领导群众前进。对于群众中的意见，要用马克思列宁主义、毛泽东思

---

① 《列宁选集》（第四卷），人民出版社，1972年版，第209页。
② 《毛泽东选集》（第三卷），人民出版社，1953年版，第995页。
③ 《毛泽东选集》（第三卷），人民出版社，1953年版，第997页。
④ 《毛泽东选集》（第三卷），人民出版社，1953年版，第997页。

想加以分析,对于群众中的正确意见,定要采纳,并且照办;而对群众中错误的意见,不但不能去办,而且还要给以批评和教育,做耐心细致的思想教育工作。为人民的利益而坚持真理,为人民的利益而改正错误,所以我们党的力量是无敌的。对于群众的态度问题中,有一个对待落后分子的态度问题。毛主席发展了列宁的"善于说服落后分子,善于在他们中间进行工作"①的思想,提出了"共产党员对于落后的人们的态度,不是轻视他们,看不起他们,而是亲近他们,团结他们,说服他们,鼓励他们前进"②。我们有的人常常不懂得争执落后分子的极端重要性。这是一种用僵化的态度形而上学的方法来观察问题的缘故,他们看不见落后分子的可变性,也忘掉了自己的责任,先进之所以称之先进,在于提高落后,如果连这个起码的任务都忘了,又怎能谈得上自己还"先进"呢?所以毛主席教导说:"任何有群众的地方,大致都有比较积极的、中间状态的和比较落后的三部分人。故领导者必须善于团结少数积极分子作为领导的骨干,并凭借这批骨干去提高中间分子,争取落后分子。"③ 如果我们不去争取,岂不是把他们交给了阶级敌人去愚弄?

毛主席总是教导我们"团结起来,争取更大的胜利"④,革命总是多团结一个人比少团结一个人好。早在抗日战争初期,毛主席就教导我们:"日本帝国主义者和蒋介石能够用纵横捭阖的手段来对付革命队伍,共产党也能够用纵横捭阖的手段对付反革命队伍。他们能够拉了我们队伍中的坏分子跑出去,我们当然也能够拉了他们队伍中的'坏分子'(对于我们是好分子)跑过来……那敌人的队伍就减少了,我们的队伍就扩大了。"⑤ 如果因为有落后分子就拒绝工作,那岂不是重犯列宁所

---

① 《列宁选集》(第四卷),人民出版社,1972年版,第210页。
② 《毛泽东选集》(第二卷),人民出版社,1952年版,第488页。
③ 《毛泽东选集》(第三卷),人民出版社,1953年版,第853页。
④ 《让哲学变为群众手里的尖锐武器》(第二集),人民出版社,1970年版,第132页。
⑤ 《毛泽东选集》(第一卷),人民出版社,1952年版,第143~144页。

批判过的那种拒绝到反动工会里工作的同样错误吗？

## 九、在"畜圈"里进行工作

列宁在第七章针对德国的以及荷兰的"左派"共产党人拒绝参加资产阶级议会，详尽地分析了该不该参加资产阶级议会的问题，也就是列宁曾说过的在"畜圈"里进行工作的问题。

这个问题，对于我国来说，毛主席早就说过："无议会可以利用。"① 当然也就不存在参加议会的问题。自从建立了无产阶级专政的社会主义国家之后，如同列宁所说的那样："资产阶级议会制度时代已经告终，无产阶级专政时代已经开始。"② 当然说不上来用什么议会制度的问题。这样说来，我们学习这一章还有什么意义呢？有的。而且意义很大。对于我国说来，是已经过时的东西，但对于仍然处于资本主义统治下的工人阶级说来，就未必是过时的东西。尤其是列宁的分析问题的方法，是值得我们认真学习的。

（一）驳"在历史上已经过时了"的谬论

列宁在批判"左派"的"议会制度在历史上已经过时了"的谬论时，是从两个方面进行分析批判的。一个是批判他们讲空话放弃实际斗争的错误，一个是批判他们拿世界历史的尺度来衡量实际政策问题的错误。

列宁指出："议会制度在'历史上已经过时了'。就宣传意义上来说，这是对的。但是谁都知道，从宣传到实际战胜议会制度，还相距很远。早在几十年前，就完全有理由宣布资本主义'在历史上已经过时了'，但是决不能因此就说不必要在资本主义基地上进行很长期很顽强的斗争。"③ 当时的德国并没有建立苏维埃共和国，实际上还存在着议

---

① 《毛泽东选集》（第二卷），人民出版社，1952年版，第507页。
② 《列宁选集》（第四卷），人民出版社，1972年版，第212页。
③ 《列宁选集》（第四卷），人民出版社，1972年版，第212页。

会制度，在实际斗争面前，放弃自己的顽强斗争，岂不是在那里说空话吗？

列宁接着还指出："就世界历史来说，议会制度'在历史上已经过时了'，这就是说，资产阶级议会制度时代已经告终，无产阶级专政时代已经开始。这是毫无疑义的。但是世界历史的尺度是以数十年来衡量的。早一二十年或迟一二十年，这用世界历史的尺度来衡量，是算不得什么的，这从世界历史的角度来看，是微不足道的，甚至是无法大略加以计算的。正因为如此，拿世界历史的尺度来衡量实际政策问题，便是极为严重的理论错误。"① 这就是说，具体事物要具体分析，决不能用一个药方医百病，不能用世界历史的尺度来衡量某一个国家某一个时代的具体政策问题。

（二）驳"在政治上已经过时了"的谬论

列宁在批判德国"左派"说议会制度"在政治上已经过时了"的谬论时批判了三点。

第一点，批判德国"左派"过去认为议会制度"在政治上已经过时了"就是不容争辩的错误，今天又重犯这个错误，而且连一点证据的影子也拿不出来。这样对待错误的态度，"这恰恰证明他们不是阶级的党，而是一个小组，不是群众的党，而是知识分子的和沾染了知识分子恶习的少数工人的一个小团体"②。列宁在这里提出了马克思主义政党对待错误的著名论断。他说："一个政党对自己的错误所抱的态度，就是衡量这个党是否郑重，是否真正履行它对本阶级和劳动群众所负义务的一个最重要最可靠的尺度。公开承认错误，揭露错误的原因，分析产生错误的环境，仔细讨论改正错误的方法——这才是一个郑重的党的标志，这就是党履行自己的义务，这才是教育和训练阶级，以至于

---

① 《列宁选集》（第四卷），人民出版社，1972年版，第212页。
② 《列宁选集》（第四卷），人民出版社，1972年版，第213页。

群众。"①

第二点，批判他们把自己的愿望当作了客观现实。列宁反驳说："既然'数百万'的和'无数'的无产者，不仅还一般地赞成议会制度，而且简直是反革命的，那怎么能说'议会制度在政治上已经过时了'呢！？可见在德国，议会制度在政治上还没有过时。"② 在这里我们又一次看到列宁认真、仔细、耐心教育德国"左派"共产党人，"不能把对于我们已经过时的东西，当作对于阶级也已经过时的东西，当作对于群众也已经过时的东西"③，"决不应该把自己降低到群众的水平，降低到阶级中落后阶层的水平"④。"必须把痛苦的真理告诉他们，你们必须把他们的资产阶级民主偏见和议会制度偏见叫作偏见。但是同时你们也必须清醒地注意到正是整个阶级的（而不仅是它的共产主义先锋队的）、正是全体劳动群众的（而不仅是他们的先进分子的）觉悟和准备的实际状况。"⑤

列宁根据当时德国实际情况，得出结论说："在德国，议会制度在政治上还没有过时，革命无产阶级的政党必须参加议会选举，参加议会讲坛上的斗争，其目的正是在于教育本阶级的落后阶层，正是在于唤醒和教育不开展的、闭塞的和愚昧无知的农村群众。当你们还无力解散资产阶级议会以及其他类型的什么反动机构的时候，你们必须在这些机构内部工作，正是因为在那里还有受神甫愚弄的、因闭塞而愚昧无知的工人；不然，你们就有成为空谈家的危险。"⑥

第三点，批判德国"左派"没有认真研究布尔什维克的策略。空谈概念，不估计到具体经验。列宁提醒他们："最好少称赞我们几句，

---

① 《列宁选集》（第四卷），人民出版社，1972年版，第213页。
② 《列宁选集》（第四卷），人民出版社，1972年版，第213页。
③ 《列宁选集》（第四卷），人民出版社，1972年版，第214页。
④ 《列宁选集》（第四卷），人民出版社，1972年版，第214页。
⑤ 《列宁选集》（第四卷），人民出版社，1972年版，第214页。
⑥ 《列宁选集》（第四卷），人民出版社，1972年版，第214页。

多研究研究布尔什维克的策略,多熟悉熟悉这些策略!"① 用俄国的事实证明:"在苏维埃共和国胜利以前几个星期,甚至在胜利以后,参加资产阶级民主议会,不仅对革命无产阶级没有害处,反而会使它易于向落后群众证明为什么这种议会应该解散,易于把这种议会解散,易于促使资产阶级议会制度'在政治上过时'。"②

(三) 驳荷兰"左派"帮倒忙

荷兰"左派"为拒绝参加议会的主张作辩护,列宁说正像熊为了赶走友人鼻子上的苍蝇,用一块大石头把友人的脑袋砸成两半一样帮了倒忙。

荷兰"左派"既没有参加过真正的革命,又不认真研究已有的革命经验。议会的东西是对革命无产阶级的事业有害的,维护的东西弄到荒谬绝伦的地步。列宁说:"荷兰人和一般'左派'在这方面的言论活象空谈革命的学理主义者,那种人从来没有参加过真正的革命,或者没有深刻地探讨过革命史,或者天真地以为主观上'否认'某种反动机构,便算是实际上用许多客观因素的共同力量把这种机构破坏了。"③

我们知道马克思曾说过:"批判的武器当然不能代替武器的批判。物质力量只能用物质力量来摧毁,但是理论一经掌握群众,也会变成物质力量。"④ 荷兰"左派"以为一"否认"就算是自己的胜利了,当时还可以说是思想呼呼,举动幼稚。

荷兰"左派"不懂得合法斗争和不合法斗争相融合的重要性,"他们忘记了一系列革命的经验,也可以说是所有革命的经验,而这些革命的经验证明,在革命时期,把反动议会外的群众行动和议会内部同情革命的(如果是直接支持革命的,那就更好)反对派配合起来,是特别

---

① 《列宁选集》(第四卷),人民出版社,1972年版,第214页。
② 《列宁选集》(第四卷),人民出版社,1972年版,第215页。
③ 《列宁选集》(第四卷),人民出版社,1972年版,第217页。
④ 《马克思恩格斯全集》(第一卷),人民出版社,1956年版,第460页。

有益的"①。列宁举出了布尔什维克参加极端反革命的议会,不但无害,反而有益的证据。指出要解散议会,在议会内部出现一个反对派和议会外的革命群众相配合岂不是更方便吗?不是要清除资产阶级民主偏见和议会制度偏见吗!"所以共产党人只有从资产阶级议会这种机构内部,才能(并且应该)进行长期的、顽强的、百折不挠的斗争,来揭发、消除和克服这些偏见。"② 要造就可靠的、经过考验的和有威望的好领袖,就得使领袖受到考验,其中包括议会斗争舞台的考验,就非得把合法斗争和不合法斗争配合起来不可。要建立一个新社会吗?那就"不要"逃避这种困难,不要跳过利用反动议会来达到革命目的。

(四)议会斗争不是最高的、决定性的、支配其余一切斗争的

革命的历史经验,向我们表明,无产阶级要不要参加资产阶级的议会呢?不能抽象地回答肯定与否定。一定要从具体情况进行具体的分析,是在什么原则下参加或不参加,在什么条件下参加或不参加,在什么环境下参加或不参加。如果是为了唤醒群众,争取群众,发展革命势力,应该参加议会斗争,利用讲坛,扩大无产阶级的阵地,宣传无产阶级的纲领和主张,揭穿资产阶级的骗局,使议会斗争服务于整个革命的斗争。

参加议会斗争,又不使资产阶级议会把自己的手脚束缚起来,要把议会内斗争和议会外斗争结合起来,绝不可以以争取合法斗争为限而放弃秘密斗争,任何时候都不能放弃宣传无产阶级的政策和主张。放弃这个条件,就是机会主义。第二国际的叛徒们和现代修正主义的猪狗们,坐在"畜圈"里吃资产阶级的残羹剩饭,实在是资产阶级求之不得的走狗。

反动阶级从来是不甘自动退出历史舞台的,为了挽救自己的灭亡,总是用种种办法拆散革命力量利用议会为诱饵,来扑灭革命的,无产阶

---

① 《列宁选集》(第四卷),人民出版社,1972年版,第217页。
② 《列宁选集》(第四卷),人民出版社,1972年版,第220页。

级革命家就不应该陷入敌人的圈套。历史上不是有过坐在资产阶级议会里，而不知道那是"畜圈"的人们，一夜之间被打击致死的，这样的教训还不值得吸取吗？

有议会斗争可以利用而不去利用，那是不对的。尽管反动派怎样反对，总会有机可乘，有合法斗争的条件，而不去争取，实际上是逃避困难，放弃阵地。参加议会斗争，又不降低革命水准，要使议会斗争服务于革命斗争，服务于无产阶级专政的斗争。在议会内揭露反动派同议会外的革命群众斗争密切结合起来。

无产阶级反对资产阶级的革命斗争，它的斗争形式是多种多样的。如同列宁所说的那样："合法的和不合法的，和平的和激烈的，地下的和公开的，小组的和群众的，议会方式的和恐怖主义的"① 等等。无论是哪一个国家，无产阶级反对资产阶级的斗争，都要善于掌握一切斗争形式。和迅速用一种形式代替另一种形式，或者交替并用。

议会斗争只是斗争的一种形式，它既不是唯一的形式，也不是主要的形式。马克思主义者一向认为，在一定条件下，无产阶级政党应当参加议会斗争，利用议会讲话，揭露资产阶级的反动本质，教育人民群众，积蓄革命力量。应当利用而不去利用是错误的，但是，无产阶级政党决不能用议会斗争代替无产阶级革命，更不能妄想通过"议会道路"过渡到社会主义。任何时候都必须把自己的主要注意力放在群众斗争上，放在武装夺取政权上。列宁早就说过："把阶级斗争局限于议会内的斗争，或者认为议会内的斗争是最高的、决定性的、支配着其余一切斗争形式的斗争，那就是实际上转到资产阶级方面去而反对无产阶级。"②

无产阶级绝不可以孤立地进行议会斗争，更不可以夸大议会斗争的作用。因为靠议会斗争是不能改变资产阶级专政的，议会不过是资产阶

---

① 《列宁选集》（第四卷），人民出版社，1972年版，第183页。
② 《列宁选集》（第四卷），人民出版社，1972年版，第136页。

级专政的装饰品，只要资产阶级的国家机器依然存在，资产阶级可以随时解散议会，当上了议员也无可奈何。资产阶级可以利用修改选举法的手段，使选票多的也不能获得多数议席。因此很难设想无产阶级获得多少选票而使议会发生变化。没有革命群众的暴力革命，把革命放在选票上是第二国际的"国会迷"，也是现代修正主义者的痴心妄想。

议会斗争只是一种斗争形式，它不是最高形式，也不是唯一形式。革命的最高形式是战争解决问题。毛主席说："革命的中心任务和最高形式是武装夺取政权，是战争解决问题。这个马克思列宁主义的革命原则是普遍地对的，不论在中国在外国，一概都是对的。"①

如果拒绝议会斗争，忽视议会斗争，像列宁批判的那样："仅仅咒骂议会机会主义，仅仅否认参加议会的必要，来标榜自己的'革命性'，这是轻而易举的事，但是正因为这太容易了，所以不是解决困难的、极困难的任务的办法。"②

对于已经取得无产阶级革命胜利的国家，是不存在参加不参加反动议会的问题。但是列宁的对这一问题的极严肃极认真的分析问题的方法、革命精神，和尊重群众革命斗争的经验，以及灵活的策略思想，永远值得我们认真学习的。

## 十、最大限度孤立敌人，获得大量同盟者

列宁在第八章中讲的是该不该妥协的问题，批判了当时德国"左派"发誓"不作任何妥协"的荒谬，从而告诉了我们必须坚持马克思主义的革命原则性和策略的灵活性相结合。

（一）德国"左派"在这个问题上犯了什么错误

德国"左派"在这个问题上犯了三个错误：

第一，他们分不清妥协的性质，凡是容许妥协，在他们看来就是机

---

① 《毛泽东选集》（第二卷），人民出版社，1952年版，第506页。
② 《列宁选集》（第四卷），人民出版社，1972年版，第219页。

会主义的。列宁说:"幼稚而毫无经验的人们,以为只要一般地承认容许妥协,就会把机会主义(我们正同它并且必须同它进行不调和的斗争)和革命马克思主义或共产主义之间的任何界限都抹杀了。"①

第二,他们拒绝同其他政党妥协,攻击德国共产党中央"独立党人"("德国独立社会民主党",即考茨基派)订立同盟的想法。他们不懂得德国"独立社会民主党"内部,显然是不一致的:其中除掉那些已经证明不能了解苏维埃政权和无产阶级专政的意义,不能领导无产阶级革命斗争的机会主义者领袖外,还有一个左翼,即无产阶级一翼已经形成,并且正在非常迅速地发展着。

第三,他们十分固执地不承认凡尔赛和约,是先把自己的手脚束缚起来,像小孩子一样,上了法、英等帝国主义陷害德国共产党人的圈套。

(二)列宁对他们的批判

列宁针对德国"左派"的"不作任何妥协"的错误口号,首先引用了恩格斯批判布朗基派的"不在中间站停留,不作妥协"②的错误;"把自己的急躁当做理论上的论据,这是何等天真幼稚!"③接着列宁提出了"左"右倾的两种机会主义的干扰,一个是"在年纪很轻、没有经验的革命者看来,以及在甚至岁数很大、经验很多的小资产阶级革命者看来,好象'容许妥协'是异常'危险'的,是不可理解和不正确的"④。另一个是许多诡辩家和英国机会主义领袖那样,议论什么"既然布尔什维克可以作某种妥协,为什么我们不可以作任何妥协呢?"⑤到底马克思主义者赞成什么样的妥协,又该反对什么样的妥协呢?列宁在这里清楚地划了两种妥协的界限。

---

① 《列宁选集》(第四卷),人民出版社,1972年版,第224页。
② 《马克思恩格斯全集》(第十八卷),人民出版社,1964年版,第585页。
③ 《马克思恩格斯全集》(第十八卷),人民出版社,1964年版,第586页。
④ 《列宁选集》(第四卷),人民出版社,1972年版,第222页。
⑤ 《列宁选集》(第四卷),人民出版社,1972年版,第222页。

这就是："一种是为客观条件（罢工者钱用完了，没有外界援助，陷于极端的饥饿和苦难）所迫而作的妥协，这种妥协丝毫不会使实行这种妥协的工人削弱对革命的忠诚和继续斗争的决心；另一种是叛徒的妥协，他们把一切推在客观原因上，而实际上却是贪图私利（工贼也实行'妥协'！），怯懦畏缩，甘愿向资本家讨好，屈服于资本家的威胁，有时是被资本家说服，有时是被他们的小恩小惠引诱，有时是被他们的甜言蜜语迷惑住了。"①

列宁在划分了这两种妥协的差别时还指出："有时也可以遇到异常困难复杂的个别情况，只有经过极大的努力，才能正确断定某种'妥协'的真实性质。"②"在政治上有时由于各阶级和各政党之间的（国内的和国际的）相互关系异常错综复杂，有许多情况判断起来，要比判断什么是罢工中的合理'妥协'，什么是工贼、叛徒领袖等等的叛卖性'妥协'，更为困难。"③因此列宁教导我们说："为了能够分析各个不同的情况，应该有自己的头脑。党组织的作用和名副其实的党的领袖的作用，也正在于通过本阶级一切肯动脑筋的分子所进行的长期的、顽强的、各种各样的、多方面的工作，获得必要的知识、必要的经验、必要的（除了知识和经验之外）政治敏感，来迅速而正确地解决各种复杂的政治问题。"④

这里告诉了我们："不作任何妥协"是错误的，是违背马克思主义的基本真理；是不是可以作任何妥协呢？也是错误的。列宁说："重要的是在每个个别的或特殊的历史关头，要善于从实际政治问题中识别哪些问题表现出最主要的那种不可容许的、叛卖性的、体现着对革命阶级有害的机会主义的妥协，并且要全力揭露这种妥协，同它进行斗争。"⑤

---

① 《列宁选集》（第四卷），人民出版社，1972年版，第223页。
② 《列宁选集》（第四卷），人民出版社，1972年版，第223页。
③ 《列宁选集》（第四卷），人民出版社，1972年版，第223页。
④ 《列宁选集》（第四卷），人民出版社，1972年版，第223~224页。
⑤ 《列宁选集》（第四卷），人民出版社，1972年版，第224页。

这种"妥协",是借口妥协,牺牲革命,这种"妥协",是同敌人"入伙分赃"、同流合污。绝不可以忘记列宁远在1897年的教导:"无论与其他革命派别订立什么样的实际的联盟,都不能而且不应当在理论上、纲领上、旗帜上实行妥协或让步。"① 也不可忘记列宁在十月革命前夕的又一条教导:"真正革命的政党的职责不是宣布根本做不到的'绝对不妥协',而是要通过各种妥协(在它们不可避免的时候)忠于自己的原则、自己的阶级、自己的革命任务,忠于准备革命和教育人民群众走向革命胜利的事业。"②

现在,我们来看看列宁是怎样批判德国"左派"的第二个错误的?

德国"左派"拒绝同其他政党实行机动、通融、妥协,反对同独立党建立联盟。列宁针对他们的错误,讲了很多道理,并且举出布尔什维克多次同其他政党建立联盟的正确策略。

"左派"共产主义者虽然承认革命的最终目的,但是不了解革命的当前具体任务和不懂得达到最终目的要经过长期的曲折的斗争过程,幻想革命会在一个早晨获得胜利,把复杂的阶级斗争简单化了,把迂回曲折的道路直线化了,他们的策略是不动脑筋、不假思索,幻想开一张包治百病的丹方,所以,它是危害革命的策略。列宁针对他们的病症指出:"为了推翻国际资产阶级而进行的战争,要比国家之间通常进行的最顽强的战争还要困难百倍,费时百倍,复杂百倍;进行这样的战争而事先拒绝采用机动办法,拒绝利用敌人之间的利益矛盾(哪怕是暂时的矛盾),拒绝同各种可能的同盟者(哪怕是暂时的、不稳定的、动摇的、有条件的同盟者)通融和妥协,这岂不是可笑到了极点吗?这岂不是正象我们想攀登一座崎岖险阻、未经勘察、人迹未到的高山,却预先拒绝有时要迂回前进,有时要向后折转,放弃已经选定的方向而试着向

---

① 《列宁选集》(第一卷),人民出版社,1972年版,第99页。
② 《列宁选集》(第二十五卷),人民出版社,1958年版,第299页。

各种不同的方向走吗？"①

德国"左派"不懂得孤立敌人，又不懂得团结大多数，获得大量的同盟者，结果把朋友推给敌人，不是壮大自己，而是孤立自己。列宁教导说："要战胜更强大的敌人，只有尽最大的力量，同时必须极仔细、极留心、极谨慎、极巧妙地一方面利用敌人之间的一切'裂痕'，哪怕是最小的'裂痕'，利用各国资产阶级之间以及各个国家内资产阶级各集团或各派别之间的一切利益对立，另一方面要利用一切机会，哪怕是极小的机会，来获得大量的同盟者，尽管这些同盟者是暂时的、动摇的、不稳定的、靠不住的、有条件的。谁不懂得这一点，谁就是丝毫不懂得马克思主义，丝毫不懂得一般的现代科学社会主义。"② 列宁的这个策略思想是极其深刻的、具有普遍意义的，不仅是医治"左派"幼稚病的一剂良药，而是永放光辉的。是团结朋友，壮大自己，战胜敌人的法宝。

列宁举出俄国革命家由于不懂得"政治活动并不是涅瓦大街的人行道"③，而遭受了无数的牺牲，付出了昂贵的代价，教育各国共产党人和革命家迅速领会这个真理。列宁还列举布尔什维克多次同其他阶级和政党建立联盟。同时在思想上、政治上同它们作不调和的斗争。

列宁指出德国"左派"不愿同"独立"党建立联盟，是极不严肃的、是错误的。当德国工人由右向左转变的大好形势下，没有立刻增加共产党人的力量，反而增加了中间政党——"独立"党的力量，原因就在于德国共产党人采取了错误的策略。

德国"左派"工会作阶级分析，不懂得区别对待的政策，把"独立"党看成是清一色的铁板一块的反动政党，他们不知道这里除了机会主义的领袖外，还有一个左翼，正在形成和发展，把靠拢共产党的数十

---

① 《列宁选集》（第四卷），人民出版社，1972年版，第225页。
② 《列宁选集》（第四卷），人民出版社，1972年版，第225页。
③ 《列宁选集》（第四卷），人民出版社，1972年版，第226页。

万无产者党员推给敌人，这是地地道道的孤家寡人的策略。

他们不懂得共产党人同其他政党采取机动、通融、妥协的办法，"全部问题在于善于运用这个策略，来提高无产阶级的觉悟性、革命性、斗争能力和致胜能力的一般水平，而不是降低这种水平"①。他们不懂得利用动摇分子，孤立、瓦解敌人，转入我们的阵营。列宁教导说："共产党人的正确策略，应该是利用这种动摇，决不是忽视这种动摇，既然要利用这种动摇，那么就要对那些倾向于无产阶级的分子让步，当他们倾向的时候，实行让步，看他们倾向的程度，来决定让步的程度；同时要同那些倾向于资产阶级的分子作斗争。"②

列宁在批判德国"左派"的第三个错误时指出当时他们十分固执地不承认凡尔赛和约。这里列宁既批判了"独立党"人的机动灵活滚到了"非阶级"的或"超阶级"的观点上；又批判了德国共产党人束缚自己手脚的错误，上了德、英等帝国主义陷害自己的圈套。列宁举俄国的事例教育他们："既然俄国一国为了革命的利益能够忍受几个月布列斯特和约，那么苏维埃德国为了革命的利益，在同苏维埃俄国结成联盟的情况下，忍受为时更久的凡尔赛和约决不是不可能的。"③

（三）毛主席丰富和发展了列宁的策略思想

在中国，反对各种各样的敌人的斗争中，情况是非常复杂的、尖锐的。我们看到过，在国内战争中仗打得特别大，又出现过敌对双方坐在一块谈判的情况，签订过"双十协定"。毛主席亲自制定了"针锋相对"的正确方针，并且亲自去重庆参加了会议。揭穿了蒋介石的假和平、真内战的面具，打是"针锋相对"，谈也是"针锋相对"。它来进攻，我们就把它消灭之；它用谈判来欺骗人民，我们就用谈判来揭穿它的阴谋。这就是用革命的两手政策反对反革命的两手政策。我们同美帝

---

① 《列宁选集》（第四卷），人民出版社，1972年版，第229页。
② 《列宁选集》（第四卷），人民出版社，1972年版，第229页。
③ 《列宁选集》（第四卷），人民出版社，1972年版，第231页。

国主义在朝鲜,仗打得那么大,最后出现了板门店的会谈。苏修社会帝国主义在我国边境至今还陈兵百万,侵犯我国边境,进攻我珍宝岛,新沙皇妄想实现老沙皇奴役中国的迷梦,它来进攻,我们将它消灭了;又出现了中苏边界谈判,帝国主义的侵略本性是永远也不会改变的,在战场上捞不到的东西,妄图在谈判桌上来捞取,同样在谈判桌上它也是得不到便宜的。这就是我们有一条马克思列宁主义的路线和政策。毛主席说:"所谓妥协,是指经过和平协商达成协议。"① 妥协必须双方都做必要的让步,没有互让,也就没有妥协,对于革命者来说,辛辛苦苦斗争得来的胜利果实,"让"了一些,未免可惜。但是"让"是为了换取更大的胜利,"让"是为了揭穿敌人的阴谋,"让"是为了争取更多的同盟者和同情者,是为了新的更大胜利准备条件,"让"是有限度的、以不损害人民的基本利益为原则。当然由于我们让步,敌人可能以为我们软弱可欺,得寸进尺,我们就决不要被敌人的气势汹汹所吓倒,敢于起来将它打倒,就是毛主席的说法:"坚决、彻底、干净、全部地消灭之。"② 如果敌人撕毁协议,就是人民面前输了理,我们就是得道多助。

妥协不能束缚无产阶级的手脚,它只能是对敌人的一种约束,敌人是从来不会认真执行协议的,这是它们本性所决定的。革命家不放弃这个手段,就是用这个武器来同它作斗争。因为归根到底,是战而胜之,取而代之,妥协只能是暂时的一定条件下的产物。

在对敌斗争的问题上,毛主席为我们规定了"利用矛盾,争取多数,反对少数,各个击破"③ 的原则。又规定了"有理、有利、有节"的方针,把列宁所讲的"利用敌人之间的一切'裂痕',哪怕是最小的'裂痕',利用各国资产阶级之间以及各个国家内资产阶级各集团或各派别之间的一切利益对立"④,极大向前发展了。毛主席说过狗打架的

---

① 《毛泽东选集》(第四卷),人民出版社,1960年版,第1080页。
② 《毛泽东选集》(第二卷),人民出版社,1952年版,第707页。
③ 《毛泽东选集》(第四卷),人民出版社,1960年版,第1052页。
④ 《列宁选集》(第四卷),人民出版社,1972年版,第225页。

事情多得很，"这不过是大狗小狗饱狗饿狗之间的一点特别有趣的争斗，一个不大不小的缺口，一种又痒又痛的矛盾。但是这点争斗，这个缺口，这种矛盾，对于革命的人民却是有用的。我们要把敌人营垒中的一切争斗、缺口、矛盾，统统收集起来，作为反对当前主要敌人之用"①。中国的"左"倾机会主义，就是不懂真理，他们不懂得利用矛盾，他们只看到敌人的一致性方面，没有看到敌人之间的相互残杀的方面；他们不懂得争取多数，打击少数，而是把朋友送给了敌人；他们不懂得各个击破，而是不会择敌，浪费子弹，一律打倒，结果一个也未打倒，反而使自己陷于孤立，给中国革命造成极大的损失。

毛主席规定的"有理、有利、有节"的方针，是把马克思列宁主义的策略系列运用到绝妙的境地。毛主席的这个策略原则不仅在抗日战争中使我们立于不败之地，而且是我们对敌斗争中具有普遍指导意义的。

在获得大量的同盟者这个问题上，毛主席历来主张团结一切可能团结的力量。早在民主革命时期就规定了发展势力，争取中间势力，孤立顽固势力的策略。并把这三者紧密不可离地联结在一起。显然不放手发动群众，扩大自己的军队和根据地，扩大自己的组织，提高自己的觉悟，就不能抵抗反共顽固势力的压迫，也不能消释中间派的怀疑，就没有依靠的力量和胜利的基础；同样中间势力是不可忽视的。毛主席说："在中国，这种中间势力有很大的力量，往往可以成为我们同顽固派斗争时决定胜负的因素，因此，必须对他们采取十分慎重的态度。"② 假如不去争取或忽视争取中间派，中间派就会动摇起来，甚至变成敌人的同盟军，因为顽固派也极力拉拢他们，从而使我们陷入孤立；对顽固派斗争越坚决，中间派就越要分化，越容易倾向我们，或保持中立，进步势力也就越发展，并受到锻炼。

---

① 《毛泽东选集》（第一卷），人民出版社，1952年版，第134页。
② 《毛泽东选集》（第二卷），人民出版社，1952年版，第706页。

在不同历史时期，阶级相互关系的问题上，毛主席极其巧妙地有区别有步骤地制定灵活的策略。在社会主义革命时期，提出"调动一切积极因素，团结一切可能团结的人，并且尽可能地将消极因素转变为积极因素，为建设社会主义社会这个伟大的事业服务"①。毛主席把同盟者区分为最可靠的同盟者、可靠的同盟者、一定时期一定程度上的同盟者，把各种积极因素充分调动起来，"九大"时，为我党规定了团结胜利的路线，又规定各种具体政策，保证我们党始终沿着马克思列宁主义的正确路线胜利前进。

## 十一、"用绞索吊住绞犯"的策略

列宁在第九章里。对于英国"左"倾共产主义者所表达的年轻的共产主义者或刚刚开始接受共产主义思想的普通工人的情绪和观点，给以热情地支持；同时指出单凭情绪来领导群众是不够的，必须造就无产阶级的阶级政治家。当时英国"左"倾共产主义者也和法国"左派"同样犯了拒绝参加议会的错误，不懂得利用敌人之间的矛盾和冲突，不懂得"用绞索吊住绞犯"。不懂得怎样争取群众，犯了孤军作战的错误。

（一）造就无产阶级的政治家

列宁对于年轻的共产主义者和刚刚接受共产主义思想的普通人的情绪和观点，称"这种情绪是极其可喜、可贵的，应当善于珍视和支持这种情绪，因为没有这种情绪，英国或任何其他国家的无产阶级革命的胜利是没有希望的。对于那些善于表达群众这种情绪，善于激发群众这种（往往是蒙胧的、不自觉的、未觉醒的）情绪的人，应该爱护，应该关切地给以种种帮助"②。列宁的这些话，是说的对新生事物的态度问题，恰恰在这个问题上常常成为马克思列宁主义革命家和机会主义者的分

---

① 毛泽东：《关于正确处理人民内部矛盾的问题》，人民出版社，1964年版，第24页。
② 《列宁选集》（第四卷），人民出版社，1972年版，第234页。

界线。

列宁提出:"对资产阶级的'阶级政治家'满怀着最崇高的无产阶级的憎恨(这不仅是无产者,而且是一切劳动者,即德国人所说的一切小百姓都能理解和感到亲切的一种憎恨)。被压迫被剥削群众的代表所表达的这种憎恨,实在是一切智慧之本,一切社会主义运动和共产主义运动及其成功的基础。"① 这种无产阶级对资产阶级的仇恨,始终应该赞扬的。只有叛徒才对资产阶级眉来眼去,只有赫鲁晓夫那样的叛徒才说出同帝国主义"彼此消除仇恨"的话来。

当然,如果以为有了可贵的情绪,革命的胜利就可以唾手可得,那是错误的。列宁说:"在伟大的革命斗争中,单凭情绪来领导群众是不够的"②,"革命策略决不能只根据革命情绪来制定"③,必须把群众的可贵情绪加以引导、提高和集中,制定出适合当时情况的政策,然后再启发群众,教育群众,组织群众进行斗争。要做到这一点,要战胜资产阶级,必须造就自己的、无产阶级的阶级政治家。

而这种政治家就要依据科学来行动,"而科学首先要求估计到其他国家的经验,特别是其他也是资本主义的国家正在经历或不久前曾经经历过的那种非常类似的经验;其次,它要求估计到本国内部活动着的一切力量、集团、政党、阶级和群众,决不能仅仅根据一个集团或一个政党的愿望和见解、觉悟程度和斗争决心来确定政策"④。用毛主席的说法,就是:"指导一个伟大的革命运动的政党,如果没有革命理论,没有历史知识,没有对于实际运动的深刻的了解。要取得胜利是不可能的。"⑤

要革命,就得依据革命的客观规律来办事,不能以主观愿望代替客

---

① 《列宁选集》(第四卷),人民出版社,1972年版,第234页。
② 《列宁选集》(第四卷),人民出版社,1972年版,第234页。
③ 《列宁选集》(第四卷),人民出版社,1972年版,第218~219页。
④ 《列宁选集》(第四卷),人民出版社,1972年版,第235页。
⑤ 《毛泽东选集》(第二卷),人民出版社,1952年版,第498页。

观实际，不能以感想代替政策，不能以为有了革命热情而忽视求实精神，也不能以死碰硬拼代替严肃认真的斗争。列宁指出要懂得革命的基本规律："要举行革命，单是被剥削被压迫群众感到不能照旧生活下去而要求变革，还是不够的；要举行革命，还必须要剥削者也不能照旧生活和统治下去。只有当'下层'不愿照旧生活而'上层'也不能照旧生活和统治下去的时候，革命才能获得胜利。"①

当然懂得革命的基本规律，还不能代替各个国家的具体革命，这个规律无疑地给各国革命提供了普遍的原则，要使革命获得胜利，还要懂得革命的特殊规律。毛主席说："任何思想，如果不和客观的实际的事物相联系，如果没有客观存在的需要，如果不为人民群众所掌握，即使是最好的东西，即使是马克思列宁主义，也是不起作用的。我们是反对历史唯心论的历史唯物论者。"②

任何人宣扬什么"思想的力量代替物质的力量"，妄图扭转历史的车轮，真是蚍蜉撼树！像历史上一切臭名远扬的人物一样，结果都被历史的车轮压得粉身碎骨。

无产阶级的政治家，用毛主席的总结就是"要搞马列主义，不要搞修正主义"③。

(二) 列宁为英国提供的"用绞索吊住绞犯"的策略

列宁当时提出的策略，是要英国共产主义者给某种反对派某些问题上给以某种支持，就是说，当时要在参加议会方面，给韩德逊、斯诺顿之流这种反动派的某些支持，支持他们去战胜联合起来的劳合-乔治和丘吉尔。无产阶级的革命家为什么要支持资产阶级的某些反动派呢？这似乎令人难以理解，可是当时只有这样做，才能对无产阶级的革命更有利，以为列宁说这是"真相"用绞索吊住绞犯一样。用我们的话说，

---

① 《列宁选集》（第四卷），人民出版社，1972年版，第239页。
② 《毛泽东选集》（第四卷），人民出版社，1960年版，第1404页。
③ 中国革命博物馆：《中国共产党党章汇编》，人民出版社，1979年版，第220页。

就是分化、瓦解敌人，拆散敌人之间的联系。

第一，当英国的大多数工人还不清楚韩德逊之流，盲目地跟着它在的时候，他们还没有尝过这类分子组成的政府的滋味，就应该让他们亲自去尝一尝这种滋味，然后才能认清它的反动本质而离开它。要让实际经验去开导他们。列宁说："英国共产主义者必须参加议会，必须由议会内部帮助工人群众在事实上认清韩德逊和斯诺顿政府所造成的结果，必须帮助韩德逊和斯诺顿之流去战胜联合起来的劳合-乔治和邱吉尔。不这样做，就会使革命事业遭到困难，因为工人阶级多数人的观点如果不转变过来，革命是不可能的，而这种转变是由群众的政治经验造成的，单靠宣传是永远不能奏效的"①。

第二，当时英国共产主义者，要接近群众，要使群众听自己的讲话，都是很困难的。可是要让他们投票赞成韩德逊而反对劳合-乔治，那就获得了讲话的机会，应该利用这个讲坛而不去利用，那是愚蠢的。

第三，当时英国共产主义者如果能够分清主要敌人和次要敌人，学会利用矛盾，充分利用狗打架，自己就主动了。在列宁所提出的"用绞索吊住绞犯"这一招，棋就活了。如同列宁说的那样，要是韩德逊和斯诺顿之流赞同和共产主义者订立联盟，我们就胜利了，是因为议席多对于无产阶级说来是无关紧要的，之所以说是个胜利，"是因为正当劳合-乔治亲自出马'煽动'群众的时候，我们能够在群众中展开我们的鼓动工作，并且我们能够帮助工党更快地组织起自己的政府，还能够帮助群众更快地了解我们共产主义者反对韩德逊之流的全部宣传，我们将毫无顾忌，毫不避讳地去进行这种宣传"②。要是"韩德逊之流宁愿自己接近资本家，而不愿使一切工人联合起来"③。揭穿"韩德逊和斯诺顿

---

① 《列宁选集》（第四卷），人民出版社，1972年版，第238页。
② 《列宁选集》（第四卷），人民出版社，1972年版，第240~241页。
③ 《列宁选集》（第四卷），人民出版社，1972年版，第241页。

之流,害怕战胜劳合-乔治,害怕单独取得政权,偷偷摸摸地力求获得劳合-乔治的支持"①。"共产主义者就可以立刻博得群众的同情,而使韩德逊辈和斯诺顿辈威信扫地。"②

这种策略比拒绝参加议会复杂得多,有效得多。学会理解矛盾,让他们狗咬狗吧!让他们为猎取议会而明争暗斗吧,让他们在狗打架中两败俱伤,彼此削弱,威信扫地。而我们则不放走一切可能利用的矛盾,争取群众,教育群众,使群众在斗争中获得制胜的经验。为实现无产阶级专政而斗争。

### 十二、"几点结论"教导了我们些什么

最后这一章的"几点结论",是列宁根据俄国布尔什维克的成功经验,和国际共产主义运动中刚刚出现的"左派"幼稚病的错误教训,做出的科学结论。这些结论始终是各国共产党人的宝贵财富。

列宁在这里给我们哪些宝贵的指示呢?

第一,列宁教导我们:既然遵循共产主义的基础原则,又必须考察、研究、探索、揣测和把握民族的特点和特征。

这个真理,一再被国际共产主义运动中胜利的历史所证明。我们中国共产党一贯坚持马克思列宁主义的普遍真理同中国革命的具体实践相结合。在中国共产党第八次全国代表大会开幕词中,毛主席说:"我国的革命和建设的胜利,都是马克思列宁主义的胜利,把马克思列宁主义的理论和中国革命的实践密切地联系起来,这是我们党的一贯的思想原则"③。毛主席在一九六二年为日本朋友题词:"只要认真做到:马克思、列宁主义的普遍真理与日本革命的具体实践相结合,日本革命的胜

---

① 《列宁选集》(第四卷),人民出版社,1972年版,第241页。
② 《列宁选集》(第四卷),人民出版社,1972年版,第242页。
③ 毛泽东:《中国共产党第八次全国代表大会开幕词》,人民出版社,1956年版,第5~6页。

利就是毫无疑义的。"① 我们伟大领袖毛主席在领导中国革命的伟大斗争中总是坚持辩证唯物论和历史唯物论的世界观,总是坚持用马克思列宁主义的立场、观点、方法,对中国社会各阶级的政治经济地位及其相互关系进行具体分析,对正反两方面的经验进行科学的总结,正确提出党的路线和政策,继承,捍卫和发展了马克思列宁主义,领导全国人民不断胜利前进。一切假马克思主义者,都是以理论和实践相脱离,主观和客观相分裂为其思想特征的,他们总是从右倾和"左"的方面,用唯心论和形而上学,反对和歪曲辩证唯物论和历史唯物论,反对进行调查研究和阶级分析,反对理论和实践的统一。陈独秀、王明等一类都是这样做的,他们同革命的客观规律,同毛主席的革命路线相对立,所以都在实践中遭到了破产。

借口"民族特点"而否认马克思列宁主义普遍真理是修正主义;离开民族特点来读马克思主义,是抽象的空洞的马克思主义,都是违背马克思主义的。只有既反对修正主义,又反对教条主义,把马克思列宁主义,毛泽东思想的"一贯的思想原则"坚持到底,只有既反对右倾机会主义,又反对"左"倾机会主义,把无产阶级的革命路线坚持到底,才会有革命的胜利。

第二,列宁教导我们:单靠先锋队是不能胜利的。必须善于争取群众,把群众引导到无产阶级专政方面来。

革命本来是千百万人民群众的事业,要打倒敌人,归根到底要靠人民群众觉悟起来,组织起来,进行斗争。必须依靠千百万群众的革命积极性,充分发挥人民群众创造历史的伟大力量。

要使群众觉悟起来,就要宣传革命的道理,而要宣传革命的道理,首先就得使无产阶级的先锋队用马克思列宁主义武装起来。列宁说:"无产阶级的先锋队在思想上已经被争取过来了。这是主要的。如果没

---

① 《各国概况》(上),人民出版社,1972年版,第84页。

有做到这一点，那就连取得胜利的第一步都做不到。"① 宣传是必要的，而且要做很多的思想工作，唤醒他们，启发他们，教育他们，不为此就不能揭穿资产阶级的愚弄、欺骗和破坏，但是当群众实际行动，布置百万阶级斗争的大军时，单凭宣传就不够了，还要靠群众本身的政治经验。认识到不是无产阶级专政，便是极端反动分子的专政，别的出路是没有的，确信跟着无产阶级先锋队走，才是唯一的正确的道路。

马克思列宁主义的这一条真理，被毛主席极大的向前发展了。要率领群众前进，就要有一条马克思列宁主义的正确路线，这就是毛主席一再教导的"从群众中来，到群众中去"的群众路线，这是我党一切工作的根本路线。

要信任群众，依靠群众，发挥群众的首创精神。要放手发动群众，让群众自己起来革命，自己教育自己，自己解放自己。这就必须坚持奴隶们创造历史的唯物实践史观，反对英雄创造历史的唯心史观。

"只有代表群众才能教育群众，只有做到群众的学生才能做群众的先生。"② 处处想到群众，为群众打算，把群众的利益放在第一位，一切言论和行动，必须以合乎最广大群众的最大利益，为最广大人民群众所拥护为最高标准。

只有相信群众，才能依靠群众，尊重群众，有事同群众商量。坚信"群众是真正的英雄，而我们自己则往往是幼稚可笑的"③。坚信人民群众的创造力是无穷无尽的，才能和人民群众打成一片。

毛主席还说："什么工作都要搞群众运动，没有群众运动是不行的。"④ 在建立无产阶级专政以后，进行结合社会主义建设时同样要大搞群众运动，坚持群众路线。毛主席说："共产党基本的一条，就是直

---

① 《列宁选集》（第四卷），人民出版社，1972 年版，第 246 页。
② 《毛泽东选集》（第三卷），人民出版社，1953 年版，第 821 页。
③ 《毛泽东选集》（第三卷），人民出版社，1953 年版，第 748 页。
④ 转引自中共浙江省委党校资料室编：《论党的群众路线》，浙江人民出版社，1959 年版，第 13 页。

接依靠广大革命人民群众。"① 对于群众的态度,是革命和反革命的一个分水岭。毛主席说:"对广大人民群众是保护还是镇压,是共产党同国民党的根本区别,是无产阶级同资产阶级的根本区别,是无产阶级专政同资产阶级专政的根本区别。"② 任何困难都会被我们克服,任何敌人也压不倒我们,而只会别我们所压倒。"党内党外都要团结大多数,事情才得好。"③

第三,列宁教导我们:学会利用敌人之间的矛盾。

各种各样的敌人在反对无产阶级革命的问题上,诚然他们会是一致的,然而敌人之间由于他们彼此利害冲突是永远也不可能团结一致的,所以你死我活的利害争夺,层出不穷的摩擦,争吵和分裂是不可避免的。列宁说要估计敌人的分歧和彼此削弱的程度,应当把对共产主义思想的无限忠诚同善于在实践中进行一切必要的妥协、机动、通融、迂回、退却等等才干结合起来,加速敌人的破产,列宁说的"利用敌人之间的一切裂痕,哪怕是最小的裂痕"④,也要加以利用。也就是毛主席讲的"要把敌人营垒中间的一切争斗、缺口、矛盾,统统收集起来,作为反对当前主要敌人之用"⑤。在战略上这些敌人都在被打倒之列,但是在战术上,消灭这些敌人,都要一个一个消灭掉,由于敌人之间的利害冲突,在实际斗争中我们则有隙可乘,把各种敌人加以区别,主要的敌人和次要的敌人不同;今天的敌人和昨天的敌人之不同;进攻我之敌人和尚未进攻我之敌人不同;即使进攻我顽抗亡敌和动摇之敌也有不同。如果不区别对待,不分别不同情况,加以利用,那就是孤立自己的政策。斯大林把帝国主义之间的互相厮杀,看成是无产阶级革命的间接

---

① 转引自中央党校工农兵学哲学调查组编:《让哲学变为群众手里的尖锐武器》(第一集),人民出版社,1970年版,第27页。
② 陈晏清:《"四人帮"哲学批判》,人民出版社,1979年版,第157页。
③ 转引自吉林省五·七干校训练部编:《毛主席重要指示》,吉林省五·七干校训练部,1976年版,第359页。
④ 参见《列宁选集》(第四卷),人民出版社,1972年版,第225页。
⑤ 《毛泽东选集》(第一卷),人民出版社,1952年版,第134页。

同盟军，这是很有道理的。

第四，列宁教导我们：必须善于掌握社会活动的一切形式或方面，并且学会最迅速地和突然地用一种形式来代替另一种形式。

列宁说："倘若我们不掌握一切斗争手段，当其他阶级的状况发生了不以我们的意志为转移的变化，把我们特别没有把握的一种活动形式提到日程上来的时候，我们就会遭到极大的失败，有时甚至会遭到决定性的失败。"①

列宁还说："一支军队不准备掌握敌人已经拥有或可能拥有的一切武器、一切斗争手段和方法，谁都会认为这种行为是愚蠢的甚至是犯罪的。但是，这一点对于政治比对于军事更为重要。"② 当我们学习列宁的这一教导时，使我们不能不联想到修正主义所犯下的错误，反对军政训练，既反对无产阶级政治挂帅，又反对苦练杀敌本领，精益求精，这是在帝国主义和社会帝国主义面前公开解除我们的武装的反革命行径。

我们的伟大领袖毛主席早在党的七届二中全会上就指出："必须学会在城市中向帝国主义者、国民党、资产阶级作政治斗争、经济斗争和文化斗争，并向帝国主义者作外交斗争。既要学会同他们作公开的斗争，又要学会同他们作荫蔽的斗争。如果我们不去注意这些问题，不去学会同这些人作这些斗争，并在斗争中取得胜利，我们就不能维持政权，我们就站不住脚，我们就会失败。在拿枪的敌人被消灭以后，不拿枪的敌人依然存在，他们必然地要和我们作拼死的斗争，我们决不可以轻视这些敌人。如果我们现在不是这样地提出问题和认识问题，我们就要犯极大的错误。"③ 在1962年毛主席又说："从现在起，五十年内外到一百年内外，是世界上社会制度彻底变化的伟大时代，是一个翻天覆地的时代，是过去任何一个历史时代都不能比拟的。处在这样一个时

---

① 《列宁选集》（第四卷），人民出版社，1972年版，第249~250页。
② 《列宁选集》（第四卷），人民出版社，1972年版，第249页。
③ 毛泽东：《在中国共产党第七届中央委员会第二次全体会议上的报告》，人民出版社，1960年版，第4页。

代,我们必须准备进行同过去时代的斗争形式有着许多不同特点的伟大的斗争。"①

这就是说我们不仅要学会已有的各种斗争形式,而且准备着学会过去不同的斗争形式进行伟大的斗争。

第五,列宁教导我们:要掌握革命时机,把星星之火燃成熊熊之焰。

当革命形势具备了,究竟哪颗星星之火燃起熊熊之焰。这就要看无产阶级革命家是否本着"新的、共产主义的原则,去'耕耘'一切甚至是最陈旧的、最臭气熏人的,看来毫无希望的园地"②。以准备战胜资产阶级。这就要看无产阶级革命家是否如列宁所说的那样"深谋远虑",经验丰富和熟悉情况,而选定革命的最有利时机。我们知道列宁在俄国革命选定了1917年11月6日晚举行武装起义。请看列宁是怎样看待革命时机的,他在11月6日晚上寄给中央委员的信中说:"放过了时机,那就是犯了滔天的大罪。"③ 十月革命胜利的事实证明了列宁的实践是多么正确。毛主席把井冈山上的星星之火燃遍了全中国,由建立革命根据地,武装工农,采取农村包围城市,然后夺取城市,由小块根据地逐步扩展为全国范围的胜利,建立了中华人民共和国。我们相信,被压迫人民和被压迫民族,也一定会找到自己的那颗火花燃成熊熊之火焰。

第六,列宁教导我们:在伟大的革命斗争中把最大的热情同对资产阶级的疯狂报复的最冷静最清醒的估计结合起来。

无产阶级革命家,对于共产主义事业,要有高度革命热情,大无畏的革命精神。同时要有冷静的科学分析,并把两者结合起来,斯大林讲的把革命胆略和求实精神结合起来,毛主席讲的在策略上藐视敌人,在

---

① 《列宁斯大林毛泽东论帝国主义》,上海人民出版社,1975年版,第111页。
② 《列宁选集》(第四卷),人民出版社,1972年版,第253页。
③ 《列宁选集》(第三卷),人民出版社,1972年版,第351页。

学术上重视敌人，都是一个思想。

当敌人疯狂时，我们决不要被它的气势所吓倒。如同列宁所说的："共产主义确实正从社会生活的各个方面'生长起来'，它的幼芽真是各处都有，'传染病'（这是资产阶级及其警察很喜欢用的最'得意'的比喻）已经根深蒂固地侵入了机体并且浸透了整个机体。就是你煞费苦心，'堵住'一个出口，'传染病'也会找到另一个出口，有时甚至是最意外的出口。生活总是会给自己开辟道路的。"①

资产阶级总以为用暴力镇压革命或者雇佣学者、文人，用各种书刊报纸进行围攻，造谣，诋毁就可以窒息真理，但事实却和他们的愿望相反，正是由于他们的围攻，反而促使更多的群众探索真理，对于他们所干的蠢事，列宁说："我们应该对这些资本家先生鞠躬致谢。他们在为我们效劳。他们帮助我们使群众对布尔什维主义的实质和意义问题发生兴趣。他们也不可能有别的办法，因为要'闭口不谈'和窒息布尔什维主义已经办不到了。"② 这些"反面教员"，现在的帝国主义者，现代的修正主义者和他们的祖师一样干着蠢事。"也在给我们上课，他们是不拿报酬的义务教员，他们在反对我们当中反而帮助了我们。所以在这个意义上来说，我们也应该向帝国主义者、现代修正主义者，这些反面教员鞠躬致谢。"

伟大领袖毛主席常说"敢想、敢说、敢做""一不怕苦、二不怕死""舍得一身剐，敢把皇帝拉下马，我们在为社会主义共产主义而斗争的时候，必须有这种大无畏的精神"③，又反复强调我们要有实事求是的态度，科学分析的态度。要求我们把最大的热情和最冷静最清醒的估计结合起来，把对共产主义事业的无限忠诚的态度原则性和策略上的灵活性结合起来，为无产阶级专政在全世界的胜利而英勇奋斗。

---

① 《列宁选集》（第四卷），人民出版社，1972年版，第254页。
② 《列宁选集》（第四卷），人民出版社，1972年版，第254页。
③ 《毛泽东著作选读（甲种本）》，人民出版社，1965年版，第373页。

## 十三、结束语

列宁的这部卓越的马克思主义文献,其丰富思想和理论力量是无法估量的。在尚未学懂,弄通的情况下,只好说几句结束的话。

《共产主义运动中的"左派"幼稚病》一书,既是一部马克思列宁主义战略策略的科学,又是一部活的马克思列宁主义辩证法。开阔我们的胸怀,清醒我们的头脑,帮助我们在阶级斗争的海洋中掌握最熟练的游泳术。是思想上政治上路线教育的好教材。

《共产主义运动中的"左派"幼稚病》一书,简明扼要提供了布尔什维克的丰富斗争经验,又总结了国际共产主义运动中必须普遍遵循的共同原则。既是我们学习布尔什维克奋斗历史的必备读物,又是学习马克思列宁主义基本理论的好的教科书。

《共产主义运动中的"左派"幼稚病》一书,最鲜明最透彻划清了无产阶级革命家和小资产阶级革命家的界限,是一切愿意用马克思列宁主义,毛泽东思想武装起来的革命者,不断清除资产阶级、小资产阶级思想影响,进行思想改造,增强党性锻炼不可缺少的党课教材,又是抵制各种非无产阶级思想防毒剂。

《共产主义运动中的"左派"幼稚病》一书,既是国际共产主义运动的科学总结;又是我们反对现代修正主义和形形色色的机会主义斗争的锐利武器。

谁想从列宁的著作中获得更多的马克思列宁主义智慧和力量,更好地为中国革命和世界革命贡献自己的力量,那就需要"认真看书学习,弄通马克思主义"①。认真学习列宁的这部经典著作以及其他马克思列宁主义经典著作吧!

---

① 转引自中央党校编写小组编:《〈路德维希·费尔巴哈和德国古典哲学的终结〉提要和注释》,人民出版社,1973年版,第5页。

# 第三章　个人学术研究

## 第一节　从《苏联社会主义经济问题》中学习斯大林同志的科学态度

斯大林同志所著《苏联社会主义经济问题》的发表，是全世界革命运动和工人运动的思想生活中的一件大事。斯大林同志的这一著作对于共产主义建设的宝库给予了新的伟大贡献，把马克思列宁主义提高到更高的阶段，是马克思列宁主义天才的继续和发展。斯大林同志的《苏联社会主义经济问题》中的第一篇文章《对于与一九五一年十一月讨论会有关的经济问题的意见》到一九五五年二月一日整整三周年了，斯大林同志这本伟大著作在中国的出版是中国人民思想生活中一件具有伟大意义的事件。毫无疑问，这本书对我国社会主义建设将发生重大的作用。

斯大林同志在这一著作中全面地深刻地研究了社会主义经济法则的性质，社会主义基本经济法则和现代资本主义基本经济法则。社会主义制度下商品生产的特殊性和价值法则的作用，社会主义社会生产力和生产关系的相互作用，社会主义的扩大再生产的特质，消减城市和乡村间、脑力劳动和体力劳动间的本质差别的途径，向共产主义过渡的基本先决条件,两个市场的形成和资本主义总危机进一步加深的问题。斯大林同志对于这些极其重要的理论问题的阐述照亮了人类走向共产主义的光辉道路。

斯大林同志的这一著作中给予了我们不可估量的理论财富,每讲一次《苏联社会主义经济问题》都会获得莫大的启示,今年重讲斯大林同志这一著作时,深深感到斯大林同志是我们研究问题的科学态度的典范。

斯大林同志的科学态度,就是马克思列宁主义的科学态度,就是辩证唯物主义与历史唯物主义的科学态度。斯大林同志的这种科学态度,不仅是在这本著作中表现出来,而且是在他所有著作中都体现出来。可以说这种科学态度是贯彻他的整个一生。

斯大林同志在他的著作中首先提出关于社会主义经济法则的性质问题时就极其生动地表现了这种科学的态度,斯大林同志指出的科学法则的客观性质和政治经济学法则是反映不以人们意志为转移的过程的规律性,就是马克思主义哲学唯物论的态度,就是实事求是的态度,就是对客观事物的本来面目做真实的正确反映的态度。他批判了那种胜利冲昏头脑的主观唯心论者,他们认为苏维埃政权"万能",可以不依靠客观法则,能够随便"创造"和"制定"新法则,这样他们就脱离了科学态度,脱离了马克思主义,而走上主观唯心论的道路。

斯大林同志说:"马克思主义把科学规律——无论指自然科学规律或政治经济学规律都是一样——了解为不以人们的意志为转移的客观过程的反映。人们能发现这些规律,认识它们,研究它们,在自己的行动中考虑到它们,利用它们以利于社会,但是人们不能改变或废除这些规律,尤其不能制定或创造新的科学规律。"①

斯大林同志指出离开了客观法则"就会使我们陷身在混乱和偶然性的王国,使我们处在奴隶似地依赖于这些偶然性的地位,使我们不仅失

---

① 《斯大林选集》(下卷),人民出版社,1979年版,第540页。

去了了解事情的可能性,而且简直无法在这偶然性的混乱中找出头绪来"。

"这就会使我们取消政治经济学这门科学,因为不承认客观的规律性,不研究这些规律性,科学是不能存在和发展的。取消了科学,我们就没有可能预见国内经济生活中事变的进程,即没有可能把哪怕是最起码的经济领导工作做好。"①

"归根到底,我们就会听凭那班不理解和不考虑客观规律性而决心'消灭'经济发展规律和'创造'新规律的'经济'冒险主义者任意摆布。"②

斯大林同志科学地分析了苏维埃政权的特殊作用,它没有"万能"的作用,恰巧是因为它依靠了生产关系一定要适合生产力性质这个经济法则,它才起了伟大的史无前例的作用。"苏维埃政权依据生产关系一定要适合生产力性质这个经济规律,把生产资料公有化,使它成为全体人民的财产,因而消灭了剥削制度,创造了社会主义的经济形式。如果没有这个规律,不依靠这个规律,苏维埃政权是不能完成自己的任务的。"③

从斯大林同志的这几段话里,我们懂得了苏维埃政权之所以能够完成历史上最伟大的任务,恰巧是由于它的领导者认识了并掌握了客观法则的结果。斯大林同志的这种科学地分析问题的态度对于我们一切工作者都具有非常伟大的现实意义。

我们党的各种政策是正确的,恰巧是由于党的领导者在制定政策时认识了并掌握了客观法则的结果。例如我们党中央在1953年3月公布的1951年12月所做的中央《关于农业生产互助合作的决议》以及1953年12月所做的中央《关于发展农业生产合作社的决议》规定了我

---

① 《斯大林选集》(下卷),人民出版社,1979年版,第604页。
② 《斯大林选集》(下卷),人民出版社,1979年版,第604页。
③ 《斯大林选集》(下卷),人民出版社,1979年版,第543页。

国农业发展道路上唯一正确的政策。在决议中指出:"经过简单的共同劳动的临时互助组和在共同劳动的基础上实行某些分工分业而有某些少量公共财产的常年互助组,到实行土地入股、统一经营而有较多公共财产的农业生产合作社,到实行完全的社会主义的集体农民公有制的更高级的农业生产合作社(也就是集体农庄)。这种由具有社会主义萌芽、到具有更多社会主义因素、到完全的社会主义的合作化的发展道路,就是我们党所指出的对农业逐步实现社会主义改造的道路。"① 党中央要求积极地而又谨慎地经过许多具体的、恰当的、多样的过渡的形式,把农民的个体经济的积极性引到互助合作的积极性的轨道上来,从而克服那种建立在个体经济基础上的资本主义自发势力的倾向,逐步过渡到社会主义。这是根据客观法则所制定出来的多种多样的形式,使农业合作化健康地发展起来。

反之,如果不顾客观法则,在政策实行上强迫命令,采取了简单的一声号召"全面编组"或强迫实行贫农中农的合作化,这就是像斯大林同志所说的否认客观法则,而在政策上的任意胡为。另一种就是像斯大林同志所说的把法则偶像化,让自己做法则的奴隶,例如在农业合作化运动中放任自流的态度。这种态度就会使互助合作运动陷于消沉和解体,会使互助组和合作社内滋长资本主义的倾向,因而增加贫苦农民在生产中的困难和出卖土地的情况,结果只有利于富农经济的发展,而不利于贫雇农经济地位的上升。这样的做法,就是拜倒于客观法则之下,把法则偶像化,就是把小生产者每日每时地不断地大量地产生资本主义和资产阶级这一法则偶像化,就是没有懂得斯大林同志所讲的"社会在规律面前并不是无能为力的,社会认识了经济规律以后,依靠它们,就能限制它们发生作用的范围,利用它们以利于社会,并'驾驭'它们"②。

---

① 史敬棠:《中国农业合作化运动史料》(下册),生活·读书·新知三联书店,1959年版,第13~14页。
② 《斯大林选集》(下卷),人民出版社,1979年版,第542页。

可见要把斯大林同志的这种科学态度用之于我们的日常活动该有多么伟大的意义。譬如我们对待教学改革这样一个严重问题，是必须采取坚决地稳步地进行改革的道路。这个坚决地稳步地进行教学改革的道路，恰巧是因为它正确地依靠了中国教育建设发展的客观情况而制定的。如果不顾客观情况采取"轻骑突击"的方式去解决思想问题，或者迷信于表面上轰轰烈烈的动员和空喊几个口号就认为可以解决问题了。这就是不懂得教师的政治思想水平的提高和科学认知的不断丰富，决不是一蹴而就的，必须做很多的有步骤的细致的工作。反之，如果以为教学改革是一个长期过程，而拖延不改，放任自流，那就等于加强资产阶级思想阵地而削弱无产阶级思想阵地，就等于让我们在培养国家建设干部这一工作中陷于无能为力，就是等于让我们在旧思想面前解除武装。如果我们能够正确地认识这个客观规律，我们就可能把教学改革所预想的目的变成现实。

可见斯大林同志的这种科学态度是具有普遍性的意义的。

从斯大林同志这一著作中，也处处使我们看到他的创造性的科学态度。斯大林同志的这种科学态度，总是根据实践所提出来的新问题给以科学的总结。斯大林同志在他谈到消除城市（工业）或乡村（农业）间、体力劳动和脑力劳动间的差别问题时会指出，"这个问题没有被马克思主义的经典作家们提出过。这是我国社会主义建设的实践所提出的新问题"①。过去恩格斯会认为城市和乡村对立的消灭，应该引导到"大城市的毁灭"。斯大林同志根据社会主义建设的实践证明"不仅大城市不会毁灭，并且还要出现新的大城市，它们是文化最发达的中心，它们不仅是大工业的中心，而且是农产品加工和一切食品工业部门强大发展的中心。这种情况将促进全国文化的繁荣，将使城市和乡村有同等的生活条件"②。这是马克思列宁主义新理论，这是马克思列宁主义的

---

① 中国人民大学科学社会主义系编：《马克思恩格斯列宁斯大林论科学社会主义》（第五册），中国人民大学出版社，1980年版，第3452页。
② 《斯大林选集》（下卷），人民出版社，1979年版，第558页。

创造性的科学态度。斯大林同志根据客观实践的经验抛弃了恩格斯的过了时的个别理论,从而丰富和发展了马克思主义。

从这里也就使我们可以知道那些死啃书本和书呆子所以到处碰壁,就在于他们不顾客观情况变化而脱离历史条件背诵马克思主义的字母和引证马克思主义的词句,虽然费了九牛二虎之力到处寻找,结果却丝毫也未涉及问题的实质。

从这里也使我们看到另外的情况,就是像雅鲁申柯那样的主观臆测,他并没有任何根据而费尽心机杜撰一些"理论"。硬说"社会主义制度下的生产关系是生产力的一部分"①,硬说"共产主义就是社会生产中生产力的最高科学组织"②。结果并没有发展什么马克思主义,而恰巧相反自己与马克思主义背道而驰。雅鲁申柯并没有认真地虚心地研究由实践所提出来的新问题,也没有认真地虚心研究马克思主义,结果他虽然得出许多放肆的结论,却使自己碰了壁。

在中国像雅鲁申科这样放肆的人还没有,可是像他那样态度观察问题的人也并不是没有的。譬如我们常常听到"共产主义代替了资本主义,那么将来什么主义又来代替共产主义呢?"这样的问题。这样提出问题的人虽然是从主观臆测出发的,并没有任何实践的根据提出来问题,他既没有认真研究,甚至于还不打算研究共产主义为什么必然要代替资本主义,就毫无根据地提出这一问题。当然不能说这是预见,也不能说这是眼光远大,只能说是胡思乱想。这种胡思乱想将会在实践中碰得头破血流而告终。

所以创造性的科学态度,既不是重复已经过了时的理论,也不是脱离实践的空想臆测,而是及时地根据实践所提出来的新问题给以科学的总结。

当然谈到创造性的科学态度,这决不是说就不需要重复说明真理

---

① 《斯大林选集》(下卷),人民出版社,1979年版,第583页。
② 《斯大林选集》(下卷),人民出版社,1979年版,第584页。

了，巧恰是需要重复"众所周知"的真理，我们有些人本来自己就不懂什么，可是又那样绝顶地狂妄，以为老的问题早已解决了，自己已经什么都明白了，用不着再学习什么了。对于这些人来说，众所周知的理论，其实他们又是丝毫不知。因此对于这些人尤其应该像斯大林同志所说的那样："有系统地重复所谓'众所周知'的真理，耐心地解释这些真理，是对这些同志进行马克思主义教育的最好的办法之一。"①

斯大林同志的科学态度还表现在始终为保持马克思列宁主义的纯洁性而斗争，不容许任何歪曲和曲解。他是使用批评武器的模范。斯大林同志总是经常教导我们：没有不同意见的争论，没有自由的批评，任何科学都不能发展不能进步的，斯大林同志总是一贯地极其尖锐地批评那种与马克思主义背道而驰的观点，同时又非常详尽地论述了马克思主义的科学原理。

斯大林同志在他这篇著作中批判了很多随便把两个不同的东西混为一谈的非科学态度。他指出，法则和法令不同，"不能把商品生产和资本主义生产混为一谈"②，"不能把可能同现实混为一谈"③。不能把生产资料中的拖拉机和生产资料中的小农具混为一谈等等，这种具体分析的态度正是马克思主义的科学态度。

科学的态度是与"一律骂倒"相容的，而是要十分详尽地说理。斯大林同志在他的著作中有很多地方都证明了这一点。例如他在指出改善政治经济学教科书未定稿的办法时会提到，"某些同志在讨论时过于热心地'斥责'教科书未定稿，责骂作者们的错误和疏忽，肯定说未定稿失败了。这是不公正的。当然，教科书中是有错误和疏忽的，错误和疏忽在大事情中差不多总是有的。但是不管怎样，绝大多数参加讨论会的人终究承认，教科书未定稿可以作为将来教科书的基础，只要作若

---

① 《斯大林选集》（下卷），人民出版社，1979年版，第545页。
② 《斯大林选集》（下卷），人民出版社，1979年版，第548页。
③ 《斯大林选集》（下卷），人民出版社，1979年版，第544页。

干修正和补充就可以了。的确，只要把教科书未定稿和现在通行的政治经济学教科书比较一下，就可以得出结论说，教科书未定稿比现有的一切教科书都高明得多。教科书未定稿的作者们的巨大功绩就在这里"①。我们看斯大林同志不仅对那些反马克思主义的观点予以无情的批判，同时还非常详尽、细致、具体而深入地阐述了马克思主义的观点。

斯大林同志不仅把大的原则问题阐述得清清楚楚，而且把一些具体问题也做了详尽的说明。譬如关于集体农庄农户的个人财产问题，他批判了教科书未定稿中"集体农庄内每一农户有乳牛、小牲畜和家禽供个人使用"②的这一点提法不明确，同时指出"不是供个人使用"而是"农户的个人财产"③。并且具体地提出了修正的意见："集体农庄庄员按当地的条件，有一头到多少头乳牛，多少只绵羊、山羊、猪（也是按当地的条件由多少到多少）以及不限数量的家禽（鸭、鹅、鸡、火鸡），作为他个人的财产。"④他这样详尽地说明问题，正如他自己所说的："这种详细叙述对于我们的外国同志是有巨大意义的，因为他们想确切知道，在我国实现了农业集体化以后，集体农庄内每一农户究竟还剩下什么东西是他个人的财产。"⑤斯大林同志对他的外国同志是如何地关心啊！

斯大林同志阐述问题不仅详尽而且非常细致，他回答教科书未定稿时谈到农民免除了交给地主的地租，其总额每年约为5亿卢布应改为五亿金卢布⑥，而且斯大林同志还提议一定要把这一数字弄准确。斯大林同志这种科学态度，对于我们有些人办事马虎估计和差不多的态度是非常有益的启发。

斯大林同志阐述问题也非常具体而深入，我们看他读到教科书未定

---

① 《斯大林选集》（下卷），人民出版社，1979年版，第574页。
② 《斯大林选集》（下卷），人民出版社，1979年版，第570页。
③ 《斯大林选集》（下卷），人民出版社，1979年版，第570页。
④ 《斯大林选集》（下卷），人民出版社，1979年版，第570页。
⑤ 《斯大林选集》（下卷），人民出版社，1979年版，第571页。
⑥ 《斯大林选集》（下卷），人民出版社，1979年版，第571页。

稿中的"关于垄断组织与国家机关的结合问题",他认为"结合"这两个字极不妥当,而必须用"国家机关服从于垄断组织"来代替①。在洋洋数十万言的交稿中,斯大林同志也没有放过这两个字的错误。人们或者以为这算不了什么大问题只错了两个字,而斯大林同志却不是这样看法,因为错了两个字就实际否认了经济的意义。又譬如他提出改变教科书未定稿的办法时,他指出"应该指派一个人数不多的委员会,其中不仅有教科书的作者们,不仅有赞成讨论会上大多数人的意见的人,而且有反对讨论会上大多数人的意见和猛烈批评教科书未定稿的人"②。他还提议委员会中要有统计学家来检查数字,有法律学家来检查措辞,最终校改要成立三人委员会以求得文体上的统一。同时在物质上要给他们以保证能够专心致力于教科书的编纂工作。不仅如此,他连未来政治经济学的页数都规定好了,斯大林同志认为一本五百页至多不超过六百页的教科书是最恰当的,是给予世界各国年轻共产党人的良好礼物,也会给予这些国家的非年轻的共产党员干部以很大的好处。斯大林的指示在今天已经实现了,不久以后斯大林同志所要求的那本政治经济学教科书就要在我国出版问世了。斯大林同志的这种每个问题都认真地研究,对本国人和对世界人民的无微不至的关怀态度,是我们研究问题、处理工作的最好榜样。

斯大林同志的这本著作,极其鲜明地表现了理论与实践的牢不可破的联系,他科学地分析了社会发展中的极其复杂的问题,大胆地创造性地解决了并非常简单而明确地阐述了这些问题。

斯大林同志的这一著作不仅鼓舞了苏联人民为争取过渡到共产主义社会而奋斗,同时也鼓舞了我们,鼓舞了全世界人民为争取和平民主和社会主义的前途的勇气和信心。这本书不仅是克服我们工作中缺点的一个极好的武器,同时也是我们思想力量的无限源泉。

---

① 参见《斯大林选集》(下卷),人民出版社,1979年版,第571页。
② 《斯大林选集》(下卷),人民出版社,1979年版,第574页。

## 第二节 《农村调查》

《农村调查》是毛主席从1927年战争起，到1934年离开中央苏区为止，亲手从农村中收集的材料。这是跟随毛主席经过长征，尚未损失的部分，而汇集成书的。为出版《农村调查》，毛主席在1941年3月间写了序言，在四月间写了跋。

《"农村调查"的序言和跋》，加在一起还不到三千字。文字虽少，但内容十分丰富。这里面说的道理精辟透彻，语言生动精炼通俗，文章所蕴藏的精神力量是无法估量的。

毛主席曾说过："共产党领导机关的基本任务，就在于了解情况和掌握政策两件大事，前一件事就是所谓认识世界，后一件事就是所谓改造世界。"① 现在我们是不是可以这样理解。《农村调查》的序言，主要说的是了解情况的问题。《农村调查》的跋，主要说的是掌握政策的问题。要了解情况，就得调查研究。要掌握政策，就得使自己成为懂得马克思主义策略的战士。

### 一、调查研究是党的优良传统

要了解毛主席为什么在抗日战争的艰苦年代，特别强调重视调查研究的问题，并且亲手把调查研究的作风在党内树立起来。我们得稍许说远一点，以便了解这个问题的来龙去脉。

在中国一贯提倡调查研究的是毛主席，他把这种作风在我们党内树立起来并坚持下去。而他自己就是我们的最好的模范。

大家知道，毛主席经常亲自动手进行调查研究工作。早在1927年3月他就发表了《湖南农民运动考察报告》。为了答复党内外对农民革命运动的责难，他在湖南考察了五个县，历时三十二天，然后写了这个

---

① 《毛泽东选集》（第三卷），人民出版社，1953年版，第760页。

有名的报告。驳斥了"糟得很"的调调,赞扬了"好得很"的理论,斥责了所谓"痞子运动",歌颂了"革命先锋"①。

在1930年春,为了反对当时红军中的教条主义思想而专门写了《关于调查工作》,反对了冥思苦索的"想办法""打主意",反对了"瞎说一顿",指出了这种瞎谈一顿的人"一定要弄坏事,一定要失掉群众,一定不能解决问题"②。反对了教条主义,那时候还未使用本本主义这个概念的,指出"拿本本来"的领导者是"盲目地表面上完全无异议地执行上级的指示,这不是真正在执行上级的指示,这是反对上级指示或者对上级指示怠工的最妙方法"③。他同样指出:"本本主义的社会科学研究法也同样是最危险的,甚至可能走上反革命的道路,中国有许多专门从书本上讨生活的从事社会科学研究的共产党员,不是一批一批地成了反革命吗,就是明显的证据。"④号召洗刷唯心精神,号召作社会经济调查,他指出:"凡担负指导工作的人,从乡政府主席到全国中央政府主席,从大队长到总司令,从支部书记到总书记,一定都要亲身从事社会经济的实际调查,不能单靠书面报告,因为二者是两回事"⑤。这些话在三十多年后的今年还是句句打中我们的要害。在抗日战争时期出版了《农村调查》,并且为这本书写了序和跋。1941年8月党中央专门作了《关于调查研究的决定》。1942年的整风运动,把在全党推行调查研究,看作是转变党的作风的基础的一环。结果调查研究的风气大大兴起了。毛主席为出版他的《农村调查》而写的序言和跋正是在我国抗日战争时期最艰苦的年代。

在西方,希特勒德国蹂躏了大部分欧洲,丹麦、挪威、荷兰、比利时、法国、希腊、南斯拉夫等国,都先后沦于德国法西斯的铁蹄之下。

---

① 《毛泽东选集》(第一卷),人民出版社,1952年版,第15~22页。
② 《毛泽东著作选读(甲种本)》,人民出版社,1965年版,第21页。
③ 《毛泽东著作选读(甲种本)》,人民出版社,1965年版,第22页。
④ 《毛泽东著作选读(甲种本)》,人民出版社,1965年版,第22页。
⑤ 《毛泽东著作选读(甲种本)》,人民出版社,1965年版,第27页。

英国也被希特勒弄得焦头烂额。德国法西斯正在准备着背信弃义进攻苏联。这是希特勒德国十分疯狂的侵略时期。

在东方,日本帝国主义侵占了中国的大部分土地,蒋介石国民党早就夹着尾巴逃上了峨眉山,中国共产党领导的中国人民和军队,奔赴抗日斗争的最前线,给日本帝国主义以沉重的打击。迫使日本帝国主义无力再做大规模的军事进攻,抗日战争已处于战略相持阶段。但是日本帝国主义仍然坚持其灭亡中国的政策,它采取了"以华制华"的阴谋诡计。这样,它不仅公开利用汪精卫派破坏中国的抗战,而且极力诱降躲在抗日营垒里的亲英美的蒋介石派来牵制抗战最坚决的中国共产党。日本帝国主义从1939年起就停止了对蒋介石军队的进攻,怂恿他积极反共。日本帝国主义采取了"以战养战"的措施,在其占领区实行残酷的掠夺,以供侵略战争的物质需要,对敌后加紧"扫荡",加紧经济侵略,把侵华的绝大部分兵力用来对付中国共产党领导的革命根据地和游击区。

那时候,只有斯大林领导下的苏联人民,才是中国抗日战争力量的唯一支持者和援助者。英、法帝国主义在西方已经是"泥菩萨过江自身难保",在东方早已没有地位,无能为力了。美国怂恿日本侵略,卖军火、发横财,"坐山观虎斗",从中渔利。结果是从害人开始,以害己告终,搬起石头打自己的脚,在1941年12月就遭到了日本帝国主义的偷袭,损失惨重。

方才说过,日本帝国主义停止对蒋介石军队的进攻,采取政治诱降,鼓励它积极反共,并把侵华兵力大部分用来对付中国共产党和军队。我们一方面要对付日本帝国主义,另一方面又得对付国民党反共顽固派。国民党反共顽固派在1941年1月制造了皖南事变,掀起了又一次的反共高潮,也就是国民党反动派掀起的第二次反共高潮。这次反共高潮刚被击退之时,正是毛主席写这个序言的时候。本来在这次反共高潮之前,毛主席早就预见了并且给东南局写了指示,要他们不受国民党的限制，独立自主地放手地扩大军队，坚决建立根据地，独立自主地发动群众，建立共产党领导的抗日统一战线的政权，向一切敌人占领区域发展。而项英同志没有坚决执行毛主席的指示，不敢放手发动群众，不敢在日本占领地区扩大解放区和人民军队。毛主席指示要他同国民党反共顽固派的防共、限共、反共政策，实行针锋相对的政策，采取斗争的方针，才能使全党全军在精神上有所准备，在工作上有所安排，并警告说，否则，就将犯一九二七年陈独秀右倾机会主义的错误。结果，由于他对国民党的反动进攻的严重性认识不足，因而缺乏对付这个反动进攻的精神上和组织上的准备。接到这个指示后未立即执行，以致在1941年1月间蒋介石发动皖南事变时，我们党处于不利地位，皖南部军队九千人遭到覆灭的损失，项英同志被反动分子杀害，军长叶挺同志亦身陷囹圄，而执行了主席指示的陈毅同志就立于不败之地。

在极端复杂的斗争中，毛主席总是最正确地估计了国防国内形势和阶级力量的对比。他的科学预见都被后来的历史事实所证实了。例如，当时预计帝国主义战争正在向世界范围内扩大，随后不久就爆发了德国进犯苏联的战争。他估计日本帝国主义正在准备向南洋侵略，结果在1941年12月就爆发了太平洋战争。他估计日本帝国主义将加紧诱降国民党，勾引一部分子动摇分子对共投降，结果是"降官如水，降将如潮"。文官武将，投敌叛国。他预计1941年是抗日战争最困难的一年，抗日的前途是光辉的，必将克服一切困难。这些都被历史事实所证实了。

毛主席为中国人民的抗日战争，早就规定了正确的路线和政策，并且还规定了抗日民族统一战线中的各项具体政策。这些政策具有无穷的战力。

但是，正确的政策，还得要广大干部懂得这些政策，并且认真执行这些政策，才能发生无穷无尽的力量。

在我们党内就存在着这样一种矛盾，这就是毛主席、党中央的正确路线和政策同广大干部的认识水平、思想作风和工作方法之间的矛盾。为了解决这个矛盾，毛主席做了许多工作，为了帮助干部找到正确的立场、观点、方法来总结中国革命的历史经验，写了"实践论"和"矛盾论"，以提高干部的认识水平和思想水平。为了帮助干部找到研究问题的方法、树立马克思列宁主义作风，这就是出版《农村调查》的目的和随后开展的整风运动的目的。

毛主席说："我们是共产党，我们要领导人民打倒敌人，我们的队伍就要整齐，我们的步调就要一致，兵要精，武器要好。"[1] 如果队伍不整齐，你按党的政策办了，他不按党的政策办，各有各的主张，尽管党的政策是正确的，还是不能实现。即使有实现党的政策的愿望，因为思想认识水平不高，工作方法、工作作风不对头，一部"好文"也是要被念歪了。就是因为他的思想认识、工作方法、工作作风以及工作经验等不符合中央的指示，所以不提高干部的思想水平，不改进干部的工作方法和工作作风，再好的路线、方针、政策，也是不能实现的。

任务提出了，还要解决方法问题，否则，任务就是一句空话。毛主席早就告诉我们说："我们不但要提出任务，而且要解决完成任务的方法问题。我们的任务是过河，但是没有桥或没有船就不能过。不解决桥或船的问题，过河就是一句空话。不解决方法问题，任务也只是瞎说一顿。"[2] 当时的抗日战争的任务提出来了，也规定了正确的方针政策，用什么方法去实现这个任务，这就是当时不能不解决的问题。不解决干部的认识水平、工作方法、工作作风问题，就不能把党的政策变为群众的行动。任务提出了，方法不对头，任务也就是一句空话。所以毛主席提出的研究问题的方法问题是具有普遍意义的问题，任何人在任何时候，完成任何任务，都必须解决这个问题。因此，为了提高我们的认识，改进工作方法和工作作风，这是一篇不可缺少的宝贵文献。

---

[1] 《毛泽东选集》（第三卷），人民出版社，1953年版，第769页。
[2] 《毛泽东选集》（第一卷），人民出版社，1952年版，第125页。

全国解放之后，党中央不断发出克服官僚主义，重视调查研究的号召，并且规定了制度。因而出现了许许多多的调查研究的形式。例如，"种试验田""跟班劳动""解剖麻雀""蹲点""下马栽花"等等。1961年3月党中央又一次发出认真进行调查工作，大兴调查研究之风的号召，把调查研究看成是全党干部的思想和行动的准备。

毛主席的著作都是马克思列宁主义普遍真理同中国实际情况相结合的产物，都是调查研究的结晶。

总之，我们的革命和建设事业之所以获得如此伟大的成就，最重要的原因之一，就是我们的一切工作都是建立在调查研究的基础上，从实际出发的结果。凡是某个部分，某个人在工作中发生了一些缺点和错误，很多都是出于没有进行调查研究的结果。

社会主义革命和社会主义建设事业较之民主等命运更艰苦、更复杂。因此，必须进一步发扬党的优良传统，认真做好调查研究，才能使我们各方面的工作能够迅速地进步。

我们不但要把这个传统作风接过来，坚持下来，并且要把这个作风，很好地传下去。因为在我们面前，总是旧问题解决了，新问题又出现。为了不断解决问题，必须进行系统的周密的调查研究工作。我们不当革命论者，调查研究也就永无止境。所以这种作风不但要坚持下去，而且要不断发扬光大。

## 二、调查研究是做好一切工作的基础

我们大家都是干革命工作的。革命的具体工作有各种各样，有做政治工作的，有做军事工作的，有做经济工作的，有做文化教育工作的等等。但是，不管哪条战线上的革命工作者，归纳起来又都是为了改造世界。要改造世界，首先就要认识世界。要做到这一点，就要调查研究。为什么？因为离开调查研究，就不能有正确的认识。

毛主席在《实践论》里已经告诉了我们，人的正确认识只能从实践中来。"通过实践而发现真理，又通过实践而证实真理和发展真理"①。"无论何人要认识什么事物，除了同那个事物接触，即生活于（实践于）那个事物的环境中，是没有法子解决的。"② 这就是谈离开实践就不可能有正确的认识。要取得正确的认识，就要置身其中，而不能隔岸观火。你要懂得革命的理论和方法，你就得参加革命，站在一旁观看是不行的。你要懂得那个工作的规律性，你就得去做，去研究，站在那里不动是一辈子也不能懂的。但是，任何人都不可能做到每件事情都亲身实践取得认识，这就必须深入群众、深入实际，在群众实践的基础上进行调查研究取得认识。并且随着群众实践的反复深入，相应地进行调查研究，从实际出发，尊重客观实际，如实反映情况，使自己的思想合于客观世界的规律性，这样才能完全发挥主观能动性去改造世界。毛主席说："我们反对主观地看问题，说的是一个人的思想，不根据和不符合于客观事实，是空想，是假道理，如果照了做去，就要失败，故须反对它。"③ 我们要如实地反映客观情况，就是说，我们要老老实实按照事物的本来面目去观察它、反映它、分析它、认识它。既不能视而不见，又不可夸大事实，只有这样，才能从群众的实践中引出规律，得出正确的结论。这就是说，没有调查研究，就不可能有正确的认识。

不经过调查研究，就想动手解决问题，是没有不出乱子的。大家知道第二次国内革命战争时期的"左"倾机会主义者就是不调查中国的实际情况，也不愿意去做这件事情，并且在哪里发号施令，即使搬人家用过对了的东西，也是"无的放矢""药不对症"。尽管他们"下车伊始"，就哇啦哇啦地发议论，提意见，这也批评，那也指责，其实这种人十个有十个要失败。毛主席说："我们党吃所谓'钦差大臣'的亏，是不可胜数的。"④ "左"倾机会主义者完全不了解当时国内社会各阶级

---

① 《毛泽东选集》（第一卷），人民出版社，1952 年版，第 273 页。
② 《毛泽东选集》（第一卷），人民出版社，1952 年版，第 263 页。
③ 《毛泽东选集》（第二卷），人民出版社，1952 年版，第 445 页。
④ 《毛泽东选集》（第三卷），人民出版社，1953 年版，第 749 页。

的实际状况，不了解敌我力量对比的客观形势，在政治上和军事上都采取了极端冒险的政策，在党内生活上也完全破坏了党内的民主制度，由于他们的错误领导，使革命斗争遭到严重的失败，使当时的革命根据地和工农红军损失了百分之九十，国民党统治区的党组织和党领导下的革命组织几乎损失了百分之百。他们的思想方法是主观主义的、教条主义的，他们的工作方法和工作作风是脱离群众、脱离实际的。他们不是从调查研究入手，而是从书本上入手；他们不是从实际出发，而是从"想当然"出发；他们不是从群众中找办法，而是从头脑里冥思苦想。所以不经过调查研究，主观主义是走着一条反马克思主义的路线，是违背科学的方法。这是一个我们应该吸取的历史血的教训。

  毛主席的结论，为什么是正确的呢？就是因为他的结论，把马克思列宁主义普遍真理和中国革命实际相结合，由调查研究而来的。都是从实际出发，回答实际中的问题。只要举几个例子就清楚了。

  在第二次国内革命战争时期，凡是毛主席指挥的反"围剿"都胜利了，就是因为"他摸熟了自己的部队（指挥员、战斗员、武器、给养等等及其总体）的脾气，又摸熟了敌人的部队（同样，指挥员、战斗员、武器、给养等等及其总体）的脾气，摸熟了一切和战争有关的其他的条件如政治、经济、地理、气候等等，这样的军人指导战争或作战，就比较地有把握，比较地能打胜仗。这是在长时间内认识了敌我双方的情况，找出了行动的规律，解决了主观和客观的矛盾的结果"①。

  远在抗日战争时，毛主席就断定了蒋介石在抗日战争胜利后要打内战，所以抗日战争刚一胜利，毛主席就为我们提出了正确的对付蒋介石的方针，这就是针锋相对，寸土必争。毛主席说："蒋介石总是要强迫人民接受战争，他左手拿着刀，右手也拿着刀。我们就按照他的办法，也拿起刀来。这是经过调查研究以后才找到的办法。这个调查研究很重要。看到人家手里拿着东西了，我们就要调查一下。他手里拿的是什

---

① 《毛泽东选集》（第一卷），人民出版社，1952年版，第164~165页。

么?是刀。刀有什么用处?可以杀人。他要拿刀杀谁?要杀人民。调查了这几件事,再调查一下:中国人民也有手,也可以拿刀,没有刀可以打一把。中国人民经过长期的调查研究,发现了这个真理。军阀、地主、土豪劣绅、帝国主义,手里都拿着刀,要杀人。人民懂得了,就照样办理。我们有些人,对于这个调查研究常不注意。例如陈独秀,他就不知道拿着刀可以杀人。有人说,这是普遍的日常真理,共产党的领导人还会不知道?这很难说。他没有调查研究就不懂得这件事,所以我们给他起个名字,叫做机会主义者。没有调查研究就没有发言权,我们取消了他的发言权。我们采取了和陈独秀不同的办法,使被压迫、被屠杀的人民拿起刀来,谁如果再要杀我们,我们就照样办理。"① 正因为经常调查研究,才做到了胸中有数,才使我们永远立于不败之地。

在我国社会主义革命的过程中,特别是在农业合作社的运动中,毛主席给河北省的三户贫农以热烈的支持。他说:"这三户贫农所表示的方向,就是全国五亿农民的方向。一切个体经营的农民,终归是要走这三户贫农所坚决地选择了的道路的。"② 在合作化的高潮中,坚决打击了鸡毛不能上天的理论,歌颂了鸡毛上天的理论。毛主席的工作忙不忙呢?当然忙,但是毛主席每年都花几个月时间到各地方去,到工人中、农民中、士兵中去,和各级干部一道解决问题。

所有这一切都一再证明了毛主席始终把调查研究工作看作十分重要的工作,看作是做好一切工作的基础。

因此,我们必须按照毛主席的指示精神办。"要了解情况,唯一的方法是向社会作调查,调查社会各阶级的生动情况。对于担负指导工作的人来说,有计划地抓住几个城市、几个乡村,用马克思主义的基本观点,即阶级分析的方法,作几次周密的调查,乃是了解情况的最基本的

---

① 《毛泽东选集》(第四卷),人民出版社,1960年版,第1024~1025页。
② 《毛泽东著作选读(甲种本)》,人民出版社,1965年版,第301页。

方法。只有这样,才能使我们具有对中国社会问题的最基础的知识。"①社会科学工作者不做社会调查,不用阶级分析法,就没有基本功,就不能过硬,就会没有基础的知识,也就是空中楼阁。打仗的不做侦察,治病的不做诊断,科学技术工作者不进行实验,地质工作者不做勘探,气象研究工作者不做观测,文艺工作者不深入工农兵中体验生活等等,都是没有基本功,不能过硬,没有基础的知识,都不会有好的结果,因为他们都没有从调查研究入手。

要把改造世界的工作做好了,要把革命任务做好了,要把各项工作做好了,离开调查研究就做不好,也不能做好的。因此,只有调查研究才能了解情况,只有情况好,才能决心大,采取正确的方法去完成我们的任务。毛主席说:"调查就象'十月怀胎',解决问题就象'一朝分娩'。"② 又说:"任何一个部门的工作,都必须先有情况的了解,然后才会有好的处理。"③

### 三、调查研究是领导工作的首要任务

我们已经说了调查研究是做好一切工作的基础,现在我们还必须进一步说说调查研究工作对于担负领导工作的干部来说尤其是重要的问题。毛主席在 20 多年前说过的:"现在我们很多同志,还保存着一种粗枝大叶、不求甚解的作风,甚至全然不了解下情,却在那里担负指导工作,这是异常危险的现象。对于中国各个社会阶级的实际情况,没有真正具体的了解,真正好的领导是不会有的。"④ 自从毛主席提倡大兴调查研究之风以来,我们党的作风较之 20 多年前的状况是大不相同了。调查研究的风气基本上形成了。然而对于那些沾染官僚主义作风的人来说,毛主席的话还是一针清凉剂。

---

① 《毛泽东选集》(第三卷),人民出版社,1953 年版,第 747 页。
② 《毛泽东著作选读(甲种本)》,人民出版社,1965 年版,第 21 页。
③ 《毛泽东选集》(第三卷),人民出版社,1953 年版,第 760 页。
④ 《毛泽东选集》(第三卷),人民出版社,1953 年版,第 747 页。

有些人口里也讲调查研究，却没有满腔的热忱，没有眼睛向下的决心，没有求知的渴望，没有放下臭架子、甘当小学生的精神，因而他从来就不会做，也做不好调查研究工作。他们骄傲自满，自以为是，以为自己什么都知道，自己是个了不起的人物，这样他就忘记了毛主席的谆谆教导，"必须明白：群众是真正的英雄，而我们自己则往往是幼稚可笑的，不了解这一点，就不能得到起码的知识"①。

我们现在还有一些处在领导工作岗位的同志和许多从事一般工作的同志，并不懂得或者不甚懂得马克思主义的科学的革命的认识论，他们的世界观和方法论还是资产阶级的，或者还有资产阶级思想的残余。他们常常自觉地或不自觉地以主观主义（唯心主义）代替唯物主义，以形而上学代替辩证法。他们或作调查则不过是凭材料去证明自己的主观主义，为他早已想好了的主观臆测做辩解；或作调查则听不进与自己不同的意见，于是合乎自己口味的则搜集来，不合自己口味的则丢掉了。既然这样，那他们的调查研究工作就不可能做好了。

也就这样的领导人以为已经做过一些调查研究工作，似乎无须再做调查研究的必要了。这是一种骄傲自满情绪，也是一种错误的认识。这就是说客观情况在变化，而他的思想仍然停留在原来的地方。要知道"人们的思想必须适应已经变化了的情况"②。毛主席明明讲的是调查社会各阶级的生动情况，而这种人却只满足于死情况的了解。毛主席告诉我们随时都要注意冒出来的新问题，而这种人不但不重视新情况新问题的调查研究，却只停留在对旧情况和老问题的津津乐道。调查研究不是一阵风，而是永不停息的风。调查研究不是一朝一夕的问题，而是要干一辈子的问题。旧的问题解决了，新的问题又出来。毛主席说："什么叫问题？问题就是事物的矛盾。那里有没有解决的矛盾，那里就有问

---

① 《毛泽东选集》（第三卷），人民出版社，1953年版，第748页。
② 中国人民大学哲学系编：《毛泽东哲学著作学习文件汇编》（下册），中国人民大学出版社，1958年版，第1468页。

题。既有问题,你总得赞成一方面,反对另一方面,你就得把问题提出来。提出问题,首先就要对于问题即矛盾的两个基本方面加以大略的调查和研究,才能懂得矛盾的性质是什么,这就是发现问题的过程。大略的调查和研究可以发现问题,提出问题,但是还不能解决问题。要解决问题,还须作系统的周密的调查工作和研究工作,这就是分析的过程。"① 经过分析、综合,指出问题的性质,给以解决的办法。毛主席要我们"学会应用马克思主义的方法去观察问题、提出问题、分析问题和解决问题,我们所办的事才能办好,我们的革命事业才能胜利"②。如果不作调查研究工作,不用认识去动手解决问题,甚至连发现问题都是不可能的。大略的调查和研究可以发现问题,提出问题,还不能解决问题。要解决问题,还得做系统的周密的调查研究。大略的调查和研究都无能为力,何况不再作调查研究了呢?不作调查研究又要动手解决问题,那好似没有不失败的。毛主席讲的叫做十个有十个要失败,我们应该反复思索其中的道理。

上面说的一些情况,都是没有把调查研究看作是领导工作的首要任务。

担负领导工作的同志,担子重、责任大、影响广泛。如果他们重视调查研究,亲手去做调查研究,尊重唯物论,尊重辩证法,从实际出发,把马克思列宁主义的普遍真理和中国实际情况结合起来,树立起理论联系实际的作风,密切联系群众的作风,调查研究的作风,那么,一般干部也会随着上行下效,把好的风气树立起来,反之上课不彻底就会"闭塞眼睛捉麻雀""瞎子摸鱼"③,则是谬误流行,害人不浅。

毛主席说:"领导者的责任,归结起来,主要地是出主意、用干部两件事。一切计划、决议、命令、指示等等,都属于'出主意'一类。

---

① 《毛泽东选集》(第三卷),人民出版社,1953 年版,第 796 页。
② 《毛泽东选集》(第三卷),人民出版社,1953 年版,第 796 页。
③ 《毛泽东选集》(第三卷),人民出版社,1953 年版,第 754 页。

使这一切主意见之实行，必须团结干部，推动他们去做，属于'用干部'一类。"① 主意从哪里来呢？主意只能从实践中来，从群众中来。任何英雄豪杰，他的思想、意见、计划、办法，只能是客观世界的反映，其原料或者半成品只能来自人民群众的实践中，或者自己的科学实验中，他的头脑只能作为一个加工厂而起制成完成品的作用。毛主席说："我们是马克思主义者，马克思主义叫我们看问题不要从抽象的定义出发，而要从客观存在的事实出发，从分析这些事实中找出方针、政策、办法来。"② 又说："马克思、恩格斯、列宁、斯大林教导我们说：应当从客观存在着的实际事物出发，从其中引出规律，作为我们行动的向导。为此目的，就要象马克思所说的详细地占有材料，加以科学的分析和综合的研究。"③ 所有这些都是告诉我们要把主意出正确。否则工作就要失败。出了主意以后还要把主意变成群众的行动，那就是把自己的观点和思想传达给别人的过程，也就是"到群众中去"的过程。让群众去检验主意是否正确，发展正确的主意，动员群众行动起来，首先要用好干部，推动干部去工作。要使用干部，首先还得了解干部，还得调查研究。调查研究工作所以是领导工作的首要任务，是因为一切工作都必须从实际出发，调查工作做好了，其他工作才能做好，调查工作做不好，其他工作也不可能做好。

在《兴国调查》中，毛主席讲过："实际政策的决定，一定要根据具体情况，坐在房子里面想象的东西，和看到的粗枝大叶的书面报告上写着的东西，决不是具体的情况。倘若根据'想当然'或不合实际的报告来决定政策，那是危险的。过去红色区域弄出了许多错误，都是党的指导与实际情况不符合的原故。所以详细的科学的实际调查，乃非常之必需。"④ 又在《晋绥干部会议上的讲话》中说："按照实际情况决

---

① 《毛泽东选集》（第二卷），人民出版社，1952年版，第493页。
② 《毛泽东选集》（第三卷），人民出版社，1953年版，第810页。
③ 《毛泽东选集》（第三卷），人民出版社，1953年版，第757页。
④ 《毛泽东农村调查文集》，人民出版社，1982年版，第182~183页。

定工作方针,这是一切共产党员所必须牢牢记住的最基本的工作方法。"① 这就是说不作调查研究,就不能有正确的政策。

有人指出党中央制定政策,我们只要执行就行了,何必要作调查研究呢?当然执行党的政策是对的,但不做调查研究还是不行的。因为你不调查研究,你就不能懂得党的政策的正确,你就只知其当然,不知其所以然,你就不能自觉地执行政策,就不可避免陷于盲动。要你这一级的领导人干什么呢?就是要你把党的政策变成群众的行动,如果不调查研究群众的实际情况,不按照具体的时间、地点、条件解决问题,不因地制宜、因时制宜,那就不是灵活的政策,而是僵化了的政策,那就不可能使党的政策发挥威力,变为群众自觉的行动。

我们党的方针政策,是由党中央统一制定的,各地方各部门的领导人都无权制定,但是中央在制定政策之前总是听取下面的讨论意见而制定的。党的政策是人民群众的要求和愿望的集中反映,要使党的方针政策贯彻执行得好,必须做到三条:

第一,领导人要使干部真正懂得党的方针政策,首先自己要真正懂得,并且在贯彻执行过程中起模范带头作用。

第二,要结合群众的思想情况,解释党的方针政策,使党的方针政策为广大群众所懂得,化为自己的行动。毛主席说过:"我们的政策,不光要使领导者知道,干部知道,还要使广大的群众知道。"② 你要把政策传达得好,解释得清楚、正确,你就得熟悉群众的情况,才能对症下药。

第三,要充分发动群众,结合具体情况订出贯彻执行党的方针政策的具体措施。由于群众的经验不同、觉悟不同、认识水平不同,所以就不能采取千篇一律的办法。要根据群众的不同特点,用他们的切身体验和所能懂得的语言进行宣传解释,然后把群众组织起来,并同违反党的

---

① 《毛泽东选集》(第四卷),人民出版社,1960年版,第1203页。
② 《毛泽东选集》(第四卷),人民出版社,1960年版,第1213页。

方针政策的人的思想和行为作斗争。

所以贯彻执行党的政策好，首先还得调查研究好。我们社会主义建设的成就是伟大的，证明总路线和大方向是正确的。但是有些人在执行政策的过程中也发生了一些缺点和错误，究其原因是有些人放松了调查研究。例如"人有多大胆，地有多大产"，"不怕做不到，只怕想不到"，反对所谓"条件论"等等。出现了夸夸其谈，以空想代替政策的恶劣作风。我们决不可忽略和忘记这个付出了代价的教训。

也有的担负领导工作的人员，常常以忙为借口不去作调查研究。领导工作人员忙，这是事实，但如果因为忙而不去调查，结果就会更忙，越来越忙不出头绪来，整天事务缠身，工作被动，来一件解决一件，头痛医头，脚疼医脚，越忙就越被动，越被动就越下不去。怎样改变这种情况呢？唯一的办法，是拨开你的两腿走出办公室，到下面去做调查研究。为什么必须这样呢？因为忙乱被动，就是没有分清主要矛盾和次要矛盾的关系，平均使用力量，抓不住关键。因为忙乱被动，心中无数，所以也就谈不上预见。要克服忙乱被动的局面，只有了解情况，只有调查研究，才能有计划有秩序地进行工作。

也有一些担负领导工作的人员，满足于听汇报和书面报告，把这看成是了解下情的主要方法。其实这是不对的。诚然听汇报、看书面报告是必要的，是了解情况的一个方法，但它不是了解情况的主要方法，更不是唯一的方法。下面送来的报告是不是真实情况，是不是正确？当然下面送来的报告是要看的，也要信任的，但不能都信以为真，因为由于认识水平和工作经验不可能详尽深刻地反映丰富多彩的实际情况；由于报告人的思想作风上的缺陷，也可能存在虚假和错误的成分。即使下面来的材料是正确的，对于领导人员说来也是间接的，是第二手或者第三手的材料，不是第一手材料。如果领导工作人员不取得第一手材料是不能获得真知的。毛主席说："任何领导人员，凡不从下级个别单位的个别人员、个别事件取得具体经验者，必不能向一切单位作普遍的指导。"① 因此，必须把亲自调查作为了解情况的主要方法，把其他的方法作为辅助的方法。

上面我们谈了一些调查研究对领导工作者的何等重要的问题。是不是说对我们从事一般工作的干部就不重要了呢？也是重要的。这在前面我们已经谈了调查研究是做好一切工作的基础。当然，我们也不能例外。我们所以说这个问题是重要的，是因为调查研究是马克思列宁主义的根本原则和根本方法，既然是根本原则和根本方法，就都要遵循。我们谈调查研究，是马克思列宁主义的作风，既然是一种作风，那就不是少数人所能办到的，这种作风才能保证我们的事业永远立于不败之地，因此，这是革命工作者必须具有的作风。

### 四、调查研究的态度和方法

我们在上面说了一些调查研究的意义，目的是解决对调查研究的认识问题。我们知道，认识世界是改造世界的前提，但是认识了调查研究，还不等于会做调查研究。要会做调查研究，还得有一个正确的态度和方法。

什么是调查研究的正确态度和方法呢？

就是毛主席在《序言》中所讲的："要做这件事，第一是眼睛向下，不要只是昂首望天……第二是开调查会。"② 根据毛主席的这个指示，谈谈我的看法。

要了解情况，要从社会做调查。毛主席说："没有满腔的热忱，没有眼睛向下的决心，没有求知的渴望，没有放下臭架子、甘当小学生的精神，是一定不能做，也一定做不好的。"③

小学生的精神是什么精神呢？它是和以先生自居相对立的。以当先

---

① 《毛泽东选集》（第三卷），人民出版社，1953 年版，第 853 页。
② 《毛泽东选集》（第三卷），人民出版社，1953 年版，第 747~748 页。
③ 《毛泽东选集》（第三卷），人民出版社，1953 年版，第 748 页。

生的架势去调查,这就是骄傲自满的态度。毛主席说:"学习的敌人是自己的满足,要认真学习一点东西,必须从不自满开始。"① 假如不虚心求教,人家就不会理你,不会跟你说真心话。人家说"既然你已经知道何必问我呢?"所以必然是知而不言,言而不尽。调查虽然也做了,但是真实情况却没有得到。有些同志到下面去要这材料,又要那材料,虽然表面上搜集了一大堆材料,要啥有啥,样样俱全,结果不是真实情况,甚至有的还是弄虚作假的情况,为什么呢?就因为他以先生自居,以领导自居,所以毫无所得或者得也不多。

甘当小学生,是把自己看成幼稚可笑的,并且心甘情愿诚心诚意地当小学生。把群众、把调查的对象看成是英雄好汉,看成是自己的可敬爱的先生。对待先生要恭请勤劳和采取同志态度。要有满腔的热忱,不是热一会儿,更不是冷冰冰。要有眼睛向下的决心,不要昂首望天。要有求知的渴望,而不是知也可,不知也可的态度,更不是满足于无知。要放下臭架子,那就是要去掉"官"气和"老爷"作风。

毛主席经常号召我们要当小学生,要继续当小学生,要是当学生,就是要我们始终保持谦虚谨慎、学而无厌的态度。有时也说叫我们做"普通劳动者",当"党的驯服工具",做人民的勤务员,做一个"螺丝钉"等等,都是一个意思。就是要我们的党员和干部始终和人民群众在一起,和人民群众同命运共呼吸,患难与共。因此当不当小学生,是走不走群众路线的问题,要不要群众观点的问题,为不为人民服务的问题,这是个原则问题,是个根本态度的问题。

当小学生,那就嘴要问,耳要听,手要写,头脑要想,身体力行。不这样做,小学生就当不好。

嘴要问,那就是不要强不知为知,不懂得和不了解的东西要问,要请教。毛主席在1930年就指出:"学个孔夫子的'每事问',任凭什么

---

① 《毛泽东选集》(第二卷),人民出版社,1952年版,第500页。

才力小也能解决问题"①。在《党委会的工作方法》一文中又要我们不耻下问。

耳要听，那就是说，合自己口味的要听，不合自己口味的也要听。不要偏听偏信，要兼听则明，要"不管是什么人，谁向我们指出都行。只要你说得对，我们就改正。你说的办法对人民有好处，我们就照你的办"②。毛主席还号召我们要善于听取不同的意见。党中央还指示我们："在调查的时候，不要怕听言之有物的不同意见，更不要怕实际检验推翻了已经作出的判断和决定。"③

手要写，那就是自己要做记录，早在1930年毛主席就指出"要自己做记录，把调查的结果记下来。假手于人是不行的"④。

这也就是1941年毛主席讲的："自己口问手写，并同到会人展开讨论。"⑤

头脑要想，是说调查要有明确的目的，有调查纲目，毛主席早就告诉我们不要"象挂了一篇狗肉帐，象乡下人上街听了许多新奇故事，又象站在高山顶上观察人民城郭。这种调查用处不大，不能达到我们的主要目的"⑥。要把听来的意见好好想一想，哪个对，哪个不对，是什么人说的，因为在阶级社会里无不打上阶级的烙印，所以，要做阶级分析。要提倡思索，学会分析事物的方法，养成分析的习惯，要多想出智慧。

身体力行，那是说你得亲自下去，深入群众，深入实际，不辞辛苦，不怕困难，亲自收集材料，亲自召开会议，个别交谈，跟班劳动，种试验田，实行三同，走马观花，下马观花，下马栽花，蹲点等等。哪个是对的，哪个是错的，你总得表示赞成什么，反对什么。而且要在实

---

① 《毛泽东著作选读（甲种本）》，人民出版社，1965年版，第21页。
② 《毛泽东选集》（第三卷），人民出版社，1953年版，第905页。
③ 中共中央文献研究室编：《关于建国以来党的若干历史问题的决议注释本》，人民出版社，1983年版，第283页。
④ 《毛泽东著作选读（甲种本）》，人民出版社，1965年版，第28页。
⑤ 《毛泽东选集》（第三卷），人民出版社，1953年版，第748页。
⑥ 《毛泽东农村调查文集》，人民出版社，1982年版，第5页。

际行动中表现出来,这样才能学到闻所未闻的知识,见所未见的世面。

调查研究需要有甘当小学生的精神,做任何工作也都需要有这种精神,因为我们是为人民服务的,所以,必须采取老老实实、勤勤恳恳的态度。这是我们共产党人必须具备的作风。

现在谈谈调查的方法,进行典型调查的问题。

一个领导人,看材料、听汇报、召开会议这是必要的。但是了解情况最重要的、最基本的方法,还是亲自动手进行典型调查。

要做这件事,首先要有明确的目的,选好对象,选择具有代表性的人物、单位、地区等。你要选好典型,那就需要有个大体上的比较,何者具有典型性,何者不具备或不完全具备,这也要有个大略的调查和研究,这就是毛主席所说的提出问题。你要提出问题,你就得检查一番,总结一番,到各地方走走,也就是我们通常所说的走马观花。走马观花还不能解决问题,只能是提出问题。例如,毛主席的《兴国调查》,做了八个家庭的调查,选择了永丰区这个典型,永丰区位于兴国、赣县、万安三县的交界,明白这一区,赣、万两县也就差不多了,整个赣南的土地斗争的情况也都相差不远了。这是一般号召与具体指导相结合的方法,是领导人员指导和学习相结合的方法。

选好对象进行典型调查,要采取"解剖麻雀"的方法。因为"解剖麻雀",才能判断从看材料、听汇报和各种会议中了解的情况是否正确。因为亲自解剖一两个麻雀,才能使我们更直接、更深刻地认识事物的规律,心明眼亮,克服和防止主观主义,才能使我们情况明,不至于道听途说,人云亦云;才能使我们取得具体经验以便指导一般工作,工作越做越细,克服官僚主义。"解剖麻雀"的方法,是领导与群众相结合、一般号召与个别指导相结合的问题,是避免把号召停留在一般号召上。人们的认识,总是先认识个别的特殊事物,然后才有可能认识一般事物的共同本质。认识了事物的共同本质后,还要以此为指导,继续去研究那些尚未研究过的各种事物,由个别到一般,再由一般到个别,无限循环，一次比一次更深入。为什么必须这样做呢？因为解剖一个或几个麻雀是符合少而精的原则，是符合毛主席的集中力量打歼灭战的原则。虽然解剖一两个麻雀是少，但是把少的办好了，就树立了榜样，就可以提高一般，达到多而精的目的。解剖的一两个麻雀虽小，但五脏俱全，抓住了关键，这样就如同毛主席所说的："伤其十指，不如断其一指"① 的思想，抓住了关键、要害、突破口，其他问题就可以迎刃而解了，这就是以点概面的方法。只有少而精才能达到多而精，符合多快好省的总路线精神。不会"解剖麻雀"，一般号召就会落空。

要"解剖麻雀"，就得去蹲点。下马观花，并且要下马栽花，站着走路看不见地上蚂蚁，蹲下去才会看得见。就是老老实实，深入基层，深入实际，亲自去看、去做，实行三同，种试验田，跟班劳动，亲自去栽花。这样做才是系统的周密的调查研究。如果还是走马观花，甚至是跑马观花，不但看不见蚂蚁，甚至连庄稼也看不清楚。

做典型调查，自始至终要运用阶级分析法。在阶级存在的社会，用阶级分析法去做调查，这是最客观最正确的方法。社会上的各阶级总是要这样或那样地表现自己，反映自己阶级的利益和要求。不用这个方法，就不能获得起码的知识，不用这个方法，就不能得出正确的结论。不用这个方法，就不可能认清事物的本质，就可能被假象所迷惑，这是无产阶级的显微镜和望远镜。只有运用这个方法去分析，才能透过现象看清本质。

当然我们说的典型调查、"解剖麻雀"、断电等等，并不是只顾点不顾面，或者重视点，忽视面，恰巧是为了更好地解决面上的问题。如果停留在典型调查上，那么调查就没有任何意义了。如果"解剖麻雀"，不是为了举一反三，解剖也就没有意义了。如果蹲点，只顾局部，不管全体，只以当个普通劳动者为限，忘记领导者的职责，蹲点也就没有意义了。所以做典型调查、"解剖麻雀"、蹲点等等要有全局观点，

---

① 《毛泽东选集》（第一卷），人民出版社，1952年版，第220页。

要从无产阶级的整体利益和长远利益出发,要从不断丰富和发展我们的革命和建设事业出发。

## 五、做一个懂得马克思主义策略的战士

《农村调查》的跋,说的是改造世界的问题,说的是掌握政策的问题,说的是如何才能解决问题的问题。当然这里面谈的是抗日战争时期的各项政策如何掌握的问题。这些具体政策在我们社会主义革命和社会主义建设时期被现在的政策代替了,但是其中观察问题的方法和政策的基本精神,我们应该永远学习。

毛主席在这里号召我们成为懂得马克思主义策略的战士,具有伟大的现实意义。

我们党的政策,都是马克思列宁主义和中国实际情况相结合的产物,是高度原则性和灵活性相结合的结晶。

毛主席说过:"只有党的政策和策略全部走上正轨,中国革命才有胜利的可能。政策和策略是党的生命,各级领导同志务必充分注意,万万不可粗心大意。"① 又说:"政策是革命政党一切实际行动的出发点,并且表现于行动的过程和归宿。一个革命政党的任何行动都是实行政策。不是实行正确的政策,就是实行错误的政策;不是自觉地,就是盲目地实行某种政策。"② 还说:"善于把党的政策变为群众的行动,善于使我们的每一个运动,每一个斗争,不但领导干部能懂得,而且广大的群众都能懂得,都能掌握,这是一项马克思列宁主义的领导艺术。"③可见掌握政策,按照党的政策办事是多么重要了。

要懂得党的政策和掌握党的政策,我认为必须做好这样几件大事。

第一,学习马克思列宁主义、毛泽东思想。要革命就要读毛主席的

---

① 《毛泽东选集》(第四卷),人民出版社,1960年版,第1193页。
② 《毛泽东选集》(第四卷),人民出版社,1960年版,第1181页。
③ 《毛泽东选集》(第四卷),人民出版社,1960年版,第1214页。

著作。党的政策都是根据毛泽东思想为指导制定的。学习毛主席著作,才能懂得党的政策,当然及时地学习党的政策,也有助于领会毛泽东思想。这就是说吃透里头,我们必须首先吃透上头。

第二,参加革命实践,参加阶级斗争、生产斗争和科学实验三项伟大的革命运动。在革命斗争的实践中,坚决按党的政策办事。有了这样明确的观点,才能认真执行党的政策。政策既有高度的原创性,又有高度的灵活性,如果不吃透下头,也就是不了解实际情况,就不能很好地执行政策。

第三,把自己的认识水平提高到党的政策水平。这样就必须不断加强思想改造,使自己的认识不断提高,克服各种各样不符合党的政策的认识,才能用党的政策武装群众的头脑。

第四,在复杂的斗争中绝不可以片面地简单地看问题,既要最大限度地争取同盟者,善于联合他们,把他们提高到党的政策水平,又要"严肃地坚决地保持共产党员的共产主义的纯洁性"①。刘少奇同志在《论党》中告诉我们:"只有当我们能够从思想上、政治上、组织上把自己和其他一切阶级区别开来的时候,我们才能成为无产阶级的先锋队,才能正确地去联合别人,又提高别人。"② 又说:"我们的党员,只有当他们能够从思想上、政治上、组织上把自己和其他一切阶级分子,特别是和小资产阶级革命分子的思想在党内的反映区别开来的时候,他们才能成为自觉的无产阶级的先进战士,他们才能去改造别人,提高别人。"③ 只有自己经常保持无产阶级的纯洁性同各种各样的腐化思想作斗争,保持清醒的头脑,我们才能永远立于不败的地位。

总之,要在毛泽东思想指导下,以党的方针政策为指针,在改造客观的过程中改造自己。把自己"由一个幼稚的革命者,变成一个成熟

---

① 毛泽东:《"农村调查"的序言和跋》,人民出版社,1953年版,第7页。
② 刘少奇:《论党》,解放社,1950年版,第139页。
③ 刘少奇:《论党》,解放社,1950年版,第140页。

的、老练的、能够'运用自如'地掌握革命规律的革命家"①。这就是既了解情况，又掌握政策的革命家，也就是使自己成为懂得马克思主义策略的战士。要使我们党的政策发挥无限威力，首先要使我们的党员干部成为懂得马克思主义策略的战士，然后才有可能通过他们把政策交给群众，化为群众的行动。我们的事业才能永远是胜利的。

于 1964 年 6 月 9 日

---

① 刘少奇：《论共产党员的修养》，人民出版社，1962 年版，第 3 页。

## 第三节　关于印巴战争问题（提纲）

支部要我讲讲印巴战争问题，我没有研究，甚至连认真学习也谈不上。讲什么好呢？我自己也弄不清楚，但是既然接受了这个任务，总得努力完成，讲不讲是态度问题，讲好讲坏，那是水平问题，所以也就鼓起勇气讲一讲。讲不对的地方请支部纠正，大家批评。

### 一、印巴扩张主义者的狂妄野心

印度曾经是英帝国主义奴役了三百多年的殖民地，在第二次世界大战后，1947年才脱英，而成为一个独立的国家。

帝国主义长期统治弄得印度贫困不堪，劳动人民经常处在饥饿的死亡线上，而帝国主义豢养的走狗——大地主大资产阶级，继承了帝国主义的衣钵，不但残酷剥削本国人民，而且极力向外扩张，侵略他国。

早在1954年，印度扩张主义者就曾在我国西藏地区策动叛乱，裹挟了几万中国西藏居民，并且在印度成立了以中国卖国贼达赖喇嘛为首的所谓流亡政府。1962年，印度扩张主义者又对我国边境地区发动武装侵略，结果搬起石头砸自己的脚，它的军官和士兵通通成了俘虏。由美帝苏修援助的武器成了废铁，印度扩张主义者遭到了可耻的失败。

印度反动派对其主子传给的侵略压迫勾搭，是学得很快的，几乎它的所有邻国都受它的欺负，它是新独立的国家中唯一拥有"保护国"的国家。印度1947年一独立，它就对锡金和不丹进行了控制。1949年6月，印度接管锡金行政，镇压了锡金自己成立的政府。直到现在，印度人当锡金的首相，印度人担任主要的官吏，国防、外交、交通……通通由印度掌握，印度人可以自由进出，锡金人却不能同外国建立外交关系。锡金国王到哪儿去都要经印度许可，甚至王室信件印度也要检查，印度反动派实际上是锡金的太上皇。对不丹规定对外受印度政府指导，不丹要同外国建交都受印度阻挠，要求加入联合国，拖了近十年才于去年得到实现。对尼泊尔在经济和贸易上加以控制，使它永远成为印度的原料借给地和商品销售市场。

印度反动派对巴基斯坦发动了大规模的侵略战争，这是它顽固推行扩张主义的必然结果。

早在今年3月，印度反动派就用种种手段支持巴基斯坦的分裂分子，干涉巴基斯坦内政，炮制一个所谓"孟加拉国临时政府"，派遣所谓"自由战士"进入东巴搞颠覆活动。印度反动派制造了种种荒谬绝伦的借口，制造了东巴是印度的"隔壁"，必须按印度的方案解决巴基斯坦的内部事务，不按印度方案它就可以占领巴基斯坦领土的强盗逻辑。这种强盗逻辑荒谬到了顶点，如果印度这个逻辑得逞，每个"隔壁"的邻国都可以消灭其邻国的主权，这不是明目张胆的侵略吗？还制造什么"难民回家园以后"考虑撤退军队的问题，这不是印度一手炮制傀儡国又是什么呢？印度反动派的行径，同当年日本帝国主义者炮制的"满洲国"完全是一路货色。印度还叫嚣巴基斯坦军队待在巴基斯坦是对印度安全的威胁，只有撤出才是"争取和平的态度"，这简直是把巴基斯坦领土当成自己的国土，猖狂到了何等地步？

印度反动派从11月21日发动进攻，先是用什么"孟加拉国"的所谓"解放军"的名义，到了12月2日，印度反动派发动了全面进攻。用陆军包围巴基斯坦，用海军封锁港口，用空军破坏交通。12月16日攻占达卡，不仅如此，还对西巴的许多城市和和平居民狂轰滥炸。

印度反动派不顾国际舆论，致联合国大会的压倒多数通过的决议，不顾违背"潘查希拉"，违背万隆会议精神，昔日借口难民问题侵略中国，今日又借口难民问题进攻巴基斯坦。尼赫鲁父女两代政权做着大印度帝国的迷梦。

印度扩张主义者和世界上一切反动派一样，都是搬起石头砸自己的脚，绝不会有好下场的。

## 二、苏修社会帝国主义的狰狞面目

印度反动派之所以如此猖狂，明目张胆地对巴基斯坦进行武装侵略，完全是由苏修的纵容、支持、帮助而造成的。苏修社会帝国主义一贯给予印度政府以政治上的支持和经济上、军事上的大量援助，助长了印度扩张主义的气焰。

今年 4 月，波德戈尔内就给叶海亚写信，干涉巴基斯坦内政，公开支持和偏袒印度。8 月，苏修同印度搞了一个所谓"和平友好合作条约"，实则是军事同盟条约。印度有苏修做可耻的后台，于是侵略活动肆无忌惮。9 月，英甘地访苏与苏修领导又密谋策划。于是加紧战争叫嚣，制造种种借口，先是怂恿它炮制"孟加拉国"的所谓"解放军"进行侵略，接着明目张胆发动了侵略战争。这时苏修塔斯社发表声明，塔斯社这个 12 月 5 日的声明，极尽颠倒黑白、混淆是非之能事，蛮横地干涉巴基斯坦内政，竭力怂恿印度反动派扩大对巴基斯坦的武装侵略。塔斯社竟然说印巴紧张局势是由东巴造成的，一国之内政，怎么会引起国与国之间的紧张局势呢？简直是一派胡言，公开为印度的干涉、颠覆、侵略摇鼓助威。

与此同时，苏修代表在联合国安理会上三次否决了要求印巴双方停火和撤军的决议案，并公然指出要"孟加拉国"的代表在会上来发言，蛮横到了何等地步。

印度反动派的军队大都是靠苏修装备的，从 1962 年至 1970 年，苏修给印度的军援达 10 亿美元。给了印度数百辆坦克，几百门大炮，上千枚导弹，数百架飞机和数十艘军舰。在印度侵巴期间，大批军火源源不断运往印度，甚至有的驾驶员是苏修分子亲自出马。

苏修这样干当然助长了印度扩张主义者的气焰。

苏修帮助印度进一步暴露了新沙皇的可耻的狰狞面目。苏修帮助印度，其目的是把印度拴在苏修的战车上，用来同美帝国主义在南亚次大陆和印度争霸,是苏修妄图把印度变为殖民地。苏修帮助印度建立"孟加拉国",成为印度的"保护国",实则是苏修在那里建立自己的"保护国",用来包围我们中国,妄图达到其反华反共的可耻目的。

苏修用刺刀侵占捷克斯洛伐克,现在苏修又帮助印度用刺刀炮制了一个"孟加拉国",怎能设想他不再搞翻版呢?苏修的侵略野心,新沙皇正在做着老沙皇妄想建立的大帝国的迷梦。

世界的形势早已不是老沙皇的时代了,老沙皇未曾实现的,难道新沙皇能够得逞吗?

### 三、巴基斯坦得道多助

巴基斯坦是同印度同时成为独立国家的,是在1947年按蒙巴顿计划成立的。

巴基斯坦比印度小得多,还没有印度的三分之一大,而且又分成不相连接的两个部分。人口约为印度的五分之一,它是一个盛产麻的国家,约占资本主义世界的70%—75%,西巴盛产棉花,占资本主义世界第五位。

巴基斯坦遭到印度的侵略,得到了世界人民的同情和支持,巴基斯坦抗击印度侵略,维护国家主权和领土完整的正义斗争得到越来越多的国家的同情和支持。

巴基斯坦虽然暂时在军事上失利了,东巴失陷了,达卡沦陷了,但这只是暂时的军事上的失败。布托说,军事上失败了,但是在政治上胜利了,军事上失败了,不是失败在印度手里,而是失败在苏修手里。

联合国在12月7日不顾苏修和印度反动派的阻挠和破坏,以104票的绝对多数通过了阿尔及利亚、阿根廷等34国提出要求印巴双方停火和撤军的提案,给了苏修和印度反动派当头一棒。这反映了全世界人民的反对干涉和侵略,维护民族独立、国家主权和领土完整的共同愿望。说明苏修印度反动派是有多么不得人心,成为众矢之的。

印度侵略者兴高采烈地说什么达卡沦陷是它胜利的"里程碑",但是决心维护自己国家主权和领土完整的人民是武力征服不了的,这将是印度失败的"起点",如果不被反动派的气势汹汹所压倒,敢于斗争,敢于胜利,不畏艰难险阻,坚持团结,坚持斗争,最后胜利一定是属于巴基斯坦的。

我们有些人为巴基斯坦而担心,这使我想起了当蒋介石匪帮进攻山东,进攻延安的时候,那是何等气势汹汹呀。当时我们的伟大领袖毛主席就讲过,他的两条腿都陷进去了,再也拔不出来了。事实完全证明了,以蒋介石的垮台而告终。今天印度占领东巴,它就背上包袱了。买军火要欠外债,打仗要动用人力、物力,加紧搜刮民脂民膏,残酷镇压,大批人民被捕入狱,国内阶级矛盾激化。国外又树立了许多敌人,世界人民和各个国家都反对他,失道寡助,而巴基斯坦却得到多助。侵略其他民族本身是不自由的,印度反动派必将自食恶果。

当然,巴基斯坦同我国当时的情况不同,它没有共产党的领导,没有我们这样的英明伟大领袖毛主席的指导,没有我们那样受过锻炼的人民和久经考验的军队。

但是通过东巴失败的教训,现在人民正在觉醒,你看他们去砸苏修的使馆,同时又去感谢我们的使馆,这就说明他们认清了敌友。

布托上台执政了,于本月20日就任总统。我们有的同志又担心了,说这时候换领导人不利吧?换的人能够维护国家主权和领土完整,反对外来侵略,能够领导人民进行正义斗争,坚持团结,坚持斗争,那就有利。

周总理已于22日打电报给布托就任总统表示祝贺。

**四、美帝支持巴基斯坦,目的在于同苏修争霸**

许多同志在报上看到美国也投票支持巴基斯坦,这是怎么回事呢?难道美国佬会发出善心吗?不会的。

美国支持巴基斯坦，全然在于同苏修争霸。

美帝至今还在印度支那大打侵略战争，在中东支持以色列侵略，而在南亚次大陆，它难道会反对侵略吗？不会的。他眼看肥肉被苏修这个恶狗抢了去，他是不甘心的。眼看印度洋要被苏修霸占了，所以它赶忙派第七舰队去。

帝国主义者和一切反动派都是善耍反革命两手的，一个是刽子手的狰狞面目，一个是牧师的说教。美帝国主义也好，苏修社会帝国主义也好，都是这样干的，什么手法对其帝国主义有利，它就施展什么手法。你看，美帝虽说支持了巴基斯坦，但他不说侵略和反侵略，这就给反侵略战争的人灌了迷魂汤，助长了侵略者的气焰。再看苏修对革命的武装人民，例如巴勒斯坦的解放战争他口诵和平经，熄灭革命，施展牧师的手法；而对印度制造的"孟加拉国"的"解放军"，他表现出一副支持民族解放的样子，摆出了镇压革命者的刽子手狰狞面目。两个反革命手法，只有一个目的就是与人民为敌，与革命为敌。

美国支持巴基斯坦和苏修支持印度性质是一样的，都是反革命的罪恶勾当。

但是具体事物要具体分析，我们不能一样看待，要加以区别，加以利用。这就是利用其支持巴基斯坦的一面，反对其反革命的本质；这就是把杀人的强盗和尚未杀人的强盗加以区别；这就是把正在侵略我们的帝国主义和暂时没有侵略我们的帝国主义加以区别。

绝不可以认为支持巴基斯坦，它就改变本性了，就是朋友了，不是的，它从来就不是，而且永远也不会是人民的朋友。

### 五、英法弃权，实则坐山观虎斗

在此次印巴战争中，英法两国对于在联合国安理会和全体会议上相继提出的解决印巴战争停火的决议案，一直选择弃权。

英法弃权，助长了侵略者的气焰，貌似公正，既不赞成这一方，又不赞成那一方，实则是在偏袒印度侵略者。

帝国主义者都是损人利己的,哪里有利就向哪里钻。英法弃权是希望将来成为调停者的一张牌(日本朝日新闻记者),先是坐山观虎斗,然后坐收渔利。

第二次世界大战,英法纵容法西斯德国侵略苏联,结果搬起石头砸自己的脚。它们开了牺牲捷克的慕尼黑会议,不久德国法西斯就侵略了它们自己。

美国也如此,当日本帝国主义侵略我们中国时,不仅不制止,还卖军火给日本。最后日本偷袭珍珠港,使美国吃到了苦头。

英国从内心是偏袒印度的,并且卖导弹给印度。

尽管印度的武器大批是从苏联那里得到的,但是它所拥有的唯一的地对空导弹是法国提供的"北方式"AS—300导弹。

从这里我们看到,弃权并非公正,也并非不管,弃权是偏袒一方,对其自己有利的一方,弃权可以从中捞到渔利,弃权可以暗中勾结,从中得到好处。

## 六、我们的严正立场

中国政府和中国人民一贯反对帝国主义、扩张主义和新老殖民主义,坚决支持各国人民维护国家主权和领土完整,反对外来侵略、颠覆、干涉和欺负的正义斗争。

印巴战争是一场侵略和反侵略、分裂和反分裂、颠覆和反颠覆的斗争。

当印度开始侵略时,我国政府就强烈谴责印度在苏修的支持和鼓励下进行武装侵略。12月4日姬鹏飞代部长,在毛里塔尼亚驻华大使馆举行的招待会上强烈谴责印度侵略,重申中国政府和人民坚决支持巴基斯坦政府和人民的正义斗争。

12月6日接着就发表了《人民日报》评论员的文章《荒谬绝伦的逻辑,明目张胆的侵略》,批驳印度反动派的种种谎言。

12月7日又发表了《人民日报》评论员文章《驳塔斯社声明》,痛斥苏修颠倒黑白，混淆是非，蛮横干涉巴基斯坦内政，竭力怂恿印度扩大武装侵略。

12月8日，《人民日报》评论员又发表了《新德里的丑剧——把印度反动派炮制的孟加拉傀儡这出丑剧拿出来示众》。

与此同时，我国出席联合国大会的代表多次谴责苏修和印度反动派，并同世界绝大多数国家通过了要求印巴双方停火撤军的决议案，重申我国坚定的原则立场，支持巴基斯坦。《人民日报》还发表了《得道多助，失道寡助》的评论员文章。

姬鹏飞代部长在坦桑尼亚与中国大使举行的招待会上，又一次严厉谴责印度政府，妄图吞并东巴。坚决反对社会帝国主义推行强权政治。警告他若蛮干到底，必将自食其果。

一九七一年十二月十六日，中华人民共和国政府声明表明了我国的严正立场。

周总理在欢宴阿巴斯副总统的会上又一次宣布支持巴基斯坦，谴责新沙皇步老沙皇后尘，妄图建立世界帝国的迷梦，谴责印度反动派侵占达卡高兴得太早了，达卡陷落绝不是他们胜利的里程碑，而是导致南亚次大陆战争不已，导致它走向失败的起点。

当布托总统就任时，周总理又打电报祝贺，重申中国政府和人民将一如既往支持巴基斯坦政府和人民反对外来侵略的正义斗争。

现在我国的国际威望日益增高，世界形势一派大好，美帝苏修印度反动派的日子越来越不好过。

最近印度反动派又开始向我们挑衅了，到目前为止我们外交部和驻印大使馆已发出了三次抗议，印度武装人员深入我国境内两次，飞机还侵犯我国领空，在我国大使馆门前闹事等，我们必须密切注意。

国家要独立，民族要解放，人民要革命等，这是世界上不可抗拒的历史潮流。我国人民站在这个潮流的最前面，我们应该对世界有较大的贡献。

1971年12月28日于大冶

## 第四节　面向实际　转变作风

实践是检验真理的唯一标准，这本来是马克思主义的常识问题。由于林彪、"四人帮"在政治上颠倒敌我关系，在理论上颠倒理论和实践的关系，搅乱了人们的思想，混淆了是非，禁锢了人们的头脑，使人们的思想僵化。有些人不是从实际出发，而是从本本出发；不是从广大人民群众的根本利益出发，而是按"长官意志"行事。这极大地妨碍了人民群众的积极性和创造性的发挥，继续发展下去，就会有亡党亡国的危险。所以说，关于实践是检验真理的唯一标准问题的讨论，的确是关系着党和国家的前途和命运的问题。

只有思想解放了，才能敢想、敢说、敢做；才能坚持管理，修正错误；才能坚持实事求是、一切从实际出发，坚持理论和实际相结合的马克思主义的根本观点和根本方法；才敢于拨乱反正，总结经验，发扬成绩，吸取教训；才有勇气努力研究新情况，不断解决新问题，深入实际、深入群众，调查研究，总结经验，逐步认识和掌握客观规律，按客观规律办事。只要我国人民都努力打破唯心主义和形而上学的精神枷锁，遵循唯物论和辩证法的认识路线前进，我国人民就有搞好四个现代化的共同语言，齐心合力顺利实现工作重心的转移，四个现代化就能够加速实现，那才是真正高举毛泽东思想的伟大红旗。

思想解放了，人人动脑筋，想办法，群策群力，把一切聪明才智都贡献出来，才能建设四个现代化的强国。实现四个现代化要靠千百万人民群众的无穷智慧和力量。因此，要把建设社会主义的一切积极因素都充分调动起来，重要的在于认真而坚决地落实党的一系列政策，特别是干部政策和知识分子政策等。多年来，林彪、"四人帮"大批所谓"专家路线""教授治校"搞乱了人们的思想，所以安于外行者有之，认为"大老粗"光荣者也有之。人家你追我赶，快马加鞭，争分夺秒，学习马列主义、毛泽东思想，学科学、学技术、学业务、学管理、学文化，为四个现代化学本领。有的人却对此漠然置之，缺乏实现四个现代化的紧迫感，既不懂又不肯学习，还在那里发号施令。党中央三令五申，要求迅速落实党的政策，有的人还是无动于衷，行动迟缓，能说这是真想实现四个现代化吗？要搞好四个现代化，不仅要思想解放，端正思想路线，还必须自觉地认真地贯彻执行党的各项政策。党中央雷厉风行纠正错案、假案、冤案，多么大得人心啊！这就是证明。

实现四个现代化，还要有科学的工作方法。谁都知道，要过河没有桥和船不行，不讲究工作方法，目的也达不到。党中央号召我们"改变一切不适应的管理方式、活动方式和思想方式"，并说这"是一场广泛深刻的革命"①。这是完全正确的，譬如，小生产者的手工业方式，怎能适应社会主义现代化的大生产呢？那种不管干什么都用一刀切的管理方式和活动方式，不早就该抛弃了吗？办农业与办工厂不同，学校工作与机关工作不同硬要采取同一方式怎么能行得通呢？现在有些单位人浮于事，机构臃肿，层次重叠，效率极低，还不应该迅速改变吗？过去那种脱离业务去搞政治工作的方法，要改变为围绕四个现代化去做政治工作的方法，要学会用经济办法管理经济，学会用管理教育的办法去办学校。如果不从实际出发，不看对象，不研究新情况、新特点，因循守旧，墨守成规，习惯于老一套，一揽子式的工作方法，显然不能适应四个现代化的要求。要善于从群众中来，到群众中去，从实际出发确定工作方法；要敢于探索，敢于创新，大刀阔斧，勇往直前。凡是实践证明了行之有效的方法，就要学习，就要坚持，错了的就要及时改正。效率高，办法先进，有什么理由拒之于门外呢？

除了思想端正、政策落实、方法正确，还要有一个好作风来保证四个现代化的顺利实现。毛主席倡导的老一辈无产阶级革命家身体力行的

---

① 《关于建国以来党的若干历史问题的决议注释本（修订本）》，人民出版社，1985年版，第473页。

实事求是、密切联系群众、批评和自我批评的好作风,实践早已证明威力无穷,必须迅速发扬光大。那种不做人民的勤务员,而当人民的老爷,老虎屁股摸不得,爱好独断专行,习惯于"一言堂"的人,迟早是要"霸王别姬"的;那种坐井观天,夜郎自大,好为人师,缺乏甘当小学生的精神的人,是一定做不好工作的。三中全会特别强调充分发扬民主,强调民主和集中的辩证统一关系,号召认真执行民主集中制,加强社会主义法治,使民主制度化、法律化。这都反映了广大人民的利益和愿望。我们党的好传统好作风,要靠我们的干部和党员带头去恢复和发扬,全国人民都学好样子、好传统、好作风,抛弃坏习惯、坏传统、坏作风,加快实现四个现代化,就有了切实的保证。

因此,实践是检验真理的唯一标准这个根本原则,今后也必须坚持。它是真正高举毛泽东思想伟大红旗,统一全党全国人民思想和行动的正确思想路线,是我们自觉地贯彻执行党的路线和政策的思想基础,是我们建设伟大的社会主义强国,团结各族人民群众,实行科学的工作方法和正确的工作作风的切实保证。所以,继续宣传实践是检验真理的唯一标准,仍然是不可缺少的。

# 第五节　马克思主义在中国的运用和发展
## ——纪念马克思逝世100周年

在市委宣传部召开的会议讲话要点：市委给我出了一个题目，叫做《三中全会以来，马克思主义在中国的运用和发展》。项目很好，我们会拿什么纪念马克思呢？最好就是用马克思主义，用他们的立场观点方法解决我们层出不穷的新问题。可惜由于我的水平低，这个文章做不好。

七八年十二月召开的十一届三中全会是建国以来我党历史上具有深远意义的伟大转折。

在理论上的贡献很多，不可能一一读到，仅就几点谈谈自己的认识：

第一，在经济结构上坚持国营经济的主导地位和发展多种经济形式并存的问题；

第二，重视知识和尊重、依靠知识分子，在知识分子问题上要政治上一视同仁，工作上放手使用，生活上关心照顾；

第三，在改革问题上要振奋精神，立志改革，勇于创新。

### 一、马克思主义在中国的实践与发展

开始全面建设社会主义，必须珍视半个多世纪以来在中国革命和建设过程中把马克思列宁主义普遍原理和中国实际相结合的一切积极成果，在新的实践中运用和发展这些成果，以符合实际的新原理和新结论丰富和发展我们党的理论，保证我们的事业沿着马克思列宁主义、毛泽东思想的科学轨道继续前进。

我们进行社会主义建设，必须从中国的实际出发，从中国的国情出

发、十亿人口、八亿农民、地域辽阔、情况复杂,把马克思列宁主义同中国实际相结合起来,走自己的路。我党十一届三中全会以来的路线、方针、政策,事实证明完全符合中国的实际,党的十二大文献就是中国特色的社会主义蓝图最确切的描绘。

毛泽东同志早在1956年的《论十大关系》的讲话中,以苏联经验为借鉴,初步总结了我国社会主义建设的经验,提出了探索我国国情的社会主义建设道路。接着又提出正确区分和处理社会主义社会两类不同性质的社会矛盾,把正确处理人民内部矛盾作为国家政治生活的主题,对于建设社会主义具有长远的指导意义。可惜,由于党在指导方针上有过严重失误,以及后来"文化大革命"这样一个全局性的、长时间的"左"倾严重错误,使党、国家和人民遭到建国以来最严重的挫折和损失。

一九七八年十二月召开的党的十一届三中全会,是建国以来我党历史上具有深远意义的伟大转折。全会结束了一九七六年十月以来党的工作在徘徊中前进的局面,开始全面地认真地纠正"文化大革命"中及其以前的"左"倾错误。批判了"两个凡是"的错误方针,充分肯定了必须完整地、准确地掌握毛泽东思想的科学体系;高度评价了关于真理标准问题的讨论,确定了解放思想、开动脑筋、实事求是、团结一致向前看的指导方针,果断地停止使用"以阶级斗争为纲"这个不适用社会主义社会的口号,作出了把工作重点转移到社会主义现代化建设上来的战略决策,提出了要注意解决好国民经济重大比例严重失调的要求,制定了关于加快农业发展的决定;着重提出了健全社会主义民主和加强社会主义法制的任务;审查和解决了党的历史上一批重大冤假错案和一些重要领导人的功过是非问题。全会还增选了中央领导机构的成员。这些在领导工作中具有重大意义的转变,标志着党重新确立了马克思主义的思想路线、政治路线和组织路线。

经过党的十一届六中全会科学地总结了建国以来的经验和教训,冲破了个人崇拜和教条主义的束缚，批判了多年来的"左"倾错误，维护了毛泽东思想的科学真理和毛泽东同志的历史地位，既分清了是非，又加强了团结，为各项革命和建设事业的健康发展提供了根本保证。

对于那些偏离了马克思主义轨道，发展到怀疑党的领导和社会主义道路，党及时地重申坚持党的领导为中心的四项基本原则，批判和制止资产阶级自由化倾向的两条战线的思想斗争。保证了党沿着正确的马克思主义轨道前进。

党在一九八三年九月召开的十二大，确定全面开创社会主义现代化建设新局面而奋斗的纲领。党的十二大文献，可以毫不夸大的说是中国特色的科学社会主义理论的丰富和发展，是我党智慧的结晶，是全党全国人民的精神财富的无价之宝。

社会主义社会在实践中发展，恩格斯早就说过："所谓'社会主义社会'不是一种一成不变的东西，而应当和任何其他社会制度一样，把它看成是经常变化和改革的社会。"① 各个社会主义国家，国情不同，环境不同，历史传统也不同，不可能也不应该一模一样，生搬硬套他国模式，只能带来灾难。现在可以说我们已经找到了中国特色的社会主义道路。

这是因为我们坚持了一切从实际出发，理论联系实际，实事求是，在实践中检验真理和发展真理的思想路线。不是把理论僵化看作是生搬硬套的公式，而是把它同实践、同调查研究密切结合起来，成为认识世界和改造世界的锐利武器。

这是因为我们坚持了马克思主义和关于人民群众是历史的创造者的原理，运用于在我党的全部活动中，形成群众路线，就是一切为了群众，一切依靠群众，从群众中来，到群众中去。因为人民群众的创造力是无穷无尽的，和人民打成一片，那就任何困难都有可能克服，任何敌人最终却不能压倒我们，而只能被我们所压倒。

---

① 《马克思恩格斯全集》（第三十七卷），人民出版社，1971年版，第443页。

这是因为我们坚持了独立自主，自力更生，也就是走自己的路，我们有奋斗到底的决心，有信任和依靠本国亿万人民的智慧和力量的信心。邓小平同志庄严宣告："任何外国不要指望中国做他们的附庸，不要指望中国会吞下损害我国利益的苦果。"① 我们必须坚持自己的民族自尊心和自豪感。决不允许有任何奴颜婢膝、卑躬屈节的表现。当然也不允许有闭关自守、盲目排外的表现，要珍惜其他国家和人民的友谊和合作。既要学习外国的好经验和先进技术，又要坚决抵制外来腐朽思想的侵蚀和资产阶级生活方式在我国的泛滥。

正因为我们坚持了毛泽东思想的活的灵魂这三个基本方面，所以我们找到了也走上了适合中国国情的具有中国特色的社会主义道路。

## 二、试论中国特色的社会主义——为马克思逝世 100 周年而作

马克思逝世 100 周年了，但马克思主义永远活在人间，马克思主义在中国得到运用和发展，这不仅是中国人的自豪，而且也必将为世界人们提供无价之宝。

无产阶级取得政权后，怎样领导全国人民开展全面的大规模的社会主义建设，各个社会主义国家，都有自己的宝贵经验，也或多或少出现过这样那样的问题。我国也走过曲折发展的道路，直到党的十一届三中全会开始拨乱反正，才逐步清除了各项工作中长期存在的"左"倾错误，从深刻的历史教训中找到了符合中国国情的建设社会主义的道路，制定了一系列符合客观实际，深得人心的路线，方针、政策，使我国走上了稳步发展的健康轨道。正如邓小平同志在党的十二大开幕词中说的："把马克思主义的普遍真理同我国的具体实际结合起来，走自己的道路，建设有中国特色的社会主义，这就是我们总结长期历史经验得出的基本结论。"②

---

① 《邓小平文选（一九七五——一九八二年）》，人民出版社，1983 年版，第 372 页。
② 《邓小平文选（一九七五——一九八二年）》，人民出版社，1983 年版，第 372 页。

（一）序言

中国革命的胜利，是有中国特色的革命运动。我们党创造性地运用马克思列宁主义的基本原理，把它同中国革命的具体实践结合起来，形成了伟大的毛泽东思想，找到了夺取中国革命胜利的正确道路。中国共产党是全心全意为人民服务的不谋任何私利的政党，敢于并善于领导人民百折不挠地同敌人作斗争的政党，它团结了中国各族人民结成广泛的统一战线，在农村建立革命根据地，组成完全新型的与人民血肉相连的人民军队，经过长期的武装斗争，由农村包围城市，最后取得全国政权，我们的革命固然也得到各国革命力量的援助，但是最根本的还在于中国共产党坚持独立自主、自力更生的原则，依靠中国各族人民自己的力量，经历千辛万苦，战胜许多艰难险阻才取得胜利的。这同俄国革命不同，它是从城市武装起义夺取政权；同东欧一些国家也不同，这些国家虽然也经过自己的斗争，但主要的是靠苏联及其他各国人民战胜德国法西斯之后取得胜利的。

在过渡时期，我们党领导全国各族人民有步骤地实现从新民主主义到社会主义的转变，创造性地开辟了一条适合中国特色的社会主义改造的道路，对资本主义工商业，我们创造了委托加工、计划订货、统购包销、委托经销代销、公私合营、全行业公私合营等一系列从低级到高级的国家资本主义的过渡形式，最后实现了马克思和列宁曾经设想过的对资产阶级的和平赎买。对个体农业，我们遵循自愿互利，典型示范和国家帮助的原则，创造了从临时互助组和常年互助组，发展到半社会主义性质的初级农业生产合作社，再发展到社会主义性质的高级农业生产合作社的过渡形式。在一个几亿人口的大国比较顺利地实现了对生产资料私有制的社会主义改造，实现了如此复杂、困难和深刻的社会变革，促进了工农业和国民经济的发展，这的确是一个伟大的历史奇迹。

马克思和恩格斯的科学预见，唤醒了并鼓舞了世界无产阶级和劳动人民为实现自己的崇高理想而奋斗，但马克思和恩格斯从来也未约束各国人民千篇一律实现自己的伟大历史使命。

列宁把马克思主义创造性运用于俄国革命的实践，他说："我们决不把马克思的理论看做某种一成不变的和神圣不可侵犯的东西；恰恰相反，我们深信：它只是给一种科学奠定了基础，社会主义者如果不愿落后于实际生活，就应当在各方面把这门科学向前推进。我们认为，对于俄国社会主义者来说，尤其需要独立地探讨马克思的理论，因为它所提供的只是一般的指导原理，而这些原理的应用具体地说，在英国不同于法国，在法国不同于德国，在德国又不同于俄国。"① 列宁和布尔什维克领导俄国人民取得了十月社会主义革命的胜利，把科学社会主义理论变成现实，并丰富和发展了马克思主义的科学社会主义理论。

列宁在十月革命后，对于各国共产党人纷纷效法俄国的英勇行动给予热烈支持，然而对于他们那种照搬俄国经验，不讲斗争策略的"左派"幼稚病给以严厉批评，指出他们千篇一律，死板划一，彼此雷同，"要求运用共产主义的基本原则（苏维埃政权和无产阶级专政）时，把这些原则在细节上正确地加以改变，使之正确地适应和运用于民族的和民族国家的差别"②。照搬别国经验，别国模式，国际共产主义运动中有过惨痛的教训，我国在革命中也吃过教条主义的苦头，我们应该牢牢记住。

（二）

开始全面建设社会主义，必须珍视半个多世纪以来在中国革命的建设过程中把马克思列宁主义普遍原理和中国实际相结合的一切积极成果，在新的实践中运用和发展这些成果，以符合实际的新原理和新结论丰富和发展我们党的理论，保证我们的事业沿着马克思列宁主义、毛泽东思想的科学轨道继续前进。

我们进行社会主义建设，必须从中国的实际出发，从中国的国情出

---

① 《列宁选集》（第一卷），人民出版社，1972年版，第203页。
② 《列宁选集》（第四卷），人民出版社，1972年版，第246页。

发，十亿人口，八亿农民，地域辽阔，情况复杂，把马克思列宁主义同中国实际结合起来，走自己的路。我党十一届三中全会以来的路线、方针、政策，事实证明完全符合中国的实际，党的十二大文献，就是中国特色的社会主义蓝图最确切的描绘。

毛泽东同志早在一九五六年的《论十大关系》的讲话中，以苏联经验为借鉴，初步总结了我国社会主义建设的经验。接着又提出正确区分和处理社会主义社会两类不同性质的社会矛盾，把正确处理人民内部矛盾作为国家政治生活的主题，对于建设社会主义具有长远的指导意义。

一九七八年十二月召开的党的十一届三中全会，是建国以来我党历史上具有深远意义的伟大转折。全会结束了一九七六年十月以来党的工作徘徊中前进的局面，开始全面地认真地纠正"文化大革命"中及其以前的"左"倾错误。重新确立了马克思主义的思想路线，政治路线和组织路线。

经过党的十一届六中全会科学地总结了建国以来的经验和教训，冲破了个人崇拜和教条主义的束缚，维护毛泽东思想的科学性和毛泽东同志的历史地位，既分清了是非，又加强了团结，为各项革命和建设事业的健康发展提供了根本保证。

对于那些偏离马克思主义轨道，发展到怀疑党的领导和社会主义道路，党及时地重申坚持党的领导为中心的四项基本原则，批判和制止资产阶级自由化倾向。正确地开展了反对"左"和右的倾向的两条战线的思想斗争。

党在一九八二年九月召开的十二大，确定全面开创社会主义现代化建设新局面而奋斗的纲领。党的十二大文献，可以毫不夸大的说是中国特色的科学社会主义教科书，是我党对马克思主义的科学社会主义理论的丰富和发展，是我党智慧的结晶，是全党全国人民的宝贵的精神财富。

因为我们坚持了毛泽东思想的活的灵魂的三个基本方面，实事求是，群众路线，独立自主。所以我们找到了也走上了适合中国国情的具有中国特色的社会主义道路。

（三）

中国特色的社会主义究竟有哪些特点呢？

在经济结构方面，我们找到了坚持国营经济的主导地位和发展多种经济形式的多层次的经济结构；在经济体制方面，我们实施了计划经济为主、市场调节为辅的正确方针。使生产关系适合生产力发展的水平。

1. 关于坚持国营经济的主导地位和发展多种经济形式的问题

这是我国社会主义现代化建设中的一个伟大创造。诚然，社会主义国家，巩固和发展生产资料公有制是根本目标，国营经济在整个国民经济中居于主导地位。巩固和发展国营经济，是保证劳动群众集体所有制经济沿着社会主义方向前进，并且保障个体经济为社会主义服务的决定性条件。但是从中国国情出发，由于我国生产力发展水平总的来说还比较低，又很不平衡，在很长时间内需要多种经济形式的同时并存。这和马克思曾经设想的单一的全社会公有制的形式不同，也与列宁、斯大林在苏联实行的全民所有制和集体所有制两种形式的模式不同。我国的经济结构有全民所有制经济，集体所有制经济，还有个体经济以及国家资本主义经济等。从这几种经济成分看，社会主义的国家所有制经济和集体所有制经济居于支配地位，掌握了整个国民经济命脉，决定着我国经济发展的方向。

由于我国经济情况复杂，单靠国营经济包办不了，需要各种合作经济。也需要个体经济在国家规定的范围内和工商行政管理下适当发展，作为公有制经济必要的、有益的补充。

有人担心，允许个体经济发展，会变成资本主义。其实个体经济并非在任何情况下都要变成资本主义的。我国的个体经济是从属于占主导地位的国营经济，它受社会主义国家的经济计划，包括价格、税收、信贷等经济杠杆的制约，受国家行政、立法等手段的管理和约束。因此，个体经济在我国情况下一般来说是不可能发展为资本主义的。

在我国还允许外国的企业和其他经济组织或者个人在中国投资，同中国企业和其他经济组织进行各种形式的经济合作。这种国家资本主义经济，是否会影响社会主义社会的性质？我们认为利用外国资金，学习先进技术和科学管理来发展我们的生产，它必须遵守我国的法律规定，绝不是让它来打击我国的民族工业，而是发展我国社会主义经济的一种借助形式，列宁曾经多次指出过，利用资本主义来建设社会主义，只要我们掌握两手，一方面实行对外开放政策；一方面又打击违法犯罪活动，我国的社会主义社会的性质是不会改变的。马克思说："在一切社会形式中都有一种一定的生产支配着其他一切生产的地位和影响，因而它的关系也支配着其他一切关系的地位和影响。这是一种普照的光，一切其他色彩都隐没其中。它使它们的特点变了样。"① 在社会主义所有制经济的强光照射下，其他经济成分也变了样，使之同社会主义经济发展联系着。我国的实践证明，坚持国营经济为主导地位和多种经济形式并存，能够加速经济建设。多种经济形式的合理配置和发展，才能繁荣城乡经济，方便人民生活。

为了发挥企业和劳动者的积极性，无论在国营企业或集体企业中，都必须实行经营管理上的责任制。党的十一届三中全会首先抓农业，作出决定，指出一切政策的出发点，就是要充分发挥社会主义制度的优越性，充分调动八亿农民的积极性，强调给生产队和社员以自主权，恢复和扩大自留地、家庭副业、集市贸易，建立各种形式的责任制。为了调整农业结构，让农民休养生息，国家下决心每年进口一些粮食，大幅度提高农副产品的收购价格，随后又确定了发展多种经营的方针。极大地调动了农民的积极性、创造性。农民创造了多种形式的责任制，其中关键的是实行联产承包责任制，它把劳动者的劳动同生产成果紧密联系起

---

① 《马克思恩格斯全集》（第十二卷），人民出版社，1962年版，第757页。

来，把责、权、利三者结合起来，有效地克服了平均主义和干活大呼隆、瞎指挥的弊病，把集体的领导者和农民放到平等的地位，而且用合同制的契约关系固定下来，这就更有利于贯彻各尽所能、按劳分配的社会主义原则。由于联产承包，农民在集体经济中的地位由单纯的劳动者变为既是生产者又是经营者，真正成了主人翁，于是人们的智慧和力量，土地的潜力，生产条件的潜力都充分得到了发挥，做到"人尽其才，地尽其力，物尽其用"①。联产承包责任制，形式多样，其中，大包干，又叫包干到户或家庭承包责任制，利益最直接，责任最明确，方法最简单，群众最欢迎。这是我国农民在中国共产党领导下的一个伟大的创造。

由于农业生产责任制的普遍实行，劳动效率提高，劳动力节约，产量增加，收入增多，这就有力地推动了农民积极利用剩余劳动力和剩余资金，发展多种经营，分业分工，发展农副产品的商品性生产。这样我国农村将从自给性、半自给性生产转向专业化、社会化生产。从专业承包到合股经营，从土地承包到多种经济承包，由专业户走向联合。这个发展趋势，使我们看到了中国特色的社会主义农业发展道路的前景。

农业发展的大好形势，必将推动工业商业等其他行业实行经济责任制，现在出现的包干制、合同制、不仅贯彻了马克思主义的物质利益原则，又增加了劳动者主人翁的责任制，推动生产的发展。在这方面也一定会寻找和创造出一套适合工商业特点的既能保证国家统一领导，又能发挥企业职工积极性的具体制度和办法。

2. 关于正确贯彻计划经济为主、市场调节为辅的问题

在经济体制改革中，我国掌握了正确贯彻计划经济为主、市场调节为辅的原则这个根本性问题，无论在我们国家，或者其他一些国家，都有过一说计划经济，就什么都应该包进来，统得过死；一说市场调节，

---

① 中共中央办公厅编：《中国农村的社会主义高潮》（上册），人民出版社，1956年版，第115页。

就毫无限制，任其自由泛滥。或者把两者对立起来。这些都是片面的，不符合实际情况的。

我国在公有制基础上实行计划经济。有计划的生产和流通，是我国国民经济的主体。同时，允许对于部分产品的生产和流通不作计划，由市场来调节，也就是说，根据不同时期的具体情况，由国家统一计划，划出一定范围，由价值规律自发地起调节作用。这一部分是有计划生产和流通的补充，是从属的，次要的，但又是必需的，有益的。

我们必须坚持计划经济为主，国民经济才能稳定和协调发展，但我们又少不了市场调节的辅助作用，因为相当长的时期内还存在多种经济形式，存在商品生产和商品交换，必须有市场的调节作用。

为了贯彻计划经济为主、市场调节为辅的原则，使经济的发展既是集中统一的又是灵活多样的，在计划管理上需要根据不同情况采取不同的形式。一是指令性计划。对于关系国民经济全局的生产和分配，必须由国家计划实行严格控制。对于关系经济全局的骨干企业必须实行指令性计划。对于集体所有制经济也应当根据需要下达一些具有指令性的指标，例如对粮食和其他农副产品的征购和派购。二是指导性计划。这主要是通过经济手段来保证国家计划的实现，如我们制定了正确的价格政策，一般产品就可以通过价格来保证供求的平衡。有些产品不能完全用价格来调节，可以同时用税率来调节，有的还可以通过银行信贷来调节。对国家需要发展的行业多贷款、降低利率，国家需要限制的行业不贷款、少贷款，提高利率。国家运用经济杠杆指导其发展方向。三是市场调节。对于各种各样的小商品，产值不大，品种繁多，它在生产和供应的时间性、地域性一般都很强，因此不可能、也不必要全部纳入国家计划。这样的小商品生产，国家不下达计划，让企业根据市场需要自行安排生产。这是计划经济的必要补充，它可以繁荣经济，满足人民生活的各方面需要。但同时国家也要通过政策法令和工商行政管理，协助他们解决某些重要原料的供应。

我们要正确划分指令性计划、指导性计划和市场调节各自的范围和界限，在保持物价基本稳定的前提下有步骤地改革价格体制和价格管理办法，改革劳动制度和工资制度，建立起符合我国情况的经济管理体制，保证国民经济健康发展。

（四）

中国特色的社会主义，在政治方面又有哪些特点呢？

（1）我们的国家制度是人民民主专政，是中国特色的政治制度。这种制度，一方面保证占人口绝大多数的劳动人民当家作主，另一方面保证对极少数破坏社会主义的敌对分子实行专政。在我国社会主义制度已经确立，工人阶级领导的，以工农联盟为基础的人民民主专政，实质上即无产阶级专政，得到巩固和发展。国家的根本任务是集中力量进行社会主义现代化建设。中国各族人民将继续在中国共产党领导下，在马克思列宁主义、毛泽东思想指引下，坚持人民民主专政，坚持社会主义道路，不断完善社会主义的各项制度，发展社会主义民主，健全社会主义法制，自力更生、艰苦奋斗，逐步实现工业、农业、国防和科学技术的现代化，把我国建设成为高度文明、高度民主的社会主义国家。

建设高度的社会主义民主，是我们的根本目标和根本任务之一，它又是我们社会主义物质文明和精神文明建设的保证和支持。只有建设高度的社会主义民主，才能使各项事业的发展符合人民的意志、利益和需要，使人民增强主人翁的责任感，充分发挥主动性和积极性，也才能对极少数敌对分子实行有效的专政，保障社会主义建设的顺利进行。

人民是国家的主人，一切权力属于人民。人民依照法律规定，通过各种途径和形式，管理国家事务，管理经济和文化事业，管理社会事务。我们一定要按照民主集中制的原则，继续改革和完善国家的政治体制和领导体制，使人民能够更好地行使国家权力，使国家机关能够更有效地领导和组织社会主义建设。社会主义民主要扩展到政治生活、经济生活、文化生活和社会生活的各个方面。发展各个企业事业单位的民主管理，发展基层社会生活的群众自治。

群众自治，早在民主革命根据地就出现了，建国后在城市和农村普遍设立了居民委员会和村民委员会，它在办理本地区的公共事务和公益事业、调节民间纠纷，协助维护社会治安，并且向人民政府反映群众意见、要求和建议，起了非常重要的作用。

我国宪法制定了一系列发展社会主义民主和健全社会主义法制的重大措施，为全国人民清楚地指明了一条具有中国特色的社会主义建设的道路。

（2）正确处理人民内部矛盾和阶级斗争问题，是坚持社会主义道路的重要保证。

关于区分两类不同性质的社会矛盾，正确处理人民内部矛盾，毛泽东同志早就提出来。可惜由于长期"左"倾错误和"文化大革命"的干扰，人民内部矛盾问题长期未能很好地正确处理，十二大报告指出"我们必须十分谨慎地区别和处理敌我矛盾和人民内部矛盾，防止重犯阶级斗争扩大化的错误"①。

我们国内各民族之间、工人农民知识分子之间、干部群众之间、军民军政之间以至于全体人民内部，都应该建立团结一致、友爱互助、共同奋斗、共同前进的关系。我国各民主党派之间的关系，也是人民内部矛盾，早在民主革命时期，统一战线是使我国革命得到胜利的一个重要"法宝"；在社会主义建设时期，它仍然发挥着十分重大的作用。在长期的革命和建设过程中已经结成由中国共产党领导的，有各民主党派和各人民团体参加的，包括全体社会主义劳动者，拥护社会主义的爱国者和拥护祖国统一的爱国者的广泛的爱国统一战线。中国人民政治协商会议是有广泛代表性的统一战线组织，我们党要继续坚持"长期共存，互相监督，肝胆相照，荣辱与共"的方针。

---

① 胡耀邦：《全面开创社会主义现代化建设的新局面在中国共产党第十次全国代表大会上的报告》，人民出版社，1982年版，第42页。

国内各民族之间的关系，也是人民内部矛盾。我国是各族人民共同缔造的多民族国家，各族人民已有六十多年共同奋斗，同命运，共呼吸的历史，正确处理各民族之间的关系，是一个关系到国家命运的重大问题。国内各民族之间的关系，是平等、团结、互助的社会主义民族关系。在维护民族团结的斗争中，要反对大民族主义，主要是大汉族主义，也要反对地方民族主义。要促进全国各民族共同繁荣。

正确认识和处理我国当前仍然存在的阶级斗争，是保障最广大人民的民主权利，对极少数敌对分子实行有效专政的一个关键。在剥削阶级作为阶级消灭以后，我国社会存在的矛盾大多数不具有阶级斗争的性质，阶级斗争已经不再是我国社会的主要矛盾。但是，阶级斗争还将在我国社会的一定范围内长期存在，并且在某种条件下还有可能激化。现在还有形形色色的敌对分子从经济上、政治上、思想文化上、社会生活上进行着蓄意破坏和推翻社会主义制度的活动。我国现阶段的阶级斗争，主要表现为人民同这些敌对分子的斗争。

经济领域里的严重犯罪活动，和政治领域和文化领域中的破坏活动，都是阶级斗争的重要表现，必须依法给以严厉惩处。因此放弃阶级斗争的观点，阶级斗争熄灭论是毫无根据的。相反，在剥削制度和剥削阶级已经消灭的社会主义社会，提出和实行"以阶级斗争为纲"也是错误的。

（3）正确处理对外关系，维护世界和平，促进人类进步事业。

我国发展的前途同世界的前途是息息相关的。中国得到别的国家和人民的帮助，也帮助过别的国家和人民。把爱国主义和国际主义结合起来，历来是我们处理对外关系的根本出发点。因为世界上的国家千差万别，对我国的态度又不一致，因此也必须有不同的政策。

我国对外关系历来坚持独立自主的外交政策。既反对奴颜婢膝、崇洋媚外，也反对盲目排外闭关锁国。

中国在处理国与国的关系上，是"互相尊重主权和领土完整、互不侵犯、互不干涉内政、平等互利、和平共处"① 五项原则，和平共处五项原则同样也适用于我们同社会主义国家在内的一切国家的关系。

我们同朝鲜、罗马尼亚、南斯拉夫等友好的社会主义国家亲密合作，不断地巩固和发展着团结和友谊。

我们同亚洲、非洲、拉丁美洲的许多发展中国家，互相同情、互相支援、发展各方面的合作。

对于被侵略的国家和人民，我们一贯坚决支持被侵略的国家和人民的反侵略斗争。

对于威胁世界各国和平共处的帝国主义、霸权主义和殖民主义，我们坚决反对。中国把坚决同第三世界其他国家一起为反对帝国主义、霸权主义、殖民主义而斗争，看作自己神圣的国际义务。

中国共产党同外国共产党的关系，我党坚持在马克思主义的基础上，按照独立自主、完全平等、互相尊重、互不干涉内部事务的原则，发展同各国共产党和其他工人阶级政党的关系。

我们在世界上永远不称霸，加强同世界各国人民的团结，支持被压迫民族和发展中国家争取和维护民族独立、发展民族经济的正义斗争，为维护世界和平和促进人类进步事业而努力。

中国是十亿人口的大国，应当对世界有较大的贡献。但是只有加强自己的建设，才能为维护世界和平、促进人类进步发挥应有的作用。

（五）

中国特色的社会主义在思想文化方面有哪些特点呢？

（1）社会主义精神文明是社会主义社会的重要特征。

我们在建设高度物质文明的同时，一定要努力建设高度的社会主义精神文明，这是建设社会主义的一个战略方针问题。社会主义的历史经验和我国当前的实际情况都告诉我们，是否坚持这样的方针，将关系到

---

① 中共中央文献研究室编：《关于建国以来党的若干历史问题的决议注释本》，人民出版社，1983年版，第190页。

社会主义的兴衰和成败。

物质文明和精神文明是人类文明的两个方面，缺一不可，是互相依存的。从根本上说物质文明是基础，否认这个基础，那是"精神万能论"，我们吃过这个苦头，是错误的。没有一定的物质条件，没有经济作基础，发展教育、科学、文化就受到限制，社会的道德风尚也受到经济落后的影响。正因为如此，我们要抓好经济建设，大力发展生产力，使生产不断进步，人们的物质生活水平得到不断提高。这也给精神生产和精神生活提供了条件。另一方面，精神文明对物质文明又起着巨大的推动作用。教育、科学本身就是一种潜在的生产力，它给人们以知识、方法和技能，一旦被劳动者所掌握，就转化成为现实的生产力。

精神文明的思想方面不仅起推动作用，而且保证物质文明的建设方向。任何社会中，统治阶级都要以自己的思想体系作为社会的统治思想，以保证本阶级的利益和要求，社会主义社会占统治地位的思想是无产阶级思想体系，这个思想体系，就是马克思列宁主义、毛泽东思想，就是科学共产主义。

精神无用论、自发论认为物质文明搞好了，精神文明就自然而然上去了。其实不然。资本主义世界物质文明可谓不低，但他们那个世界的思想颓废、精神空虚、道德败坏，早已司空见惯，这是它的社会制度决定的。相反，我国现在的物质文明暂时差些，但我们人与人关系，我们的精神状态，道德、情操，哪一项不令他们羡慕呢？

可见，精神文明不是物质文明的派生物，两个文明发展也不平衡，并非同步发展。物质文明搞好了，可以使人幸福，然而也有另一方面，单纯追求物质生活，也可使人堕落。即使生产发展了，物质财富多了，也要警惕堕落的一面。所以抓物质文明建设，同时必须抓精神文明建设，否则不但不能保证物质文明的正确方向，而且必然走到邪路上去。近几年来，外国资本主义的腐蚀作用，也从反面教育我们不抓思想政治工作，不抓精神文明建设是不行的。

我们进行两个文明的建设是互为条件又互为目的的。物质文明建设搞好了，给精神文明建设提供了有利条件。要建设好精神文明，必须有物质文明作保证，否则就是一句空话。反过来也一样，有了精神文明这个条件，把科学运用于生产，将产生巨大的威力，人们积极性提高，主人翁责任感增强，人间奇迹就会不断创造出来。

社会主义精神文明是社会主义社会的重要特征，对于实现四个现代化的作用，对于崇高理想的实现，对于人们认识能力的提高，对于社会风气的好转和党的威信的提高以及党的战斗力的增强，关系极大，意义深远。

（2）建设社会主义精神文明，必须以共产主义思想为核心。

共产主义思想在社会主义精神文明中起主导作用，缺了它，就改变了事物的性质，它是非常重要的部分，既不能代替，又不能取消。

我们发展科学文化教育，沿着什么方向发展就存在一个举什么旗帜的问题。共产主义是我们的旗帜。我们的经济建设、政权建设、文化建设等等，哪一项也离不开共产主义作为指导思想。

我们要用共产主义思想、共产主义精神、共产主义道德教育人民，而共产主义思想是不能自发产生的，只能从外面灌输，所以，每个人都要自觉地用共产主义世界观武装自己的头脑，使我们永远立于不败之地。

我们应该理直气壮地有说服力有根据地面对不同对象给以切实的马克思列宁主义基本理论的教育。那种认为马克思主义过时了，是完全错误的。那种在社会主义社会不敢提共产主义思想，共产主义道德，实在是一种怪事，早在民主革命阶段就大提特提共产主义思想，何况，已经到了共产主义的第一阶段，却倒要收起，应该说这是对马克思主义的挑战。我们应该大谈特谈共产主义。只有具备共产主义思想，才能坚定信仰，明确方向，奋斗终生，只有提倡共产主义精神，才能发扬舍己为人、大公无私、艰苦奋斗，抵制那种"向钱看"，"斤斤计较"；只有宣传共产主义道德，才能恢复和发扬党的优良传统和作风，扭转不良风气。共产主义觉悟越高越能自觉地执行社会主义社会的现行政策。共产党员、共青团员、革命干部,首先要用共产主义理论武装起来,否则用什么提高群众的觉悟呢?决不许落后淹没先进,必须是先进提高落后,我们的社会主义事业才能不断前进。

(3) 建设社会主义精神文明要进行文化建设和思想建设。

怎样建设社会主义精神文明?党的十二大报告指出:"社会主义精神文明的建设大体可以分为文化建设和思想建设两个方面。这两个方面又是互相渗透和互相促进的。"① 我们要在理论上和实践上强调这两个方面的统一,而不应该用一个方面否定或贬低另一个方面。

文化建设指的是教育、科学、文化艺术、新闻出版、广播电视、体育卫生、图书馆、博物馆等各项文化事业的发展和人民群众知识水平的提高。它是建设物质文明的重要条件,也是提高人们思想觉悟和道德水平的重要条件。文化建设也应当包括健康、愉快、生动活泼、丰富多彩的群众性娱乐活动,使人们在紧张劳动后的休息中,得到有高尚趣味的精神享受。

要搞好文化建设,就要重视知识和知识分子的作用,改变那种轻视知识和歧视知识分子的状况,把知识分子看成是同工人、农民一样可靠的依靠力量,必须使全社会普遍尊敬和大力支持他们的光荣劳动。列宁说"在一个文盲的国家内是不能建成共产主义社会的"②,他又说"只有用人类创造的全部知识财富来丰富自己的头脑,才能成为共产主义者"③。可见在我国扫除文盲,迅速普及初等教育,是多么迫切的任务了。至于用人类创造的全部知识财富来丰富自己的头脑,要长期的艰苦卓绝的努力,孜孜不倦的学习,才有可能成为共产主义者。

在加强文化建设的同时,要大力加强思想建设,思想建设决定着我们精神文明的社会主义性质。在思想建设方面,我党规定了六个方面的

---

① 胡耀邦:《全面开创社会主义现代化建设的新局面——在中国共产党第十二次全国代表大会上的报告》,人民出版社,1982年版,第32页。
② 《列宁选集》(第四卷),人民出版社,1972年版,第357页。
③ 《列宁选集》(第四卷),人民出版社,1972年版,第348页。

内容：工人阶级的马克思主义世界观和科学理论；共产主义的理想、信念和道德；同社会主义公有制相适应的主人翁思想和集体主义思想；同社会主义政治制度相适应的权利义务观念和组织纪律观念；为人民服务的献身精神和共产主义态度；爱国主义和国际主义等等。概括说来，最重要的就是革命的理想、道德和纪律。建设社会主义精神文明不仅要努力提高每一个社会成员的精神境界，而且要在全社会建立和发展社会主义精神文明的新型社会关系。建设社会主义精神文明是全党的任务，也是全国人民的任务，共产党员应当首先在思想道德方面起模范作用，思想政治工作者，各种文化和科学工作者，从幼儿园到研究生院的各级各类学校的教育工作者，担负着特别重要的责任，这就是加强马克思列宁主义理论教育，提高全民族的科学文化水平，普及理想教育、道德教育、文化教育、纪律和法制教育等等。

要使每一个劳动者成为社会主义精神文明的建设者，这是社会风气根本好转的一项基本措施，我们一定要从党内做起，从干部党员做起，把执政党建设好，使党风根本好转，我们还要按干部的革命化、年轻化、知识化、专业化要求轮训干部，使干部的马克思列宁主义理论水平、科学文化知识、专业能力和管理能力都有所提高。并通过他们教育广大群众，坚决同社会上各种不良倾向和丑恶现象作斗争，为建设社会主义精神文明作贡献。

社会主义社会是亘古未有的崭新的事业，社会主义还在实践中，它从不完善到完善，从低级到高级，必将有一个不断丰富和发展的过程。毛泽东同志曾说过"对于建设社会主义的规律的认识，必须有一个过程。必须从实践出发，从没有经验到有经验，从有较少的经验，到有较多的经验，从建设社会主义这个未被认识的必然王国，到逐步地克服盲目性、认识客观规律、从而获得自由，在认识上出现一个飞跃，到达自由王国。"[①] 建设

---

① 中共中央党校编：《马列著作毛泽东著作选读（党的学说部分）》，人民出版社，1978年版，第478页。

中国特色的社会主义，全面开创社会主义现代化建设的局面，目标已确立，蓝图已绘好，只要我们坚持在中国共产党领导下，团结全国各族人民，同心同德，坚持马克思列宁主义普遍原理同中国实际相结合，实事求是，一切从实际出发，调查研究，立志创新，勇于改革，不断解决新问题，依靠人民群众的无穷无尽的智慧和力量，不屈不挠，英勇奋斗，我们就一定能够把我国建设成为现代化的高度文明、高度民主的社会主义强国。

于 1983 年 11 月 17 日

### 三、再谈有中国特色的社会主义

在为纪念马克思逝世一百周年所写的《试论有中国特色的社会主义》（载《华中师院学报》1983 年第 2 期）一文中，谈了我对有中国特色的社会主义的一些认识，如建设有中国特色的社会主义是我们党把马克思主义基本原理同我国实际相结合，总结建国以来历史经验所得出的科学结论，有中国特色的社会主义表现在经济、政治、思想文化方面的特点等。近两年来，我们在建设有中国特色的社会主义的实践中取得了重大进展，出现了一些新情况和新经验。蓬勃生动的社会主义实践，在不断地丰富和充实建设有中国特色的社会主义理论，为我们进一步深化和发展建设有中国特色的社会主义理论提供了基础。因此，本文拟根据我国近几年在建设有中国特色的社会主义的一些新情况和新经验，诸如发展多种经济形式和经营方式、"一国两制"的构想、理想和纪律的重要作用等，再谈对建设有中国特色的社会主义的认识。

（一）

有中国特色的社会主义，首先是以社会主义公有制经济为主体，发展多种经济形式和多种经营方式的社会主义。具有伟大历史意义的党的十一届三中全会，确立了把党的工作重点转移到社会主义经济建设上来，大力发展社会生产力，在本世纪末把我国建设成为社会主义现代化强国的政治路线。为了实现这个宏伟的战略目标，邓小平同志根据马克思主义基本原理必须同我国实际相结合的原则，认为进行社会主义建设，必须立足于我国国情，从社会主义建设实际出发，提出了建设有中国特色的社会主义的总要求。为此，我们在经济建设方面，对长期以来不适应生产力发展的生产关系作了较大调整，对传统的僵化的经济体制进行一系列重大改革，有力地促进了生产力的发展。特别是农村，改革取得了相当大的成就。党的十二届三中全会正是在总结了我国近几年经济体制改革经验的基础上，作出了经济体制改革的决定。我们党关于经济体制改革的决定是我国社会主义建设的一个新的里程碑，也标志着建设有中国特色的社会主义进入了一个在改革中前进的新的历史阶段，同时为有中国特色的社会主义充实了新的内容，大大深化了建设有中国特色的社会主义理论。《决定》对有中国特色的社会主义理论深化的一个重要内容，就是正确总结了我国近几年经济改革的经验，突破了传统的固有观念，明确指出社会主义经济建设，必须以社会主义公有制经济为主体，发展多种经济形式和多种经营方式，从而对我国近几年在形成有中国特色的社会主义经济制度过程中的新的经验从理论高度上加以概括。以社会主义公有制经济为主体，发展多种经济形式和多种经营方式，可以说是正在逐步形成和完善的有中国特色的社会主义经济制度的一个基本立足点，它丰富和发展了马克思主义关于社会主义经济制度的理论。在社会主义社会里，能否存在和发展以社会主义公有制经济为主体的多种经济形式？科学社会主义创始人马克思和恩格斯只是天才地预测到未来的社会主义经济制度必须实行生产资料的公有制。他们没有也不可能明确谈到社会主义经济制度内是否可以包括与社会主义公有制同时存在的其它类型的经济形式。列宁和斯大林在社会主义实践中遇到过这个问题，但他们也没有从理论上明确予以回答。而我们长期以来就形成了这样一种固有观念，即社会主义只能有纯粹的公有制经济形式，似乎一有其它类型的经济形式存在，社会主义就会变质。为此，我们在社会主义实践中，特别是在生产资料私有制改造基本完成以后，片面强调"一大二公"，总是力图尽快地消灭个体所有制等不属于公有制性质的经济形式。只允许存在和发展纯而又纯的公有制经济形式。然而，这种只允许公有制经济形式存在，而把其它任何类型的经济形式都视为社会主义经济制度的异类，一律加以排斥和消灭的做法，既不符合我国国情，又不合乎社会主义经济建设的实践要求，不利于生产力的迅速发展。首先，我国由半殖民地半封建社会脱胎而来，经济比较落后，而且生产力状况发展十分不平衡。既有先进技术为主的机器大生产，又大量存在比较原始的手工劳动为主的小生产。其次，我国的社会主义经济建设与世界经济有着十分紧密的联系。我国的经济和科学技术与发达国家相比有较大差距。因此，从总体上看，不论是国内还是相对国外，我国的生产力发展水平不高，生产力自身的发展状况是多层次的。既然我国的生产力处于多层次发展状况，那么我们是原封不动照搬革命导师现成的结论，不顾生产力多层次状况，只允许公有制经济形式存在，还是根据生产力多层次状况，创造性地运用马克思主义理论，允许存在和发展以社会主义公有制为主体的多种经济形式呢？党的十一届三中全会以来，我们党坚持一切从实际出发，端正了辩证唯物主义的思想路线，开始突破传统的固有观念，认为社会主义在以社会主义公有制为主体的前提下，可以存在多种经济形式。首先，允许长期以来受压抑并视为异己的个体所有制经济形式存在。因为对于那些以劳务为主，适合分散经营的生产在一定时期采取个体所有制经济形式更适合于经济发展。此外，为了引进和吸收国外和港澳地区的先进科学技术和资金，加快社会主义经济建设步伐，我国先后开放了十几个沿海城市，开辟了经济特区，允许外资在我国独资和合资办企业，由此出现了国家资本主义形式。从我国近几年经济建设实践看，实行以社会主义公有制经济为主体，包括个体所有制、国家资本主义在内的多种经济形式这样一种多层次所有制结构，适合我国国情和社会主义经济建设实践要求，有利于经济建设。党的十一届三中全会以来，个体经济受到了保护和支持，有了较快发展。这对于发展社会生产，方便人民生活，扩大劳动就业，具有不可替代的作用。据统计，1978—1983年全国新就业的人数，从事个体劳动的达214万（见《1949—1984年统计资料》）。而引进外资、独资和合资办企业，对于我们改造落后的企业，吸收当代最新科技成就和管理经验，起到了一定作用。所以，个体所有制和国家资本主义等经济形式都是社会主义公有制的必要的有益的补充。正是根据多种形式的存在能够促进生产力的发展，党的十二届三中全会通过的《决定》，明确地提出在社会主义经济建设中，要发展多种经济形式。为此，从十一届三中全会以前的只允许单一的公有制经济形式存在到十一届三中全会以后允许个体经济等其它类型的经济形式存在，可以说是我们立足于基本国情，从实际出发，形成有中国特色的社会主义经济制度的开始。而从十一届三中全会提出允许个体经济等不属于公有制的经济形式存在到十二届三中全会明确提出发展多种经济形式，则完全突破了过去那种单一公有制形式存在的固有观念，从理论上说明了在社会主义经济制度内部，不仅应该存在多种经济形式，而且还允许那些不属于公有制性质的经济形式在一定程度上有所发展。从承认应该允许多种经济形式存在到明确应该发展多种经济形式，这正是对有中国特色的社会主义经济制度的丰富和深化。同时，这也是对马克思主义关于社会主义所有制结构理论的创造性发展。从十一届三中全会认为社会主义可以存在多种经济形式，到十二届三中全会明确社会主义要发展多种经济形式，这在理论上清楚地阐明了社会主义的所有制结构内部不可能只存在单一的所有制。从社会生产力和科学技术发展的不平衡、多层次状况和趋势来看，在社会主义相当长的历史时期内，都将会存在不属于公有制性质的经济形式。因此，社会主义的所有制结构只能是以公有制经济为主体的多种经济形式的多层次所有制结构。所以，以社会主义公有制为主体，发展多种经济形式，既是我们党对有中国特色的社会主义经济制度的新的理论概括，又是在形成有中国特色的社会主义经济制度的实践中对马克思主义理论的发展。近几年来，我们在形成有中国特色的社会主义经济制度的过程中，还取得了一个十分重大的进展，这就是对社会主义全民所有制企业的经营管理体制进行了大胆地改革，变单一的经营方式为多种经营方式，以逐步建立起具有中国特色、充满生机和活力的社会主义经济体制。

经营管理体制是社会经济制度的重要组成部分。科学社会主义创始人马克思和恩格斯对于未来的社会主义经济，只是从基本经济制度即所有制方面作了一般原则性规定，他们没有也不可能对社会主义经济的经营管理方式作具体地描述。因此，如何在社会主义公有制条件下，建立起适合生产力发展要求的经营管理体制，是社会主义实践遇到的全新问题。出于种种原因，长期以来我们在经营管理体制上形成了这样一种固有观念，即把社会主义全民所有制企业的所有权和经营权直接等同起来，把全民所有同国家机构直接经营管理企业混为一谈，似乎只有这样，才能保证全民所有制企业的社会主义公有制性质。为此我们形成了一种由国家直接经营管理企业的模式。

三十多年的实践证明，这种经营管理模式有很大弊端。其一，在社会主义经济生活中，社会需求十分复杂且处于经常变动之中，国家机构不可能完全了解和适应社会需求和变化，如果国家通过无所不包的计划指挥企业生产，直接经营管理企业，不可避免会产生严重的主观主义和官僚主义。其二，企业所有的经营和管理活动都直接受国家机构支配，没有任何自主权，必然严重压抑企业生产和经营的主动性、积极性和进取性。因此，对社会主义全民所有制企业采取国家直接经营管理企业的单一的经营方式，势必使本来是生机盎然的社会主义经济失去了生机和活力。

对于这样一种长期形成的不适应生产力发展要求的僵化的经济体制，我们是机械地看待革命导师关于社会主义经济制度的原则规定，不敢越雷池一步，把它视为不能变动的神物，还是根据马克思主义基本原理和我国实际情况，大胆探索和改革，形成具有中国特色的、充满生机和活力的社会主义经济体制呢？我们党选择的是后者。党的十二届三中全会通过的《决定》认为，社会主义全民所有制企业的所有权和经营权可以适当分开，即在保证企业服从国家计划和管理的前提下，给企业选择多样经营方式的自主权。这就意味着，全民所有制企业的生产资料的所有权仍归全体人民的代表——国家所有，但是国家并不直接经营管理企业，企业则成为相对独立的经济实体，有权根据实际情况选择灵活多样的经营方式。

将国家直接经营管理企业的单一经营方式改革为将企业的所有权和经营权适当分开，发展多种经营方式，这是我们党对传统观念的重大突破，也是形成具有中国特色的、充满生机和活力的社会主义经济体制的重要步骤。因为社会主义经济是有计划的商品经济，价值规律仍然发生作用。如果将企业的所有权和经营权适当分开，使企业成为相对独立的经济实体，企业就可以根据千变万化的社会需求和错综复杂的经济联系，采取灵活多变的经营方式。这样就可以打破机械划一的僵化的经济管理体制，保证各个企业生产经营的多样性、灵活性和进取性，增强企业的活力。从我国近几年改革的试点来看，我们已经取得了一些成功的经验，使经济生活开始出现前所未有的活跃局面。可以展望，将企业的所有权和经营权适当分开，发展多种经营方式，合乎我国社会主义经济建设的实际，必然能促使社会主义经济体制充满生机和活力。

中国特色的社会主义首先是充满生机和活力的社会主义。因此，在坚持社会主义公有制的前提下，变国家直接经营管理企业的单一经营方式为企业成为相对独立的经济实体，发展多种经营方式，这是我们党在建设有中国特色的社会主义过程中对马克思主义理论的一个重大发展。马克思曾谈到，在资本主义社会化大生产过程中，生产资料的所有权和经营权在一定程度上可以分开。我们党根据马克思这个论述的基本观点，立足于社会主义社会化大生产和有计划的商品经济的实际，认为在社会主义全民所有制企业内部，可以将所有权和经营权适当分开，从而发展多种经营方式，建立充满生机和活力的经济体制，这既是对马克思主义理论的推进和创新，同时也大大丰富和深化了有中国特色的社会主义经济制度的内容。

坚持以社会主义公有制经济为主体，致力于发展多种经济形式和多种经营方式，这在社会主义建设历史上是极富有开拓性的伟大创举。它突破了长期以来不容置疑的固有观念，在实践中把马克思主义理论推向了前进，在建设有中国特色的社会主义过程中取得了重大进展，由此引起举世瞩目，反响强烈。一些社会主义国家纷纷盛赞并表示要借鉴我们的经验。但是，由于长时期来传统固有观念的影响，或对我国社会主义实践发展状况不甚了解，国内外都有人对我们在建设有中国特色的社会主义过程中采取的许多措施，产生忧虑和怀疑，似乎我国发展多种经济形式和多种经营方式是离经叛道，背离了社会主义原则，是在搞资本主义。

我认为，这些忧虑和怀疑是没有根据的。事实表明，我国近几年对生产关系的调整，对经济体制的改革，以及其它发展经济的措施，决不是搞资本主义，也没有背离社会主义原则。恰恰相反，我们的调整和改革，发展多种经济形式和多种经营方式，都是在坚持社会主义方向的前提下，对立足于我国国情，走出一条更适合我国实际的社会主义经济建设道路，逐步形成具有中国特色的社会主义经济制度的大胆探索和实践，是建设有中国特色的社会主义的必然要求。

我们知道，社会主义最根本的特征就是生产资料公有制。发展多种经济形式和多种经营方式，都是在坚持和保证社会主义公有制经济为主体的前提下进行的，不是否定社会主义公有制经济，而是更充分发挥社会主义公有制的优越性，完善社会主义经济制度。

首先，在生产力多层次状况的基础上发展多种经济形式，始终是以社会主义公有制为主体，充分保证公有制经济在整个社会经济生活中的绝对优势和主导地位。在我国，有关国计民生、重要的生产资料生产部门都是实行公有制经济形式，公有制经济在整个国民经济中所占比重相当大。1983年，公有制企业占全国工业总产值的99%，公有制商业占社会商品销售总额的88.7%（见《1949—1984年统计资料》），而个体经济和国家资本主义等经济形式，在国民经济中所占比重相当小，它们的存在不可能影响公有制经济的主体地位，而只能是公有制经济的补充，附属于受制于公有制经济。正如马克思所说："在一切社会形式中都有一种一定的生产支配着其他一切生产的地位和影响，因而它的关系也支配着其它一切关系的地位和影响。这是一种普照的光，一切其他色彩都隐没其中，它使它们的特点变了样。"① 在社会主义公有制经济占主体地位的情况下，社会主义国家就可以根据国民经济总体发展要求，充分发挥公有制经济主导地位，积极在商品生产和流通中发挥领导作用，去影响其它经济形式的发展，把整个国民经济活动都纳入社会主义建设正常的轨道上来。为此，个体经济和国家资本主义经济虽然在性质上不属于社会主义，但是由于主体地位的公有制经济的积极领导和定向作用，从而使之成为社会主义经济必要的有益的补充。由此可见，发展多种经济形式，不仅不会影响公有制经济的主体地位，而且能活跃经济生活，促进生产力发展，使社会主义经济制度得到进一步完善。

其次，应该明确，将全民所有制企业的所有权和经营权适当分开，发展多种经营方式，绝不是将企业的生产资料所有制变公有制为私有制。因为我们对传统的经济体制的改革，不是改变生产资料所有权的基本经济制度，而是在不改变公有制性质的前提下，对企业的经营管理方式的具体经济制度进行改革。将企业的所有权和经营权分开后，企业的生产资料仍归全民所有。从企业与国家的关系来看，企业只能是相对独立的经济实体，企业必须服从国家的计划和管理。社会主义国家通过计

---

① 《马克思恩格斯选集》（第二卷），人民出版社，1972年版，第109页。

划和经济的、行政的、法律的手段对企业进行必要的管理、指导和调节，保证企业活动符合社会主义建设的发展要求。而在企业内部，所有的劳动者都是企业的主人，国家充分保证广大职工和他们选出的代表参加企业民主管理的权利，企业内部不存在劳动雇佣关系。所以，将企业的所有权和经营权适当分开，不会改变企业的公有制性质。相反，企业成为相对独立的经济实体，发展多种经营方式，使社会主义公有制的经济细胞有了强大的生命活力，不仅不会削弱而且会有助于巩固和完善社会主义公有制经济形式。

总之，我们近几年在保证社会主义公有制经济的主体地位的前提下，发展多种经济形式和多种经营方式，既坚持了社会主义方向，又符合我国国情和社会主义经济建设的实践要求，具有中国特色。它既区别于过去那种僵化的经济模式，又与资本主义根本不同，而是在实践中正在形成和逐步完善的有中国特色的社会主义经济制度的重要组成部分，也是具有中国特色的社会主义社会的最基本的内容。

（二）

有中国特色的社会主义，在一定的历史时期又表现为实行"一国两制"的社会主义。

中国大陆、台湾、香港同属中华人民共和国，是一个不可分割的整体。由于历史原因，它们之间处于分裂状态。解决香港、台湾问题，实现祖国统一，是我们在建设有中国特色社会主义的实践中必须完成的伟大历史任务。为此，邓小平同志提出了"一国两制"的伟大构想。他指出："'一个国家，两种制度'，具体说，就是在中华人民共和国内，大陆十亿人口实行社会主义制度，香港、台湾实行资本主义制度。"[①]"实行'一个国家，两种制度'的构想是我们从中国自己的情况出发考虑的"[②]，它的最深刻的根源正在于中国的国情。

---

① 邓小平：《建设有中国特色的社会主义》，人民出版社，1984年版，第29页。
② 邓小平：《建设有中国特色的社会主义》，人民出版社，1984年版，第30页。

中国的国情是一个综合概念，具有多方面的内容。但我们据以出发的根本国情是：中国是一个以马列主义、毛泽东思想为指导思想的中国共产党领导的社会主义国家；新中国建立以来的成就和成功经验体现了社会主义的优越性，为大陆人民继续沿着社会主义道路前进奠定了强大的政治、经济和思想文化基础；十一届三中全会以后，我们通过总结长期历史经验，走上了建设有中国特色的社会主义道路。这个根本的国情决定了大陆十亿人口必须实行社会主义制度，沿着建设有中国特色的社会主义道路继续前进。

保持香港和台湾的稳定和繁荣，是解决香港和台湾问题的一个基本出发点。"但是，不保证香港和台湾继续实行资本主义制度，就不能保持它们的稳定和繁荣"①，这是由中国国情的另一部分——香港和台湾的具体实际所决定的。

根据历史唯物主义的观点，香港和台湾最基本的实际是它们的生产方式现状，即，生产方式内部生产关系与生产力相适应的程度。这一般是直接通过生产力发展的快慢反映出来的。毋庸讳言，香港、台湾生产力的发展速度，总的来说较为迅速。台湾在1981年以前的三十年间，其经济的平均增长率为8.9%，香港1982年的生产总值较上年增加14.5%。当然，香港、台湾的生产力发展相对较快，原因是多方面的，有历史的影响，有现实的因素，有内部的根据，也有外部的条件，例如，祖国大陆就对香港的稳定繁荣提供了必不可少的有力支持。但是，其中一个基本的原因是其现有的生产关系在较大的程度上有适合其生产力状况的一面。马克思指出："无论哪一个社会形态，在它们所能容纳的全部生产力发挥出来以前，是决不会灭亡的。"② 香港、台湾继续实行资本主义制度，是它们的生产方式现状的必然要求。

同时，由于香港、台湾在比较长的历史时期一直是实行的资本主义

---

① 邓小平：《建设有中国特色的社会主义》，人民出版社，1984年版，第40页。
② 《马克思恩格斯全集》（第十三卷），人民出版社，1962年版，第9页。

制度，在经济发展的基础上，其居民的生活水平同大陆比确实高出不少。因此，香港、台湾的人民在赞成祖国统一的同时，又希望保持现行的社会制度和生活方式（客观地说，我们在社会主义建设中出现的重大失误和挫折对此也有不可忽视的影响）。邓小平同志也明确指出："就香港来说，用社会主义方式去改变香港，就不是各方都能接受的。"①绝大多数香港同胞拥护中英关于香港问题的联合声明，拥护"一国两制"的构想就是极好的证明。

另外，第二次世界大战后，特别是近二十年来，随着世界经济的迅速发展，西方发达资本主义国家的资金、科技、人才涌入香港。在香港保留现行的资本主义制度，可以使英国和其他资本主义国家在香港的利益得到照顾。

因此，只有在香港、台湾实行资本主义制度，才能保持其稳定的繁荣，这是由它们的具体实际所要求的。

包括香港、台湾在内的中华人民共和国还有一个基本的国情，这就是"实现国家统一是民族的愿望"。我们党和政府总是利用一切可能的机会表达我们实现祖国和平统一的真诚而强烈的愿望，并为此身体力行。邓小平同志提出的"一国两制"的构想就是集中的表现。绝大多数香港同胞也赞成我国恢复对香港行使主权，以清除民族耻辱，他们在民意调查中认为，中英协议对港人来说是好的。在台湾，和平统一也是人心所向。台湾《中国时报》为求了解地方人士对中国前途问题的看法，特派记者在台湾地区 309 位乡镇县辖市长中抽样访问了其中 35 位（占总数的 11.32%）。全体受访者都肯定"中国必须统一，台独是走不通的死路"②。统一祖国的民族愿望必然实现，大陆实行社会主义制度，香港、台湾实行资本主义制度，都必须是在统一的中华人民共和国母体

---

① 《邓小平在中央顾问委员会第三次全体会议上的讲话（节录）》，《人民日报》，1985年1月1日。
② 《中国概况（1981—1983）》，知识出版社，1984年版，第501页。

之内。

总之,"一国两制"是由中国的国情所决定的。因此,它是建设有中国特色社会主义所必须经历的一个历史阶段。

有的同志曾提出这样的问题:"一国两制"会不会冲击大陆的社会主义制度,影响建设有中国特色的社会主义?这种疑虑是由于没有真正理解"一国两制"所致。"各项工作都要有助于建设有中国特色的社会主义"①,这是一个基本原则。"一国两制"无疑也坚持了这一点。

邓小平同志在阐述"一国两制"的构想时明确指出,"中国的主体必须是社会主义"②。在中华人民共和国之内,无论是人口、地域,还是经济方面,主体部分都占了绝对优势。它决定着中国的前途和命运。而且,香港、台湾作为中华人民共和国的一个部分,不能行使国家的主权,不能行使整个国家的外交、国防、宣战、讲和等权力。所以,在香港、台湾实行资本主义制度,"影响不了大陆的社会主义。"③ 坚持主体部分实行社会主义制度,不仅能保证大陆十亿人民沿着建设有中国特色的社会主义道路继续前进,而且,随着祖国统一的实现,大陆的社会主义现代化建设成就的日益壮大,大陆、香港、台湾相互间的经济、文化乃至于政治交流的日益加强,存在于主体部分的优越的社会主义制度,良好的道德情操、健康的精神风貌将对香港、台湾产生越来越深刻的积极影响。所以,坚持主体部分实行社会主义制度,就从根本上坚持了建设有中国特色的社会主义总方向。

在香港、台湾保持资本主义制度是否与建设有中国特色的社会主义总方向完全背道而驰呢?就制度的性质而言,二者是根本对立的。但这并不排斥它们之间有某些相通之处。

在香港、台湾保持资本主义制度,就其直接原因来说,是为了保持

---

① 邓小平:《建设有中国特色的社会主义》,人民出版社,1984年版,第10页。
② 邓小平:《建设有中国特色的社会主义》,人民出版社,1984年版,第30页。
③ 邓小平:《建设有中国特色的社会主义》,人民出版社,1984年版,第30页。

其稳定和繁荣；就其根本依据来讲，是要有助于建设有中国特色的社会主义。因为这是决定中国的前途和命运的大问题。如果在香港、台湾实行资本主义制度，仅仅适合本地生产力的发展，而有碍于主体部分建设有中国特色的社会主义，这是因小失大，从根本上来说，是不符合生产关系一定要适合生产力状况规律的。事实上，香港、台湾保持资本主义制度，有助于建设有中国特色的社会主义。

一方面，建设有中国特色的社会主义需要一个和平的环境。然而，"不保证香港和台湾继续实行资本主义制度，……不能和平地解决问题"①。实行"一国两制"，创造一个和平环境，无疑有助于建设有中国特色的社会主义。

另一方面，建设有中国特色的社会主义的根本任务就是发展社会主义生产力。香港和台湾保持资本主义制度能保持其稳定和繁荣。而且，由于统一在祖国母体之内，香港和台湾能够得到日益强大的大陆社会主义经济更有力的支持，减轻世界经济危机的冲击，更稳步迅速发展。我们也就可以更进一步利用其特殊地位和有利条件，扩大进出口贸易，引进人才，引进资金，引进科学技术和管理经验，等等，将其作为我国对外开放的最重要的桥梁，发展社会主义生产力，加快建设有中国特色的社会主义的步伐。相反，如果我们超越香港、台湾的生产方式现状，离开其历史和现实的特点，追求所谓"先进"的形式，人为套上社会主义制度，对香港、台湾生产力发展不利，因而也不利于建设有中国特色的社会主义，这是显而易见的。

再者，香港、台湾资本主义生产的发展也并非与建设有中国特色的社会主义的总方向风马牛不相及。从理论上说，一方向，资本主义生产的发展对于社会主义来说是促进因素而不是破坏因素。马克思说："蒸汽、电力和自动纺机甚至是比巴尔贝斯、拉斯拜尔和布朗基诸位公民更

---

① 邓小平：《建设有中国特色的社会主义》，人民出版社，1984年版，第40~41页。

危险万分的革命家。"① 资本主义生产的发展将使生产的社会化越来越加强。从总的发展趋势看,它将促使资本主义基本矛盾更加尖锐化,加速社会主义的到来。另一方面,资本主义生产的发展又为社会主义准备了条件。它既不断地提高着未来社会主义社会的创造者——工人阶级的素质,为社会进步准备着主体所应具备的条件,也为未来的社会主义奠定着先进的、强大的物质技术基础。当然,香港、台湾实行社会主义,这是极其遥远的事情。但毫无疑义的是我们由此可以看出香港、台湾资本主义生产的发展与建设有中国特色的社会主义总方向在宏观上的一致性。

"一国两制",从理论上说是全新的,马克思主义经典作家没有对此直接作过任何论述;从实践上说,它既不同于当今一些社会主义国家内实行的以公有制经济为主体,发展多种经济形式的现实,也有别于过去某些国家内以私有制为基础的两种社会制度并存(如封建制度和资本主义制度并存)的历史,它是在社会主义国家内的不同地区,在较长的历史时期里实行不同的社会制度。正是由于这个问题既没有直接的理论答案,也没有现存的实践先例,所以,在十一届三中全会以前,我们大都习惯地认为,在社会主义国家里,其所有地区,理所当然地都要建立统一的社会主义制度。至于极个别的少数民族地区在相当短的时期内出现的例外,也不过是为即将实行的社会主义改造作准备。我们过去提出的"解放台湾,统一中国"的口号就与这种思想有关(我们绝非否认该口号在一定的历史时期的必要性和积极意义)。邓小平同志坚持实事求是的辩证唯物主义思想路线,坚持原则坚定性和策略灵活性的统一,提出了"一国两制"的构想。这在理论上和实践上都是一个重大的突破。"一国两制"的构想是对马克思主义的丰富和发展,是有中国特色的社会主义理论。随着它的付诸实施,必然会结出丰硕的具有中国特色的理论和实践之果,为有中国特色的社会主义增添新的内容。

---

① 《马克思恩格斯全集》(第十二卷),人民出版社,1962年版,第3页。

第一,在实施"一国两制"的历史时期里,有中国特色的社会主义在政治、经济和社会制度方面,将表现为不同的地区有重大的差别。一个社会的基本制度归根结底决定于该社会的生产方式。马克思说:"物质生活的生产方式制约着整个社会生活、政治生活和精神生活的过程。"① 然而马克思主义经典作家在论证生产方式的决定作用时,是以一个历史时代,一个国家为考察对象的。但是,事物发展不平衡的规律不仅作用于不同的国家,而且作用于同一国家的不同地区,使各地的生产方式状况呈现出差异性,有的地区甚至与主体部分大相径庭。邓小平同志分别以大陆和香港、台湾现行的生产方式现状为基本依据(当然还有其它方面的考虑),确定在社会主义的中华人民共和国之内,大陆和香港、台湾各自继续保留其原有的制度和生活方式,使有中国特色的社会主义在相当长的一个历史时期表现为不同的地区实行不同的制度。

第二,在实施"一国两制"的历史时期里,有中国特色的社会主义在国家结构形式方面,将表现为带有复合制某些特征的单一制。马克思、恩格斯、列宁、斯大林都在原则上主张单一制。他们认为,联邦制不利于无产阶级的斗争,不利于解决发展经济的任务。同时,他们并没有完全否定在特殊情况下为解决民族问题可以采取联邦制。现在的社会主义国家结构模式也只有单一制和联邦制这两种形式。邓小平同志没有拘泥于经典作家已有的结论和现有的社会主义国家模式,而是从中国国情出发,以"一国两制"的形式实现祖国的和平统一。"一国两制"是对单一制下地方政府传统权力范围的一种突破。香港、台湾将享有的高度自治权在许多方面超过了一些联邦制国家成员邦的权力。实行"一国两制"的中国,在国家结构形式上,将是一个带有复合制某些特征的单一制国家。

第三,在实施"一国两制"的历史时期里,有中国特色的社会主义在利用资本主义方面,将以"一国两制"作为主要形式之一。列宁

---

① 《马克思恩格斯全集》(第十三卷),人民出版社,1962年版,第8页。

在苏联的社会主义建设过程中明确指出，经济落后的社会主义国家，资本主义能够成为社会主义的帮手，促进社会主义建设的发展①。一些社会主义国家，根据列宁的思想进行了大量的创造性实践，但是，都没有采取这样的方式，即，在本国的部分区域，在较长的历史时期内，保留和实行资本主义的政治经济和社会制度，在政治、经济和社会生活方面全面地利用资本主义，以促进主体部分的社会主义现代化建设。这恰恰是邓小平同志在"一国两制"构想中所作的一种新创造。这是建设自中国特色的社会主义在相当长的历史时期必须采取的利用资本主义的一种主要形式。

第四，在实施"一国两制"的历史时期里，有中国特色的社会主义在处理不同制度地区之间关系方面，将表现为采取和平共处的方式。和平共处的思想是列宁在十月革命胜利后首先提出来的。他指出："俄罗斯苏维埃联邦社会主义共和国希望同各国人民和平共处，把自己的全部力量用来进行国内建设。"② 当时，列宁的这一思想只是针对社会主义国家与不同社会制度国家之间关系的。后来，我党发展了列宁的这一思想。1954年，周恩来总理代表我国政府倡导了和平共处五项原则，这一原则以后发展成为处理国与国之间相互关系的基本准则。在二十世纪八十年代，邓小平同志"进一步考虑，和平共处原则用之于解决一个国家内部的问题"。他认为，"根据中国自己的实践，我们提出'一个国家，两种制度'的办法来解决中国的统一问题，这也是一种和平共处"，"和平共处原则不仅在处理国际关系问题上，而且在一个国家处理自己内政问题上，也是一个好办法。"③ 实行"一国两制"的中国，将以和平共处的方式处理不同制度地区之间的关系。

第五，在实施"一国两制"的历史时期里，有中国特色的社会主

---

① 参见《列宁选集》（第四卷），人民出版社，1972年版，第529页。
② 《列宁全集》（第三十卷），人民出版社，1957年版，第164页。
③ 邓小平：《建设有中国特色的社会主义》，人民出版社，1984年版，第67页。

义在统一战线方面,将采取"一国两制"的新方式。统一战线是中国革命和建设的法宝。"一国两制"是邓小平同志在建设有中国特色社会主义的新的历史时期提出的爱国统一战线的新方式。它是在中华人民共和国领土主权的范围内,由主体部分的大陆实行社会主义的工人、农民、知识分子和其他社会主义劳动者、爱国者,同实行资本主义的港澳同胞、台湾同胞,并包括所有海外侨胞在内的全体拥护祖国统一的爱国者之间的联盟。"一国两制"把爱国统一战线扩大到空前的规模,以调动一切积极因素,直接或间接地服务于建设有中国特色的社会主义。

总之,"一国两制"是建设有中国特色的社会主义的必经阶段,它有助于建设有中国特色的社会主义,它将为有中国特色的社会主义增添丰富的内容。不仅如此,"一国两制"还"可能为国际上许多问题的解决提供一些有益的线索。"① 它的国际意义也将是极其深远的。

(三)

建设高度的社会主义精神文明,使全国人民做到有理想、有道德、有文化、有纪律,也是有中国特色的社会主义的主要内容之一。

在全国科技工作会议上,邓小平同志曾经指出,我们在建设有中国特色的社会主义时,一定要坚持发展物质文明和精神文明,坚持"五讲四美三热爱",教育全国人民做到有理想、有道德、有文化、有纪律,并强调理想和纪律特别重要。为什么说理想和纪律特别重要呢?这是因为,理想和纪律不仅是有中国特色的社会主义的重要内容,而且是使我们当前正在进行的经济体制改革取得成功,实现社会主义现代化,建设有中国特色的社会主义的精神支柱和根本保证。

首先,只有坚持共产主义的远大理想,才能把全国人民团结起来,为实现社会主义的现代化,建设有中国特色的社会主义,最终实现共产主义而共同奋斗。我国是一个有着九百六十万平方公里国土,十亿人口的大国。要把全国人民团结起来,万众一心,发展生产力,建设现代化

---

① 邓小平:《建设有中国特色的社会主义》,人民出版社,1984年版,第31页。

强国，就必须有一个共同的长远奋斗目标，这个目标就是最终实现共产主义。共产主义是人类历史上最美好的社会制度，也是全体劳动人民的根本利益和愿望所在。因此，共产主义成为全国人民为之奋斗的崇高理想。正是在共产主义旗帜下，在不同岗位从事不同工作的全国人民才有了共同的追求和信念，才有可能为实现美好的理想同心同德，团结奋斗，如果没有共产主义远大理想作为统一全国人民的思想，团结全国人民共同奋斗的精神纽带，就会人心涣散，甚至四分五裂，各行其是，实现现代化，建设有中国特色的社会主义就不可能取得成功，任何美好的愿望都会成为泡影。

共产主义是我们为之奋斗的最终目标，共产主义理想是团结全国人民的精神纽带。为此，在实现现代化，建设有中国特色的社会主义的过程中，就必须始终坚持社会主义方向。我国目前是社会主义社会，同时也是整个共产主义社会制度的一个历史阶段，其发展趋势是进入共产主义高级阶段。现阶段我们只有坚持社会主义方向，才能最终过渡到共产主义社会，也才能通过共产主义理想统一全国人民的思想，把全国人民团结起来，为建设社会主义，最终实现共产主义共同奋斗。所以，现阶段我们所要实现的现代化，只能是社会主义的现代化，而不是其它类型的现代化，我们采取的所有路线、方针、政策，如对外开放、对内搞活、进行经济体制改革，都要始终坚持社会主义的根本原则，都不能忘记我们建设的是有中国特色的社会主义社会，而不是其它类型的社会，不能忘记我们近期实现现代化，建设有中国特色的社会主义，都是为将来过渡到共产主义作准备。我们说，发展多种经济形式和多种经营方式，不会改变社会主义公有制的主体地位，实行"一国两制"不会改变我国的主体是社会主义制度。但这些都不是自然而然实现的，其重要的前提就是我们要保持清醒的头脑，在思想上自始至终坚持社会主义方向和共产主义远大理想。否则就会在实践过程中迷失方向，甚至走向歧途。

近几年来，为了破除长期存在的平均主义思想，坚定不移地贯彻按劳分配原则，我们党提出劳动致富，让一部分人先富起来。党的十二届三中全会通过的《决定》对此作出了充分的肯定。与此同时，《决定》也明确指出，社会主义社会要保证社会成员物质、文化生活水平的逐步提高，达到共同富裕的目标。共同富裕是社会主义的根本原则。因为社会主义经济占主导地位的是生产资料的公有制。从总体上说，社会主义不可能也不允许一部分人凭借对生产资料的占有而对另一部分人劳动成果进行剥削，同时也就不可能也不允许在劳动成果占有上的两极分化，贫富悬殊的现象出现。在社会主义条件下，劳动致富、共同富裕与公有制是紧密相连的。因此，我们在贯彻一部分人先富起来政策的同时，就不能忘记共同富裕的社会主义根本原则。要教育人民把个人利益和国家利益、近期利益和长远利益有机地结合起来，提倡劳动致富，先富起来的人帮助还没有富的人共同富裕，全国人民共同奔向共产主义远大目标。而党员干部，更要自觉地以全体人民利益为重，牢固坚持社会主义方向和共产主义远大理想，成为带领人民帮助人民走向富裕的典范。然而，在当前经济体制改革中，少数人特别是少数党员干部却忘记了社会主义的根本原则和共产主义远大理想，错误地理解让一部分人先富起来的政策，不是先天下之忧而忧，全心全意为人民服务，而是先天下之富而富，乘改革中政策不健全之机，以权谋私，败坏了党风民风，干扰了经济体制改革的顺利进行。而且，以权谋私，对劳动成果的超标准占有，实质上也背离了公有制和共同富裕的社会主义根本原则，泛滥下去，必然干扰社会主义建设的正常发展。由此可见，坚持社会主义方向和共产主义远大理想，在实现现代化，建设有中国特色的社会主义过程中多么重要！

其次，只有树立共产主义远大理想，才能产生出巨大的精神动力，促使全国人民在建设有中国特色的社会主义过程中奋发进取，建功立业，艰苦奋斗。共产主义作为一种最理想、最美好的社会制度，曾激励了多少仁人志士不惜抛头洒血，为之作出艰苦卓绝的奋斗和牺牲。社会主义制度在中国大地上的建立，仰赖于具有坚定的共产主义理想和信念的革命前辈。我们今天进行社会主义建设，同样需要以坚定的共产主义理想和信念去激发全国人民奋发进取，艰苦奋斗的革命精神。

正在进行的经济体制改革，实现社会主义的现代化，建设有中国特色的社会主义社会，是前无古人的共产主义伟大事业的一部分，也是十分艰巨的任务。在前进的道路上，我们肯定会遇到无数困难和挫折。如果没有坚定的共产主义理想和信念、没有对伟大事业的执着追求和奋斗的强大精神支柱，在遇到困难和挫折的时候，就会一蹶不振，灰心丧气，失去前进的动力；在处理个人与社会的关系上，就不能把个人的生命前途与壮丽的共产主义事业紧密联系起来，从而很容易陷入个人自我的圈子内不能自拔。相反，牢固树立了共产主义远大理想，就能从对美好的向往和对伟大事业的追求之中，不断汲取巨大的精神力量，为社会作出贡献，把共产主义事业推向前进。

近些年，社会上流行所谓"理想、理想，有钱就有想"的说法，似乎在人的生活中，钱是至上的，万能的，是使人前进的唯一动力。这种说法是不正确的。作为唯物主义者，我们丝毫不否认物质利益原则，坚决摒弃"精神万能论"。但是，我们也不能拜倒在金钱面前，钱并不意味着一切，也不可能是推动人们奋发进取，艰苦奋斗的唯一动力。在现实生活中，无数改革者，甘冒风险，勇于探索和开拓；无数知识分子不论生活多么清苦，都始终如一地忘我工作；无数边防战士为保卫祖国四化建设，愿洒一腔热血……他们奋发进取，艰苦奋斗，为社会主义建设和共产主义事业所作出的巨大贡献，是能用钱的标准衡量得出来的吗？激励他们前进的巨大动力是对美好理想的向往和对伟大事业的执着追求。相反，没有对理想的向往和对事业的追求，一味地钻在钱里，最终只会成为斤斤计较、唯利是图的市侩庸人。而在我们这个实现现代化，建设有中国特色的社会主义的伟大时代，又是多么需要在共产主义理想的激励下,为实现宏伟目标奋发进取、艰苦奋斗的献身精神呵!

进行经济改革,实现社会主义现代化,建设有中国特色的社会主义,不仅要有共产主义远大理想,而且要有严格的社会主义纪律作为保证。要把全国人民团结起来,组织起来,为一个共同的目标奋斗,一要靠理想,二要靠纪律,去统一全国人民的意志,协调人们的行动。否则,我们这样一个有着广土众民的国家就会成为一盘散沙,陷入动乱之中。因为自由和纪律是对立的统一。如果没有严格的社会主义纪律对人们的行为进行必要的约束,社会主义社会也就无法正常发展。列宁在谈到纪律对社会主义建设事业的重要性时曾说过:"我们废除资产阶级社会内违反大多数人的意志而实行的强迫纪律,代之以工农的自觉纪律,工人和农民不但仇恨旧社会,而且有毅力、有本领、有决心团结和组织力量去进行这一斗争,以便把分散在辽阔国土上的千百万人的意志统一为一个意志,因为没有这样的统一意志,我们就必然会遭到失败。没有这样的团结,没有这样的工农自觉的纪律,我们的事业就毫无希望。"①

因此,我们在实现现代化,建设有中国特色的社会主义过程中所制定的路线、方针、政策,都必须通过严格的纪律来保证得到顺利贯彻实施。特别是当前正在进行的经济体制改革,我们没有经验,只能摸着石头过河,稳步前进。这就需要党和国家对改革的各项政策和步骤作统一的部署,以做到活而不乱,保证改革的顺利进行。因此,我们在鼓励人们在改革中大胆探索,充分发挥其主动积极性的同时,还要教育全国人民做到有纪律,自觉服从和执行党和国家的方针、政策和部署。否则,改革就难以成功。近几年,我们在改革、建设有中国特色的社会主义过程中,有时进行得比较顺利,有时又出现一些问题和波折,其中很重要的原因就是一些人缺乏纪律性,不能自觉地严格遵守社会主义各种纪律。特别是少数党员干部对党的纪律置若罔闻,我行我素,不是积极带头模范地贯彻执行党的方针政策,遵守各种纪律;而是以特殊人物的面

---

① 《列宁选集》(第四卷),人民出版社,1972年版,第349页。

目出现，凌驾于党和国家的纪律和法律之上，从而影响了广大群众自觉地遵守纪律，妨碍了改革的顺利进行。

同时，我们进行改革，建设有中国特色的社会主义，需要有一个安定团结的政治局面和正常的社会生活秩序。而要维护来之不易的安定团结的政治局面和正常的社会生活秩序，就必须加强纪律性，每一个社会成员特别是青年人要按照社会主义纪律的要求规范自己的言行，不能无视法纪，随心所欲，自行其是。否则，就会制造和加深人们之间的矛盾，损害安定团结的政治局面和正常的社会生活秩序。"文化革命"中纪律松散，无政府主义思潮盛行，由此给社会主义建设事业带来很大危害。此类教训我们应时刻记取。

由此可见，大力加强社会主义精神文明建设，使全国人民做到有理想、有纪律，关系到当前经济改革的成功与否。它是实现社会主义现代化，建设有中国特色的社会主义社会的重要保证，自然也是具有中国特色的社会主义理论的主要内容。

# 第六节 "思想要解放，理论要彻底，政治要民主"
## ——在武汉市与中学政治教师谈话

我们要搞四化吗？靠全国人民的艰苦卓绝的努力，才能行。要它努力干就得发扬民主，调动积极性，积极性发挥出来，才会有人间的奇迹。积极性怎么发挥呢？打、骂、压都不行，要靠正确的路线、方针、政策，这样的路线、方针政策怎么会来呢？要靠正确的理论作指导，和对实际的正确判断，这就需要正确的理论。马克思说："批判的武器当然不能代替武器的批判，物质力量只能用物质力量来摧毁；但是理论一经掌握群众，也会变成物质力量。理论只要说服 ad hominem〔人〕，就能掌握群众；而理论只要彻底，就能说服 ad hominem〔人〕。所谓彻底，就是抓住事物的根本。"① 理论怎么才能彻底呢？我看还得思想要解放。我就从这里谈起：

### 一、思想要解放

不是有人说："思想解放过头了""思想解放差不多了"，这到底对不对呢？我看不对。

历史在前进，情况在不断变化，从这个意义上谈解放思想是没有止境的。

从"五四"开始经历了三次伟大的思想解放，要科学与民主，现在我们还需要肃清封建主义的流毒，还有很多迷信的东西，还有不少唯我独尊的"朕即国家""朕即党""民可使由之，不可使知之"的封建复辟主义思想。延安整风运动又一次思想解放，那是从教条主义下解放出来的思想解放运动，统一全党的思想，使抗日战争、解放战争迅速取得胜利。但是几

---

① 《马克思恩格斯全集》（第一卷），人民出版社，1956年版，第460页。

十年后又来了"背语录""最高指示",许多人毫无抵抗而败下阵来,直到今天粉碎"四人帮"后还出现了"两个凡是"来对抗,实践是检验真理的唯一标准,冲破了"两个凡是"三中全会才端正路线是非。

现在都在谈改革,都在谈经济改革、政治改革、领导体制改革工作方法的改革等等,谈谈也可能赞成,但一到真刀真枪的改革,譬如农村实行责任制,说"倒退了""复辟了""修了","出工一窝蜂,干活大呼隆"好呢?名曰集体,实则磨洋工,吃大锅饭,打击了有劲无处使,使英雄无用武之地,过去靠吃大锅饭,便宜了懒汉,现在不行了,他也起来反对了,这种抵触,触到了一部分人的利益,他发出了嚎叫,再有认识不清的,"公"就好,"大"就好,不分析具体情况,不从实际出发,从领袖言论出发,总觉得单干是资本主义,单干怎么就是资本主义呢?劳动组织形式与所有制不同,不能等量齐观,它不剥削,他不能使用土地,单还是干呢?不干倒成了社会主义?这不是怪事吗?

至于政治制度改革,家长制、终身制,党和国家领导体制改革,有的人可能认为这是大逆不道。有的人一听改革就认为大事不好,一说年轻化,他说这是跟老干部过不去;一说知识化,说这是同工农干部对立起来,把"臭老九"捧上了天。

过去一批"长官意志",你抓走资派未抓到,又来反我领导了,有人说那个"长官无意志"?有人说不能仅"长官意志",有好的"长官"于是就出头了,"长官意志"是特定概念专用名词,共产党人为什么偏爱好长官呢?人民的公仆吗?连马克思都反对,为什么爱好"长官"呢?封建主义的不平等惯了。

有一个"灭资兴无"的口号,有人很不解理,说不提"兴无灭资"难道要"兴资灭无"吗?这又有点大兴问罪之势,讨论其科学与否,符合不符合实际,七嘴八舌,讨论是好事。

又如现代迷信,有造神者,也有信神者,而且是不少的,林彪、"四人帮"大搞造神运动,谁有一点异议,就是"恶毒攻击"罪。本来领袖是人不是神,尊重领袖本质上是对人民的尊重,本来领袖要忠于人民,结果倒过来,人民要忠于领袖,"鱼儿离不开水",这话本来是科学的,但用到人民群众同领袖的关系上,就完全颠倒了,错了吗?

把领袖用过的东西都供奉起来,题个字就是"最大的幸福""最大的关怀",敲锣打鼓,放鞭炮去兴师动众地迎接,我看就是封建主义的流毒。

"少宣传个人"这是真理,多宣传就会有逢迎拍马之徒,多宣传就会忘了在党章面前,党员人人平等,在法律面前人人平等,任何党员不得凌驾于党组织之上。匈牙利卡达尔口音不准,说相声吐字,教师也敢批评,他看病一样排队,所以从匈牙利变好了。

现在从林彪、"四人帮"枷锁中解放出来了,从现代迷信个人崇拜中解放出来,有人认为是"砍旗"还没有解放,从自己犯错误中解放出来更不容易,十七年也有错误,不然"文化大革命"是怎么会发生呢?对错误东西还坚持,就谈不上思想解放。

从封建主义流毒中解放出来,有的人还不理解,其实这个流毒的确很深,不可等闲视之,官僚主义、家长制、祠堂宗法观念、等级制、宗法观念、终身制等等都与它分不开。

为什么我们有些同志会僵化?一是对实际不了解,二是留恋老经验。新情况、新问题层出不穷,剥削阶级消灭了,出了新情况,要把经济建设搞好,但我们还是以"阶级斗争为纲",现在我们还碰到这样人"手中无纲,心里发慌""手中无纲,书记难当"。你把生产搞上去,由外行变内行,但你就是不去了解这个实际,也不调查研究,也不深入群众,劳动一天挣几分钱,穷得叮当,还高唱莺歌燕舞,切切实实解决一下吃穿好不好?结果还说"穷光荣""富变修"。

留恋老经验,过去那样办很灵,如对青年,忆苦思甜,现在你试试看行不行,不行了。为什么?你搞特殊化,走后门,比比皆是,说青年不听话,这话要分析,一你说的对不对?二人家不听你的有没有道理?

现在青年思想活跃善于思考，我们要正确地疏导，再靠扣帽子打棍子压服不行了，当然也有青年是很差劲的，这是十年浩劫造成的影响！我党犯错误造成的嘛，党怪他们不行，他们自己干坏事，犯法那是咎由自取，靠老经验不行，如"人海战术"大兵团作战，曾经是正确的，不如此不能歼灭敌人，你搞经济也这样办，像太阳西出东调，劳民伤财损人利己，你劈山造田，水田流出，破坏生态，损失有多大呀！学大庆也如此，一刀切一个模式，青海公开不干了，我看有胆有识，就是要有创造性，如闭眼摸工具，都学怎么行，干打垒，黑龙江行，你南方就不行，黑龙江人暂时住可以，你做厂房怎么会行？用固定观点，静止、片面地去看问题，这种思想路线，哪能不失败？

我们谈思想解放，当然与胡思乱想不能同日而语，那种"人有多大胆，地有多大产"的观念是精神枷锁，是唯心论，是禁锢人们思想的，吹牛皮，说大话是胡思乱想，离开了马克思主义哪有思想解放呢？

解放思想，要从极左流毒中解放出来，要从现代迷信中解放出来，要从封建主义和其他资产阶级思想的精神枷锁中解放出来，总是要从唯心论和形而上学中解放出来。

### 二、理论要彻底

我们都是马克思主义的理论工作者，我们的威信比解放时期降低了，不说一落千丈，有人说我们姓"吕"，即两个口，有人说"不愿听假马列假党史"，学生不爱听，教师也感到为难，好像理不直气不壮。有的也想改个行。

有人说现在是"马克思列宁主义危机""政治课危机"，这就是"不灵了""不中用了"，这能够成立吗？否。马克思列宁主义要有一个大突破，要有一个大发展，我们只不过处在这个大突破大发展的前夜。

这是吹牛皮说大话吧？不。我们拨乱反正，正本清源，把理论弄清楚了，弄牢固了，基础雄厚了，扫清了发展的障碍，当然要发展了。

拿我国实际情况来说吧！过去我们锁在毛主席，马恩列的语录中，现在我们不能以这个为根据，要用实践来检验真理，提出了完整准确理解和掌握马克思列宁主义、毛泽东思想的科学体系，这是不是一个突破呢？是不是一个发展呢？

过去一听人家说我们的社会主义制度也会产生出官僚主义，就说人家是"修正主义"，不是说我们社会主义制度不好，但不完备，有缺陷应该改，"四大"这个制度不好，不是发扬民主而是便于法西斯专政，改得好，不能让坏人钻空子，干部终身制要改，民主制要健全，家长制要改，我不选你你怎么一个人说了算？光从制度上改也不行，还要思想教育，讲清道理，领导带头，形成好风气，提出改变党和国家的领导体制。邓小平讲的政治局通过的这是不是突破？新情况新问题予以解决，马克思未看见这个社会主义，列宁干的时间短，七年未来得及解决，最后其继承者把苏联搞成了社会帝国主义，毛主席也未能解决，想解决，未解决好，犯了错误，现在党中央提出解决这个问题，这是不是一个发展？

我认为不存在马克思列宁主义危机，现在是大发展、大突破的前夜。

从国际上讲，过去搞顺我者昌，赞成我者，就说是左派党，是马克思列宁主义的，不赞成就说人家是修正主义的，这对吗？不对，把你说成"明灯"，现在"明灯"也熄灭了，说100多个党不信马列了，果真如此吗？不许人家探讨、研究，有什么好？道路多种多样。我们硬要说"井冈山道路通天下"这怎么能行？现在意共、西共已与我们建立党的关系。这有什么不好？大家是平等的，不能搞父子关系，猫鼠关系，人家国内事情你管得了吗？他说不搞暴力，要运用民主和平办法创造社会主义，我们不能束缚人家手脚，我们是枪杆子里出政权，既然允许我们不同于苏联的武装起义而取得胜利，怎么就不允许人家不同于我们的井冈山道路而取得胜利呢？

我们承认的左派党，有的是很脱离群众的，是没有几个人的，他们赞成我们，我们就当同志，叫个共产党，再来一个指导（马），我们就以为志同道合了，其实不然，他们很可能是个教条主义，在国内没有群众怎么能取得胜利呢？

相反我们认为变成修正主义的，有的倒是真正马克思列宁主义的，如南斯拉夫，这个大家也清楚，咱们也跟着人家一起批错了嘛？

现在搞党与党的平等关系，交换情况，取长补短，求同存异，多交流有什么不好？如过去我们认为布哈林是叛徒，是跟着斯大林说的，现在国际上在意大利就开了一个布哈林的讨论会，波兰一学者，说为什么研究他，因为在国内遇到了现实问题，而到了研究布哈林，说他是经济改革的先驱，过去我们跟着说是联共党史上说的，我们也无材料、人云亦云，现在也没有研究，但是确实出现了研究布哈林这件事，你说有人研究好，还是无人问津，人云亦云好？开国际讨论会，我们无人研究去了个旁听，我们在世界上老是旁听行吗？不行。理论要搞彻底，就得研究。

现在有的人对马列理论不感兴趣，存在信仰危机，有的人原来信马列，现在不信了，怀疑了，这是信仰危机，根本就未信仰过，他根本就迷信，迷信什么就是什么信徒，对于那种动摇怀疑者，我们要教育，要劝说，要讲好道理，使他相信真理，这应是我们的工作。如果我们自己也动摇，那怎么能说服人呢？我们相信真理，真理是科学，我们相信科学，反对迷信，正确就信，不正确就不信。我们应该这样。

我想说说阶级斗争这个理论，本来我们运用这个马克思主义理论取得革命胜利的。但是真理再走一小步就变成谬误，甚至是荒谬绝伦的地步。

譬如我们消灭剥削阶级以后，阶级斗争还有。但是在"一定范围"是"残余形态"，过去阶级斗争的遗留和反映。"八大"路线、理论、方针、政策是正确的，但有几个右派分子一进攻，我们反击一下是对的，结果搞了一个反右派斗争运动，把阶级斗争扩大化了。现在我们党把错误的都予以纠正，这是只有共产党才能做到的。

在民族关系问题上本来有的不属于阶级矛盾，把"民族问题说到底是阶级斗争问题"，又说实质是阶级斗争问题，在中央与地方的关系上，往往大反地方主义、独立王国，把如何管理说成是阶级斗争问题。

### 三、政治要民主

本来我们的国家按其性质来说是人民当家作主。中华人民共和国人民民主专政，搞不搞民主是关系国家前途命运的大问题，可以说没有民主就没有社会主义。

第一，社会主义是千百万劳动人民群众的智慧和力量创造出来的，人民群众积极性不发挥出来，缺乏主人翁姿态，被动盲从的人民群众是缺乏英勇奋斗的精神，人民不当家作主，对生产资料没有管理权，支配权，就不会有真正的社会主义公有制，没有政治上的民主化，就不可能搞经济现代化，"说怎么办就怎么办"这怎么能行？"是不是明天又要变啊？"应该是该不该变，该变就得变，不该变就不必变。没有这个民主权利，广大群众被动盲从，靠少数人甚至一己治天下，这怎么能治得好？

第二，应该自己管理国家。由于旧社会的影响，社会主义经济文化水平不高，社会主义制度不完善，当官变质，骑在人民头上的老爷，我们要不让它变坏，就得有制度，这就健全民主制度，创造方便人民群众管理和监督和各项事业的民主形式，使人民有效的行使权利，选举、监督、罢免干部，使干部真正代表人民的利益，这次五届人大三次会议，人民代表行使权利，质询，再不是橡皮图章了，人民提反对意见也不能挨整，这次政协有一人对政协主席大有意见，连外国人都有两种看法，一说这回该挨整，一说不会的，我们得保证人民的这种权利，才能保证代表人民利益。

第三，人民内部有大量矛盾，要正确处理。人民内部要"论是非""文责自负"，你堵塞言论不行，你横加干涉不行，你不闻不问不行，你放任自流也不行，要正确处理才能生动活泼，才能克服困难，经受风险，顺利建设社会主义。这些年来吃亏在于不会处理，动则"大毒草""恶毒攻击""修正主义""反党反社会主义"进而株连九族，现在我们平反冤假错案"顶着不办"不是有吗？蓟县县委书记马树魁写一篇文章，不但文章不行，人也受整，印行的也受整，这东西不改变，人民群众的积极性怎么发挥？

我们自己的民主制度不健全，坏人就要利用，阴谋家野心家就容易得逞。林彪、江青一伙就是典型的反面例子。

没有民主就没有社会主义。我们接受这个教训，就要吃一堑长一智，总结经验教训，使坏人再也钻不了空子，就要改变政治制度上的弊端，其中突出的弊端，就是权力过分集中，集中于一个人，这是最大的弊端。

权力过分集中，或者叫个人集权，造成家长制，再加上终身制，搞特权，于是官僚主义就泛滥。

过去什么事都要"书记挂帅""书记拍板"，当然品质不健康的人就自以为高人一等了，他可以胡作非为了，别人无权干涉了，特权也出现了。现在我们要实行集体领导和分工负责，领袖是集体，不是一个人。

权力过分集中是叫破坏民主集中制，个人不能凌驾于党之上，集体决定，第一书记不能推翻，擅自改变。第一书记说了算，不行，他只有一票，他意见正确也要说服多数，由集体来决定。

讨论，就是因为有不一致意见，不一致时，不能是反领导，反党。应该少数服从多数，过去对主要领导人只能歌颂不能批评，当然"一言堂"就风行了，一言堂还不就是个人专断，哪里还会有民主呢？

权力过于集中或个人集权的恶果：

第一，掌握大权的人不受约束，推行自己的主张，别人不敢提意见，颂扬之风盛行，不能畅所欲言，民主是虚设的。

第二，个人独揽大权，为了维护这个地位和权力，于是党章宪法都可以不在话下。

第三，助长宗派主义，破坏党的团结，人与人关系不是同志关系，而变成人身依附关系，一荣俱荣，一损皆损，容易造成一人得道鸡犬升天，因为醉心于权力，所以搞顺我者昌逆我者亡。吹喇叭抬轿子，给投机分子以钻营的机会，正直的同志反而会遭诬陷和打击。

第四，必然神化个人，把党的功劳人民功劳归于个人，使领袖形象高于党的形象，变成支配群众的上司、主人和"救世主"，必然出现盲从、迷信、吹捧、狂热，缺乏理智的行动必然泛滥成灾。

在我党历史上吃家长统治的亏是很大的，陈独秀搞家长统治，只能家长统治，不合意的就训斥痛骂一顿；王明上台搞残酷斗争无情打击是出名的，把不同意的人都打下去，张国焘也搞家长统治。遵义会议后，在毛泽东同志的领导下，党内生活正常，因而取得了抗日战争、解放战争的胜利，一直到党的"八大"都正常，但是随着胜利本应该更谦虚谨慎，但是1958年批判了"反冒进"，给"左"倾错误开绿灯，59年反彭德怀就更突出了，七千人大会虽然强调了民主集中制，但理论与实践脱节，后来就变成了一张大字报，一个"最高指示"传达不过夜，一人提议，别人不得不赞成，权力过分集中。

为什么在我国长期造成这种情况呢？除了个人的原因外还有深刻的社会历史和思想根源。

第一，我国长期封建社会影响之深之广，几乎成了人们的习惯，尊卑、等级、家长作风，民主少得可怜。圣旨、专制，那类东西影响非常之广，民主革命对封建主义在土地制度上封建的东西推翻了，但思想上的批判却长期忽视了，江青要当"女皇"，居然公开叫嚷出来，说明中国有这种土壤。

第二，中国过去大量小资产阶级，农民小生产者，不能摆脱自己的命，要靠"救世主"，要别人来保护，小生产者当了皇帝又成了压迫者，刘邦朱元璋都还是封建主义一套，所以小生产者是封建主义、官僚主义的土壤。他们把革命领袖也看成"真龙天子"，也可以供奉上香跪拜，迷信色彩毫不奇怪，给权力集中提供了广泛社会基础，它的另一方面如走极端，从绝对相信倡议又走到否认一切权威产生无政府主义，好像不崇拜权威，实质是崇拜权威的变态表现。

第三，思想认识上的片面和宣传上突出个人，使一些人认为一切胜利好像由一个领袖来完成的，把功劳归于个人，如果高级领导人也缺乏自觉，轻视集体和人民群众的力量，造成权力过分集中，就成为必然的了。

第四，党内权力过于集中，同国际共运各国党的权力集中也有关，同我国战争年代传统也有关，成为执政党以后，又沿袭下来，往往强调集中过分，多年来反分散主义，反对闹独立性，从来没有过分强调分权和自主权，反对个人过分集权从来也未进行过。这样对权力过分集中也就成为很自然的了。

第五，理论上的"一元化领导"变成"一人化领导"，造成党政不分，以党代政。还有一个"大权独揽"的口号，大权独揽变成了凡权必揽，凡权尽揽，否认了政府、群众组织各种企事业的独立作用和特点，一刀切，一个模式，这样形成了上下级的人身依附关系，君臣关系，猫鼠关系，各组织都不发生作用了——还能治天下吗？这是"文革"的教训。

党内民主搞不好，人民民主也搞不好，民主要发扬首先要从制度上解决权力过分集中的问题。现在党中央已带了头，党中央主席副主席不再担任政府总理、副总理，而且规定各地第一书记不再担任政府的第一把手，带头实行党政分开，这是加强党的领导，改善党的领导，不是削弱和取消党的领导。

我们常常听到这样的怪论是宪法大还是县委大？司法独立审判，在法律面前人人平等，你县委也得服从，不然还不是"刑不上大夫"？那怎么行，审判海洋局局长，解除了石油部部长的职位，还处分了副总理康世恩，人民群众拥护。

还有一个我领导你，还是你领导我的问题。应该说共产党领导（一切），但这是历史形成的，是路线方法政策的领导，是动员组织依靠群众去为自己的利益而斗争，挂在嘴上"领导"，人家就不听你的，你叫什么领导？摆脱和削弱共产党领导当然不行，有人说我民主，我不赞成共产党，我要来组织一个党，要"轮流坐庄"，我们说这是"右派"，轮流坐庄不行，在中国别的党都不能领导，因为它（中国共产党）最根本代表人民利益。

你犯严重错误了，不能领导，不犯错误的党有吗？没有，犯了错误能自己起来纠正还只有共产党能这样光明磊落。我们不怕批评才取得了胜利，因为他服从真理，而真理是无往而不胜的，总结了经验，改正了错误能更好领导。

领导不只是命令发指示，有的是需要的，但重要的是靠实践，靠威信。我们党威信比过去确实低了，但我相信会高起来，关心群众密切联系群众，自己以身作则，遵纪守法，处处作模范，像个先锋战士样子，学会领导。所以中央一再讲，要改善党的领导才能坚持党的领导。同样要发展马克思列宁主义、毛泽东思想，才能坚持马克思列宁主义、毛泽东思想，背语录按教条办事，不是坚持而是违背，是歪曲。我们坚持社会主义制度，也是如此。要改善生产关系适应生产力，促进生产力发展才行，调动积极性，才能坚持社会主义。还有我们坚持人民民主专政，我们要高度民主（列入路线里）而不是要像"左"倾路线那样只提专政，甚至全面专政，那是破坏人民民主专政，可见说坚持的也有两种人，其思想路线是截然不同的。

所以我们搞四化，建设社会主义强国，必须解放思想，理论彻底，政治民主。

# 第七节　共产主义思想实践和社会主义精神文明

## 一、目录

第一部分：共产主义思想实践

（一）什么是共产主义

（二）共产主义是科学真理完全符合客观历史规律

（三）社会主义已经由科学变为现实

（四）共产主义在中国的实践

第二部分：社会主义精神文明

（一）精神文明和物质文明的辩证关系

（二）社会主义精神文明是社会主义社会的重要特征

（三）关于授予精神文明必须以共产主义思想为核心的问题

（四）怎样建设社会主义精神文明

## 二、共产主义思想实践和社会主义精神文明

省里给我出的题目是《共产主义思想实践和社会主义精神文明》，其实我自己也未学好学透，我都讲不出什么新东西，不来又不行，硬着头皮上讲台，谈谈自己的看法，不对之处，好在可请在座诸同志指点。

打算按题目分两部分说。

第一部分，共产主义思想实践。

（一）什么是共产主义

我们大家都知道共产主义作为科学，是我们的革命导师马克思恩格斯创立的。作为学说，作为思想体系，我们叫科学社会主义或科学共产主义，它是马克思主义的同义语。

"共产党人的理论原理，决不是以某一个世界改革家所臆想或发现

的思想、原则为根据的"，"这些原理不过是现存的阶级斗争、我们眼前的历史运动的真实关系的一般表现"①。

恩格斯在1847年批判海因岑的错误理论时指出："海因岑先生以为，共产主义是一种从一定的理论原则即自己的核心出发并从此进一步做出结论的学说。海因岑先生大错特错了。共产主义不是学说，而是运动。它不是从原则出发，而是从事实出发。被共产主义者做为自己前提的不是某种哲学，而是过去历史的整个过程，特别是这个过程目前在文明各国的实际结果。"②

共产主义运动是随着马克思主义而诞生而形成的。它在科学共产主义旗帜下不断发展。一般说来，这是以世界上第一个共产党的成立和《共产党宣言》的发表为标志的。

"共产主义"一词和"社会主义"一词几乎是同时在19世纪30年代流行起来的。"社会主义"一词首先是在知识分子当中，在美国和法国当地社会主义者当中使用的。而"共产主义"一词从起源来看，主要是在工人群众中在社会下层传播。工人们使用"共产主义"一词是有双重意义的：既渴望消灭资本主义私有制，实现财产公有制，又主张建立"公社"作为社会基层自治组织。因为在法文中"共产主义"一词既与"公有制"一词基本含义相近，又与"公社"一词密切相关。在1840年时，共产主义一词在法国已经由秘密转向公开。在社会上相当流行了。例如，1840年7月1日在巴黎近郊贝别维尔工人区就第一次举行了盛大的"共产主义宴会"。

当时流行于欧洲的社会主义和共产主义这两种思潮和派别，从大体上看是反对资本主义追求一种新的社会制度的。但是两者既有联系又有区别，主要区别在于，共产主义明确主张要通过革命斗争消灭资本主义私有制，并实现生产资料公有制，而所谓的社会主义并不是要根本推翻

---

① 《马克思恩格斯选集》（第一卷），人民出版社，1972年版，第264页。
② 《马克思恩格斯全集》（第四卷），人民出版社，1958年版，第311~312页。

资本主义制度。而是要在资本主义的基础上对资本主义进行修补和改革。即便是圣西门和傅立叶也没有提出要消灭资本主义私有制，而是在保存私有制的前提下，进行革新。欧文比他们前进了一步，主张以公有制代替私有制，不过欧文也反对革命，坚持逐步改良。正如恩格斯在1888年为《共产党宣言》写的英文版序言中所说："在1847年，所谓社会主义者，一方面是指那些信奉各种空想学说的分子，即英国的欧文派和法国的傅立叶派，这两个流派都已经变成纯粹的宗派，并在逐步走向灭亡；另一方面是指各种各样的社会庸医，他们都答应要用各种补缀办法来清除一切社会病痛而毫不伤及资本和利润。这两种人都是站在工人阶级以外，宁愿向'有教养的'阶段寻求支持。至于当时工人阶级中那些确信单纯政治变革全然不够而认为必须根本改造全部社会的分子，他们把自己叫做共产主义者。"① "可见，在1847年，社会主义是资产阶级的运动，而共产主义则是工人阶级的运动。"② "所以我们也就丝毫没有怀疑究竟应该在这两个名称中间选定哪一个名称。而且后来我们也根本没有想到要把这个名称抛弃。"③ 基于这种考虑，1847年改组正义者同盟，建立第一个无产阶级政党时，马克思恩格斯及其绝大多数拥护者都主张取名为共产主义者同盟。而否决了少数人拟采用社会主义者同盟的意见。这个党纲最初为《共产主义宣言》。定稿时改称为《共产党宣言》。

当然，"社会主义"和"共产主义"二词是有极密切的联系的，马克思恩格斯后来也曾经把这二词通用过，由于时间关系不一一叙述。

总的来看，马克思主义者对"社会主义""共产主义"二词的理解和使用是有一个变化和发展的过程。在19世纪40年代中叶，马克思主义诞生以及往后的一个时期，因为社会主义已成为资产阶级的改良性思潮，

---

① 《马克思恩格斯全集》（第二十一卷），人民出版社，1965年版，第407~408页。
② 《马克思恩格斯全集》（第二十一卷），人民出版社，1965年版，第408页。
③ 《马克思恩格斯全集》（第二十一卷），人民出版社，1965年版，第408页。

所以一般不用社会主义而采用共产主义,虽然偶尔也有通用的情况。到19世纪70年代以后,马克思主义获得了广泛传播,社会主义政党普遍建立,这就更多地使用"社会主义"一词代替共产主义,甚至社会主义成为共产主义的同义词"科学社会主义"一词也是这时才通用的。因为这时新建立的一批无产阶级政党都命名为社会民主党或社会党等,而没有一个称为共产党。到20世纪初,社会主义在一国胜利和在一国胜利以后时期,就把社会主义为共产主义社会的第一阶段,现在,我们马克思主义者认为,首先,作为一种思想体系,社会主义和共产主义是同义语,科学社会主义亦即科学共产主义。就狭义而言,科学社会主义是作为马克思主义的三个组成部分之一;其次,作为一种社会制度,社会主义是高于资本主义社会的共产主义社会的第一阶段,有时也作为共产主义社会形态的同义语;另外,作为一种运动,只有在马克思主义旗帜的指引下,无产阶级为推翻资本主义,为最终建立一个没有人剥削人,人压迫人的共产主义社会制度不断斗争的实践,这二者才有同等的含义。

以上我们考察了"共产主义"一词的起源,以及它与"社会主义"一词的联系与区别,那么确切地说,共产主义究竟是指的什么呢?概括起来说它有两方面的含义,一方面是指将来要实现的一种社会制度,一方面是指关于为什么和怎样才能实现这种社会制度的思想,以及为实现这种思想而进行的实践,即共产主义运动。

共产主义运动,是一个很长的历史过程,它包括从世界上有共产党成立,到全世界最后实现共产主义的整个历史过程,如果说从1847年6月2日第一个共产主义政党,共产主义者同盟的创建,标志着共产主义运动的起点的话,那么这个伟大的运动就已经有了一个长世纪的实践。至今天仍然在实践中发展和前进,有人认为共产主义是真理,而共产主义远没有经过实践的检验,可见真理不一定都需要经过实践检验,与此相关的,还有人认为共产主义是渺茫的,空想的,这些都是完全错误的。自有科学社会主义以来,指导无产阶级革命运动的,就是共产主义思想，共产党自从诞生在这个世界上，就一直为实现伟大的目标，建立共产主义社会制度而英勇斗争。共产主义思想和运动，无论过去、现在还是将来，都是在实践中发展和前进的，这是一个不可辩驳的事实，为什么有人对这个事实视而不见呢？关键是他们没有很好地学习马克思主义，而了解不了共产主义运动发展的历史。

（二）共产主义是科学真理，完全符合历史的客观规律

回顾人类社会发展的历史，共产主义的思想和运动，不是凭空产生的，在马克思主义诞生以前，就有各种各样的社会主义思潮和运动，其中有三大空想家和其他一些空想家，按照他们的空想方案，搞得社会主义事业，他们幻想在资本主义社会内部就进行社会主义实验，代表人物是圣西门、傅立叶、欧文学派，尤其是欧文搞的实验更多，这些空想社会主义者，一生奔走呼号，甚至耗尽钱财致力于社会主义的实验，然而，由于缺少科学理论的指导，他们的美好蓝图终究无法在资本主义社会内部实现，空想社会主义实验的失败给后人们上了生动的一课，使无产阶级从中领悟到一个真理，只有在以科学理论为指导的无产阶级政党的领导下，坚持开展武装革命斗争，才能改造和消灭资本主义私有制，才能建立和发展社会主义公有制，才能切实保护劳动人民的根本利益。

1846年，马克思、恩格斯在比利时首都布鲁塞尔创立了共产主义通讯委员会，当时随着革命形势的发展，迫切需要建立一个受科学社会主义理论武装的革命政党，他们又着手进行改组正义者同盟的工作，把正义者同盟改名为共产主义者同盟，拟订的同盟新章程中特别指出盟员必须承认共产主义，并用全世界无产者联合起来的新口号取代人人皆兄弟的旧口号，共产主义者同盟是第一个无产阶级的国际组织，它最早宣布以共产主义的纲领作为自己的思想旗帜，1847年底，共产主义者同盟举行第二次代表大会，马克思和恩格斯参加了大会，并积极领导了大会工作，大会批准了共产主义者同盟的章程，并委托马克思、恩格斯起草了一篇宣言予以发表，这就是科学共产主义第一个纲领性文献——

《共产党宣言》。《宣言》于1848年7月首先用德文发表,以后又译成各国文字,马克思、恩格斯写过7篇正式序言,他的思想已传遍全世界,列宁后来称赞道:"这部著作以天才的透彻鲜明的笔调叙述了新的世界观,即包括社会生活在内的彻底的唯物主义、最全面最深刻的发展学说辩证法以及关于阶级斗争、关于共产主义新社会的创造者无产阶级所负的世界历史革命使命的理论。"①

马克思、恩格斯,早在一个半世纪以前就投身到工人运动的实践中,为推翻资本主义统治而斗争,组织了第一个无产阶级政党,共产主义者同盟,撰写了科学共产主义第一个纲领性文件,《共产党宣言》,不仅创立了科学的共产主义思想体系,而且拉开了共产主义运动的序幕。由此可见,思想和实践或运动是不可分的。马克思、恩格斯不参加无产阶级革命斗争的实践,又怎能创立科学社会主义的思想体系?不参加共产主义者同盟的创建工作,又怎样能写出第一个共产党的党纲,光彩夺目的不朽巨著《共产党宣言》呢?现在有人把共产主义思想和实践截然分开。认为共产主义没有经过实践检验,有的甚至怀疑它不是真理,这全然是错误的。

在国际共产主义运动史上,1871年3月18日是光辉的一天,巴黎无产阶级在普鲁士军队兵临城下,资产阶级政府推行投降和镇压人民政策的情况下被迫奋起推翻了资产阶级统治,建立了第一个无产阶级专政的政权——巴黎公社,这是科学社会主义的一次伟大实践,马克思指出:"英勇的三月十八日运动是把人类从阶级社会中永远解放出来的伟大的社会革命的曙光。"② 巴黎公社为国际无产阶级塑造了社会主义共和国的雏形。它最早实现了,工人和广大人民自己当家作主,通过选举产生国家主要领导干部,并且可以随时策划使干部成为社会公仆,例如巴黎公社40%左右的委员是很普通的工人,然而他们在公社委员会工作

---

① 《列宁选集》(第二卷),人民出版社,1972年版,第578页。
② 《马克思恩格斯全集》(第十八卷),人民出版社,1964年版,第61页。

得很出色，像瓦尔兰这样一个很普通的装订工人，3月18日革命后，任过国民自卫军中央委员会驻财政部的代表。公社成立后，又先后担任财政委员，粮食委员，国民自卫军军需部主任，公社军事委员会委员，军事代表等职，他在当财政部代表时在公社面临较大困难的情况下，每天要保证35万人的伙食。虽然从他手里每天要经过大笔款项，可是他仍然住简陋的房子，穿陈旧破烂的衣服，常常和战士们一起吃一样的伙食，公社失败后他被捕了，受尽严刑拷打，视死如归，英勇不屈。

巴黎公社虽然只存在了72天，但是公社的原则是永存的，他为无产阶级革命斗争积累了丰富的经验。巴黎公社的实践是对各种学说和思潮的检验。它埋葬了庸俗社会主义学派，证明了马克思恩格斯创立的科学社会主义学说的正确，并使这一学说得到了丰实和发展。

（三）社会主义已经由科学变为现实

如果说巴黎公社是共产主义的伟大实践，那还只是一次英勇的尝试。由社会主义理论变为社会现实，则是从无产阶级取得政权，建立社会主义的制度开始的。也就是说，从十月革命开始，社会主义由理论变为社会主义现实。

20世纪初，世界进入帝国主义时代以后，阶级矛盾开始激化。革命风暴席卷而来，1905年，俄国爆发了第一次以无产阶级为主体的为推翻沙皇专制制度而斗争的民主革命。俄国无产阶级第一次失败以后，在血泊中重整旗鼓。于1917年3月，在布尔什维克党领导下取得了第二次民主革命的胜利，推翻了沙皇专制统治，建立了工兵代表苏维埃政权。然而由于觉悟不够，力量不足，国内还出现了一个资产阶级临时政府。1917年10月，社会主义革命的胜利，终于结束了两个政府并存的局面，推翻了资产阶级的统治，全部政权归为苏维埃，建立了第一个无产阶级专政的国家。从第一个共产主义政党建立（1847年）到第一个社会主义国家诞生（1917年），整整经历了70年迂回曲折的斗争。在第一次世界大战和十月社会主义革命前后，以列宁为首的布尔什维克党把马克思主义同俄国和国际工人运动的实际相结合,从而发展了马克思主义,形成了列宁主义。这是科学社会主义在新的历史条件下的新发展。列宁在十月革命后不久就指出:"他们应当懂得,现在一切都在于实践,现在已经到了这样一个历史关头:理论在变为实践,理论由实践赋予活力,由实践来修正,由实践来检验。"① 列宁为社会主义实践做了充分的准备,领导布尔什维克党进行了艰苦卓绝的斗争。俄国十月革命的胜利开辟了人类历史的新纪元,开辟了无产阶级世界社会主义革命的新纪元。

(四) 共产主义在中国的实践

马克思主义在中国传播以前,随着近代先进的中国人向西方学习,介绍西方先进思想文化之时,西方的空想社会主义思想也曾流传中国。他和中国历史上的民主思想和空想色彩糅和掺杂,相互结合,形成了独特的中国近代空想社会主义思想,中国近代史上有三个著名的人物,这就是大家所熟悉的洪秀全,康有为,孙中山。他们三个人处在三个不同的历史阶段代表三个不同的阶级,属于三个不同的类型,然而他们都有空想社会主义的思想,都指出过改造半封建半殖民地中国社会的空想计划。这三种空想主义各有特点,太平天国的空想是朴素的小农业社会主义的空想;康有为的空想是资产阶级改良主义的大同世界的空想;孙中山的是资产阶级小资产阶级革命派的民族主义的空想。他们陆续出现在近代中国,反映了灾难深重的中国人民对剥削制度的憎恨和对幸福生活的憧憬。但是他们的种种空想终究还是破灭了。空想主义在实践中的破灭,使人们转向科学社会主义,转向十月革命的道路,结束了向西方资本主义寻找真理的历程。"十月革命一声炮响,给我们送来了马克思列宁主义。"② 应当说,科学社会主义在中国的传播是在十月社会主义革命以后,其主要代表人物是李大钊、陈独秀等最初是激进的革命民主主

---

① 《列宁选集》(第三卷),人民出版社,1972年版,第398页。
② 《毛泽东选集》(第四卷),人民出版社,1960年版,第1476页。

义者，后来具有初步共产主义思想的知识分子。

1919年的五四运动，是在帝国主义加紧对中国侵略和批评军阀政府对内残酷压迫，对外妥协投降所造成的民族危机的情况下爆发等，这是一次彻底的不妥协的反帝反封建的爱国运动。轰轰烈烈的五四运动促进了科学社会主义的传播，揭开了新民主主义革命的序幕。

革命形势的发生，使共产主义知识分子越来越感觉到解决中国的问题，非依靠工人阶级走社会主义道路不可，为此必须建立无产阶级的革命政党。1921年7月在上海举行了中国共产党第一次全国代表大会，有13名代表代表着全国五十多个党员。在斗争中诞生的中国共产党是一个以马克思列宁主义为行动指南，以共产主义为奋斗目标的，统一的工人阶级政党。"自从有了中国共产党，中国革命的面目就焕然一新了。"① 中国共产党的诞生是中国社会发展的历史必然，是马克思主义和中国工人运动相结合的产物。

在中国人民的革命实践中，我们党经历了曲折的道路，经受了种种考验，在各种曲折的条件下进行斗争，这种斗争有公开的，也有秘密的，有和平的，也有武装的。有群众运动，也有上层工作，有政治的，也有经济的，总之不论在哪一个方面，在哪一条战线上，处于哪一种条件和环境，共产党人都坚定树立共产主义的理想和信念，牢记共产党员的誓言，为共产主义事业奋斗终身。因此，他们能够经受任何艰难困苦的考验，甚至牺牲自己的生命，共产党员的先锋模范作用，给全国人民树立了光辉的榜样。例如民主革命阶段的长期战争和敌人的血腥屠杀，中国人民付出了巨大的牺牲，共产党人是首当其冲的。1927年大革命失败后，据不完全统计，国民党和各派军阀对共产党员，共青团员和工农群众的屠杀，到1932年以前至少有100万人以上。我们党由北伐战争后期六万多党员，到革命失败后仅剩下一万多人，其余的除了少数叛变，消极，脱离革命队伍的以外，绝大多数都牺牲在敌人的屠刀之下。

---

① 《毛泽东选集》（第四卷），人民出版社，1960年版，第1360页。

其中包括一批党的优秀领导干部,如李大钊,向警予,蔡和森,陈延年,彭湃,恽代英等。敌人的残酷折磨,不能摧垮共产党人的坚强意志,敌人的屠刀,不能使共产党人后退半步,共产党人夏明翰在汉口英勇就义前,留下了壮烈的诗篇:"砍头不要紧,只要主义真,杀了夏明翰,还有后来人。"这表明共产党人参加革命斗争的实践是有着崇高的目标——共产主义。方志敏烈士也说过:"敌人只能砍下我们的头颅,决不能动摇我们的信仰。"在敌人的监狱里,有宁愿把牢底坐穿也不屈服投降的共产党员,他们面对敌人的屠刀,面不改色心不跳,在走向刑场时高唱《国际歌》,高呼共产党万岁的口号,他们这样做为的是什么呢?是为了共产主义真理而斗争,他们既把共产主义作为伟大的目标,又把自己的行动作为实现这一目标的实践。

长期的战争也是对共产党人的最大考验。当1927年秋毛泽东率领秋收起义的部队上井冈山时,红军不到1000人,到1933年春,红军粉碎敌人第四次围剿之后,中央红军发展到10万人左右。全国红军发展到30万人左右,全国的党员有30万人,后来,经过第五次反围剿斗争的失败和长征,到达陕北时,红军只剩下3万人。党员只剩下4万人左右,损失是惨重的。但共产党领导的红军是一支了不起的队伍,他们进行了两万五千里的长征,横跨11个省,爬雪山,过草地,粉碎几十万敌军的围追堵截,战胜了张国焘的分裂主义,保存了党和红军的主干,播下了革命的火种,写下了一部气壮山河的革命史诗。

抗日战争和解放战争期间,由于战争的规模更大,斗争更激烈,我们付出的代价也是更大的。中国人民在抗日战争中付出了一两千万人的巨大民族牺牲,社会主义新中国的诞生是来之不易的,是无数共产党人,革命先烈用鲜血换来的。中国革命的实践是国际共产主义运动的一个重要组成部分,中国人民在中国共产党的领导下,不屈不挠,英勇奋战,终于推翻了三座大山,建立起劳动人民当家作主的政权,这是马克思主义的胜利,中国人民在国际共产主义运动史上写下了光辉的篇章。

历史实践告诉我们，共产主义运动一百多年来从无到有，从小到大，从没有政权到有政权，从一国胜利发展到多国胜利。正因为共产主义运动反映了社会发展规律，反映了无产阶级和亿万人民大众的利益，所以他是任何反动力量都扑灭不了的。共产主义运动显示着无比强大的生命力和光辉灿烂的前景。那种认为共产主义前途渺茫，甚至怀疑共产主义学说的观点是根本错误的。

### 三、社会主义精神文明

社会主义精神文明这个问题的提出，是对科学社会主义理论极大地丰富和发展。党中央把它作为我们的战略方针提出来，其意义的重大是不可估量的。

自十一届三中全会，党中央把工作重心转移到现代化经济建设上来以后，多次郑重提出努力建设社会主义精神文明问题。

首先，在建国三十周年时，叶剑英同志在讲话中明确提出：我们忘了我们社会主义现代化的目标不限于生产力的发展，"我们要在改革和完善社会主义经济制度的同时，改革和完善社会主义政治制度，发展高度的社会主义民主和完备的社会主义法制。我们要在建设高度物质文明的同时，提高全民族的教育科学文化水平和健康水平，树立崇高的革命理想和革命道德风尚，发展高尚的丰富多彩的文化生活，建设高度的社会主义精神文明。"①

1980年12月，中央工作会议把这个问题作为重要议题进行了讨论，并且强调指出："没有这种精神文明，没有共产主义思想，没有共产主义道德，怎么能建设社会主义？"②

去年十一届六中全会通过的决议进一步确认社会主义必须有高度的

---

① 中共中央文献研究室编：《三中全会以来重要文献选编》（上），人民出版社，1982年版，第233~234页。

② 中共中央文献研究室编：《三中全会以来重要文献选编》（上），人民出版社，1982年版，第641页。

精神文明，并且把奋斗目标概括为建设现代化的、高度民主的、高度文明的社会主义强国。赵紫阳同志在1981年11月第五届全国人民代表大会第四次会议上的政府工作报告中提出，"我们从事社会主义现代化建设，不仅要有高度的物质文明，而且要建设高度的精神文明，这两者是密切联系不可分离。我们只有在建设高度的物质文明的同时建设高度的社会主义精神文明，才能保证我国国民经济的持久发展，保证物质文明建设的社会主义方向。"①

十二大把社会主义精神文明提到了应有的科学高度来概括，这是从我国现实生活中新情况新问题出发的，是从我国和国际事务主义发展的历史经验出发的，从现实和历史上升为理论。其中关于社会主义精神文明是社会主义社会的重要特征的论述，关于物质文明和精神文明概括和辩证关系的论述，关于社会主义，精神文明，共产主义思想为核心等等，都有新见解。所以我们说是丰富和发展了马克思主义的科学社会主义理论。

（一）精神文明和物质文明的辩证关系

十二大报告指出，在全党把工作重点转移到现代化经济建设上来以后，党中央曾多次郑重提出：我们在建设高度物质文明的同时，一定要努力建设高度的社会主义精神文明。这是建设社会主义的一个战略方针问题。社会主义的历史经验和我国当前的现实情况都告诉我们，是否坚持这样的方针，将关系到社会主义的兴衰和成败。

报告中说，改造自然界的物质成果就是物质文明，它表现为人们物质生产的进步和物质生活的改善。在改造客观世界的同时，人们的主观世界也得到改造，社会的精神生产和精神生活得到发展，这方面的成果就是精神文明，它表现为教育、科学、文化知识的发达和人们思想、政治道德水平的提高。

---

① 中共中央文献研究室编：《三中全会以来重要文献选编》（下），人民出版社，1982年版，第1042页。

这样的新概括同过去通常的理解同马克思恩格斯的解释是有联系有区别又有发展的。

恩格斯在《家庭、私有制和国家的起源》一书中肯定了美国民族学家摩尔根把人类社会分为由低级向高级发展的三个主要时代即蒙昧时代、野蛮时代、文明时代，书中指出："蒙昧时代是以采集现成的天然产物为主的时期；人类的制造品主要是用作这种采集的辅助工具。野蛮时代是学会经营畜牧业和农业的时期，是学会靠人类的活动来增加天然产物生产的方法的时期。文明时代是学会对天然产物进一步加工的时期，是真正的工业和艺术产生的时期。"① 恩格斯把奴隶社会、封建社会、资本主义社会都称作历史，这说明文明的含义是社会的进步和开化状态。

十二大对文明的概括是从人类改造世界的实践活动来解释这个概念的。

这样老抱住文明同野蛮对立的观点来解释文明显然就不够了。

社会文明的发展，社会的进步，必须以物质文明和精神文明的发展做尺度来衡量，这样无论物质生产的成果或精神生产的成果，又总是同他的生产方式相联系，所以历史上有原始公社的文明、奴隶制文明、封建制的文明、资本主义文明和社会主义文明。

过去解释文明的含义不一致，不确切，现在这种解释科学准确，所以说是对马克思主义的一个发展。

人类的历史就是人们不断改造客观世界和主观世界的历史，人们在改造客观世界的实践活动中创造出越来越多的社会物质财富，以满足人类对物质生活的需要，这种改造自然界的物质成果，就是物质文明。与此同时，人类的精神生产和精神生活也得到发展，人类对客观外部世界的认识能力也不断提高，这方面的成果就是精神文明。它表现为教育、科学、文化知识的发达和人们思想、政治、道德水平的提高。

---

① 《马克思恩格斯全集》（第二十一卷），人民出版社，1965年版，第38页。

这两种文明是人类文明的两个方面，缺一不可，是互相依存的。从根本上说，物质文明是基础，否认这个基础，就是精神万能论，就是错误的，我们吃过这个苦头，不能再犯了。没有一定的物质条件，没有经济作为基础，发展教育科学文化事业就会受到限制，社会道德风尚也受到经济落后的影响。正因为如此，我们要抓住经济建设，要发展生产力，使生产不断进步，人们的物质生活水平得到不断提高，这必然给精神生产和精神生活提供了条件。

精神文明对物质文明的发展又起着巨大的推动作用，教育科学本身就是一种潜在的生产力，它给人们的知识、方法和技能，这些一旦被劳动者所掌握，就转化成为现实的生产力。所以过去那种蔑视知识技能，不要科学文化那种愚蠢的做法，再也不能继续下去了。

精神文明的思想方面不仅起推动作用，而且保证物质文明的建设方向。在任何社会中，统治阶级都要以自己的思想体系作为社会的统治思想以保证本阶级的利益和要求。社会主义社会占统治地位的思想是无产阶级的思想体系，这个体系就是科学，共产主义就是马克思主义。这个思想体系是客观真理，是任何社会都比不上的。所以要用共产主义思想教育人民、武装群众，调动群众的积极性，来建设我们的社会主义强国。这个精神力量是非常巨大的，所以否认精神作用的那种精神无用论也是错误的。

精神无用论、自发论认为物质文明搞好了，精神文明就自然而然上去了。其实不然，资本主义世界物质文明可谓不低，但他们思想颓废，精神空虚，这是由他的社会制度所决定的。相反，我国的物质文明条件差些，但我们人与人的关系，我们的精神状态、道德情操，哪一项不令他们羡慕呢？

可见精神文明不是物质文明的派生物，两个文明发展也不平衡，并非同步发展。

中国有句老话："仓廪实而知礼节，衣食足而知荣辱。"这话不对，过去纨绔子弟，酒足饭饱，干无耻勾当。单纯追求物质生活，也可以使人堕落。物质财富多可以使人幸福，但也可使人堕落，这样的事例是不少的。

所以，必须重视精神文明建设，特别是思想建设，人的觉悟不会自发提高，即使生产发展了，也要警惕堕落的另一面。当然不是说"穷光荣"，我们要最大限度提高生产力，搞好经济建设，不断满足人们物质和精神生活的需要。

我们进行两个文明的建设要互为条件又互为目的。物质文明建设搞好了，就给精神文明提供了有利条件。要建设精神文明必须要有物质文明作保证，否则就是一句空话。反过来也一样，有了精神文明这个条件，把科学运用于生产，将产生巨大威力。人们积极性提高，主人翁的责任感增强，其作用也是不可估量的。

把精神文明建设放在战略方针上来认识，这是有关兴衰成败的大事，不抓好这件事，四化建设就搞不好。

搞经济建设，不抓思想教育行不行？事实证明不抓不行，所以要两个文明一起抓。不抓不能保证方向正确，走向斜路是很危险的。近几年来，外国资本主义的腐蚀作用也使我们感到不抓思想政治工作一定会走上邪路，从反面也可论证非搞好社会主义精神文明建设不可。

精神文明对四化的作用，对我们崇高理想的实现，对人们认识能力的提高，对社会风气的好转和党的威信的提高，战斗力的增强，关系极大。

党中央提出努力建设社会主义精神文明，意义十分重大，而且越来越发生深远的影响。

事关全局大事，必须提到战略高度来认识。建设社会主义精神文明不是权宜之计、暂时措施，而是战略方针、根本任务。

（二）社会主义精神文明是社会主义社会的主要特征

十二大报告中把社会主义精神文明列为社会主义社会的特征，这是第一次提出的,而且提得好,是非常必要的。

过去我们只意识到搞社会主义没有精神文明这一条不能成为科学社会主义。所以作为一种理论,作为社会主义社会的一个必要条件,我们有一定的认识,现在把社会主义精神文明作为社会主义社会的一个特征提出来,进一步提高了我们的认识。

虽然我们在研究社会主义社会特征时,我们没有停留在马克思、恩格斯当年的论断上,我们认为不能用他们的话剪裁现实发展的实际,应该研究新情况,新问题。

虽然我们过去也不赞成讲社会主义社会特征时只要经济方面,而忽视政治、思想方面。我们认为作为一种社会形态,经济基础固然是决定性的,但是回避上层建筑问题,怎么能构成对社会形态的正确认识呢?

尽管如此,我们的认识还是不全面的,这次党的十二大文件肯定了社会主义社会的特征,生产资料的公有制,按劳分配,国民经济及计划按比例地发展,工人阶级和劳动人民当家作主,高度发达的生产力以及比资本主义更高的劳动生产率等等,除此之外社会主义还必须加一个特征,就是以共产主义思想为核心的社会主义精神文明,这就全面了。

现在我们党中央继承了马克思列宁主义、毛泽东思想,又总结了我们这方面犯错误的教训,诸如过去在"左"的错误思想指导下,长期轻视教育科学文化;思想工作中把阶级斗争扩大化,绝对化,弄得是非混淆,范围狭窄,方法简单粗暴;在经济建设中还犯过夸大主观意志和精神作用而违背了客观经济规律,忽视了人民群众利益的错误。近几年我们坚决纠正"左"的错误,又根据工作重点转移出现的新的情况,新的问题,提出建设物质文明的同时建设精神文明的基本任务,从而形成了我们全面建设社会主义的纲领。这是根据新情况得出的新结论,是理论上的创建,我们应该很好研究。

精神文明作为社会主义社会的特征,也是社会主义优越性的表现。社会主义制度优越性表现在消灭了剥削,实现了生产资料公有,人民当家作主,实现按劳分配之外,还表现在精神方面,体现了人民有了共同的根本利益、共同的理想、共同的奋斗目标和共同的道德标准以及共同的法律观念。尽管社会主义社会还存在一定范围内的阶级斗争,还有封建主义残余和资本主义思想的影响,但由于全体人民从根本上说利益相同、休戚与共、故而热爱祖国,热爱劳动,关心集体,助人为乐,公而忘私,遵纪守法。为社会主义和共产主义而英勇献身的种种美德,正在越来越多的人的身上表现出来。我们已经看到的身怀六甲的妇女跳进水中救人,为人民服务,鞠躬尽瘁的赵春娥同志,现在我们又看到许多老革命的高贵品质,一个老党员向组织反映他的儿子不能入党。这件事,只有在我们的党,我们的社会才会有。这样的事今后一定会出现更多,社会主义精神一定会大放光彩!

(三)关于社会主义精神文明,必须以共产主义思想为核心的问题

建设社会主义精神文明必须以共产主义思想为核心。所谓核心就是事物内部起主导作用,决定事物发展方向的部分,这个部分至关重要。例如,中国共产党是中国人民的领导核心。缺了核心作用,就改变了事物的性质。所以它是非常重要的部分,既不能代替,又不能取消。

我们发展科学文化教育事业,是在什么思想指导下发展什么呢?沿着什么方向发展呢?这里就涉及旗帜问题,举什么旗帜的问题,我们说共产主义是我们的旗帜,要用共产主义作为指导思想,我们必须站在这个高度来观察一切。

又如自然科学,卫生体育事业要发展,也是一个在什么指导思想下发展的问题。我们过去很落后,是世人皆知的。科学技术方面,旧中国连个汽车都造不了,现在原子弹、导弹也能造了,卫星也能回收了;体育方面,旧中国号称"东亚病夫",现在要夺魁,要夺冠,不仅小球行了,大球也开始行了,什么精神指导去攀登,应该说是共产主义思想。

我们就是要用共产主义思想、共产主义精神文明、共产主义道德来教育人民,而共产主义思想是不能自发产生的,只能从外面灌输,所以

每个人都要自觉的以马克思列宁主义,以共产主义世界观武装自己头脑,才能使我们永远立于不败之地。

过去好些人并未学习马克思列宁主义的基本原理,学习了也学得不够。

现在我们应该理直气壮,有说服力、有根据的,面对不同对象给予切实的马克思列宁主义教育。现在有的大学生自动组织起来学习马克思列宁主义,这是好现象,自动组织起来学习党史,这是好气象。看来,马克思列宁主义美得很!

在社会主义社会有人还不敢提共产主义思想、共产主义道德,这真是怪事?民主革命时期都一再提倡过,到了共产主义的第一阶段,倒要收起,这应该说是对马克思列宁主义的挑战,我们要大谈特谈共产主义。

这样是不是又会刮"共产风"了呢?不会的。"共产风"的实践是对共产主义不理解,那不是共产主义,而是对共产主义开玩笑。我们现行制度是社会主义制度,我们并未轻易改变,以按劳分配,还要坚持进行。但是"按酬付劳"的思想要批评,不计报酬的劳动要鼓励,列宁把共产主义星期六义务劳动称为"伟大的共产主义开端"。至于"斤斤计较"还是什么"两两计较",不仅不应提倡,还要坚决反对。

如果不宣传先进,不学习先进,把自己降低为一个普通老百姓,要先锋队干什么?共产党员、共青团员、革命干部,首先要用共产主义理论武装起来,不如此,你向哪里引?你向哪里导呢?

绝不许落后淹没先进,必须是先进提高落后,我们的四化,我们的共产主义事业才能不断前进,不断夺取新胜利。

(四)怎样建设社会主义精神文明

关于怎样建设社会主义精神文明,报告指出:"社会主义精神文明的建设大体可以分为文化建设和思想建设两个方面。这两方面又是互相渗透和互相促进的。"① 我们要在理论上和实践上强调这两个方面的统

---

① 胡耀邦:《全面开创社会主义现代化建设的新局面——在中国共产党第十二次全国代表大会上的报告》,人民出版社,1982年版,第32页。

一,而不应用一个方面否定或贬低另一个方面。

文化建设指的是教育、科学、文学艺术、新闻出版、广播电视、卫生体育、图书馆、博物馆等各项文化事业的发展和人民群众知识水平的提高。它既是建设物质文明的重要条件,也是提高人民群众思想觉悟和道德水平的重要条件。文化建设也应当包括健康、愉快、生动活泼、丰富多彩的群众性娱乐活动,使人民在紧张劳动后的休息中,得到有高尚趣味的精神上的享受。

要搞文化建设,就要改变轻视教育科学文化和歧视知识分子的错误观念。要认真落实知识分子政策,使他们真正心情舒畅,精神振奋为人民做贡献,必须真正把他们作为依靠力量,发挥他们的积极性。虽然我党在三中全会以来多次提出这个问题,但是对知识分子的"左"的观念并未完全肃清,唯成分论的习惯势力,甚至发生打小学教师、中学教师的现象,妨碍了知识分子作用的发挥,既不重视教师,又千方百计地挪用或侵吞学校的经费,这是非常奇怪的事。要搞良性循环就要重视文化科学知识,真正把它放到战略地位上来,真正把知识分子看成是同工人农民一样可靠的依靠力量。报告中指出:"我们必须使全社会普遍尊敬和大力支持他们的光荣劳动。"①

这一点,据我所知,资本主义世界的日本都很尊敬教师,他们一题"先生"二字,即老师的意思,一般都是九十度鞠躬,肃然起敬。他们工业发展快,重视知识不能不是主要的原因之一。我们是社会主义社会,更应该尊敬知识分子,重视科学文化的建设。全国要在 1990 年以前基本实现初等教育的普及,看来好像要求不高,但我国人多,做到这点要做很大的努力才行。要求各项文化事业都要根据实际情况提出最近五年到十年的奋斗目标。要求我们的干部革命化、知识化、专业化,要求人民成为有理想、有道德、有文化、守纪律的人。这个任务的完成不

---

① 胡耀邦:《全面开创社会主义现代化建设的新局面——在中国共产党第十二次全国代表大会上的报告》,人民出版社,1982 年版,第 33 页。

是一两句话就可以完成的，你要有知识，就得学习，一天两天能行吗？何况建设社会主义，共产主义需要很高的文化科学知识。列宁说过："在一个文盲的国家内是不能建成共产主义社会的。"① 他说："只有用人类创造的全部知识财富来丰富自己的头脑，才能成为共产主义者。"②

在加强建设文化建设的同时，要大力进行思想建设。思想建设决定着我们精神文明的社会主义性质。在思想建设方面，报告指出六个主要内容：①工人阶级的马克思主义世界观和科学理论；②共产主义的理想信念和道德；③同社会主义公有制相适应的主人翁思想和集体主义思想；④同社会主义政治制度相适应的权利义务观念和组织纪律观念；⑤为人民服务的献身精神和共产主义的劳动态度；⑥社会主义的爱国主义和国际主义等等。

概括说来，最重要的就是革命的理想、道德和纪律。

建设精神文明不仅要努力提高每一个社会成员的精神境界，而且要在全社会建立和发展社会主义精神文明的新型社会关系即团结一致、友爱互助、共同奋斗、共同前进的关系。建设社会主义精神文明是全党的任务，是各条战线的共同任务，这就要求全党都来做，要求各条战线都无例外地共同来做。报告特别指出共产党员应当首先在思想道德方面起模范作用，又特别指出："思想政治工作者、各种文化和科学工作者、从幼儿园到研究生院的各级各类学校的教育工作者，在建设社会主义精神文明中担负着特别重要的责任。"③

"担负特别重要的责任"，就要担当起来，好好宣传马克思列宁主义，这里提出要建设有战斗力、有说服力、有吸引力的思想工作队伍。自己未学懂如何有战斗力，自己搞不清楚，如何有说服力。马克思主义就是抓住根本才说服人，要抓住根本，就得加强马克思列宁主义理论研

---

① 《列宁选集》（第四卷），人民出版社，1972年版，第357页。
② 《列宁选集》（第四卷），人民出版社，1972年版，第348页。
③ 胡耀邦：《全面开创社会主义现代化建设的新局面——在中国共产党第十二次全国代表大会上的报告》，人民出版社，1982年版，第35页。

究，提高马克思列宁主义水平，帮助越来越多的人树立共产主义世界观，培养全心全意为人民服务的劳动态度和工作态度。加强祖国历史，特别是近代史的教育，加强党的纲领，党的历史和党的革命传统的教育，加强宪法和公民权利，公民义务，公民通识的教育，在各行各业加强职业责任、职业道德、职业纪律的教育。这些教育工作做好了，还要在今后五年内努力实现理想教育、道德教育、纪律教育，在全国人民中首先在青少年中普及。

要使每一个劳动者成为社会主义精神文明的建设者，这确实不是轻而易举的事情。这是社会氛围根本好转的一项基本措施。我们一定要从党内做起，从干部党员做起，"用革命的思想和革命的精神振奋起广大群众建设社会主义的巨大热情"①，"使我们的社会主义事业永葆革命的青春和活力。"② 通过学习，我们要提高认识，增强信心，坚决同社会上各种不良倾向和丑恶现象作斗争。要为实现社会主义氛围的根本好转做贡献，为建设社会主义精神文明做贡献！

---

① 胡耀邦：《全面开创社会主义现代化建设的新局面——在中国共产党第十二次全国代表大会上的报告》，人民出版社，1982年版，第37页。
② 胡耀邦：《全面开创社会主义现代化建设的新局面——在中国共产党第十二次全国代表大会上的报告》，人民出版社，1982年版，第32页。

# 第八节 工人阶级执政党的建设

## 一、加强工人阶级执政党的建设

（一）工人阶级执政党的地位对党的建设提出了新的更高的要求。

（二）加强执政党的建设是保证党实行正确领导的关键。

## 二、工人阶级执政党建设的主要内容和方法

（一）加强执政党的政治思想建设，坚持马克思主义的政治路线和思想路线。

（二）加强执政党的组织建设，是实现党的政治路线的保证。

（三）加强执政党的作风建设，继承发扬党的优良传统和作风。

## 三、加强和改善党的领导，提高党的战斗力

（一）把党建设成为工人阶级的先进分子所组成的统一的战斗的集体。

（二）充分发挥党的基层组织的战斗堡垒作用。

（三）充分发挥共产党员的先锋模范作用。

（前三部分内容缺失，仅存小节题。此后为第四部分①。）

## 四、维护领袖人物的威信和对领袖人物的监督

在国际共产主义运动中，在中国革命过程中，领袖人物具有十分重要的作用，在党和人民群众中享有崇高的威信，这是尽人皆知的。然而在国际共产主义运动史上，在我们党的历史上都出现过，没有正确解决领袖和党的关系问题，出现过严重的偏差。斯大林在国内外人民中获得

---

① 编者注。

很高荣誉的时候,错误地把自己夸大到了不适当的地位。在他一生的后期,越来越欣赏、接受和鼓励个人崇拜,实行个人专断,给苏联,也给第三国际各党带来了不良的后果。当赫鲁晓夫诋毁斯大林的时候,我们党挺身而出,正确评价了斯大林,充分肯定了他的功绩,也指出了他的严重错误。违背集体领导原则和民主集中制搞个人崇拜,我们党总结了无产阶级专政的历史经验,对斯大林所犯错误的教训是有认识的,接着在1956年召开的党的八大更强调党的集体领导和民主集中制,反对突出个人神话,领袖搞个人崇拜,把执政党的建设推到了重要的议事日程。可惜这些正确的一般规定并没有被全党接受,在我们党又出现了个人崇拜,神化领袖的错误。当然我们党也实事求是地评价了伟大领袖和导师毛泽东同志在中国革命中的历史地位,充分肯定了毛泽东思想作为我们党的指导思想的伟大地位。我们党的十一届六中全会通过的《关于建国以来的党的若干历史问题的决议》,明确指出毛泽东同志是伟大的马克思主义者,是伟大的无产阶级革命家、战略家和理论家。他虽然在"文化大革命"中犯了错误,但是就他的一生来看,他对中国革命的功绩远远大于他的过失。他的功绩是第一位的,错误是第二位的,他为我们党和中国人民解放军的创立和发展,为中国各族人民解放事业的胜利,为中华人民共和国的缔造和我国社会主义事业的发展建立了永远不可磨灭的功勋。他为世界被压迫民族的解放和人类进步事业做出了重大的贡献。同时指出,忽视错误、掩盖错误是不允许的,这本身就是错误,而且将招致更大的错误。我们党勇敢地批评了毛泽东同志晚年所犯的严重错误,这就充分证明我们党不愧是一个伟大的以马克思列宁主义、毛泽东思想武装起来的党,是一个勇于批评和善于自我批评的党,是一个对人民的利益高度负责的党,是一个有胆量、有信心、有力量的党。

因此,我党必须坚持民主集中制和集体领导的制度,严格实行个人服从组织,少数服从多数,下级服从上级,全党服从中央的纪律。领袖人物也不例外，绝不能使任何一个领导人把个人放在党和群众之上，无论他的职务和地位有多高，都只能是党组织中的议员，都必须执行党的集体决议。

如果党内政治生活正常，任何党员包括领袖人物的活动都处于党和人民的监督之下，党就可以避免这类错误，反革命野心家也就无法施展伎俩了。

根据历史唯物主义的原理，任何一个阶级如果不推举出自己善于组织和领导的政治领袖和先进代表，是不可能取得统治地位的。列宁说，阶级通常是由政党来领导的政党；通常是由最有威信、最有影响、最有经验、被选出担任最重要职务而称为领袖的人们所组成的比较稳定的集团来主持的①。而领袖不是自封的，也不是从天而降的，而是在革命斗争中适应历史发展的需要，代表人民群众的利益和要求，站在斗争中的前列。被群众推选出来的领袖人物的杰出作用，他们的威信、影响和经验乃是党、阶级和人民群众极其宝贵的财富，因此我们应该爱护和尊重领袖，一定要维护党的领袖人物的权威性。邓小平同志在党的八大《关于修改党章的报告》中更指出对于领袖的爱护，本质上是表现对于党的利益，人民的利益的爱护，而不是对于个人的神化，这是很正确的。

我们批评了毛泽东同志晚年所犯的错误，正是我们党有信心、有力量、有希望的表现，正是我们党的政治生活正常化的表现，党员可以在党的会议上批评任何领袖人物，这样领袖人物就能够由党员和人民群众监督，这是我们党朝气蓬勃、兴旺发达的表现。那种因为毛泽东同志晚年犯了错误，就企图否认毛泽东思想的科学价值，否认毛泽东思想对我国革命和建设的指导作用，这种态度是完全错误的。毛泽东思想是我们党的宝贵的精神财富，它将长期指导我们的行动，因此我们必须继续坚持毛泽东思想，认真学习和运用它的立场、观点和方法，来研究实践中出现的新情况，解决新问题。

---

① 参见《列宁全集》（第三十一卷），人民出版社，1958年版，第23页。

那种借口党的领袖人物犯了错误，企图反对和摆脱党的领导是十分错误的。决议指出，削弱摆脱和破坏党的领导，只会犯更大的错误，并且招致严重的灾难。我们现在的党中央领导核心党性强，作风正，带头干，领袖和群众结成一个整体。我们党的领袖们深谋远虑，大公无私，一切从革命的利益出发，全心全意为人民服务，深入实际，深入群众，调查研究，实事求是，坚持集体领导，坚持民主集中制，坚持批评和自我批评，艰苦朴素，反对特殊化，反对官僚主义，认真落实党的各项政策，千方百计拨乱反正，制定了一整套正确的路线方针和政策，带头端正党纪，为全党树立了榜样，对于这样的领袖人物难道不应该爱护、尊重和拥护吗？把领袖同群众对立起来是十分荒谬的，我们必须在马克思列宁主义、毛泽东思想的伟大旗帜下，全党全军全国各族人民紧密团结在党中央周围，继续发扬愚公移山的精神，同心同德，排除万难，为把我们的国家逐步建设成为现代化的、高度民主的、高度文明的社会主义强国而努力奋斗。

我们党在指导思想上坚持马克思列宁主义、毛泽东思想，为自己的一切行动指南。有了一条依靠群众，团结群众的正确路线，加上健康的党内政治生活，科学的工作方法，以及正确的工作作风，任何困难都不难克服。我们党把全党建设为统一的先进的战斗集体，充分发挥党的基层组织的战斗堡垒作用和党员的先锋模范作用，既维护领袖人物的威信，又对领袖人物实行监督，我们党的战斗力必将是无敌的。

## 第九节　关于无产阶级专政理论的问题
## ——和语文函授班的同志们谈几点看法

先要说明的问题：

我要讲的我们的三位教师都讲了，我还讲什么呢？说重复的话，岂非浪费大家的宝贵时光。

学习主要靠自学，靠专研原著，许多地方许多人都早已证明了这一点，讲得多了，不又走上老路了吗？即"三中心"的老路吗？这个教训还嫌小吗？

当然同志们远道而来，应该是我们同志们学习的好机会，我们既没有先向同志们请教，我就来说一遍，这本来就是毛主席历来所反对的，我还这么干，那怎么行呢？

近来也有各势力，一定要我讲，老实说我肚子里空空如也，这几天学十三号文件很重要，也就是学习毛主席的三项重要的指示，革命的实践总比议论革命重要很多。一定要议论的时候，当然也只好奉命而来。

### 一、毛主席关于理论问题的指示的现实的和深远的意义，怎样估计也不会过高

教育第一，专家路线，教授治校，高楼深深，闭门读书，"三脱离""三中心"，就是修正主义的教育路线。

有许多好的典型。我们过去害了不少人，再不能走老路，办成无产阶级专政工具，所以现实主义很大。

要打的土围子还很多，我们面前仍然有艰巨复杂的长期斗争，现实的重大意义是说不完的。

重大的现实意义：

它保证我们沿着坚定正确的方向，自觉地贯彻执行毛主席的革命路

线,为巩固无产阶级专政而斗争,是我们前进的指路明灯,是动员我国人民的积极性和创造性,抓革命、促生产、促工作、促战备的强大动力,是打开我们智慧的万宝囊,是打击阶级敌人的锐利武器。

至于它的深远的历史意义,更是无法估计。使我们八亿人民筑起这个"反修防修"的钢铁长城,国家永不变色,要为万代幸福,不倒退,不复辟,继续革命,永远前进,把我国建成四个现代化的社会主义强国,走在世界的前列。给世界人民提供无产阶级专政下继续革命的新经验,那有多么了不起啊!实现毛主席提出的中国人应做较大贡献,做前人未做过的事,所以怎么估计也不会过高。

**二、马恩关于无产阶级专政的理论是怎样形成的?它的基本内容是什么?列宁和毛主席又是怎样发展的?**

一句话是从阶级斗争、暴力革命到无产阶级专政。正确思想是从革命实践中来的。

能够看待这个问题是由于辩证唯物主义和历史唯物主义的世界观来观察社会一切。

唯心主义者黑格尔把国家看成精神发展的产物,"绝对精神"是上帝的别名,上帝在人间统治,说普鲁士是最好的国家形式,再也不用发展了。根据否认经济基础对上层建筑的决定作用,歪曲了国家的根源、掩盖了阶级实质,把国家看成超阶级、永恒的东西,反动的国家观。

另一种唯心论,暴力论,认为国家是一个民族用暴力征服另一民族的结果,否认内部阶级矛盾不可调和的产物,他们认为国家产生以后,私有制产生,说国家政权,私有制要从暴力中寻找,说国家是强加社会的一种力量,这也是一种反动说教。

国家不是外部强加于社会的,也不是绝对精神的产物,而是社会发展到一定阶段,分裂为阶级,出现了剥削阶级者与被剥削者的对立与冲突时产生的,所以国家是阶级矛盾不可调和的产物。国家是一个历史的、阶级的范畴。国家的一个重要特点就是军队、警察、法院、监狱等暴力工具。国家是经济上占统治地位的阶级的国家，所以国家是阶级统治的工具，是阶级统治的暴力工具，是经济上占统治地位镇压和压迫另一个阶级的工具。

指出它是资产阶级统治无产阶级的工具。列宁说："民主共和制是资本主义所能采用的最好的政治外壳。"① "普选制是资产阶级统治的工具"②。

以上三个方面从不同角度揭示了国家的阶级本质，国家是阶级统治的工具，是阶级统治的暴力工具，是经济上占统治地位的阶级镇压和压迫另一个阶级的工具。

从三个方面来看，任何国家都是如此。奴隶主国家是奴隶主统治奴隶的工具，是奴隶主用暴力来对付奴隶的工具，是奴隶主在经济上剥削奴隶，因而也在政治上保护其剥削而镇压奴隶的工具。封建主和资本家也是如此，就连我们无产阶级专政的国家也是这样。不过性质不同而已，他不再是剥削国家了，它对资产阶级专政，是无产阶级占统治地位，它用暴力对付那些盗窃犯、杀人犯、各种流氓集团和反社会主义分子，它用暴力对付帝国主义和社会帝国主义的侵略、颠覆和破坏，它在经济上保护公有制，压迫那些离开社会主义道路的集团和分子。

这就是马克思主义对国家的基本观点。

那么被压迫和被剥削阶级要取得解放，无产阶级要打碎脖子上的锁链，就必须走暴力革命的道路不可，即打碎反动统治阶级的国家机器，建立无产阶级的国家机器，通过这个消灭阶级，消灭阶级差别，那时无产阶级的国家就会因为没有需要，而"自行消亡"。但在没有消灭阶级的时候，必须巩固和加强。而丝毫不能削弱。

我们伟大领袖毛主席对国家的本质问题有很多精辟的论述。

毛主席指出国家机器"是阶级压迫阶级的工具"。"对于敌对的阶

---

① 《列宁选集》（第三卷），人民出版社，1972年版，第181页。
② 《列宁选集》（第三卷），人民出版社，1972年版，第182页。

级,它是压迫的工具,它是暴力,并不是什么'仁慈'的东西……我们对于反动派和反动阶级的反动行动,决不施仁政。"① 早在民主革命时期毛主席就指出:"枪杆子里面出政权","从马克思主义关于国家学说的观点来看,军队是国家政权的主要成份。谁想夺取国家政权,并想保持它,谁就应有强大的军队。"② 马克思总结了巴黎公社的经验,提出"无产阶级专政的首要条件就是无产阶级的军队"③。现在我们的宪法已明文规定:"中华人民共和国是工人阶级领导的以工农联盟为基础的无产阶级专政的社会主义国家。"④ 毛主席还教导我们,把"国体"和"政体",即国家的本质和国家的形式区分开来,才能正确认识各种不同形式的国家本质,对于资产阶级国家的本质,毛主席深刻揭露说:"一切资产阶级的政府……都是这样的政府。是资产阶级一个阶级向人民实行专政的政府"⑤。

毛主席在1964年揭露苏联这个国家时指出:"修正主义上台,也就是资产阶级上台"⑥,"现在的苏联是资产阶级专政,是大资产阶级专政,德国法西斯式的专政,希特勒式的专政"⑦。

一切剥削阶级和新老修正主义炮制的形形色色的谬论,千方百计掩盖其剥削者国家的本质。资产阶级的辩护把帝国主义国家说成是代表"全民福利""自由民主",不过是掩盖它们那个垄断资产阶级专政的遮羞布。说到底是富人的天堂,穷人的牢狱。一切新老修正主义者,也都是超阶级国家观的鼓吹者,老机会主义者拉萨尔鼓吹"自由的人民国

---

① 中国人民大学哲学系辩证唯物主义与历史唯物主义教研室资料组编:《毛泽东同志论哲学》,中国人民大学出版社,1960年版,第342页。
② 《毛泽东选集》(第二卷),人民出版社,1952年版,第512页。
③ 《马克思恩格斯选集》(第二卷),人民出版社,1972年版,第443页。
④ 《中华人民共和国第五届全国人民代表大会第一次会议文件》,人民出版社,1978年版,第60页。
⑤ 《毛泽东选集》(第四卷),人民出版社,1960年版,第1392页。
⑥ 中国革命博物馆:《中国共产党党章汇编》,人民出版社,1979年版,第220页,转引自《人民日报》,1970年4月22日。
⑦ 《列宁主义,还是社会帝国主义》,人民出版社,1970年版,第8~9页。

家"，抹杀国家的阶级本质，苏修叛徒集团宣扬什么"全民国家"，其实它早已变成了对外侵略的社会帝国主义国家，对内变成"各民族的牢狱"的社会法西斯国家。什么"全民"？什么"社会主义联盟共和国"，不过是掩盖他们的官僚垄断资产阶级的法西斯专政而已。叛徒卖国贼林彪，早在抗日战争时把国民党反动政权说成全民利益的代表，把地主买办阶级的总头目蒋介石美化为"一切进步力量的最高统帅"。林彪那时鼓吹国民党反动派，而在社会主义革命时期又疯狂咒骂无产阶级专政，是什么"独裁""绞肉机"，妄图颠覆无产阶级专政，复辟资本主义，充当苏修的皇帝，实行地主资产阶级的法西斯专政。

国家的本质，从根本来说是取决于它的阶级内容，哪个阶级在国家中居于统治地位，取决于它执行什么路线，而不在于国家形式的某些变化。列宁指出："资产阶级国家虽然形式极其繁杂，但本质是一个：所有这些国家，不管怎样，归根到底一定是资产阶级专政。从资本主义过渡到共产主义，当然不能不产生非常丰富和繁杂的政治形式，但本质必然是一个，就是无产阶级专政。"①

在国家本质问题上，存在着两种根本对立的国家观，形成了绝对相反的对待国家的态度，反映了两条不同的思想路线和政治路线。承认国家的本质是阶级专政的工具，那么对待资产阶级国家就必须打碎它，用强力来打碎它，建立无产阶级专政，不断巩固和加强它，强化这个国家机器，这是马克思列宁主义的革命路线。反之，从资产阶级的，机会主义的，修正主义的阶级的国家观出发，认为国家是阶级矛盾调和的工具，代表什么全民利益等等谎话，就必然是反对无产阶级革命和无产阶级专政，推行机会主义和修正主义路线。

关于暴力革命打碎旧的国家机器的问题。国际共产主义运动历史告诉了我们，承认不承认暴力革命是无产阶级革命的普遍规律，承认不承认必须打碎旧的国家机器，承认不承认用无产阶级专政代替资产阶级专

---

① 《列宁选集》（第三卷），人民出版社，1972年版，第200页。

政，历来是马克思主义同一切机会主义、修正主义的分水岭，历来是无产阶级革命家同一切无产阶级叛徒的分水岭。

一切革命的根本问题是国家政权问题，无产阶级革命的根本问题，就是用暴力夺取政权，打碎资产阶级的国家机器，建立自己的阶级专政，用无产阶级专政代替资产阶级专政。

暴力革命是暴力革命实践中所得出的必然结论。

早在1848年，马克思和恩格斯就在《共产党宣言》中就明确提出了暴力革命的思想，指出："无产阶级用暴力推翻资产阶级而建立自己的统治。"① 这就给国际无产阶级夺取政权指明了方向。可是那时关于打碎资产阶级国家机器的思想表述还很抽象，因为那时还没有这种革命斗争的实践。到1852年马克思总结了1848—1851年法国和法国革命的历史经验，在《路易·波拿巴的雾月十八日》一本书做出了非常肯定的结论：是集中一切力量来破坏旧的国家机器，过去的革命是不断使国家机器更加完备，而无产阶级革命则是要把它摧毁。列宁把马克思的结论归结为："过去一切革命使国家机器更加完备，但是这个机器是必须打碎，必须摧毁的。"② 显然这个结论比在《共产党宣言》中向前迈进了一大步。1871年，马克思在总结巴黎公社的革命经验时，在《法兰西内战》一书进一步指出："工人阶级不能简单地掌握现成的国家机器，并运用它来达到自己的目的。"③ 马克思和恩格斯根据巴黎公社的新经验对《共产党宣言》作出了唯一的"修改"，巴黎公社的经验，使马克思找到了用什么东西代替已被打碎了的国家机器。随后恩格斯在《反杜林论》中进一步指出："暴力在历史中还起着另一种作用，革命的作用；暴力，用马克思的话说，是每一个孕育着新社会的旧社会的助产婆；它是社会运动借以为自己开辟道路并摧毁僵化的垂死的政治形式

---

① 《马克思恩格斯选集》（第一卷），人民出版社，1972年版，第263页。
② 《列宁选集》（第三卷），人民出版社，1972年版，第194页。
③ 《马克思恩格斯选集》（第二卷），人民出版社，1972年版，第434页。

的工具。"① 恩格斯在1891年在《艾尔福特纲领草案批判》中进一步批判了那种幻想,在法国走和平道路反对暴力革命的机会主义分子的反动实质。

列宁继承捍卫和发展了马克思的暴力革命的思想。

列宁指出:"资产阶级国家由无产阶级国家(无产阶级专政)代替,不能通过'自行消亡',根据一般规律,只能通过暴力革命。"② 无产阶级国家代替资产阶级国家,非通过暴力革命不可。列宁还说过:"不用暴力破坏资产阶级的国家机器,不用新的国家机器代替它,无产阶级革命是不可能的。"③

列宁特别强调暴力革命是个普遍规律,是无产阶级专政代替资产阶级专政的必由之路。这是因为:

首先,资产阶级国家本身就是一种暴力,它靠暴力维持统治,由于它的剥削阶级的本质,它不会自愿让出政权,自动退出历史舞台,无产阶级要革命,必然碰上它的残酷镇压,他们总是首先使用暴力,把刺刀提到日程上来。所以必须用革命暴力来反对反革命暴力。

其次,资产阶级的国家机器是镇压无产阶级和劳动人民的工具,它不可能变为无产阶级专政的机关,正如马克思在《法兰西内战》中指出的:"奴役他们的政治工具不能当成解放他们的政治工具来使用。"④ 所以必须像马克思总结巴黎公社所提出的结论——"我认为法国革命的下一次尝试再不应该象以前那样把官僚军事机器从一些人的手里转到另一些人的手里,而应该把它打碎,这正是大陆上任何一次真正的人民革命的先决条件"⑤ 一样。我们知道马克思当时曾把英美两国看成是例外,因为当时这两个国家还没有军阀制度和官僚制度,到了第一次世界大战

---

① 《马克思恩格斯选集》(第三卷),人民出版社,1972年版,第223页。
② 《列宁选集》(第三卷),人民出版社,1972年版,第188页。
③ 《列宁选集》(第三卷),人民出版社,1972年版,第624页。
④ 《马克思恩格斯选集》(第二卷),人民出版社,1972年版,第434页。
⑤ 《马克思恩格斯全集》(第三十三卷),人民出版社,1973年版,第206页。

时，列宁根据资本主义发展到帝国主义阶段的分析认为：马克思的这种有限制的说法已经不适用了，无论在英国或美国，在更加广阔的范围内打碎现成的国家机器，都是"任何一次真正的人民革命的先决条件"①。

还有，从国际共产主义运动的历史经验也证明任何一次真正的人民革命的胜利，都是由于坚持暴力革命的缘故。列宁说："历史上从来没有过一次不经过国内战争的大革命，并且也没有一个真正的马克思主义者会认为，不经过国内战争就能从资本主义过渡到社会主义"②，还说："必须不断地教育群众这样来认识而且正是这样来认识暴力革命，这就是马克思和恩格斯全部学说的基础。"③

伟大领袖毛主席根据马克思列宁主义暴力革命的普遍原则，根据无产阶级领导中国人民革命的新经验，提出了"枪杆子里出政权"的著名论断，进行了长期的人民革命的新经验，丰富和发展了马克思列宁主义暴力革命的理论。

毛主席说："在阶级社会中，革命和革命战争是不可避免的，舍此不能完成社会发展的飞跃，不能推翻反动的统治阶级，而使人民获得政权。"④

毛主席说："革命的中心任务和最高形式是武装夺取政权，是战争解决问题。这个马克思列宁主义的革命原则是普遍地对的，不论在中国在外国，一概都是对的。"⑤

毛主席又说："帝国主义时代的阶级斗争的经验告诉我们：工人阶级和劳动群众，只有用枪杆子的力量才能战胜武装的资产阶级和地主；在这个意义上，我们可以说，整个世界只有用枪杆子才可能改造。"⑥

---

① 中共中央马克思恩格斯列宁斯大林著作编译局校：《马克思恩格斯书信选集》，人民出版社，1962年版，第287页。
② 《列宁全集》（第二十七卷），人民出版社，1958年版，第464页。
③ 《列宁选集》（第三卷），人民出版社，1972年版，第188页。
④ 《毛泽东选集》（第一卷），人民出版社，1952年版，第308~309页。
⑤ 《毛泽东选集》（第二卷），人民出版社，1952年版，第506页。
⑥ 《毛泽东选集》（第二卷），人民出版社，1952年版，第512页。

可见马克思列宁主义和毛泽东思想都一再论证了暴力革命是普遍规律。

新老修正主义都反对这一条真理。

伯恩斯坦说什么"合法的议会道路是实现社会主义的唯一途径"①，鼓吹资本主义和平长入社会主义。历史早已回击了他们无耻的言论，没有和平长入社会主义的。战后多列士、陶里亚蒂把枪交给资产阶级，换了几个部长，也没有一个长入社会主义，反而投入资产阶级的怀抱，这就是证明。

考茨基也散布"取得议会中多数的办法来夺取国家政权"②，说什么"如果仍然主张用暴力来推翻政府，就未免滑稽可笑了"③。他是真正地道的资产阶级奴仆，是对马克思主义的公开背叛。

赫鲁晓夫、勃列日涅夫之流也都是伯恩斯坦和考茨基的"门徒"，硬说成历史条件变了，可以"和平过渡到社会主义"，可以在资产阶级议会中争取"稳定的多数"，而夺取政权。到现在我们连一个也没有看见这个稳定的多数的出现。这是公然对打碎旧的国家机器的著名原理的背叛，它不但不可能取得这个多数，即使取得多数也过渡不到社会主义。因为资产阶级有强大的军队、警察、法院、监狱，一再变更法律，多数又变成少数了，几十年来这种"议会数"，哪一个不是以自己可耻的失败而告终。

当然议会斗争，无产阶级是可以利用这个讲台的，揭露反动派，教育人民，积蓄革命力量，它只是无产阶级革命斗争中的手段之一；既不一概拒绝利用，更不能把它视为唯一的斗争形式和主要斗争形式，绝不能用它来代替武装斗争，而武装斗争，暴力革命才能达到社会主义，舍此则不能完成革命的飞跃。

---

① 《关于国际共产主义运动总路线的论战》，人民出版社，1965年版，第339页。
② 转引自《国际共产主义运动史》（第二卷），人民出版社，1977年版，第687页。
③ 转引自《关于国际共产主义运动总路线的论战》，人民出版社，1965年版，第340页。

关于无产阶级专政问题。无产阶级专政是马克思主义的精髓，是科学社会主义的核心。这是列宁在《国家与革命》中阐明的中心问题。

列宁首先把马克思关于这个理论的形成和发展，加以系统地阐明。提出马克思和恩格斯在《共产党宣言》里已经表述了无产阶级专政的思想。如"工人革命的第一步就是使无产阶级变成为统治阶级，争得民主"①，"无产阶级运用自己的政治统治，一步一步地夺取资产阶级所有的全部资本，把一切生产工具集中在国家手里，即集中在已组织成为统治阶级的无产阶级手里，并且尽可能快地增加生产力的总量"②。但是无产阶级专政的思想还提得非常抽象，还只是最一般的概念和表述。

经过了1848—1851年的革命，马克思对无产阶级的理论有了进一步的发展，在1850年马克思写的《一八四八至一八五〇年的法兰西阶级斗争》明确提出了"无产阶级专政"这个科学概念。在1852年致魏法曼的信中指出："阶级斗争必然要导致无产阶级专政。"③ 鲜明地表明了他的学说同资产阶级思想家的根本区别；表明了他的国家学说的实质。

1871年马克思总结了巴黎公社的经验，回答了用什么东西来代替被打碎的旧国家机器，找到了巴黎公社这一无产阶级专政的形式，强调了无产阶级的军队的作用。

1872—1873年马克思恩格斯同无政府主义的论战中阐明了建立革命权威和无产阶级专政的必要性。

1875年马克思在《哥达纲领批判》中进一步指出在整个社会主义历史阶段中必须实行无产阶级专政。他写道："在资本主义社会和共产主义社会之间，有一个从前者变为后者的革命转变时期。同这个时期相适应的也有一个政治上的过渡时期，这个时期的国家只能是无产阶级的革命专政。"④

---

① 《马克思恩格斯选集》（第四卷），人民出版社，1958年版，第489页。
② 《马克思恩格斯选集》（第四卷），人民出版社，1958年版，第489页。
③ 《马克思恩格斯选集》（第四卷），人民出版社，1972年版，第332页。
④ 《马克思恩格斯选集》（第十九卷），人民出版社，1963年版，第31页。

从马克思关于无产阶级专政的理论的提出和发展，我们看到了他们的学说是在无产阶级革命斗争的实践中，是在同机会主义的斗争中逐步发展起来的。

列宁在帝国主义时代进一步发展了马克思的理论。斯大林说："列宁主义是帝国主义和无产阶级革命时代的马克思主义。确切些说，列宁主义是无产阶级革命的理论和策略，特别是无产阶级专政的理论和策略。"① 这是完全正确的。

列宁在《国家与革命》中，根据马克思恩格斯关于无产阶级专政理论，总结了无产阶级革命和无产阶级的经验，深刻地阐述了无产阶级专政的必要性，科学地论证了无产阶级专政的任务，性质和形式，批驳了机会主义修正主义的种种谬论，把马克思主义推进到列宁主义的阶段。

1. 列宁深刻地阐述了无产阶级专政的必要性

列宁根据马克思的"阶级斗争的必然性导致无产阶级专政"的原理，进一步提出"只有承认阶级斗争、同时也承认无产阶级专政的人，才是马克思主义者"②。说明无产阶级专政是无产阶级同资产阶级的阶级斗争的产物，是无产阶级在历史上革命作用的最高表现，是阶级斗争在新形势下的继续。他特别强调指出在整个社会主义历史阶段，必然坚持无产阶级专政。他说："这个时期必然是阶级斗争空前残酷、阶级斗争形式空前尖锐的时期，因而这个时期的国家就不可避免地应当是新型民主的（对无产者和一般穷人是民主的）国家"③。列宁说："一个阶级的专政，不仅对一般阶级社会是必要的，不仅对推翻了资产阶级的无产阶级是必要的，而且对介于资本主义和'无阶级社会'即共产主义之间的整整一个历史时期都是必要的，只有了解这一点的人，才算领会

---

① 《斯大林选集》（上卷），人民出版社，1979年版，第185页。
② 《列宁选集》（第三卷），人民出版社，1972年版，第199页。
③ 《列宁选集》（第三卷），人民出版社，1972年版，第200页。

了马克思国家学说的实质。"①

2. 列宁科学地阐述了无产阶级专政的任务和性质

列宁指出："无产阶级需要国家政权，集中的强力组织，暴力组织，既为的是镇压剥削者的反抗，也为的是领导广大民众即农民、小资产阶级和半无产阶级来'调整'社会主义经济。"②他又指出无产阶级是"不与任何人分掌而直接凭借群众武装力量的政权"③。

要推翻资产阶级，只有无产阶级是唯一彻底革命的阶级，而无产阶级要成为一切被剥削阶级的领袖，只有用马克思主义武装起来的无产阶级政党为核心才能实现，只有用马克思主义武装的党才能成为无产阶级的先锋队，成为广大群众的"导师、领导者和领袖"。列宁长期革命后，根据无产阶级专政的新经验，提出："不通过共产党就不可能实行无产阶级专政"④。还说："专政是由组织在苏维埃中的、受布尔什维克共产党领导的无产阶级实现的……我们共和国的任何国家机关未经党中央指示，都不得解决任何重大政治问题或组织问题。"⑤

列宁指出无产阶级专政的政治基础是工农联盟。他说："专政的最高原则就是维护无产阶级同农民的联盟，使无产阶级能够保持领导作用和国家权力。"⑥

列宁在论述无产阶级专政的任务时指出："无产阶级专政，即向共产主义过渡的时期，将第一次提供人民享受的、大多数人享受的民主，同时对少数人即剥削者实行必要的镇压。"⑦

列宁在论无产阶级专政的任务时非常突出地提出了在社会主义阶段尚存在"资产阶级法权"的问题，对我们理解领会毛主席关于理论问

---

① 《列宁选集》（第三卷），人民出版社，1972年版，第200页。
② 《列宁选集》（第三卷），人民出版社，1972年版，第192页。
③ 《列宁选集》（第三卷），人民出版社，1972年版，第191页。
④ 《列宁全集》（第三十二卷），人民出版社，1958年版，第188页。
⑤ 《列宁选集》（第四卷），人民出版社，1972年版，第203页。
⑥ 《列宁全集》（第三十二卷），人民出版社，1958年版，第477页。
⑦ 《列宁选集》（第三卷），人民出版社，1972年版，第248页。

题的指示，是十分有益的。

资产阶级法权在社会主义阶段存在是不可避免的，但要加以限制，列宁指出："无论在自然界或在社会中，实际生活随时随地都使我们看到新事物中有旧的残余。马克思并不是随便把一小块'资产阶级'法权塞到共产主义中去，而是抓住了从资本主义脱胎出来的社会里那种在经济上和政治上不可避免的东西"①。

在消费品分配方面存在着资产阶级法权，甚至提出那当然要有资产阶级国家……甚至还会保留设有资产阶级的资产阶级国家，把唯物辩证法贯彻到底，开阔人们的思想境界，因此学习这一段，要自觉地消灭差别，自觉地以平等态度待人，以普通劳动者，人民的勤务员面容出现反对做官当老爷的资产阶级法权思想。

3. 列宁详尽地论述了无产阶级专政的国家形式

他认为无产阶级专政应该是巴黎公社式的共和国。

应该是以武装的人民代替资产阶级的常备军和警察；以普选产生，可以随时撤换，只领取普通工人工资的人民勤务员代替享有特权的资产阶级官僚；以立法，行政统一的机关代替资产阶级的议会制，以民主集中制的共和国代替官僚的寄生虫式的资产阶级国家政权。列宁指出："公社是无产阶级革命打碎资产阶级国家机器的第一次尝试，是'终于发现的'政治形式，这个政治形式可以而且应该可以用来代替已被打碎的国家机器。"②

后来俄国革命运动中创立苏维埃形式，成为十月革命后创立无产阶级专政的形式。我们知道内容决定形式，看事物要看其本质。现在苏维埃运用这个形式，但它早不是无产阶级专政，而是官僚资产阶级的法西斯专政。

关于无产阶级专政的理论，我们伟大领袖毛主席极大地丰富和发展

---

① 《列宁选集》（第三卷），人民出版社，1972年版，第256页。
② 《列宁全集》（第二十五卷），人民出版社，1958年版，第419页。

马克思主义。在这里不可能全面阐述毛主席的伟大贡献，只简单提一下，以便继续深入学习参政。

毛主席《论人民民主专政》《关于正确处理人们内部矛盾》以及现在关于理论问题的重要指示，丰富和发展了马克思列宁主义关于无产阶级专政的学说，特别是提出了在无产阶级专政下继续革命的理论。

在社会主义社会里，在完成了生产资料所有制的社会主义改造以后，阶级矛盾仍然存在，阶级斗争并没有熄灭。在整个社会主义历史阶段始终存在着阶级，阶级矛盾和阶级斗争，存在着社会主义同资本主义两种道路的斗争，存在着资本主义复辟的危险性，存在着帝国主义，社会帝国主义的侵略、颠覆和威胁。为了防止资本主义复辟，必须在政治战线，经济战线，思想和文化战线上把社会主义革命进行到底。毛主席为我们制定了党在整个社会主义历史阶段的基本路线。这是我们党的生命线，也是我们国家的生命线，是照亮我们社会主义国家胜利前进的灯塔。

在社会主义社会里基本矛盾是生产关系同生产力之间的矛盾，上层建筑和经济基础之间的矛盾。是又适应又相矛盾的情况。根据这个理论，毛主席提出了："无产阶级必然在上层建筑其中包括各个文化领域中对资产阶级实行全面的专政。"① 要我们十分注意抓上层建筑领域里的社会主义革命，注意解决生产关系方面的问题。

最近又明确提出限制资产阶级法权的问题。

资产阶级法权到底是上层建筑，还是经济基础？资产阶级法权在社会主义阶级还存在，表现在经济基础方面的是分配制度存在着事实上的不平等，在经济领域中占有较多的货币，就比较富一些；又是事实上的不平等，在商品交换中有的买得起，有的买不起，买得起的人随便糟蹋，买不起的人虽然需要，也满足不了需求。

---

① 转引自中央党校编写小组编：《〈国家与革命〉提要和注释》，人民出版社，1973年版，第48页。

而在人与人的关系方面，在政治上是平等的，但在生产关系方面，是平等的呢？还是不平等的呢？是个别领导人说了算，还是要工人参加管理呢？是国家主人呢？是当官做老爷？还是只管自己，漠不关心呢？

至于利用职权开后门等不正之风，则是属于政治思想方面的上层建筑领域的东西，把不可避免的东西固定不变，当成一成不变，看不到是要改变的东西，属于资产阶级法权的思想方面的一定要批判。

法权属于上层建筑，但它反映的内容是从经济关系中产生的，所以资产阶级法权既包括经济基础里面的东西，又包括上层建筑里面的东西。

哪些要限制？哪些要保护？

扩大差别就要限制，缩小差别就要保护，不要报酬的劳动要保护，斤斤计较就要限制（批评教育），共产主义风格要提倡，雇佣思想要反对，也要限制。正常的劳动收入要保护，投机倒把、损公肥私就要限制。存入国家银行的货币要保护，放高利贷就要限制，商品中也是要限制的，自由贸易要限制，保证供给的商品要保护等等。

对于资产阶级法权"这只能在无产阶级专政下加以限制"，我们承认它，是为了创造条件消灭它；当消灭的条件不具备时，必须在政策上采取有力措施，限制它，逐步缩小它。

当然我们要搞清楚无产阶级对资产阶级专政的问题，就得认真学习马列，反对经验主义。

经验主义，表面上重实际而轻视理论，其实他那个实际是片面的，局部的，是个"井底之蛙"，毛主席早就批评过井底之蛙说天只有井口那么大，当然这是错误的，天的一小部分有井口那么大才是真理。我们有的人骄傲自满，夜郎自大，都是这种把局部经验夸大了，把局部经验误认为普遍真理，他们的实践带有很大的盲目性。正因为有这个盲目性，所以跟着修正主义跑了，不自觉地当了修正主义的助手。

没搞清楚就会变修正主义，的确如此。

# 第三篇 勤勉敬业治院校

# 第一章　高校党建

## 第一节　研究如何完善高校党组织建设

第一，加强和改善党的领导，提高党的战斗力，是一个关键问题。要选拔和培育党的干部，健全各级党组织的领导。培养选拔接班人的问题，是一项具有战略意义的工作，党中央再三指出我们的各级领导班子专业知识缺乏的干部多和年龄老化，同样在我们的院系领导班子中也存在这个问题，这是关系于我们事业成败的重大问题。

选什么人做好接班人？就是我们历来提倡的德才兼备，又红又专，红就是具有坚定正确的政治方向，坚持四项基本原则，"专"就是学习和掌握现代化建设的专业知识，成为本职工作的内行和能手。也就是党中央多次强调的坚持党的路线、有专业知识和能力、年富力强的干部充实和加强各级党委的领导班子。党中央和国务院加强各级党委的领导班子。党中央和国务院已为我们树立了榜样。

怎么选拔？党中央指出要三位一体，即把合乎接班人条件的人提拔到领导岗位；使年老体弱的老同志退居第二线、第三线，当参谋、当顾问。

培养、选拔接班人，老干部负有特别重要的责任。邓小平同志说，这是老同志的最重要的任务，第一位的任务[①]。我们说干部年轻化，是

---

[①] 参见中共中央文献研究室编：《三中全会以来重要文献选编》（上），人民出版社，1982年版，第335页。

说在领导层里增加年轻人，逐步使年轻人占多数，而不是把所有年纪大的人都从领导岗位上搞下来，能够继续工作的老同志仍然是我们的领导骨干。而且年轻干部的选拔培养正要靠老干部的传帮带。我们说干部的专业化，是说把那种具有真才实学的人和有组织能力的人提拔到领导岗位上来，管理也是专业，管理也是一门科学，会管理就是内行，就是专家。不会管理的干部，要为他们创造条件学习必要的文化知识和专业知识，使他们成为又红又专的专门家。那种一说年轻化，就不尊重老干部、老同志的看法，是错误的；一说专业化，就不顾是否有组织能力，那也是一种片面的观点，使专家从事力不胜任的工作，不能各得其所，同样是有害的。

目前我们的院系领导，依然不够健全，例如如何贯彻执行党委领导下的院长分工负责制、院长领导下的系主任负责制，系党总支起监督作用。这是加强和改善党的领导，而不是削弱党的领导。如何使党政分开，充分发挥行政指挥系统的作用，使院系把主要精力放在教学、科研这个中心任务上来，系主任应该是学术带头人。

召开党员大会或党员代表大会，一定要讨论这个选拔接班人和领导体制的重大问题。

第二，抓思想政治建设，做好党员思想政治工作是另一个关键问题。坚持党的政治路线和思想路线，统一全体党员的思想。《党章（草案）》指出：全党在思想上保持高度的一致，必须始终坚持四项基本原则[1]。《准则规定》："坚持党的政治路线和思想理想，是党内政治生活准则中最根本的一条。"[2] 我们要坚决贯彻执行"团结全国各族人民，同心同德，有计划、按比例，多快好省地发展社会主义经济，建设现代化的、高度民主、高度文明的社会主义强国"[3] 的党的政治路线。

---

[1] 转引自《中国共产党第十二次全国代表大会文件汇编》，人民出版社，1982年版，第146页。

[2] 中共中央文献研究室编：《三中全会以来重要文献选编》（上），人民出版社，1982年版，第415页。

[3] 《〈关于党内政治生活的若干准则〉学习辅导材料（试用本）》，人民出版社，1980年版，第10页。

思想路线是执行政治路线的基础。我们必须完整地、准确地理解和运用马克思列宁主义、毛泽东思想的科学理论，一切从实际出发，理论联系实际，实事求是，通过实践检验真理和发展真理。

妨碍我们执行正确路线的障碍，最主要的依然是思想僵化，极左路线的流毒和影响，不认真肃清极左路线的流毒和影响，就不能破除迷信、解放思想，研究新情况和解决新问题，当然对于否定四项原则的错误观点也必须坚决反对。

办好学校要以教学工作为中心，并不是不重视其他方面的一切工作；办学校要很好地依靠专家、教授，并非否定其他工作人员的重要作用；加强和改善党的领导，并非以党代政，党组织包揽一切，而是善于调动广大师生员工的积极性；做好思想政治工作，并不是在搞政治运动，而是深入细致、和风细雨、摆事实、讲道理，以理服人。

如果全院师生员工，同心同德，而不是离心离德、三心二意；同心干，而不是各干各的；统一全院师生员工的思想，就是要靠正确的政治路线，靠正确的思想路线来统一，靠四项原则来统一，为办好我院培养合格的人民教师而共同努力，就有共同的语言，统一的行动。这就需要通过党章的学习，通过学习《准则》，在正确路线指引下，团结一致，共同奋斗。

第三，召开高校党组织的民主工作会议，调动党员师生积极性①。

---

① 编者注：此后内容缺失。

## 第二节　学习党的文件的认识——提倡富裕，发财致富

（前两部分缺失。）

第三①，在分配上搞平均主义，不能有差别，不能按劳分配，否则就是扩大资产阶级法权，就要产生资产阶级，复辟资产阶级。

第四，生活上要苦，不能搞物质福利，否则就是对人实行"小恩小惠"，"拉拢腐蚀"，什么"福利主义"，"修正主义"，搞什么"以苦为乐"，"以苦为荣"。

第五，在政治上他们搞"全面专政"，什么党内资产阶级，老干部是民主派，民主派就是走资派，工人是既得利益者，农民思想跟不上，知识分子"臭老九"。今天斗这个，明天斗那个，今天在这里夺权，明天在那里抢权，弄得天下大乱，而且"越乱越好""越乱越有生气"，否则就是"阶级斗争熄灭论"。

第六，对文化教育科学艺术，实行文化专制主义，这个是"黑线"，那个是"黑店"，只准他们一家作主，最后听江青的，什么"百家争鸣，百家齐放"，统统没有了，是"自由化"，修正主义，等等。

他们在路线上搞了一个"左"字，似乎越"左"越是社会主义，他们在政治上搞了一个"乱"字，似乎乱才有生气，越乱越革命。他们在经济上搞了一个"穷"字，什么穷革命，富变修。

他们这一搞把经济搞到崩溃边缘，把国家整得整天乱哄哄的，工厂不生产，学校不学习，这就是"真正社会主义"，当然不包括林彪、"四人帮"，他们早从国库中"各取所需"了。

按理说我们领教了这种社会主义，该不要了吧！事情不那样简单，有人对这还不敢放下呢。还在坚持呢，以为是革命呢？

而对于发展生产力，使用机器并不感兴趣。前段日子，登载一个走

---

① 编者注：前两点缺失。

访，看见湖南一个大队许多人拉犁，问为什么不用牛呢？说用了牛他们就无事可干了，牛坏了，他们说好，可以出工了，这不是怪事吗？就是因为政策未落实。这个不准，那个不准，当然劳动力用不完，后来政策落实了，成立了副业组，编织的，刺绣的，养鱼的，养鸭的，有的产品还出口，人民生活改善了，不愁没事干了。

允许的家庭副业，不批不斗，不限制，而且要给鼓励和支持，广东高要县广利公社调查，一户养了53只鸭，因公残废，不能参加集体劳动，养鸭，个人增加收入，为国家增添了财富，有什么不好！

我们湖北有人争论三棵自留树是社会主义，四棵是资本主义这对吗？他没有侵害别人，也没有侵害集体，多种几棵有什么不对呢？

生产关系要适合生产力发展水平吗？如果都变成机械化养鸭，一个人可以养几万只，他何必养53只！还当资本主义冒尖了。他没有剥削他人，怎么成了资本主义呢！

科学社会主义，要求我们要坚持能够促进生产力发展的生产资料公有制。《共产党宣言》中早就讲了，一句话"消灭私有制"。

能够促进生产力发展，即使公有化程度低也是真搞社会主义，反之你搞越阶级，"穷过渡"，你公有再高，也是破坏社会主义。有的地方"大批资本主义"，实际上是取消自留地，集市贸易，结果是生产力未发展，更穷了，还自我吹嘘"穷光荣"，"富变修"。抽象说"大批资本主义"，我们搞社会主义，批资本主义有什么不对，可是真理是具体的，你批的是取消自留地，你就受惩罚，你搞的就是违背生产关系，要适合生产力的发展的原理。

又如按劳分配，不是建立在剥削他人的基础上的分配原则，是进步的，否定了资本主义的按资分配，不劳而获，劳而不获，按劳动量取得生活资料，多劳多得，少劳少得，不劳动者不得食，能促进生产。

所以要鼓励部分队可以先富起来，于是有人出来说，会不会两极分化呢？我们说不会，他不是靠剥削他人，不是靠侵害其他集体，国家利益靠劳动，先富起来，好得很！

靠精耕细作，靠先进工具，靠集体智慧和力量先富起来，有什么不好，而且应该就是榜样，这是光荣的，不是变修的。我们搞革命不是要当苦行僧，不是个人发家致富。

事实上不可能一刀切，山地、平原不同，水旱不同，气候土壤却不同，条件不同，有的先富起来怎么不好，多劳多得嘛！上面说的高要县广利公社的办法，对一类队20%锦上添花，对他们自己不能一平二调了；对二类队7%，要帮助他们解放思想，放手大干，这叫"春苗得雨"，对困难大三类队占10%，要重点帮助，找生产的路，调整班子，落实计划，改善管理等等。这才是实事求是，这是真正的领导，不是瞎指挥，也不是"专凭意志"。

少数人先富起来才能走共同富裕的道路，这是针对那种普通穷的社会主义说的，不要怕富了，穷是社，富是修了，是对马克思列宁主义的极大歪曲。

在工厂中去年刚恢复一点奖金，而且还是试行的，也缺乏经验，有人就出来说这是"团结起来向前看"，用自己劳动取得报酬和奖励，倒成为可耻了，那么"磨洋工"反而光荣了，这是"四人帮"流毒的严重表现，不肃清流毒，怎么可能实行好按劳分配呢！

又为引进外国先进技术，利用外资，扩大出口，这是坚持独立自主，自力更生前提下，努力学习一切外国的好东西，有选择地引进我们迫切的先进技术，决不能闭关自杀，我们决不能做"夜郎国"。

当然不分好坏，轻重一律进口，那也是错误的，进口能否消化，会不会用，没有人会使用，还是死机器，"展览品"。

我们好东西，外国学的很多，温州蜜柑，日本引进，又出口占国际市场产品，那是"国内开花，国外结果"。

我们的"两参一政三结合"，日本学去了，欧洲学去了，资本家叫他儿子先到工人中然后才能叫他管理工厂。他们也把工人寻上来参加管理，日本丰田就是这样干的，他们说，我们是从你们那里学来的。

向外国不学不对，什么都学也不对。过去你一学，说是"洋奴"，现在一学就把喇叭裤也学过来，我看大可不必，同样是两个极端。

到底什么样的社会主义才是科学的社会主义呢？

概括起来：

第一，社会主义必须有超出资本主义的生产力水平，我们要有高度发展的生产力，光是手工劳动，还没有资本主义社会的水平高，要承认落后，才能改变落后，不能满足于这个落后。

第二，生产资料的公有制，生产关系适应生产力的发展，推动生产力的发展。你不促进，你公有化程度再高，生产力不能发展，那也不是科学社会主义。三级所有队为基础是正确的，你穷过渡叫喊得越厉害越破坏生产。

第三，实行按劳分配制度，这是对资本主义分配制度的否定，在社会产品极大丰富之前，是唯一合理的能够促进生产发展的分配原则，因而它是科学的。

第四，自力更生，争取外援为辅是正确的。封建锁国，闭关自守不行；不依靠自己的力量，把希望寄托在外国，什么都学也不行。

第五，无产阶级专政，劳动人民当家作主，用政权力量保卫和平环境，从事生产，对一切破坏社会主义建设的势力和分子进行斗争。对人民的广泛民主和对敌人的专政。

第六，马克思列宁主义的指导，共产党的领导，自觉地建设社会主义。按客观规律建设社会主义。

第七，对外援实行国际主义，全世界无产阶级联合起来，被压迫人民和被压迫民族联合起来。

这就是科学的社会主义。

我们要用科学社会主义这个武器来建设我们的伟大国家实现四个现代化。这就是我们的出路，也是我们奋斗的目标。

### 三、总结经验，接受教训，实现四个现代化

前事不忘，后事之师，我们社会主义建设在建国初期的经验是非常宝贵的，可以说突飞猛进，社会主义优越性充分显示出来，后来由于林彪、"四人帮"的破坏，也由于我们在个别时期工作指导上发生过一些错误，社会主义的优越性没有能始终一贯地和充分有效地发挥出来。因此在批判林彪、"四人帮"的假社会主义时，也必须正视并努力克服我们工作中的缺点和错误，如果只是简单地把一切都归罪于林彪、"四人帮"，那不仅不是科学的批判，而且也无助于问题的解决。

建国三十年来取得了空前未有的成就，同时也发生了曲折。一次是浮夸风，"共产风"闹得经济比例失调，遇到了困难；一次是林彪、"四人帮"十年大破坏，国民经济濒临崩溃边缘。我们从工作的指导上看一看。

1. 工作着重点没有及时转移

在生产资料所有制的社会主义改造基本完成以后，在大规模的疾风骤雨式的群众阶级斗争基本结束之后，应该把重点及时转移到生产建设，努力发展生产上来。这是历史向我们提出的新任务，不这样就不能建立雄厚的物质基础以巩固社会主义，不这样社会主义优越性就不能显示出。

我国毛主席在《论十大关系》中强调要调动一切直接和间接的力量，为把我国建设成为一个强大的社会主义国家而奋斗。党的八大明确地提出："党和全国人民的当前的中心任务，就是使我国尽快地从落后的农业国变为先进的工业国"[1]。1957年《关于正确处理人民内部矛盾的问题》中又打出"向自然开战"，58年提出社会主义建设的总路线，鼓足干劲力争上游，多快好省地建设社会主义。同年提出工作重点转向技术革命中，这些都是反映出社会主义客观经济规律的要求。

但是工作重点由于种种原因没有完成转变，57年后不适当地夸大

---

[1] 吉林人民出版社编：《学习"八大"文件参考资料》，吉林人民出版社，1956年版，第22页。

了阶级斗争，以后接连不断的政治运动，把发展生产力这个主要任务挤到了次要的地位，而且影响了安定，挫伤了一部分人，特别是一部分业务、技术干部和知识分子的积极性，老是在生产关系上打主意，在上层建筑上打主意，而生产力这个决定作用却受到忽视，因为影响了农民的积极性，一切都围绕政治运动转，掌握必要的技术知识和管理知识甚至也遭到批判，因此长期干外行，甘当大老粗，这些对国民经济发展产生了不利的影响。

2. 在计划工作中未始终注意调整好比例关系

虽然毛主席多次提出农轻重次序，农业为基础，工业为主导，又多次号召学政治经济学，但是比例失调，整个机器运转就成了问题，我们国家大，情况复杂，安排计划确定的不是容易事，加上思想上夸大主观能动性，缺乏深入实际的调查，如"人有多大胆，地有多大产"的糊涂话，重视抓重点，忽略一般，重视"元帅打仗"，忽视综合平均。都去炼钢铁，不具有条件，浪费很大，加上自然灾害，苏修卡脖子，国民经济发展出现了大曲折，后来党中央提出了"调整、巩固、充实、提高"的八字方针，两三年内克服了比例失调，国民经济重新高涨，看得很清楚，认识是客观规律，按客观规律办事，国民经济就发展；反之则停滞，甚至倒退。

现在总结正反两面经验教训，提出"调整、改革、整顿、提高的方针，用三年的时间打好这新长征的第一战役"。

3. 对于发展生产和改善生活的关系处理不尽妥善

发展生产的目的是不断提高人民的物质文化生活水平，不考虑人民的物质利益，违背了社会主义经济的目的。列宁说："必须把国民经济的一切大部门建立在个人利益的关心上面。共同讨论，专人负责。由于不会实行这个原则，我们每一步都吃到苦头。"① 这是列宁在1921年10月说的话，我们吃的苦头多不多呢！把关心个人利益当个人主义难道我们批得还不够

---

① 《列宁全集》(第三十三卷)，人民出版社，1957年版，第51页。

吗！当福利主义去批判，当小恩小惠去批判。这样的事不太多吗！

诚然我国人民生活较之旧社会，衣不蔽体，食不果腹，挣扎在死亡线上，生活确实有所改善，但是我国人民生活水平确实是很低的。没有兼顾国家集体个人的利益，积累多，消费少，影响群众生产的积极性，结果积累也不会多了，在消费上也是平均主义作祟，影响劳动生产率的提高。

4. 控制人口抓得晚了，增产的被增人吃光了，人口多

住房、就业、供应、交通都会发生问题，现在鼓励生一个孩子，别的都有计划，人口也要有计划。

这就是教训，现在都注意了，我们就会干的更好一些。

再谈政治方面的问题，大家最关心的是阶级和阶级斗争问题。

华国锋同志在《政府工作报告》中读到工作重点转移时指出这是一个伟大的历史性转变。现在人们最关心的讨论最热烈的也就是如何实行重点工作的转移，更好更快地实现四个现代化。全党工作着重点的转移就是把党的工作中心从抓阶级斗争转到抓生产斗争上来，从政治运动转到经济建设上来，把社会主义现代化建设作为全党工作的主题，其他各项工作都必须围绕服和服务于这个中心。因此，必须从思想理论上弄清重点转移和阶级斗争的关系。正确认识我国阶级斗争的形势和特点。

三大改造以后就应该转，而未能转，这当然是工作指导上发生了缺点和错误。八大决议也就是转，而未能转，八大决议指出，我国国内的主要矛盾，已经是人民对于建立先进的工业国的要求同落后的农业国的现实之间的矛盾，已经是人民对于经济文化迅速发展的需要同当前经济文化不能满足人民需要的状况之间的矛盾①。接着说，这一矛盾的实质，在我国社会主义制度已经建立的情况下，就是先进的社会主义制度同落后的社会生产力之间的矛盾。党和全国人民当前的主要任务，就是

---

① 参见中共中央文献研究室编：《关于建国以来党的若干历史问题的决议注释本》，人民出版社，1983年版，第570页。

要集中力量解决这个矛盾,把我国尽快地从落后的农业国变为先进的工业国。在决议中还说:"国家的主要任务已经由解放生产力变为保护和发展生产力。"①

八大决议现在看来,精神是完全正确的,符合我国实际情况的。只是那个抓法,"先进的社会主义制度"不科学。"先进的社会主义制度"给人的印象,从此也就是说在生产关系方面没有必要再改善了,难道它和生产力完全适应吗?这样说也等于说生产关系跑到生产力前面去了,那就是你自己本身就违背生产关系一定要适应生产力的发展,你生产力水平很低,你生产关系先进,自己打自己的嘴巴吗,还有你说是先进的社会主义制度,除了生产关系外,还有上层建筑方面的制度,是不是都先进了呢?现在我们还要进行改善吗,可见这个提法不科学。

但是它主要解决的主要矛盾,如由农业国变工业国,要解决生产力水平很低同人民的物质文化生活需要的矛盾这也是对的,要由解放生产力转变为保护和发展生产力也是正确的。

官僚资本阶级已由于中华人民共和国的成立,官僚资本主义经济被没收了,这个阶级被消灭了,地主阶级富农阶级由土改的胜利合作化的完成也被消灭了,民族资产阶级是用赎买办法,经过统销、代销、公私合营,全行业合营而变成国营经济了,所以作为一个完整的剥削阶级,由于生产资料不在他们手里,虽然他们还拿了很长时间的定息,这当然属于剥削,现在定息是不拿了,所以这个完整的资本家阶级已不再存在了。

有人问,消灭剥削阶级与"不再存在"有无差别,有差别。华国锋同志这个提法我觉得是很科学的,地主、富农阶级,那是阶级敌人,当然要消灭,民族资产阶级是人民内部矛盾,对其剥削制度是消灭,对其分子是改造成为自食其力的劳动者,这个资本家阶级,我们是用和平办法,赎买办法解决的这一矛盾,这个矛盾解决了,矛盾已经"不再存

---

① 董必武:《论社会主义民主和法制》,人民出版社,1979年版,第167页。

在"，所以称"不再存在"。这与毛主席讲的对阶级是消灭，对分子是改造，对剥削制度是消灭，基本精神是一致的；但从消灭剥削制度来说实质上又是一致的。

那么已经"不再存在"，还同谁斗争呢？是不是没有阶级的阶级斗争呢？

我们还有阶级还存在。还有社会主义的工人，社会主义的农民，社会主义的知识分子，以及其他拥护社会主义的爱国者。

我们说剥削阶级消灭了，但是剥削阶级的分子还存在，列宁说其是个大集团，但分子是个别的，集团已经打散了，散兵游勇还未完全消灭，有反革命分子，敌对分子，还有各种严重破坏社会主义秩序的犯罪分子和蜕化变质分子，还有贪污盗窃、投机倒把的新剥削分子。还有"四人帮"的某些残余，没有改造好的少数地主富农分子和其他旧剥削阶级的某些残余，也还会继续坚持反动立场，进行反社会主义的政治经济活动。对这些分子的斗争，是阶级斗争，而且是你死我活的阶级斗争，怎能说是没有阶级的阶级斗争呢？只能说是消灭了剥削阶级以后的阶级斗争同过去不同而已。过去是阶级对阶级；现在是劳动者同少数剥削阶级残余分子的斗争，也可以说是特殊形式的阶级斗争。

同这样阶级敌人斗争，无须大规模地疾风暴雨式的阶级斗争了，毛主席在1957年说，"革命时期的大规模的急风暴雨式的群众阶级斗争已经基本结束"①，但阶级斗争还存在，今后同他们斗争，冒出一个搞掉一个，他们出现是不合法的，因此他是隐蔽的，偷偷摸摸的，也不可能是兴师动众的，但不能因其少，而放松懈怠，其破坏性还是很大的，其冒险性，疯狂性也特别恶劣，不能放松，更不可以说阶级斗争没有了，那样说才是阶级斗争熄灭论。

这种阶级斗争，还表现在人民内部存在着两种意识形态，资本主义意识形态的影响也会长期存在，两种思想的对立，还会长期存在，但思

---

① 《毛泽东著作选读（甲种本）》，人民出版社，1965年版，第352页。

想斗争，就其本质、来源属性来说当然是资产阶级和封建阶级的斗争的方法，只能说服教育，团结批评团结，针对这些影响还必须进行长期的斗争和教育，只有理论要彻底，才能说服人。

我们进行这种阶级斗争，是在实现四个现代化，大力发展社会生产力，提高劳动生产率的同时，继续进行经济上，政治上和思想上的阶级斗争。

阶级斗争不是主要矛盾了。因此，再"为纲""为中心工作""主题"就不恰当了。那样做还怎么实现工作重点的转移呢？那样做势必搞阶级斗争扩大化，我们这方面的教训已经不少了。

阶级斗争还是不是社会发展的动力呢？当然是动力，最主要的生产斗争发展生产力是最基本的动力，毛主席早在《实践论》中就指出："马克思主义者认为人类的生产活动是最基本的实践活动，是决定其他一切活动的东西。"① 毛主席还讲过不抓生产不是好的领导者等等。因此要钻研生产，钻研科学技术，千方百计，万众一心把四个现代化搞上去。要把精力用到四化上这是当前最大的政治。

四化是我们的方向，最代表人民的利益和愿望。搞好四化才能最后消灭阶级。社会主义就是消灭阶级，所以要想办法发展生产力，没有高度的生产力也就没有社会主义。

有人问斯大林说的消灭剥削阶级，和我们今天说的作为阶级的地主阶级、富农阶级已经消灭，作为资本家阶级也已经不再存在，是不是一个意思。

斯大林在1936年说的消灭了剥削阶级和我们今天说消灭了剥削制度意思是一致的。

但是斯大林说的话绝对化了一点，说阶级斗争没有了，好像新的剥削阶级分子也再也出不来了，旧的残余也消灭了，这不符合事实。

而他在1937年《论党的工作缺点和消灭托洛茨基两面派及其他两面派的办法》一文中又说，我们进展越大，胜利愈多，被击溃了剥削阶

---

① 《毛泽东著作选读（甲种本）》，人民出版社，1965年版，第40页。

级残余也会愈加凶恶，他们越要采取更尖锐的斗争形式，他们愈要危害苏维埃国家，他们愈要抓紧最绝望的斗争手段来做最后的挣扎。

先说没阶级斗争了，是政治意义上的一致，各民族的友谊、批评和自我批评是动力。后来又说阶级斗争越来越尖锐化，搞了肃反扩大化。

对于阶级斗争的形势，必须有一个正确的估计。

我国的阶级状况已经发生了根本性的变化，社会主义公有制是不会产生新的剥削阶级的，即使出现某些新的剥削分子，他们也不可能形成一个公开的完整的阶级，来同无产阶级较量。上面说的那些分子，不能构成一个阶级，所以现在的阶级斗争，不能笼统地称为无产阶级和资产阶级两大阶级之间的斗争，而主要是无产阶级和广大劳动人民同上述少数坚持反动立场的分子的斗争。尽管阶级斗争还是长期的，复杂的，曲折的，但总的趋势是越来越缓和，最后消灭一切阶级和阶级差别。

所以，说阶级斗争没有了，今后就是搞生产了，这不对，生产是中心，阶级斗争要围绕这个中心进行，同反对四化的破坏社会主义建设进行阶级斗争。不斗，"马放南山，刀枪入库"，那就要犯右倾错误。

那不搞"一批二斗三整"还行，阶级斗争怎么能丢呢？他们习惯于用阶级斗争"观察一切""推动一切""统帅一切"，人家发表一点议论，学术争论，你不用阶级斗争观察，结果窒息了学术空气，把学术问题当政治问题，政治问题当敌我问题，你还怎么调动积极性呢？出了一点浪花，就惊慌失措，阶级敌人又跳了，这就是犯"左"的错误，阶级斗争扩大化的错误，这种教训已经不少了。

阶级斗争还有，但同以前不同了，既不是阶级熄灭论，又不是阶级斗争扩大化。

**四、认真学习五届人大二次会议文件，把思想统一到三中全会上来，统一到四化上来**

华国锋同志说："我们把四个现代化叫做社会主义现代化，这就是说，我们是在社会主义制度下而不是在资本主义制度下实行农业、工业、国防、科学技术的现代化的,因而我们的现代化,作为一种社会过程,它的目标、道路、步骤和方法,将必然具有社会主义的特点,首先具有社会主义民主的特点。这就是说我们不能离开广大人民的需要和利益,广大人民的意愿和奋斗来实现现代化。"①

要充分发扬民主,就要扫除官僚化和特殊化。实现四化必须同时实现政治民主化。

而且那些健全法制,现在还公布了七个法律,要用这个武器打击敌人。

对于那些严重失职,渎职,给国家和人民的利益造成巨大损失的官僚主义分子,一定要追究行政责任、经济责任和法律责任。

你不按法律办事,例如"打砸抢",你今后再搞就犯刑法,《中华人民共和国刑法》第137条规定:严禁聚众"打砸抢"。因"打砸抢"致人伤残,死亡的,以伤害罪、杀人罪论处,毁坏或者抢夺公私财物的,除判令还赔外,首要分子以抢劫罪论处。

今后你陷害好人,捏造事实,要受刑事处分,这是《中华人民共和国刑法》第138条涉及的,不如此不能保障社会秩序。

今后你扰乱社会秩序,使教学科研无法进行的,国家和社会受到严重损失的,对首要分子处五年以下有期徒刑、拘役、管制或者剥夺政治权利,这是《中华人民共和国刑法》第158条规定的。

我们还要进一步解放思想,补课,肃清林彪、"四人帮"的流毒,让我们万众一心,共同紧密团结在马克思列宁主义、毛泽东思想的旗帜下,共同紧密地团结在以华国锋同志为首的党中央周围,为实现四化贡献一切力量。

---

① 《人民手册1979年》,人民日报出版社,1980年版,第24~25页。

## 第三节　学习中央工作会议文件，联系我院实际，深入贯彻调查方针和安定团结方针的具体意见（供参考）

一、摸清我院的校情，总结经验教训，进一步贯彻"八字方针"；提出我院在调查中继续发展的具体措施

（1）根据我院实际情况，确定事业发展规划。联系78年、79年制定规划的指导思想和具体安排，现在应如何进行调查？根据我院现有条件，在招生规模、专业设置等方面应作如何安排？

（2）根据我院事业发展的需要，如何加强和改善物资设备条件？（包括教材建设、图书资料和仪器设备、教学和生活用房以及必要的各种生活设施等。）

（3）如何坚持以教学为主，正确处理教学、科研和各项工作的关系？怎样确保师范规格？怎样调查教学、科研力量？要合理安排教学、科研任务，努力提高教学质量。

（4）我院现有师资队伍的状况怎样？如何进一步发挥中老年教师在教学中的骨干作用？如何培养青年教师上讲台？如何调整不能胜任教学工作的教师的工作？

（5）在机构设置和人员安排方面如何进一步适应当前形势的需要？如何使机构设置科学化、人员结构合理化？要下决心解决一些干部在安排上的不合理状况，尽可能做到人尽其才。

（6）如何进一步改革领导体制，做好党政分工？在改革管理制度方面目前应着重解决哪些问题？怎样减少层次、简化手续、提高工作效率？

二、分析我院师生员工的政治思想状况，明确我院安定团结的有利形势和不利因素，总结经验教训，加强思想政治工作，进一步巩固和发展我院安定团结的政治局面

（1）调查了解当前我院师生员工的主要思想情况及其突出表现，

分清主流和支流，认识我院当前不安定的因素是什么，如何解决。

（2）根据我院的实际情况，如何进一步加强思想政治工作？对教职工和学生应分别采取不同的措施。

（3）如何进一步落实党的政策，特别是知识分子政策，调动一切积极因素，当前在落实政策中还要着重解决哪些问题？

（4）如何进一步加强党的领导，整顿党的作风，提高党的战斗力？

## 第四节　一定要搞好党风
## ——在纪念中国共产党诞生 60 周年座谈会上讲话

同志们：

我们党走过了六十年的光辉历程。自从我们党登上历史的政治舞台，就人类历史来说，六十年不过是很短暂的一刹那，但在这六十年里，在我们中国的大地上却出现了翻天覆地的变化，也是震惊世界的变化。我们党领导全国各族人民，推翻了帝国主义，封建主义，官僚资本主义在中国的统治，在世界上人口最多的大国里消灭了人剥削人的制度，建立了崭新的社会主义制度，劳动人民从奴隶变成了新社会的主人。我们的民族再也不是被人侮辱的民族了，我们真正站起来了。尽管我们党有过一些失误，受过一些挫折，但是我们党的光辉业绩是举世公认的，胜利是辉煌的，成就是巨大的。

大家知道我们前进的道路，不是一帆风顺的，既有比较顺利的发展，也有严重的挫折。只要我们善于总结经验，端正思想路线，就坚持四项基本原则，遵循马克思列宁主义、毛泽东思想，依靠人民群众的智慧和力气，加强党的领导，改善党的领导，我们就会取得更加辉煌的胜利。

党的正确领导是我们一切事业取得胜利的根本保证。党要领导得好，一靠路线的正确；二要靠党组织的战斗堡垒作用，三要靠党员的先锋模范作用。

实践证明党的三中全会所确定的政治路线是完全正确的，问题是三中全会路线的贯彻执行要靠各级党组织，靠党员的先锋模范作用来实现，而在这一方面我们党的光辉形象，党在人民群众中的威信，虽然三中全会以来有所恢复，但应该承认还没有恢复到"文化大革命"以前的应有状态。我们党的威信为什么比五十年代，六十年代，战争年代降低了呢？这是因为，第一，我们党在指导上的失误，事情未办好，没有取得应有的成果，第二，林彪、"四人帮"、康生等反革命阴谋家，利用我们的错误搞破坏，给我们造成了莫大的灾难和痛苦，而他们的倒行逆施的反革命行径，又常常以党的面貌出现，给党抹了很多黑；第三，党员多年来缺乏应有的党性锻炼。党员水平有待于迅速提高。由于这些原因致使我们党的威信没有达到应有的地位。要改变这种状况，只能从我们党本身做起。这就是说，路线对头了，我们要搞好党风。

陈云同志说"党风问题是关系到我们党的生死存亡问题"[①]。可见这个问题是何等重要了。

在纪念中国共产党六十周年的光辉日子里，我也想就党风问题谈几点看法就教于同志们。

我们党的作风，说起来也很容易：三大作风，就是理论联系实际、密切联系群众、批评和自我批评，但是真正做到了又是很不容易的。我们不是说说谈谈，而是要身体力行，付诸实践。党的三大作风是从革命斗争经验中总结出来的，是党在反对"左"、右倾机会主义的斗争中，反对各种歪风邪气的斗争中产生出来的正派作风，党的三大作风是全党的马克思主义的大学习大提高的基础上产生出来的。

我们的党员要不图名、不图利、不怕苦、不怕死；对革命无限忠诚，为人民鞠躬尽瘁。我们的许多老前辈为我们做出了榜样。周总理1954年听说公共交通拥挤，自己坐公交汽车了解情况。许多老同志处处为群众操心，群众就是从千千万万个实例中体会到党的温暖。提高了党的威信，那种搞不正之风的党员确实在给党脸上抹黑，为了人民群众的利益，我们对不正之风，不能掉以轻心。

我们说密切联系群众，绝不是说群众中的一切意见都是正确的，其

---

[①] 转引自中共中央文献研究室编：《三中全会以来重要文献选编》（下），人民出版社，1982年版，第713页。

中有正确的,也有错误的,有进步的,也有落后的,不论正确的,还是错误的,好话、坏话,赞成的话反对的话都要听,对正确的意见,要采纳,要付诸实现,对不正确意见要耐心说服教育,不能不加分析,迁就落后意见,搞尾巴主义。因此,党对群众有一个提高群众觉悟的问题,放任自流是不对的。

密切联系群众,还有一个虚心向群众学习,重视群众问题,如果自以为高明,无须向群众学习,那就封闭了自己智慧和力气的来源,群众是真正的英雄,而我们自己又往往是幼稚可笑的,群众中有很多志士仁人,有很多聪明能干的人,党员又往往在群众中是少数,怎么可以把自己孤立起来不向群众学习呢?

所以,搞好党和群众的关系,就要明确树立相信群众和依靠群众的观点,关怀群众疾苦,维护群众利益,要率领群众前进,既不搞官僚主义、命令主义,又不搞尾巴主义、迁就主义。

批评和自我批评的作风,也是我们党的优良传统之一,批评和自我批评是坚强党的组织,提高党的战斗力的有效武器,是团结自己,打击敌人,发扬成绩,克服缺点的传家宝。我们不但要抵制旧世界,而且能够自己批评自己,斯大林说这是空气和水为我们所必需,毛泽东同志说的是要天天洗脸、天天扫地,去掉我们身上的灰尘。我们马克思主义创始人说:要"经常自己批判自己"①。恩格斯说:"伟大的阶级,正如伟大的民族一样,无论从哪方面学习都不如从自己所犯错误的后果中学习来得快。"② 列宁也说过"战败的军队善于学习"③ 等等,都是说的不可缺少的这一有力武器。

我们本来有了这个好传统好作风,批评教育,相互帮助,惩前毖后,治病救人,弄通思想,又团结同志。既欢迎人家批评,也愿意作自

---

① 《马克思恩格斯全集》(第八卷),人民出版社,1961年版,第125页。
② 《马克思恩格斯全集》(第二十二卷),人民出版社,1965年版,第381页。
③ 《列宁全集》(第三十一卷),人民出版社,1958年版,第10页。

我批评，有过成功的经验，但也经历过失败的教训，这就是十年动乱时，把批评变成整人的棍子，而把自我批评变成了自我毁灭的罪证，于是望而生畏，我们则必须拨乱反正，恢复和发扬这一优良传统。

要提高我们党的战斗力，就要坚持真理、修正错误，就要拿起这个武器，去掉不良倾向，发扬正气，说服教育，摆事实，讲道理，不能用咒骂，也不能用拳头，这些都是无济于事的。

这是自己教育自己的好方法，接受教训，使自己更聪明一些，事情办得好一些，更谨慎，更认真，所以犯过错误改不了，接受了教训可能比没有犯错误更好些，因为要"吃一堑，长一智"。

要提高党的战斗力，增强团结，也得靠这个武器，提高信心，鼓舞斗志，夺取胜利，明辨是非，认识了错误就等于改正了一大半，我们不怕批评是相信我们事业的正义，相信自己力量的表现，是对人民负责的表现，为人民的利益，坚持好的，为人民的利益，而改正错误，是保证我们健康肌体。

正确开展批评和自我批评，我认为应注意下面几点：

第一，批评要经常地及时地进行，不要使小错铸成大错，不能等问题成了堆再去解决，算总账不是好办法，当错误刚露头时就给以及时批评，防微杜渐，把错误消灭于萌芽状态，这样损失小。

第二，批评要讲究态度和方法。态度诚恳、耐心帮助，讲究方式与人为善。一定要和风细雨，不能搞疾风暴雨，剑拔弩张，疾言厉色，拍桌子，瞪眼睛，这收不到好效果，启发自觉，循循善诱，明辨是非，弄清思想，划清界限。为了正确开展批评，一定要反对两种倾向，意识自由主义倾向，取消思想斗争，党的生命就完结了；意识过火斗争，乱上纲、捕风捉影，不实事求是，简单粗暴，只会破坏团结，削弱党的战斗力。

第三，批评要注意政治要讲究分寸。毛泽东同志早在古田会议时就指出："批评的主要任务，是指出政治上的错误和组织上的错误。至于个人缺点，如果不是与政治的和组织的错误有联系，则不必多所指摘，使同志们无所措手足。而且这种批评一发展，党内精神完全集注到小的缺点方面，人人变成了谨小慎微的君子，就会忘记党的政治任务，这是很大的危险。"① 例如对于否定四项原则的言论无动于衷，而对张三某一句话伤害了自己却大动干戈，这就把严肃的批评庸俗化了。这是我们应该反对的。

我们认为批评要讲究分寸，既不敷衍，又不夸大其词。说话要有根据，借政整人是不对的；模棱两可，钝刀子割肉，不痛不痒，那不是批评；相反高过其实，任意夸大，无限上纲，置人于死地所谓"踏上一只脚""批倒批臭"，那不是批评，而是毁灭，批评不讲究分寸，就会变成搬弄是非。

健全党内政治生活，发扬党内民主，开展自下而上的批评，也允许自上而下的批评。下级批上级往往不容易，这要有点胆略，也要有对革命事业负责精神才能办到，敢挠老虎屁股。报载有个党员上告73次，终于解决了问题，要有点勇气，和坚定信心。当然领导人批评下级，也是从爱护帮助出发，但要有效还是多做自我批评，多担担子，少挑毛病，更严格要求自己，并且一定要带头做自我批评，才能奏效。不要自以为"一贯正确"或者把威信只建立在正确基础上，其实检讨了错误反而威信高，不会丧失威信，同志们更信任你，更听任你的指挥，威信是在改正错误中建立的。周恩来同志说："领导威信不是从掩饰错误中而是从改正错误中提高起来的。"② 大家都要勇于自我批评，严于责己，多发现、早发现缺点、错误，保持清醒头脑，及时纠正，严于解剖自己，善于听取他人意见，发扬正气。

反之，牢骚满腹，怨气冲天，这不是正常的批评，是不负责的指责，他不会增长党的战斗力，只能松懈斗志，瓦解队伍。

---

① 《毛泽东选集》（第一卷），人民出版社，1952年版，第89页。
② 《周恩来选集》（上卷），人民出版社，1980年版，第131页。

把正常的批评一概说成是"整人""打棍子",等于拒绝批评。或者一批评就龇牙咧嘴,无限上纲,都是不妥当的。批评的目的是增强团结,提高党的战斗力,批评是为了把工作做得好一些,是克服缺点、错误,使我们的事业健康发展,所以"团结—批评—团结"是正确的方针,惩前毖后、治病救人,有则改之,无则加勉,既要弄通思想又要团结同志,都是我党的好传统好作风,我们应该发扬光大。

除了这三大作风之外,我们党还树立很多好作风,如艰苦奋斗的作风,谦虚谨慎的作风,平等待人,廉洁奉公等等好传统都应该继承和发扬。只要我们党风搞好了,人民群众就会向我们学,好的社会风尚就一定会出现,所以,从领导人做起,从我们党员做起,对于反对歪风邪气,关系极大。

有人说学院几个党员能起多大作用?我看能起大作用,只要我们同心同德,沿着三中全会的路线方针政策,我们就会办得好一些,我们现有一千多位党员,这个数字比我党四大时还多呢,那时只有九百多个党员,就是这么一点党员实现了国共合作,推进了北伐战争,我们学院一千多位党员难道不应该做出成绩吗?

我们一定要搞好党风,这是关系于我们加强党的领导和改善党的领导的大问题,关系到我党的生死存亡问题。

不是要建设社会主义的精神文明吗?学校是传播精神文明的坚强阵地,师范学院是培养人民教师的,要为人师表,责任重大,在这里工作的党员,更应带头作出表率,我们把党风搞好了,无疑会对建设社会主义精神文明起重要作用。让我们大家都来为搞好党风而作出应有的贡献吧!

为此,我们一定要好好学习六中全会所通过的《建国以来的若干历史问题决议》,来统一全党全会全国人民的思想,学好党章和《规则》,也要向优秀党员学习,搞好我们的党风,进而搞好我们的校风。建设社会主义精神文明。

# 第二章　院校管理

## 第一节　关于学校工作重点转移的浅见（提纲）

党的十一届三中全会确定了全党工作重点转移到社会主义现代化上来，这是十分正确的英明决策，广大师生员工在三中全会精神的鼓舞下，盼望着、议论着，准备在新长征中大显身手，为四化培养人才，快出成果。

要解决工作重点的转移，必须解决以下几个问题：

只有统一思想，才能重点转移。

统一到三中全会，实事求是，实践是检验真理的唯一标准，这就要从林彪、"四人帮"的枷锁中解放出来，从资本主义中解放出来，从旧习惯势力中解放出来。

这些东西妨碍实事求是，"手中无纲，心里发慌"①。

---

① 转引自国家经委企业管理局：《工业经营管理经验选编（1981）》，人民出版社，1981年版，第445页。

## 第二节　1980年2月7日同政治系教工的一次谈话

### 一、大好形势

现在我们进入了八十年代第一春。

不久前邓小平同志讲了八十年代要做三件大事：在国际事务中反对霸权主义，维护世界和平；台湾回归祖国；加紧四化建设。

搞好四化，一天也不能耽误，要专心致志、聚精会神搞四化，不能分散精力，不能再瞎折腾了。二十几年前就应该转到以经济建设为中心，结果由于种种原因未能转，这个教训不太大了吗？这个苦头我们不是吃得够多了吗？

我们是教育工作者，是马克思列宁主义毛泽东思想的宣传员。我们是要培养又红又专的人才，即合格的政治教师。

在实现这个任务的过程中，我们也是走过曲折的道路。回顾三十年，大体是这样四个阶段，即1949—1957年；1958—1965年；"文革"十年；粉碎"四人帮"后三年。这三十年来大部分时间路线是正确的，成绩是主要的。十七年建设起来的学校并不是什么资产阶级知识分子统治的学校；毕业生不是挖社会主义墙脚的，而是工人队伍中的新生部队，在各条战线是骨干作用，起了承上启下的作用。

由于林彪、"四人帮"极左路线的干扰和破坏，教育事业遭到了很大的灾难，马克思列宁主义毛泽东思想被歪曲、篡改、伪造，马克思列宁主义毛泽东思想的崇高威严，受到了极大的伤害。有的青年不愿意学，有的怀疑，甚至有的公然打出什么旗号要反马克思列宁主义毛泽东思想。据说复旦搞了一次测验，对共产主义怀疑的占60%，咱们这里情况如何呢？据说有的要研究共产党是怎么失败的，连做梦也不想跟共产党干了，问题是相当严重呵！

尽管如此，我们的形势大好，怀疑是没有根据的。粉碎"四人帮"特别是三中全会所确定的政治路线是特别正确的；党的状况发生了根本转变，思想路线发生了根本转变，领导班子发生了根本转变，当然还有很多问题要进一步解决，这种转变是非常了不起的，成绩巨大。

有的人一看我们起来纠正错误，不是增强信心，而是丧失信心，揭露错误正是为了改正错误，把事情办得更好一些，这有什么大惊小怪呢？何况我们的错误是自己起来纠正的，这是稳重大党的表现，是对阶级对人民负责的表现，是有力量有信心的表现。

发扬民主、健全法制，平反、纠正冤假错案，这是非常正确的。我系情况也是如此，许多同志都表示把过去耽误的时间抢回来，比过去更积极了，同志间更团结更紧密了。如果上亿人心情不舒畅，调动一切积极因素不是成了空话吗？

党和国家的正常民主生活开始走上轨道，我们学校教学工作科研工作也走上正轨。

通过真理标准的讨论，人们的精神状态和实事求是精神的发扬，取得了很大的成绩，理论上学术上的自由探讨，各抒己见，生动活泼，开辟了良好的学习环境。

现在在世界范围内确实存在着对马克思列宁主义的信仰危机的问题，在国内有没有这个问题？但在一部分人心目中"马克思列宁主义不香了"确实存在。

世界上根本反对马列，从来就未信仰过马列的当然除外。但自称信仰过，现在不信，例如西方的所谓共产党有的就要马克思主义，不要列宁主义；要所谓科学社会主义不要马克思列宁主义；要马克思早期思想，不要后期思想等等，要马克思主义但不要无产阶级专政，而且还互相争斗，这是不是信仰危机呢？我们国内那种社会主义不如资本主义，社会主义民主不如资产阶级民主，这种人还要什么马克思列宁主义毛泽东思想呢？我们就是要四个坚持，坚持马列毛泽东思想，统一全党全国人民的思想，统一到搞四化的政治路线上来，我们搞教育的就要统一到位，培养又红又专的人才，我们系就是要培养又红又专的马克思列宁主义毛泽东思想政治教员。

邓小平同志说"同心同德"，这话很对。不同心同德，即离心离德，三心二意这就没有希望，同心同德就有希望。过去打蒋介石，打日本同心同德，多么强大的敌人哪，不在话下，打败了它们；建国后帝国主义取笑我们，共产党打仗行，经济建设不行，非搞垮不可，企图封锁我们扼杀我们，结果我们有志气五十年代搞得很好，他们也服了，不得不另眼看待了。六十年代初苏联单方面撤专家毁合同，自然灾害，自己犯错误，多么困难呵！可是全党全国人民同心同德不久就克服了困难。同心同德在困难时看到了胜利。现在搞四化，我们培养人才确实困难不少，但只要同心同德，全国一条心，我看四化是不难实现的。

不同心同德，就离心离德，那就是"一篓子乱账"，互相牵制，动弹不得。所以不能分散精力，七股八杂，各奔西东不行，自扫门前雪也不行。

邓小平同志讲四化的四个前提或四个条件一是政治路线；二是安定团结局面；三是艰苦奋斗精神；四是真正走社会主义道路所需要的具有专业知识和能力的干部队伍。

邓小平同志讲到红与专时指出："专并不等于红，但是红一定要专。不管你搞哪一行，你不专，你不懂，你去瞎指挥……就谈不上红。"[①]我们政治专业也有个红专关系问题，过去有人说我们这个系红了就专了，虽然学的对象是红的，但为谁学，为什么人服务，明确了不等于就专了，业务、本领是靠一点一点积累、不断实践、不断学习取得的，所以有个正确态度是造成学好本领的好条件，但不等于红了就专了。

反过来说"专了就红"也不对，你有专业本领，靠它卖钱、争名争利要待遇，讲价钱的手段，这个专不等于红。

---

[①]《三中全会以来重要文献选编（上）》，人民出版社，1982年版，第331页。

还得又红又专。你有为人民服务的好态度方向正确,你还得学好为人民服务的本领,否则你那个态度就可能变成空的,你讲不出个道理来,没有什么好办法,为人民服务的目的就达不到。你有为人民服务的本领,有一技之长,但你拿这一技之长同党同人民讲价值,那还只是个雇佣观点,谈不到红,思想还得提高还得继续前进,继续改造,建立共产主义世界观。

全国一千八百万干部,这样的大国不算多,但专业知识干部太少了,专业人才太缺乏了,所以我们要专要懂,我们"万金油"干部太多了。不懂装懂,而且还要划圈拍板,这就变瞎指挥了,官僚主义了。坏了大事,所以全国要轮训干部,不仅学理论还要学业务,就是为着解决这个矛盾的。不懂又不学,那你干你懂的事去吧!

## 二、回顾半年工作

我们的教学任务:本系、外系;本科、研究生、函授;校内、校外教学任务。学术活动校内外、省内外,参加的有全国性的活动,地区性的活动,还有专门问题的活动,标号教材教学大纲,有全国通用的,地区联合的,校际合作的以及本系自编的等等;青年教师的培养有的在本系教研室自培的,有送外校进修的,有的脱产学习的,也有边干边学的。

我们的行政工作、后勤工作、资料工作和政治思想工作等也都有专人负责并有成效。

我们工作基本上完成了预定计划,一步一步走上轨道。虽然我们的问题仍然很多,但可以说教学、科研、学习、工作逐步建立了秩序,教学质量逐步提高,学术活动逐步开展,认识越来越明确:譬如学校工作到底以什么为中心的问题,应该说学校以教学为中心,而且只有这个中心。否则就不成其为学校。教师要教好,学生要学好这是天经地义的,离开这个,秩序就乱了,过去教训很多,什么"上管改"等等都是办不好教育的。

为什么又提高校逐步办成两个中心呢？这个说法和前面的说法不矛盾，这是说的高等学校回答同其他战线的关系问题，他应成为教学的中心，又是科研的中心，这是高等学校在我们国家应有的地位问题。

当我们说学校应是以教学为中心，这是说的教学工作和其他工作的关系问题，而一个学校内有教学工作、科研工作、后勤工作、政治工作等等，他们之间是什么关系呢？教学是中心。只能是这个提法，不能有其他提法。在一个学校内部各种工作中教学应是处于中心地位的工作。高等学校对外部关系说来它应成为教学中心、科研中心。

为此，要求有经验的教师上第一线，多教课，这是对的。这对培养其他教师，对提高教学质量都是必要的。是非这样不可的，不走这条路是不行的。

"文革"十年，从教学内容上、方法上，可以说各方面都受到了很大破坏。譬如说破坏系统讲授，这是主要环节、基本环节。许多人不仅在认识上有不同，而且甚至把这种必须坚持的东西，视为"修正主义"加以取消，一说系统性、科学性就是修正主义，这不是怪事吗？可是毕竟这样长期怪下去，搞了好多年，一旦要恢复这东西，还有人不赞成。我们那个分段教学，"走马灯"式教师上讲台，学生是很有意见的。现在这也是积重难返。我们必须向一个人系统讲授过渡，下学期一门课（本系）至多两人讲，最好一人讲。我们不能再犹疑了。其实在外系教公共课多年都是一人教到底，事实证明这样做是对的。

当然我们的课难度大，变化多，年年编大纲，重新写讲稿，费力大，再加上工作条件差，待遇低，困难多。这也是事实。问题是在这个困难面前我们要前进一步，实践再也不能耽误了，要补上这一课，不是就把丢掉的实践拾回来吗？

"走马灯"式办法必须迅速结束。

中南民族学院恢复和重建了，他们的教师要陆续调回，从局部来说我们多么希望他们多待一些时间，甚至永久干下去，可是从全局说来，我们只能欢送他们回去，建设得越快越好，我们人少了，工作负担更重了，那也只能如此。

从教师数量上我们下学期更少了，但任务是更重了，这里要指出来，我们是教的马列主义课，我们自己首先要按马克思列宁主义办，身教重于言教，教又要教得循循善诱，说理透彻，不能回避思想实际问题，现实问题，拐道走不行的。譬如说我们教师讲无产阶级民主比资产阶级民主高出万倍，学生笑了，不以为然。是不是我们对这一信念就动摇呢？不能，要坚定不移，理直气壮讲高出万倍，但他们确实经过的、看到的是不那么民主的一些事，加上极端个人主义和无政府主义思潮的影响，我们过去民主又缺乏制度化等等，如果不把这些东西讲一讲，他们就认为我们在说空话，理论不解决实际问题。所以理论教育一定要彻底，说理透彻，四项原则一定要坚持，思想教育要在课内外进行，要教书教人，建立和恢复辅导员制度，建立坚强的政治思想工作队伍，我们是责无旁贷的。教育部讲了要党的各级组织抓思想教育，进行形势任务的教育，政治教师系统进行理论教育，辅导员、党团学生会做好深入细致的思想工作。过去放松了，取消了都是不对的。不愿意做和轻视这方面工作也是不对的，做这方面工作的同志自己就忽视这个工作更是不对的。从教师方面说要做学生的楷模，这也是又红又专的方向引导嘛！

的确我们许多教师做得很好，值得我们学习。譬如说勇担重担，这样的老师，从不讲价钱，别人有病了，或其他任务，他担任二个课堂，三个课堂；别人不愿意干的事他去干了，例如下去搞函授，这是很辛苦的，有的年龄大、身体又不佳，还是见困难就上；有的深入同学宿舍，到同学班级去参加各种活动，受到学生的好评；有的关心他人比关心自己更重，为病号送汤送饭，病人深为感动，不仅师生团结，更重要的是使人感受到革命大家庭的温暖；有的研究生刻苦学习，进展很快，有的拾金不昧，提倡了好风尚；后勤工作是很琐碎的、细致的，关系每个人的利益，但他们不怕麻烦，千方百计克服困难，我们的资料工作室夜晚也开门给大家开辟学习环境，积极创设条件。这些都值得大家学习。

当然我们也有许多不足之处，这主要是由于我们工作领导不力造成的。

我们有的课堂，学生有意见，如照本宣科念讲稿，联系实际差，人家要求换教员等，这个我们未答应，但是这确实应引起我们的重视，把课备好，不断提高教学质量。

上学期思想工作有些放松，这是不对的，应该是在强调专业学习的同时，更要研究如何做好思想工作的问题，不应该顾此失彼，应该是像毛主席曾教导的学会"弹钢琴"①。

为提高教学质量，我们还要加强备课活动，例如集体讨论，或请经验丰富的教师和教研室主任审阅讲稿，教师虽然可以发表个人见解，但是集思广益还是十分必要的，在个人努力钻研基础上加强集体讨论，这种制度还是可以采取的，尤其是同一门课，几个教师多研究、多讨论、多观摩、多借鉴，对于青年教师的成长是很必要的。

### 三、为进一步办好我系而奋斗

把我系办得更好些，要靠大家努力，我想提出几点意见：

第一，工作重点迅速转移到教学科研上来必须继续肃清极左流毒。

这个东西妨碍我们统一思想，统一到正确路线上来，过去批的东西是真正批了马列，把好东西搞掉了，例如多年来一个劲儿地批阶级斗争熄灭论，实际上搞阶级斗争扩大化，我们的积极分子究竟斗对了有多少？好无限上纲，这东西我们习以为常了。不总结经验教训不行。右的东西有没有，当然不能说一点没有，不要领导，不要权威，想怎么干就怎么敢，遇事要闹一下，这不对，无理不能取闹，有理也不能取闹，有那种想闹的，我看闹的结果是自己垮台，我们搞马列，怎能靠闹呢？

---

① 《毛泽东选集》（第四卷），人民出版社，1960年版，第1332页。

第二，落实知识分子政策。

我们都落实了？不能这么说，冤假错案大概纠正得差不多了，但是"另眼看待"的有没有呢？自己也是知识分子，他装起工、农来。对别人另眼看待，这怎么能行呢？还是不信任嘛。不当自己人，而当成异己力量，这又怎么依靠呢？

要尊重人家的劳动，备课、研究要费心血的，"上政治课那有什么"？我看上好了真不容易。这就是不轻松嘛。

创造条件，那我们就更差了，思想上帮助进步，那我们做得更不够了，生活上关心也还做得不够，多年表现一贯积极要求进步，多年要求入党，我想我们应该考虑在政治上提高，党员有帮助非党员进步的义务。上次有同志说"老年人倒要求入党多"，这道理很简单，叫做有这种觉悟。

还把人家看成困难对象，还说过时了。

第三，加强党的领导。

要加强党的领导就得改善党的领导，怎么改善？提高党的威信。

党员有多少合格的？这话问得好，四大时九百党员就搞了国共合作，搞起轰轰烈烈的大革命，列宁的布尔什维克十月革命的24万党员搞了一个翻天覆地的大革命。我们建国时也只有120万党员，现在我们3800万党员，要都合格那该有多大力量呀！

要党员合格，领导干部要带头，要提倡党性，冲在前退在后，现在我们一个特殊化，一个走后门，把党的威信降低了。

党的威信，权威不建立好不行，全党要服从中央。

要加强纪律，严肃党纪，搞好党风是很重要的。

第四，我们都要又红又专。

一个是专业的要提高思想做思想工作，敢教敢导，又红又专；另一个是党政专职工作的要学点业务，长进步，搞一点，也是又红又专。这样大家就有共同语言，工作就好办了。

分工不同，目的划一，共同努力，团结工作，事情就好办了。

第五，要有点干劲，争分夺秒，争先恐后干社会主义。

要干劲，干劲从哪里来？从对事业的信心而来，要有信心就要自觉认识客观规律，熟知情况，否则是盲目的，是瞎干乱干。一要靠思想觉悟，二要靠物质利益，因此我们想过搞点基金，大家看行不？我们绝不搞"向钱看"。

没钱也要有劲，不给钱也干得欢。

我看我们有英雄用武之地，问题是大家要大显身手。

有一段话说得好：希望实际工作者和理论工作者，心平气和，同心协力，认真思考，通盘规划，调查研究，少说空话，拿出新的方案。我看我们就得要这样做。

大家辛苦了，好好休息，过个愉快的寒假，欢度春节，迎接未来的战斗！

## 第三节　学习中央文件的几点认识

中央工作会议确定在经济上调整，政治安定的唯一正确的方针，要我们进一步做好党的思想政治工作。

做好思想政治工作，我们有一个敢不敢的问题和信不信的问题。

有些人不敢做工作，明知不对，少说为佳，"多栽花少栽刺"。怕变，怕伤害自己，多一事不如少一事，正因为如此，不好的事无人批评，坏了就有机可乘，制止不了，最后弄到书记那里，弄得不可开交。

为什么？多年来，"左"的错误，"左"的理论，"左"的流毒，许多人缺乏认识，实质我们的错误是来自哪方面，是"左"还是右？

是"左"，民主革命的这个教训，社会主义革命也是如此。当然不是说没有右的东西，取消、摆脱、反对党的领导，否定社会主义优势性，这是来自右。

不了解国情，农业人口多，地大人多，底子薄，我们想改变落后面貌，急于求成，一口吃一个胖子，好心办了坏事，不从实际出发，"超英赶美"，"大跃进"翻一番拐个弯，吃了苦头但还不能总结，为什么"左"的思想指导不能总结。

粉碎"四人帮"后仍然"大干快上"是想步子大一点，即"高速度"求快，就整大的干大的，什么是大的，就高积累，高达国民收入的30%—40%，粉碎"四人帮"前三中（全会）前面高达36.6%，都超过了人民承担的能力，于是勒紧裤腰带，低效率，低消费，人民生活水平低，不调整不行，积累至25%左右。

整大的，上大项目，没有那么大的国力，经济力差。

脚跟未站稳就想跑，一跑就摔倒，损失很大。

历史经验给的教训：我们党了解不了解校情呢？也不能一说了解，就对知识分子饱含政治偏见，"他们""我们""为什么老替他们使劲"，

"评职称便宜了他们"，人家一提意见就说"你骄傲自满""又翘尾巴了"，多说几句，被说成"夸夸其谈"，少说几句，这家伙"阴"。

有人说这是为我们"万金油"干部说话了。

现在说还得我们"万金油"干部，这么针对有人找出老化、僵化、特殊化、个性化，要取而代之，为我们干部撑腰这很好。"万金油"的形象说法，不那么科学，要了解实质。

尤其不可把我们老干部同青年干部对立起来，不可以把工农干部和知识分子对立起来，不可把干部和教师对立起来，缺哪个都不行。

如对立起来，还是"左"的东西在作祟，未把知识分子看成自己人。

我看我们政治工作，过去确实"左"的东西很多，以"阶级为纲"就搞错了嘛，不上课一谈到业务，又说不重视政治？一说重视政治就走老路，把整治工作落实到业务里去，那我就不干了，不高兴了，这就有个信不信的问题，对自己从业的业务都没信心了，还讲教育别人吗？

我认为我们的思想工作有三次做得好。一是政治系七八级搬家，二是1组学生串连得好，三是要与错误划界限。

要敢做。

于 1981 年 1 月 29 日

## 第四节　关于文科改革的建议

　　文科怎样改革，确实是摆在我们面前的一大课题。虽然有所考虑，我回答不好，关于政治学科怎样改革？由于多年从事这方面的工作，有点想法，但总觉得是重复他人的意见，大可不必了。两次书函催问，只好交一份不及格的答卷。

　　办好学校，一定要坚定地依靠教师，而教师的质量越高，培养的人才的水平也越高。仅就政治学科来说，多年以来知识面过于狭窄，有些应该开出的课，很多学校开不出来，我想集中人力，抓紧培养，逐步提高。开班培养训练有关各种课程的师资班，可以把全国知名的专家适当集中，发挥特长，用母鸡下蛋的办法。既不能一哄而起，大家都办，毕竟我国的人力，财力目前有限，仓促上马，收不到应有的效果；一拖再拖，都说应该办的事而又无人办。但是拖下去又不是个好办法。譬如《政治学概论》、中外《政治思想史》各国政治制度研究，这些课程，全国有几所学校能很好开出来呢？可是政治学科的院校，确实需要开这些课程。因此，我建议把全国这类课程的专家集中起来，选几个学校及早培养这类教师。

　　关于招生的问题，我认为文科招生的来源，特别是政治学科的学生来源，只从高中毕业生中来，是否是个唯一的办法？值得考虑，近年来从这方面来的学生，一是死记硬背几条因而被录取了，而他们对于马克思列宁主义毛泽东思想的态度，确实存在不少问题，如自觉报名少；即使报名也是为了找个"铁饭碗"，如果能像"文化大革命"前从干部中、从工人中吸收那些有一定文化水平，又有实际经验的，而思想政治状况又较好的人来报考政治学科，其实际效果，不会比现在的高中毕业生差些，毛泽东就说过"不参加革命，就不懂得革命的道理"，这是千真万确的。我认为政治系招生应注意招生的这一来源。

要改变重理轻文的错误思想，特别是不重视政治的错误倾向，在青年中还比较普遍。当然在青年中出现的这种不健康现象，是对林彪、"四人帮"所谓"突出政治"的一种惩罚。马克思列宁主义、毛泽东思想、无产阶级政治的科学，而且又是我们社会主义国家人人必修的一种科学。特别是当所谓的"马克思列宁主义、毛泽东思想不行了、过时了"的谬论还有一定的"市场"，更应该大声疾呼，重视这种科学。否则，是要吃苦头的。党中央召开的思想战线问题座谈会是很及时的，特别是提出克服资产阶级自由化的错误倾向，能更好地坚持四项基本原则，更好地把全党全国人民的思想，统一到三中全会、二中全会的精神上来。因此宣传好《关于建国以来历史的若干问题的决议》，贯彻执行好思想战线问题座谈会精神，是扭转重理轻文的错误思想的必要条件。当然不断改进宣传马克思列宁主义、毛泽东思想的工作，加强党支部的建设以及各条战线都加强应有的重视，定会出现好的结果。

## 第五节　研究如何开展高校院系专业建设

首先，抓教研室，抓班级作风问题。注意转变作风问题，避免有些工作的半途而废，光说不做。作风中的毛病，每月检查一次工作，每月安排一个具体计划，每月大体做什么？为什么要做思想工作？如何开展新的工作？哪些方面最容易受资产阶级思想腐化侵蚀？评讲师评工资可能出什么问题？作风建设应当注重忆苦思甜教育，先党内后党外，先积极分子后一般群众。党员干部很重要，学生干部作为学生队伍的核心同样重要，我们应当鼓励和适当照顾正在吃苦的下级干部，学生的班级要靠学生班干部吃苦，教研室要靠党员师资干部队伍带动。

其次，抓宣传和组织工作。院系的宣传工作主要涉及宣委、各团委、辅导员、行政办公室、党政联席会。宣委抓党、团、工会、学生会，党支书记要注重抓审查工作，组织工作，将纪律意识贯穿到宣传工作之前；不管宣传委员还是辅导员，每个年级都要有辅导员，不能胜任教学工作的，如果政治工作好，可以搞辅导员工作，或者分团委书记兼辅导员；党团工会，同样做思想工作，但是对象不同，非党非团，又不能开始时入党入团，成立一个小组，受总支和党支部领导，也过政治生活。

再次，院系党支组织要领导思想工作。比如数学系，党员 27，团员 35，民主党派 8 人，年长的无党派 7 人，政团 14 人，年轻无党派 8 人，积极分子生活，工会生活，分别按组织抓，这就好办了。统一领导下的分工，取代的党员要做的工作，统战委员管 8 个民主党派的人，不要看年轻，要通过组织工作。班级如何做思想工作？团员应做团员工作，团委做团的积极分子工作，党也有党的积极分子，非党非团的人主要做由班委做。辅导员出席班委会，辅导员的任务：1. 世界观跟着党走。要管政治课，管院系党组织学生，关注其思想动态；2. 政治活动，阶级斗争，劳动锻炼，为人师表。道法品质，学风建设等。如果辅导员不召集党支部会议，那召集团委又干什么呢？

## 第六节　就职讲话

诚惶诚恐挑起党压在我头上的重担，老实说我的政治水平，业务能力，工作经验的不足，都难以担负这个重任的。

好在我们党有着正确的路线、方针、政策，又有教育部、省委的正确领导；还有许多老同志作我们的坚强后盾；又有我们的各级领导干部和教师强烈办好华师的愿望；加上我们班子里有许多年富力强、朝气蓬勃、奋发向上的有为之士。因此，我也愿意在党委的领导帮助下，做出我应作的努力。

老实讲，我没有什么宣言和口号，没有这个精神准备，我真诚希望中央不批准我担任这项工作。第一，我这些年来，搞了专业工作，我可以带研究生，这已然是有许多做不完的事了；第二，我年龄已过花甲，现应退居二三线，让年富力强的同志多挑些担子。第三，当助手这几年的实践已经证明工作不能令人满意，没有做出什么显著成绩。现在既然任务已经压下来，我只能干好，不能干坏。

从何着手？"没有调查就没有发言权。"① 我是一靠党的领导，二靠群众的帮助。智慧和力量都是从这里来的。

首先要领导核心的团结和坚强。如果领导班子中你想你的，我干我的，于是政出多门，无法率领大家共同奋斗。既要团结一致，又要坚强有力。要别人做得到的事儿，首先自己做到；叫别人不能干的事，首先自己不干。领导班子的团结带动全院党员的团结，只要我们全体党员团结得好像一个人一样，我们就取得了事业胜利的根本保证。

为什么我们党一定要花三年时间把党整好，因为这是至关重要的大课题，"党风是关系到我们党的生死存亡的问题"②。

---

① 毛泽东：《"农村调查"的序言和跋》，人民出版社，1953年版，第4页。
② 转引自中共中央文献研究室编：《三中全会以来重要文献选编》（下），人民出版社，1982年版，第713页。

团结是有原则的，我们要在马克思列宁主义毛泽东思想的指导下团结起来，要在党的十一届三中全会以来的正确路线指引下团结起来。要在党的正确方针政策的基础上团结起来。要在十二大的宏伟纲领翻两番的目标鼓舞下团结起来，把华师办好。我们既不可以一团和气，你好我好他也好，也不能闹无原则的纠纷，相互扯皮，相互拆台。既要反对"左"的倾向，又要反对右的倾向，一切要从实际出发，一切都要实事求是，捕风捉影，道听途说，无限上纲，这个亏难道我们吃的还少吗？说话要有根据，批评要讲究分寸，多团结一个比不团结、少团结好。

核心的团结，尤为重要。只要核心团结一致，什么闲言碎语都无隙可乘。一旦领导成员相互埋怨，推卸责任，进而争名夺利，个人主义膨胀，我看就要寸步难行，甭想做好工作。

## 第七节　关于我院中层领导班子改革的几个问题

大家通过学习中央文件和兄弟院校的改革经验，经过几天的讨论，大家的看法比较一致，认为不改革不能开创新局面，改革是一场深刻的革命，自己绝不拖后腿，而是要做改革的促进派，要解放思想，放开眼界，打破老框框，冲破习惯并率先认真按四化标准选择接班人，克服那种论资排辈，求全责备，本位主义等等错误观念，这次学习是很有成效的，同时对我们提出了希望和意见都是很宝贵的。

我们听了各位的汇报，又经过了讨论研究，我代表常委把大家的意见和问题汇总一下，向同志们做个汇报，说得不对的地方请大家指正，说偏了的地方请其他年轻同志补充纠正，我的发言，仅仅作为讨论之见，如果大家同意的话，我们再向下贯彻，作为决定，我们就开始行动了。

### 一、解放思想，选贤任能

大家都承认我们原有的中层干部素质是很好的，但年龄偏大，比其他院校还老化怎么办呢？下决心改变这种状况，选好中青年进领导班子，中央规定中层班子平均年龄50岁。45岁左右要占1/3，我们可不可以选30岁左右的人进入中层领导班子呢？许多同志认为有这个条件，问题是打破论资排辈，还像老习惯那样一辈一辈上来。还是老话，隔两年又来一次，这不行，年龄上要有所突破，这就得解放思想，这是第一个要解放思想的。

从哪里选？我们眼睛老盯着现有的党政干部行不行呢？不行，现有的党政干部当然不乏许多有才干的人，当然应该选，但是我们的导师、教授人员中可不可以选上来当处长、副处长呢？应该选，而且大有人在。认为他们做不了，做不好的观点是错误的，你把它放在哪个位置上，他完全可以做。黑龙江陈秀芝同志是真正的伯乐，被他信任支持的工程师，现在当了副省长。首钢的工程师当了组织部部长，现在被选入北京市委当组织部部长去了，事实说明不但行，而且会做得更好，我们这里就没有这样人才，我不相信，看谁当的伯乐好吧。是要向院输送干部，要从办好学校的大局出发，要全面改革，要领导就要内行。为人民服务业务要损失，不相干，第一是党员，第二是这个位置要摆正。

我们的眼界不能只看到党员同志，外党有识之士多得很，而且我们的党员都是从外党员发展变化而来的，选人范围要扩大。

党章第三十六条，党员干部要善于同外党干部合作共事，尊重他们，虚心学习他们的长处，党的各级组织要善于发现和推荐有真才实学的外党干部担任领导工作，保证他们有职有权，充分发挥他们的作用。我们有的党外系主任工作起来不是很好吗？不比我们有些党员差吧，这个事实清一色的观念一定要打破。

## 二、机构改革权力下放

我们的机构到底该设什么？在上面机构工作的要设在下面，工作要减，到底应该怎么减？经过研究，中央要求我们实行精简的原则。当然我们应该减，但考虑实际情况，而我们的任务扩大层次多，种类繁多，培养人才本科生，专科生，研究生进修班，函授、夜大、高层次的任务高达28000人，还是说我们50年代三大处室很好吗？我看今非昔比，过去有这么多层次吗？有这么大任务吗？过去有现在这样复杂的情况吗？所以还得从实际出发，我们需要设立函授业务教育处，该争的还得争呢，显然函授科是适应不了这么大任务的，其他都不变。